海外中国研究丛书

到中国之外发现中国

# 中国古代北疆史的考古学研究

中国古代北疆史の考古学的研究

[日] 宫本一夫 著
黄建秋 译

江苏人民出版社

图书在版编目(CIP)数据

中国古代北疆史的考古学研究 /（日）宫本一夫著；
黄建秋译. —— 南京：江苏人民出版社，2023.2
（海外中国研究丛书 / 刘东主编）
ISBN 978-7-214-27707-7

Ⅰ. ①中… Ⅱ. ①宫… ②黄… Ⅲ. ①边疆地区-地方史-研究-中国-古代 Ⅳ. ①K928.1

中国版本图书馆 CIP 数据核字(2022)第 224097 号

CHUGOKU KODAI HOKUKYOSHI NO KOKOGAKU TEKI KENKYU
by Miyamoto Kazuo
Copyright © 2000 Miyamoto Kazuo
Originally published in Japan by CHUGOKU SHOTEN CO., LTD., Fukuoka.
Chinese (in simplified character only) translation rights arranged with CHUGOKU SHOTEN CO., LTD., Japan
through HIROGAWA CO., LTD.
Simplified Chinese edition copyright © 2023 by Jiangsu People's Publishing House
All rights reserved
江苏省版权局著作权合同登记号：图字 10-2018-558 号

| 书　　　名 | 中国古代北疆史的考古学研究 |
|---|---|
| 著　　　者 | [日]宫本一夫 |
| 译　　　者 | 黄建秋 |
| 责任编辑 | 张　欣 |
| 装帧设计 | 陈　婕 |
| 责任监制 | 王　娟 |
| 出版发行 | 江苏人民出版社 |
| 地　　　址 | 南京市湖南路 1 号 A 楼,邮编:210009 |
| 照　　　排 | 江苏凤凰制版有限公司 |
| 印　　　刷 | 南京新洲印刷有限公司 |
| 开　　　本 | 652 毫米×960 毫米　1/16 |
| 印　　　张 | 25.5　插页 4 |
| 字　　　数 | 286 千字 |
| 版　　　次 | 2023 年 2 月第 1 版 |
| 印　　　次 | 2023 年 2 月第 1 次印刷 |
| 标准书号 | ISBN 978-7-214-27707-7 |
| 定　　　价 | 88.00 元 |

（江苏人民出版社图书凡印装错误可向承印厂调换）

# 序"海外中国研究丛书"

中国曾经遗忘过世界,但世界却并未因此而遗忘中国。令人嗟讶的是,20世纪60年代以后,就在中国越来越闭锁的同时,世界各国的中国研究却得到了越来越富于成果的发展。而到了中国门户重开的今天,这种发展就把国内学界逼到了如此的窘境:我们不仅必须放眼海外去认识世界,还必须放眼海外来重新认识中国;不仅必须向国内读者逐译海外的西学,还必须向他们系统地介绍海外的中学。

这个系列不可避免地会加深我们150年以来一直怀有的危机感和失落感,因为单是它的学术水准也足以提醒我们,中国文明在现时代所面对的绝不再是某个粗蛮不文的、很快就将被自己同化的、马背上的战胜者,而是一个高度发展了的、必将对自己的根本价值取向大大触动的文明。可正因为这样,借别人的眼光去获得自知之明,又正是摆在我们面前的紧迫历史使命,因为只要不跳出自家的文化圈子去透过强烈的反差反观自身,中华文明就找不到进入其现代形态的入口。

当然,既是本着这样的目的,我们就不能只从各家学说中筛选那些我们可以或者乐于接受的东西,否则我们的"筛子"本身就可能使读者失去选择、挑剔和批判的广阔天地。我们的译介毕竟还只是初步的尝试,而我们所努力去做的,毕竟也只是和读者一起去反复思索这些奉献给大家的东西。

刘 东

# 目 录

前 言 *1*

第一章 中国北疆的时空框架 *1*

  1 从考古学文化样式看中国北疆的地域文化 *1*

  2 文化样式的系统性 *3*

  3 内蒙古中南部新石器时代陶器分期 *5*

  4 文化交往一例 *17*

  5 文化分区的背景 *24*

  6 从生业看文化分区 *27*

  7 分区的变化 *34*

  8 小结 *38*

第二章 中原及其边境的形成 *40*

  1 华北初期农耕的特征 *41*

  2 社会的成长与农耕 *46*

3　家畜化问题　53

　　4　华北新石器时代社会分层与集团合并　60

　　5　农耕的传播　64

　　6　小结　70

第三章　朱开沟文化、李家崖文化和夏家店下层文化　72

　　1　朱开沟文化　72

　　2　夏家店下层文化的石城　74

　　3　大甸子墓地分析　84

　　4　北方式青铜器文化的出现　106

　　5　李家崖文化　111

　　6　小结　126

第四章　西周的燕与辽西　130

　　1　琉璃河墓地分析　131

　　2　燕山地区的墓葬　150

　　3　燕山以北的青铜彝器　153

　　4　燕的政权与辽西　165

　　5　小结　168

第五章　石棚文化圈及其社会　170

　　1　分布与地貌　171

　　2　辽东半岛的桌式石棚　180

　　3　辽东半岛的大石盖墓　191

　　4　辽东内陆的石棚　194

　　5　小结　199

## 第六章　辽宁式铜剑文化圈及其社会　201

1　分区　203

2　古式辽宁式铜剑分析　204

3　古式辽宁式铜剑的年代　216

4　辽宁式铜剑的使用方法　226

5　从墓葬看社会结构　233

6　社会结构与辽宁式铜剑　239

7　小结　241

## 第七章　战国的燕及其扩张　243

1　燕国铜器分期　244

2　燕国陶明器分期　250

3　燕国陶明器的特色及其意义　257

4　燕的兵制　263

5　陶明器所见战国的燕　273

6　燕领地的扩张　275

## 第八章　田齐政权　280

1　从金文看田齐　281

2　检讨陶文　292

3　齐的王陵　297

4　齐瓦当纹样　302

5　根据文物复原田齐　308

## 第九章　鄂尔多斯青铜器文化的消亡　312

1　青铜文化的地域性特征　313

2　内蒙古中南部的青铜器墓葬　*314*

　　3　燕山地区的青铜器墓　*348*

　　4　墓葬变迁所见地域扩张　*356*

第十章　重构中国古代北疆史　*361*

　　1　认识历史的方法　*361*

　　2　中国古代北疆史的发展　*363*

　　3　文献史料与考古学解读　*372*

　　4　小结　*383*

# 前　言

　　拙著所研究的中国北疆是指从内蒙古中南部到辽西（内蒙古东部）的地区，即内蒙古—长城地带。长城地带是指北边为农牧民即少数民族聚居区而南边为农民即汉民族聚居区的明长城两侧地带。众所周知，长城是长城以南的农民即汉民族建造的防御设施。大家知道，这里有两个相互对立的社会，这种对立导致了中国古代王朝的更替。北方地区的农民时而南移时而北上，聚集地并不固定。例如，战国时期赵国的长城位于大青山南麓，而燕国的长城则从辽西的燕山山脉北麓迂回到努鲁儿虎山北麓，然后延伸到辽东，都位于远离明长城的北部。秦长城则位于战国时期长城的北部。因此，中国古代的北疆位置变动不居，地界并不固定。

　　长城以南的农民与长城以北的游牧民的生业差异始于何时？它最迟始于农耕社会出现之际。被我们笼统地称作游牧社会的北方人是与农民相邻、因环境不同而从事不同生业的居住在北方的人们。这种北方人在中国古代绝非迁徙不定的人，而是以农耕为主兼营畜牧业的农牧民。让人感兴趣的是这种畜牧农耕社会始于何时,又是从哪个阶段开始,北方少数民族成为与中原人对立的集团。

必须关注这些北方人的政权发展和进化过程,必须探讨他们在这个过程中是如何掌握青铜器生产这种新技术的,以及必须明白该社会是如何应用这种技术并与集团内部社会分层对应的。北方青铜器文化与中原的青铜器文化不同,不过两者有一定的关系。这种关系的实质是什么?因何而起?其年代与中原的二里头文化至殷墟期相当。根据文献记载,以独立的青铜器文化为背景的地域集结起来的各个集团,侵犯、蹂躏战国时期燕国等周王朝的领地。这些文献不只是传承文化,还是探究长城地带的社会组织和政权发展的资料。北方人的南下有助于中原与北方在文化方面进行交流。从把握北方人的社会面貌开始,可以探讨与长城地带相邻的中原势力的面貌。拙著依据考古资料,探讨从西周到东周的周王朝在北方的据点,即被分封到此的燕国的面貌,考察战国时期周的诸侯在独立成为领地国家过程中的变化以及将领地扩大到北方地区的过程。在陆上扩大领地的事实见诸燕国和赵国。此外,还将进一步探讨被渤海湾和黄海包围的战国时期齐国的发展过程。

目前学界几乎看不到探讨中国古代北疆与中原之间历时性关系的研究成果。与之稍微相关的是雅罗斯拉夫·普实克(Jaroslav Prusek)的专著。[①] 它是依据文献和考古资料进行研究的成果,发表于30年前,似乎深受旧观点束缚。不过,在该专著

---

① Jaroslav Prusek, *Chinese Statelets and the Northern Barbarians in the period 1400－300B.C.*, Humanities Press, 1971.

发表后,相关考古资料大幅度增加,这是无法忽视的。该书所研究的对象与其说是从内蒙古中南部到辽西地带,不如说重点在于探讨这个地区与西方的猃狁、羌、狄、犬戎和商周以及斯基泰文化的关系,因此拙著与该书内容并不重复。狄宇宙(Nicola Di Cosmo)最近出版的概论性著作所探讨的地区和时代与拙著相同,但是该书只是概述了北疆地区的社会发展而已,未作详细的论证。[1] 最近出版的吉迪(Gideon Shelach)的专著叙述了以赤峰为中心的辽西的红山文化、夏家店下层文化和夏家店上层文化的社会变化。它是以遗址分布调查为依据复原的遗址结构和以遗迹内涵为依据,采用前所未见的实证主义方法所作的考古学研究成果。[2] 其研究重点是闭塞地区的社会关系的结构性变化,与拙著研究旨趣不同。目前,尚未见到从考古学上探讨北疆地区中原诸势力之间关系的论著,因而,拙著是前所未有的,是一项颇具冒险精神的研究。无论如何,以下各章分析的大部分历史问题都是根据考古资料展开的,而且是运用考古学方法进行分析的。至于各专题的研究史以及学术目标,笔者将在各章中介绍。

---

[1] Nicola Di Cosmo, "The Northern Frontier in Pre-Imperial China", In *THE CAMBRIDGE HISTORY OF ANCIANT CHINA Forum the Origins of Civilization to 221B. C.*, ed. Michael Loewe and Edward L. Shaughnessy, Cambridge University Press, 1999, pp. 885 – 966.

[2] Gideon Shelach, *Leadership Strategies, Economic Activity and Interregional Interaction: Social Complexity in Northern China*, Kluwer Academic/Plenum Publishers, 1999.

# 第一章　中国北疆的时空框架

有的学者把考古学上的地域文化与利用当代语言所划分的民族等同起来①,这样说来,考古学文化可能代表了当时的社会。方言是具有历史背景的被现代人认可的地域文化。不过,谁都无法判断考古学上认可的地域文化与方言分布中心是否一致,因为考古学是按照时间轴来认识地域文化的,且范围是变动不居的,而方言可能是反映经历了历史变迁后已经固定下来的地域文化。换言之,它可能是当代民族志。

本书所研究的中国北疆是指从内蒙古中南部到辽西—辽东的地区。该地区正好与长城地带重合。正如长城的位置随时代变化而变化那样,社会面貌也随着时间的推移而发生变化。本章从考古学基础研究即建立反映陶器分期的框架并按时间早晚所划分的文化区展开讨论。

## 1　从考古学文化样式看中国北疆的地域文化

现在中国考古学界最流行的反映地域单位的观点是苏秉琦

---

① 石兴邦:《中国新石器时代文化研究的逻辑概括》,张学海主编:《纪念城子崖遗址发掘六十周年国际学术讨论会论文集》,齐鲁书社,1993年。

提出来的区系类型学理论。① 区是指中国的地域文化所在地区,系是指地域文化序列,类型是一定时间和空间内的文化单位。这种看法基本上与欧美传统考古学认可的类型学概念大致相同。特别是它与戈登·柴尔德(V. G. Childe)把共存遗物作为文化样式概念的看法是一致的。② 有学者指出,中国学者有些将类型作为空间单位,有些将其作为时间单位。还有学者指出,文化和类型这两个概念都被当作考古学文化的单位。③ 但是,在把握根据类型学确立文化样式时,它既被当作时间单位又被当作空间单位,无疑,造成中文术语混乱的不是类型学。类型学一般被视为考古学上确认文化单位即地域文化的方法。考古资料是人类遗留下来的实物资料,种类多种多样。其中,最能够反映人类生活面貌的是陶器。陶器的特点是不宜搬动而且易碎,所以它移动比较少。同时它作为用具在生业特别是饮食生活中发挥了重要作用,与人类生活关系非常密切。因此,它与人类社会关系紧密也就很容易理解了。确立陶器样式即苏秉琦所谓的文化类型就是要搞清楚各地的考古学文化类型。陶器样式具有上述特点,是直接反映生活面貌的材料。从制陶技术传统以及集团的喜好来看,陶器样式是指同一个交流圈。

本书探讨的中国北疆是指从内蒙古长城地带到辽西—辽东的地区。内蒙古长城地带是指以内蒙古中南部为中心的地区,辽西—辽东是指环渤海湾的部分地区。把内蒙古中南部到辽西—

---

① 苏秉琦、殷玮璋:《关于考古学文化的区系类型问题》,《文物》1981年第5期。
② V. G. Childe, *Piecing together the Past*, London: Routledge and Kegan Paul, 1951.(近藤义郎译:《考古学の方法》,河出书房新社,1981年。)
③ 大贯静夫:《中国における土器型式の研究史》,《考古学杂志》第82卷第4号,1997年。

辽东合称为长城地带也很好。从新石器时代陶器样式来看,环渤海地区大致分为山东、河北、辽西、辽东和西朝鲜(鸭绿江流域)几个区域,各区域还可以细分。内蒙古中南部可以细分为岱海周围、包头地区、准格尔—清水河地区;辽西可以细分为燕山、大凌河流域、宁城—赤峰地区、西拉木楞河以北地区;辽东可以细分为吉长大区、辽河下游、辽东半岛、鸭绿江流域;山东可以细分为胶东半岛及其以西的山东地区。接下来讨论内蒙古中南部、辽西、辽东、胶东半岛和西朝鲜为中心的地域文化面貌。

## 2 文化样式的系统性

在检讨陶器样式所反映的地域文化之前,先探讨一下陶器样式的系统性。它是试图超越分区而从宏观角度把握产生地域文化的母体。

陶器样式系统是指制陶技术系统,意为制陶信息的扩散和传播的路径。因此要特别关注各地目前所发现的时代最早的陶器样式,其基本器物组合是罐(深腹钵)、钵(碗)和壶。从器形上看,作为炊煮器的罐形器,可以分为平底深腹钵和圜底深腹钵两大类。平底深腹钵是在平底上用泥条盘筑而成;圜底深腹钵,要么是像泥片贴筑法那样把黏土块按压在内模上而成,要么是通过拍打底部而成。因此这两个制陶系统不同。据此,可以把两种陶罐制作系统分别称为平底深腹罐系统和圜底釜系统。它们的分布如图1所示,可以分为北方系制陶传统与南方系制陶传统。平底深腹罐分布于从中国东北部到黄河中游及陕西盆地,朝鲜半岛东海岸也有发现。圜底釜分布于从长江下游到黄河下游的山东地区,胶东半岛也有发现。河北沿海地区到内蒙古中南部岱海地区也发现过这类陶釜。它恰好与一直以来被称为后冈一期即仰韶文化中的一个文化系统的分布范围重合。在黄海沿岸地区的信息传递通道上可以看到圜底釜扩散的情况。正如大贯静夫所说的那样，圜底釜扩散地可能是尖底釜乃至圜底深腹缶本就较为发达的地区。①

在西朝鲜与深腹钵一起构成陶器组合的小罐上有小竖把。带小竖把的小罐是胶东半岛的特色，西朝鲜的技术系统很可能是从胶东半岛传过来的。② 如果注意到这种小罐的造型特征即表面有无拍打而成的绳纹，那么就会发现绳纹平底深腹罐见于从黄河中游到陕西盆地，素面平底深腹罐见于中国东北部。素面圜底釜见于山东到河北沿海及朝鲜西海岸，绳纹圜底釜见于长江中下游以南地区。比陶器样式高一个层次的大的技术系统见于目前各地最早的阶段。它是陶器样式形成时的大范围的最底层的信息传递路径，是紧密联系地域集团的强大的信息带。信息带这个概念与张光直的相互作用圈概念相同。③ 从张光直的角度看，这个概念适用于互有联系的广义的文化样式，就低一个层次的相互联系的集团而言，这个概念也是适用的，只是相互作用圈的范围相对小一些。我们有必要把这种信息带视为构筑地域文化基础的地域相互作用圈。

---

① 大贯静夫：《極東の先史文化》，《季刊考古学》第 38 号，1992 年；[日]宫本一夫：《环渤海新石器时代早期的文化系统》，河北省文物研究所编：《环渤海考古国际学术讨论会论文集(石家庄·1992)》，知识出版社，1996 年。
② [日]大贯静夫：《东北亚洲的中国东北地区原始文化》，《庆祝苏秉琦考古五十五年论文集》编辑组编：《庆祝苏秉琦考古五十五年论文集》，文物出版社，1989 年。
③ Chang Kwuan-chih, *The Archaeology of Ancient China*. fourth edition, Yale University Press，1986.

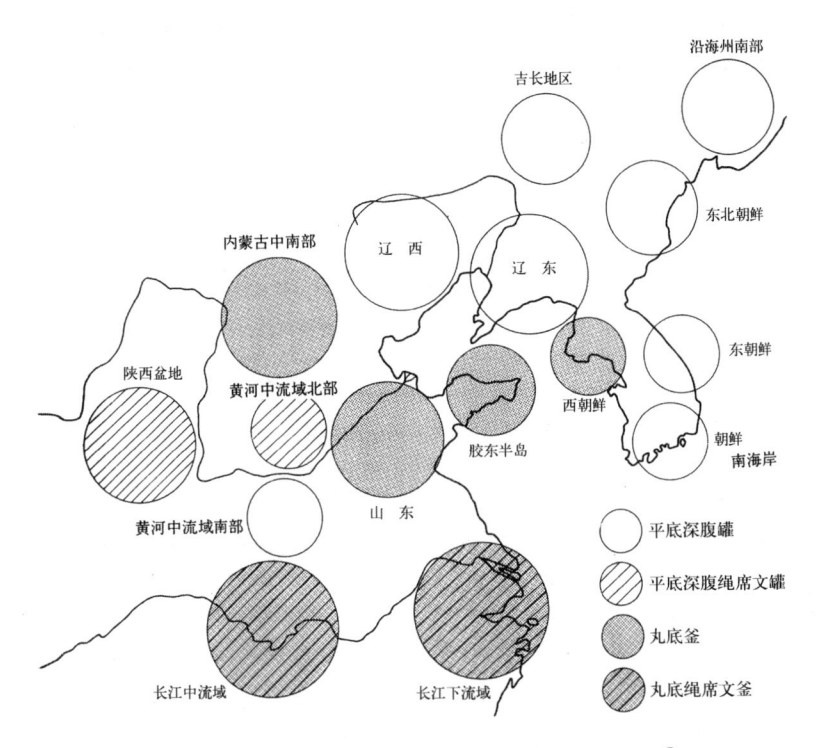

图 1 从炊煮器看新石器时代早期的文化系统①

## 3 内蒙古中南部新石器时代陶器分期

下面根据资料最充实而且笔者参加发掘过的岱海周围遗址群的资料来讨论内蒙古中南部陶器的分期。

岱海遗址群中包含仰韶文化遗存的遗址从早到晚依次是：石虎山遗址、王墓山坡下遗址、王墓山坡中遗址和王墓山坡上遗址，它们分别相对于中原的后冈一期文化、仰韶文化庙底沟类型和仰韶文化秦王寨类型。

---

① 作者自绘。

石虎山遗址，分第 1 地点和第 2 地点，分别称为石虎山Ⅰ遗址和石虎山Ⅱ遗址。① 石虎山Ⅰ遗址是位于丘陵平坦顶部的东西长 200 米、南北宽 90 米的濠沟环绕的环濠聚落。石虎山Ⅱ遗址位于石虎山Ⅰ遗址东南 200 米处，它没有环濠，聚落位于丘陵缓坡上。发掘区内共发现房址 14 座、土坑 23 个、墓 1 座。虽说聚落规模要比发掘区大一些，但是它大致反映了聚居区的状态。虽然石虎山Ⅰ遗址和石虎山Ⅱ遗址出土的陶器及其组合都具有后冈一期文化特点，但是两者的陶器样式稍有不同。最大的不同是，石虎山Ⅱ遗址出土的圜底釜和罐皆素面，而石虎山Ⅰ遗址的大部分陶器饰绳纹。因为石虎山遗址发掘报告尚未发表，所以无法详述其特征，不过根据笔者的发掘收获及后期的调查结果，我认为石虎山Ⅱ遗址早于石虎山Ⅰ遗址（图 2）。主要根据是，石虎山Ⅰ遗址环濠内不同地层出土的陶器多少有些不同。环濠分上中下三层，分层发掘，分层采集遗物。这里用简报中公布的材料来说明陶器变化过程。石虎山遗址陶器主要有钵、瓶、壶、釜、鼎和罐。石虎山Ⅰ遗址环濠下层的釜与石虎山Ⅱ遗址的釜相同，都是素面（图 2：9）。但是Ⅰ遗址罐有绳纹（图 2：10），与Ⅱ遗址不同。Ⅰ遗址环濠中层，简报中没有报道釜和罐，陶器基本上是绳纹陶器，与石虎山Ⅰ遗址环濠上层的陶器几乎一样。环濠上层的釜（图 2：15），与下层的釜相比，饰绳纹，口沿变短、变厚。罐与下层相比，口沿外翻明显。把经过地层关系验证的釜和罐的变化方向与Ⅱ遗址比较后发现，Ⅰ遗址下层有素面陶釜，因此Ⅱ遗址

---

① 内蒙古文物考古研究所、日本京都中国考古学研究会中日岱海地区考察队：《内蒙古乌兰察布盟石虎山遗址发掘纪要》，《考古》1998 年第 2 期。

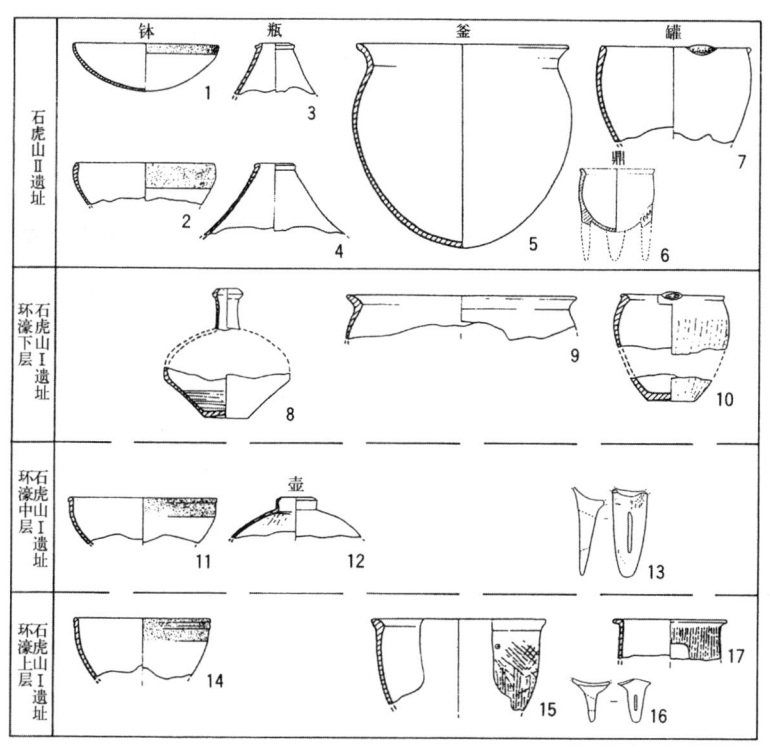

**图 2　石虎山遗址陶器变迁①**
（比例 1/12）

比Ⅰ遗址早就很容易理解了。石虎山Ⅰ遗址出土的陶器形态变化过程经过了地层叠压关系的验证，把它们同石虎山Ⅱ遗址的陶器进行比较，我们不难发现石虎山Ⅰ遗址下层出土的素面釜晚于石虎山Ⅱ遗址。从釜的特点来看，石虎山Ⅱ遗址的釜（图 2：5）口径较大而且口沿外翻明显，石虎山Ⅰ遗址的釜（图 2：9、15）口沿变短、变厚，其腹部明显由外鼓渐向内收。就罐来说，Ⅱ遗址的罐为直口（图 2：7），Ⅰ遗址的罐（图 2：10、17）口沿外翻而且外

---

① 作者自绘，参考内蒙古文物考古研究所、日本京都中国考古学研究会中日岱海地区考察队：《凉城县王墓山坡上遗址发掘报告》，魏坚主编：《内蒙古文物考古文集》第2辑，中国大百科全书出版社，1997年。

翻越来越明显。就瓶来说，Ⅱ遗址的口沿造型与Ⅰ遗址的明显不同。钵中的红顶钵，Ⅱ遗址的（图2：1、2）为直口，Ⅰ遗址的为厚唇，从环濠中层（图2：11）到环濠上层（图2：14）唇变得更厚。随着从Ⅱ遗址变为Ⅰ遗址，红顶钵的红顶宽度变得更宽。鼎足也有变化，Ⅰ遗址的鼎足（图2：13）的特征是有纵向镂空。如上所述，随着石虎山Ⅱ遗址变为Ⅰ遗址，陶器呈现出明显的早晚变化。

  经历了一系列变化的陶器群呈现出与后冈一期文化相似的特征。这种特征在石虎山Ⅱ遗址的钵、釜、鼎和石虎山Ⅰ遗址的钵、瓶和壶上体现得尤为充分。先看看石虎山遗址处于后冈一期文化中的哪个阶段。石虎山Ⅰ遗址环濠下层瓶（图2：8）的口沿与张忠培等所说的后冈下层第1段的相似①，即它与后冈一期文化早期并行。接下来把它与近年分期做得比较好的河北省永年县石北口遗址作一比较。② 根据地层和遗迹单位的打破叠压关系，石北口遗址分为早中晚三期6段。石虎山Ⅰ遗址环濠下层的瓶从口沿形态特征看与石北口早期2段平行。其他未发表的石虎山Ⅰ遗址环濠中层和上层的壶及瓶的口沿即使年代再晚，也不会晚于石北口中期3段。随着石虎山Ⅱ遗址向Ⅰ遗址的变化，釜的变化趋势与石北口早期向中期变化的趋势一样。因为石北口没有与石虎山Ⅱ遗址相同的瓶，所以石虎山Ⅱ遗址可能早于石北口早期。直接从后冈一期发展而来的北福地Ⅰ期文化③，具有带后冈一期特征的釜、红顶钵等，它们还与磁山文化系统的盂和支脚共存，所以与磁山文化的新阶段平行。北福地Ⅰ期文化近年也

---

① 张忠培、乔梁：《后冈一期文化研究》，《考古学报》1992年第3期。
② 河北省文物研究所、邯郸地区文物管理所：《永年县石北口遗址发掘报告》，河北省文物研究所编：《河北省考古文集》，东方出版社，1998年。
③ 拒马河考古队：《河北易县涞水古遗址试掘报告》，《考古学报》1988年第4期。

被称为镇江营Ⅰ期文化。① 从瓶的口沿造型变化来看,石虎山Ⅱ遗址的年代大概介于北福地文化Ⅰ期与石北口早期文化之间。

石虎山Ⅰ遗址环濠分层发掘结果表明,下层的陶器与中层和上层的陶器的造型明显不同。下层有与石虎山Ⅱ遗址相同的素面陶器,中层及其以上的陶器几乎都是绳纹釜、鼎和罐。地层叠压关系表明陶器是从素面向绳纹变化的,反映了石虎山Ⅱ遗址向石虎山Ⅰ遗址变化的早晚关系。接下来需要探讨陶器造型变化特别是绳纹出现的原因。在本地找不到绳纹技术的源头,如果从邻近地区来溯源的话,最有可能的源头是陕西盆地。在陕西盆地,从老官台文化到仰韶文化半坡类型的罐等陶器普遍饰绳纹,从年代上来看,陕西盆地是绳纹的发源地。也就是说,在与前面提到过的绳纹平底深腹罐分布地接触后,才出现了新的施纹技法或新的制陶技法。岱海地区遗址群中,继承了石虎山遗址谱系的是王墓山坡下遗址。王墓山坡下遗址的陶器组合与仰韶文化庙底沟类型的形似,明确表明它是在后者影响下出现的。这样看来,从石虎山遗址后半段的石虎山Ⅰ遗址开始,通过与陕西盆地的交流而引进了制作绳纹的技术,随着交流的深入,王墓山坡下遗址出现了与庙底沟类型相似的陶器组合。如果把仰韶文化东庄类型当作仰韶文化庙底沟类型的源头②,那么山西西南部到河南西北部就是其发源地。无论如何,从庙底沟类型的谱系中可以看到其文化影响是从黄土高原的南部向北部扩散的。回过头来看,石虎山遗址前半段的石虎山Ⅱ遗址与后冈一期的陶器组合及纹样相似,它是通过太行山东侧的河北平原展开南北文化交流的

---

① 北京市文物研究所:《镇江营与塔照》,中国大百科全书出版社,1999年。
② 戴向明:《黄河流域新石器时代文化格局之演变》,《考古学报》1998年第4期。

结果。另一方面,石虎山Ⅰ遗址以后具有后冈一期文化特征,其特点是有绳纹等。这是与陕西盆地进行文化交流后出现的,尤其是在王墓山坡下遗址阶段受到仰韶文化庙底沟类型的强烈影响,通过太行山脉西侧的黄土高原实现了南北文化交流,它使得这里的文化系统发生了变化。

王墓山坡上遗址发掘结果表明陶器可以分三个阶段。从地层看,王墓山坡上遗址的遗迹分别属于第1期和第2期。[①] 对照该分期,可以看看陶器形态有无变化(图3,以下陶器皆见于图3)。发掘资料显示,居址填土中的遗迹以F8、F10、F11和F17为代表。相当于第1期的第四层下的生活面有F8和F11。相当于第2期的第三层下的遗迹有F10和F17。因此F8、F11与F10、F17之间存在早晚关系,陶器造型也应该有承继关系。从上述共存遗物可以看到主要陶器小口双耳罐、折沿罐、直口罐是如何变化的。根据地层分期,第1期小口双耳罐颈部以下拍印绳纹(F11:1),第2期小口双耳罐仅腹部以下残存绳纹或者是素面(F17:7、F10:15)。其变化趋势是陶器上的绳纹从有到无,陶器呈现素面化趋势。器形变化趋势是,陶器腹部最大径从肩部向腹部转移,器身逐渐变长。陶色从红陶向灰陶变化。根据这些变化,上述房址按早晚依次为:F11(F8)→F17→F10。根据颈部有无凸带纹,可以把折沿罐分成3类,即颈部有2道凸带纹、颈部只有1道凸带纹和颈部没有凸带纹的3个类型,分别被称为A、B、C型。A型折沿罐,如上述小口双耳罐变化趋势那样,颈部凸带纹的结构不同。F11罐的颈部平行凸带纹下方是波浪形凸带纹

---

[①] 内蒙古文物考古研究所、日本京都中国考古学研究会中日岱海地区考察队:《凉城县王墓山坡上遗址发掘报告》,魏坚主编:《内蒙古文物考古文集》第2辑,中国大百科全书出版社,1997年。

(图3∶3),F17的A型折沿罐的颈部平行凸带纹下方是分段式弧形凸带纹(图3∶10),而F10罐的颈部平行凸带纹下方的凸带纹被简化为钥匙形(图3∶17),有的退化变成了只有少量凸带纹的纹样(图3∶18)。A型折沿罐腹部,F11的近乎球形(图3∶3),F10的变长(图3∶18),其造型变化方向及特征与小口双耳罐的变化相似。折沿罐B型腹部加长的趋势也从房址从早到晚的变化而得以验证。C类折沿罐,随着时间推移不仅腹部有加长的趋势(图3∶19),而且F10的罐的颈部被用力抹平而呈现出强化颈部的趋势(图3∶20)。就直口罐来看,F8的口沿下部是低凸带纹而且其下方有波浪形凸带纹或圆形凸带纹(图3∶6),F17的口沿下部是2道平行凸带纹(图3∶14),F10的罐口沿上的纹样退化成一道平行凸带纹(图3∶21)。如上所述,根据小口双耳罐、折沿罐和直口罐的造型分析结果,能够看出房址从早到晚依次是:F11→F17→F10。根据地层叠压关系并结合陶器类型分析结果,可以把第2期分成两个阶段,即第2期分成第2期前半段和后半段。

如上所述,从陶器样式上看王墓山坡上遗址的陶器群属于海生不浪文化。从地域特色看分布在岱海周围及黄旗海周围的同时期的文化属于庙子沟类型。[1] 王墓山坡上遗址的陶器群包含在庙子沟类型当中。庙子沟类型分3个阶段,王墓山坡上遗址的3个阶段与之相当。王墓山坡上遗址的年代与东滩遗址的年代相同,早于它的是红台坡上遗址。[2] 根据筒形罐分析结果,海生

---

[1] 魏坚:《试论庙子沟文化》,吉林大学考古系编:《青果集:吉林大学考古专业成立二十周年考古论文集》,知识出版社,1993年。
[2] 田广金:《内蒙古中南部仰韶文化时代文化遗存研究》,内蒙古文物考古研究所编:《内蒙古中南部原始文化研究文集》,海洋出版社,1991年。

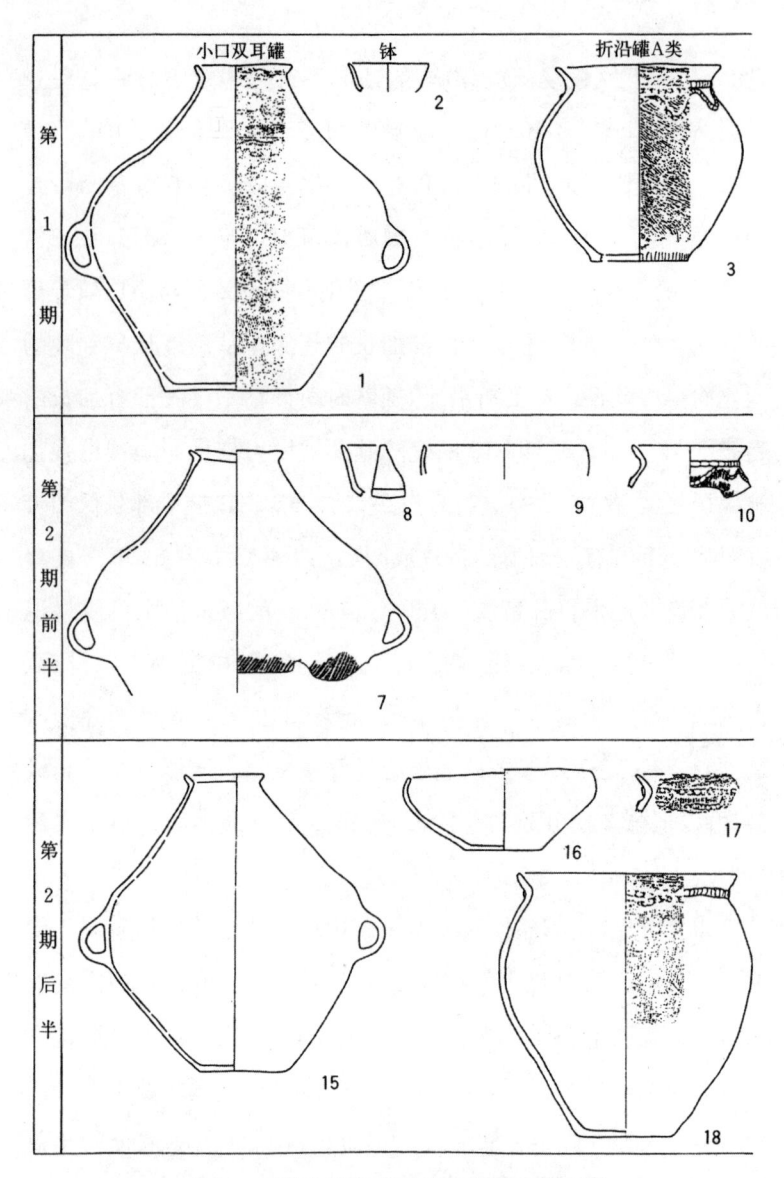

**图 3　王墓山坡上遗址出土陶器分期图**①
（比例 1/9）

---

① 秋山进午、大贯静夫、宫本一夫、广川守、小田木治太郎：《内蒙古王墓山上遺跡の発掘調査、遊牧騎馬民族文化の生成と発展過程の考古学的研究》[平成 7 年～9 年度文部省科学研究費補助金（国際学術研究）報告書]，大手前女子大学文学部，1998 年。

第一章　中国北疆的时空框架

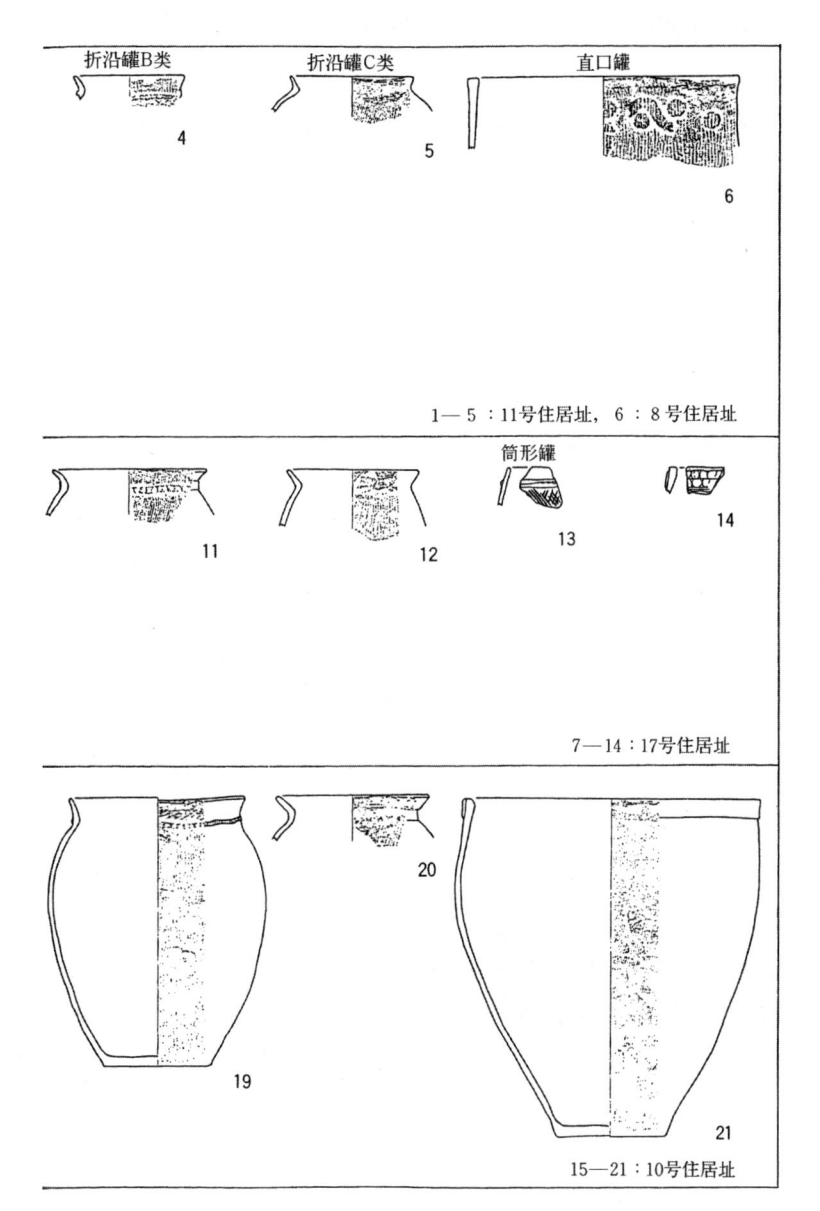

折沿罐B类　　　折沿罐C类　　　直口罐
　　4　　　　　　　5　　　　　　　6

1—5：11号住居址，6：8号住居址

筒形罐
11　　　12　　　13　　　14

7—14：17号住居址

19　　　20　　　21

15—21：10号住居址

13

不浪文化可以分成4个阶段①,红台坡上遗址为第1阶段,之后的3期与庙子沟类型的3个阶段以及这里讨论的王墓山坡上遗址的3个阶段相当。这里要探讨的问题是王墓山坡上遗址阶段的陶器所反映的文化交流现象。就年代来说,王墓山坡上遗址相当于中原地区仰韶文化秦王寨类型,与辽西小河沿文化同时代。不过这里几乎看不到反映通过黄土高原的南北文化交流的陶器,反倒是看到反映东西文化交流的陶器(图3:4)。一是小口双耳罐等彩陶的纹样结构,与西边的甘肃彩陶和辽西的小河沿文化彩陶纹样以及纹样结构相似。王墓山坡上遗址新出现的筒形罐(图3:13,图4:14、5)反映了它与辽西地区的关系。平底筒形罐的器形在内蒙古中南部找不到源头,鉴于辽西地区有始于兴隆洼遗址阶段的传统造型的筒形罐(平底深腹罐),因此其源头要到辽西去找。意味深长的是,从这个阶段开始,与王墓山坡上遗址同时期的辽西小河沿文化的筒形罐(图4:6—8)上出现了绳纹。② 关于绳纹,在辽西地区除红山文化彩陶局部有拍印的绞索形拍打痕外,其他地方一概没有发现。最合理的解释是受到内蒙古中南部的影响,从小河沿文化阶段开始这里出现绳纹,即内蒙古中南部获得了筒形罐这种新器形,辽西获得了绳纹这种新的制陶技术,这是它们之间文化交流的结果。应该关注这个阶段彩陶纹样结构与筒形罐、绳纹等陶器因素所反映的东西关系。

---

① 魏坚、曹建恩:《庙子沟文化筒形罐及相关问题》,吉林大学考古系编:《青果集:吉林大学考古专业成立二十周年考古论文集》,知识出版社,1993年。
② 辽宁省博物馆、昭乌达盟文物工作站、敖汉旗文化馆:《辽宁敖汉旗小河沿三种原始文化的发现》,《文物》1977年第12期。

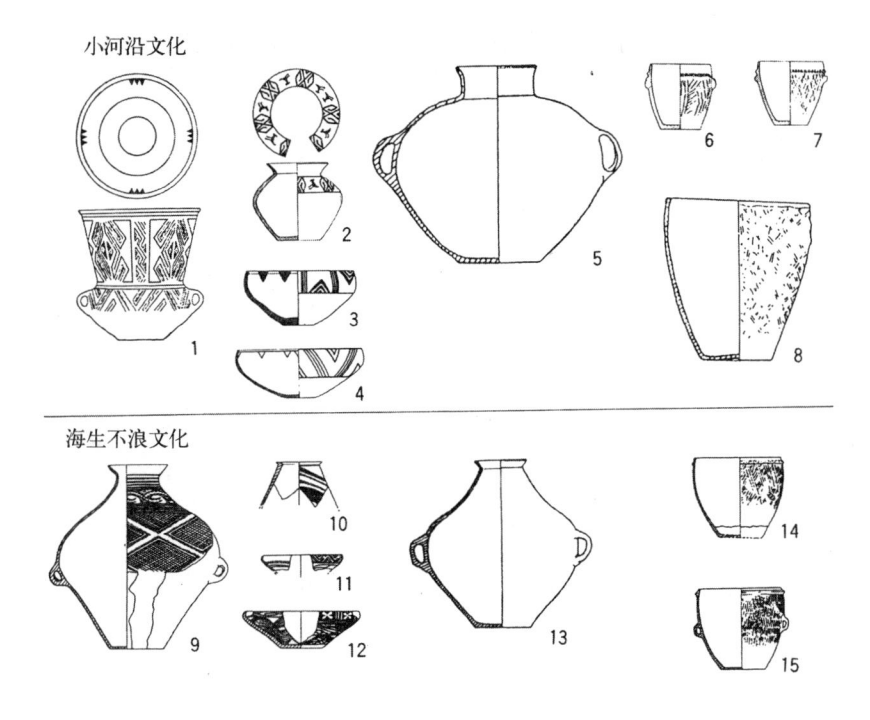

**图 4　小河沿文化与海生不浪文化的比较①**
（1、5、8：小河沿，2—4、6—7：大南沟，9—12：南壕，13—15：王墓山坡上）

　　王墓山坡上遗址的地貌与位于丘陵脚下附近的王墓山坡下遗址不同，王墓山坡中遗址偏向丘陵斜坡中部，王墓山坡上遗址位于丘陵顶部附近。这种地理环境与下一个阶段以老虎山遗址②为首

---

① 小河沿的图见辽宁省博物馆、昭乌达盟文物工作站、敖汉旗文化馆：《辽宁敖汉旗小河沿三种原始文化的发现》，《文物》1977年第12期；大南沟的图见辽宁省文物考古研究所、赤峰市博物馆编著：《大南沟——后红山文化墓地发掘报告》，科学出版社，1998年；南壕的图见内蒙古文物考古研究所编：《准格尔旗南壕遗址》，李逸友、魏坚主编：《内蒙古文物考古文集》第1辑，中国大百科全书出版社，1994年；王墓山坡上的图见内蒙古文物考古研究所、日本京都中国考古学研究会中日岱海地区考察队：《凉城县王墓山坡上遗址发掘报告》，魏坚主编：《内蒙古文物考古文集》第2辑，中国大百科全书出版社，1997年。

② 田广金：《凉城县老虎山遗址1982—1983年发掘简报》，《内蒙古文物考古》1986年第0期。

的老虎山文化石城的地貌相同。换言之,房址坐落在沿着低矮丘陵顶部附近斜坡的等高线上,这种聚落景观与王墓山坡上遗址以及老虎山文化石城的景观是一致的。当然,用土和石块堆筑起来的石墙是否环绕聚落差异明显。从老虎山2期阶段开始,陶器组合有了很大变化,即增加了斝这种新器形。斝很可能演变了斝式鬲,鬲是从斝直接发展而来的器形。① 斝式鬲始见于何处尚难确定,不过与龙山文化并行的包含斝式鬲的文化见于陕西西北、山西北部、河北西北部的三北地区以及内蒙古中南部,它被称为游邀文化。② 游邀文化被认为是从老虎山文化衍生出来的,它与内蒙古中南部为中心的长城地带的文化相同。

鬲见诸中原地区。将二里头文化与邹衡所说的先商文化[3]比较后发现,鬲是先商文化常见的器形。假如内蒙古中南部的斝是先商文化鬲的直接祖型,那么这就意味着它们是通过太行山脉西侧开展了文化交流。内蒙古中南部的朱开沟文化[4]是与二里头文化到二里岗文化时代相当的考古学文化。与二里岗文化并行的朱开沟文化5期中二里岗文化因素很明显。朱开沟文化1—4期发现带齐家文化特征的双耳罐,这是它与西部进行文化交流的反映。老虎山2期末出现的卵形鬲是继承了西部谱系的器形。如上所述,与西部的文化交流和在王墓山坡上遗址海生不浪文化阶段所看到的东西文化交流相同,二者都是东部与西部文化交流的结果。以东部和西部文化交流为主的地区在朱开沟文

---

① 田广金:《内蒙古长城地带石城聚落址及相关诸问题》,张学海主编:《纪念城子崖遗址发掘六十周年国际学术讨论会论文集》,齐鲁书社,1993年。
② 徐永杰:《三北地区龙山文化研究》,《辽海文物学刊》1992年第1期。
③ 邹衡:《夏商周考古学论文集》,文物出版社,1980年。
④ 田广金:《内蒙古朱开沟遗址》,《考古学报》1988年第3期。

化5期受到二里岗文化的强烈影响。如上所述,内蒙古中南部地区之间存在文化交流,而且交流非常频繁,以至于很难判断该地区的文化属性。这里与中原殷墟并行的文化属于以陕西省北部李家崖遗址①为代表的李家崖文化。

## 4　文化交往一例

笔者在两篇拙文②中讨论过辽西和辽东的陶器分期,以此为据制作了陶器分期表(表1)。表1涵盖了第3节讨论过的内蒙古中南部陶器分期,把与辽西相同陶器样式的燕山地区单独作为一个地区,构建了反映长城地带内部地域关系的时空框架。

第2节探讨过的从技术共性中看到的制陶技术体系是反映地域间文化交流的地域相互作用圈。相邻地域文化之间所看到的考古学上的共性是各个地域文化之间相互交流的结果。现以胶东半岛和辽东半岛为例予以说明。

图5和图6分别是胶东半岛和辽东半岛的陶器变迁图。③它们是根据地层关系以及比较了不同遗址后制作而成的。每个陶器样式都以典型遗址或文化层来命名,因此各个陶器样式具有年代学意义,各个时期地域文化之间的关系见表1。以相邻地区分别出现对方陶器为标准,确定地域文化之间的并行关系。两个地区

---

① 张映文、吕智荣:《陕西清涧县李家崖古城址发掘简报》,《考古与文物》1988年第1期。
② 宫本一夫:《中国東北地方における先史土器の編年と地域性》,《史林》第68卷第2号,1985年;宫本一夫:《遼東新石器時代土器編年の再検討》,《東北アジアの考古学の研究》,同朋社出版,1995年。
③ 宫本一夫:《海峡を挟む二つの地域—山東半島と遼東半島、朝鮮半島南部と西北九州、その地域性と伝播問題—》,《考古学研究》第37卷第2号,1990年。

的陶器样式中年代最早的分别是白石村1期的圜底釜和小珠山下层的平底深腹罐。因此,两个地区最早的陶器系统不同,彼此之间没有文化交流。不过,从后续的邱家庄1期开始,辽东半岛的陶胎中掺杂滑石,而胶东半岛出现了见诸小珠山下层纹样的陶片。特别是北庄1期和2期,胶东半岛出现了如图5：22、23那种辽东半岛的平底深腹罐,而辽东半岛小珠山中层和吴家村出现了如图6：13—15、25等那种胶东半岛的陶器。图6：13、14是彩陶,图6：15是觚形杯,图6：25是鬶,这些陶器也是胶东半岛陶器样式中与日用陶器不同的特殊陶器。这些特殊陶器进入辽东半岛时,辽东半岛的平底深腹罐进入胶东半岛。从这个阶段开始,正如两地陶器互通有无那样,两地开始了文化交流,不过各地的日用陶器没有变化。

辽东半岛进入通过互通有无使得陶器组合发生了变化的阶段。这个阶段即小珠山上层时期。截至此时,以往这里没有的豆(图6：45)、杯(图6：46)和三圜足器(图6：40、41)变成了常见器形。像杯那样的陶器都是黑陶,胶东半岛的生活方式被传播到

表1　长城地带的文化分期表

|  | 中　原 | 陕西盆地 | 内蒙古中南部 | 燕山地区 |
| --- | --- | --- | --- | --- |
| BC6000— | 裴李岗 | 老官台 |  | 上宅8层 |
|  | 裴李岗 | 老官台 |  | 西寨1期 |
| BC5000— | 王湾1期1段 | 仰韶文化半坡类型 | 石虎山Ⅱ、Ⅰ区 | 西寨2期 |
|  | 王湾1期1段 | 仰韶文化史家类型 |  |  |
| BC4000— | 王湾1期2段 | 仰韶文化庙底沟类型 | 王墓山坡下 |  |
|  | 王湾2期1—3段 | 仰韶文化半坡晚期 | 王墓山坡中、坡上 | 雪山1期 |
| BC3000— | 王湾2期4段 | 庙底沟2期 | 老虎山2期 | 雪山1期 |
| BC2000— | 王湾3期 | 客省庄Ⅱ期 | 大口1期 | 雪山2期 |
|  | 二里头文化 | 先周文化 | 朱开沟2—4阶段 | 雪山3期 |
|  | 二里岗文化 | 先周文化 | 朱开沟5阶段 | 雪山3期 |
|  | 殷墟期 | 先周文化 | 李家崖文化 |  |
| BC1000— | 西周前半 | 西周前半 |  |  |
|  | 西周后半 | 西周后半 |  |  |
|  | 春秋 | 春秋 | 鄂尔多斯青铜器文化 | 军都山 |
|  | 战国前半 | 战国前半 | 鄂尔多斯青铜器文化 | 燕文化 |
| BC200— | 战国后半 | 秦文化 | 匈奴文化 | 燕文化 |

该地区。图 6:34、35 那种小口罐(瓮)是辽东半岛没有的器形,显然是受到胶东半岛影响才出现的。不过这种陶器表面的纹样是当地特有的。这里生活上的方方面面都因为受到胶东半岛的影响而发生了巨大的变化。

这种过程当然是以人的交流为背景的,虽然人们以往没有交流,但是现在利用大海相互往来,在同一个捕捞区域开始了交流。渔民在交流中开始交易,交易品之一就是辽宁岫岩玉。[①]人与人的交流当然包含人的移动。观察两个地区文化压力时可以看出胶东半岛对辽东半岛的影响力更大一些。与其把它视为来自胶东半岛的单向的人的移动结果,毋宁将其视为辽东半岛的地域集团与先进文化样式进行交流的结果。事实上,小珠山上层阶段,受到杨家圈 2 期的强烈影响,使得自己的陶器样式发生了变化,随后的双坨子 1 期阶段出现的粗制黑陶则是自产自销的体现。它反映了地域集团自身的特色。

| 辽　　西 | 辽河下流域 | 辽东半岛 | 鸭绿江下流域 | |
|---|---|---|---|---|
| 兴隆洼 | | | | |
| | 高台山 1 期 | | | 第 1 阶段 |
| 小山、赵宝沟 | 新乐下层 | 小珠山下层 | | |
| 红山文化早期 | | 小珠山下层 | 后洼下层 | |
| 红山文化中期 | 马城子 | 小珠山中层 | 后洼上层 | |
| 红山文化后期、小河沿 | 偏堡 | 吴家村 | 堂山下层 | 第 2 阶段 |
| 小河沿 | 偏堡 | 郭家村 3 层 | 堂山上层 | |
| | 肇工街 1 期 | 小珠山上层、双砣子 1 期 | 新岩里 1 期 | |
| 夏家店下层文化 | 高台山 | 双砣子 2 期 | | |
| 夏家店下层文化 | 高台山 | 双砣子 3 期 | | |
| 魏营子类型 | 高台山 | 双砣子 3 期 | | |
| 魏营子类型 | 高台山 | 上马石 A 地点下层 | 新岩里 2 期 | 第 3 阶段 |
| 夏家店上层文化 | | 上马石 A 地点下层 | | |
| 夏家店上层文化 | 新乐上层 | 上马石 A 地点上层 | | |
| 燕文化 | 郑家洼子 | 岗上、楼上墓 | | |
| 燕文化 | 燕文化 | 尹家村 | | |

---

[①] 冈村秀典:《中国先史時代玉器の生産と流通—前三千年紀の遼東半島を中心に—》,《東アジアにおける生産と流通の歴史社会学的研究》,中国書房,1993 年。

中国古代北疆史的考古学研究

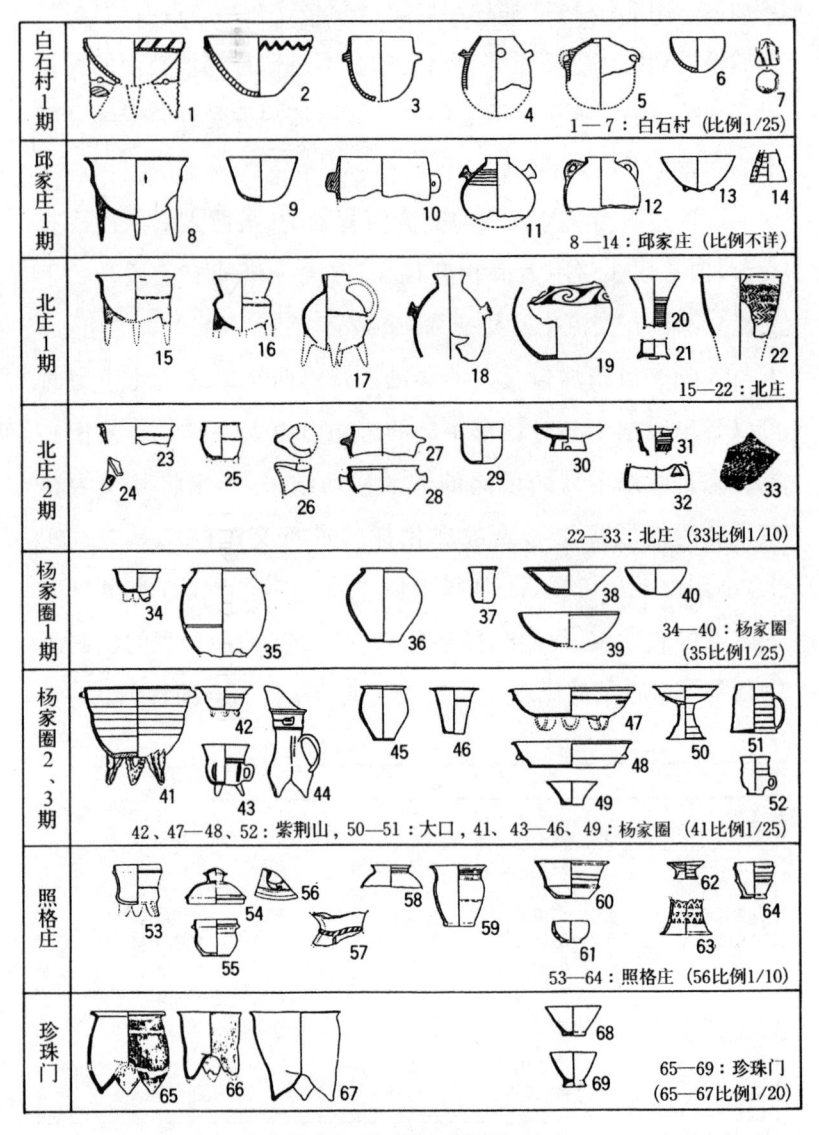

**图 5　胶东半岛陶器演变图**①
（比例 1/20）

---

① 见宫本一夫：《海峡を挾む二つの地域—山東半島と遼東半島、朝鮮半島南部と西北九州、その地域性と伝播問題—》，《考古学研究》第 37 卷第 2 号，1990 年，图 1。

20

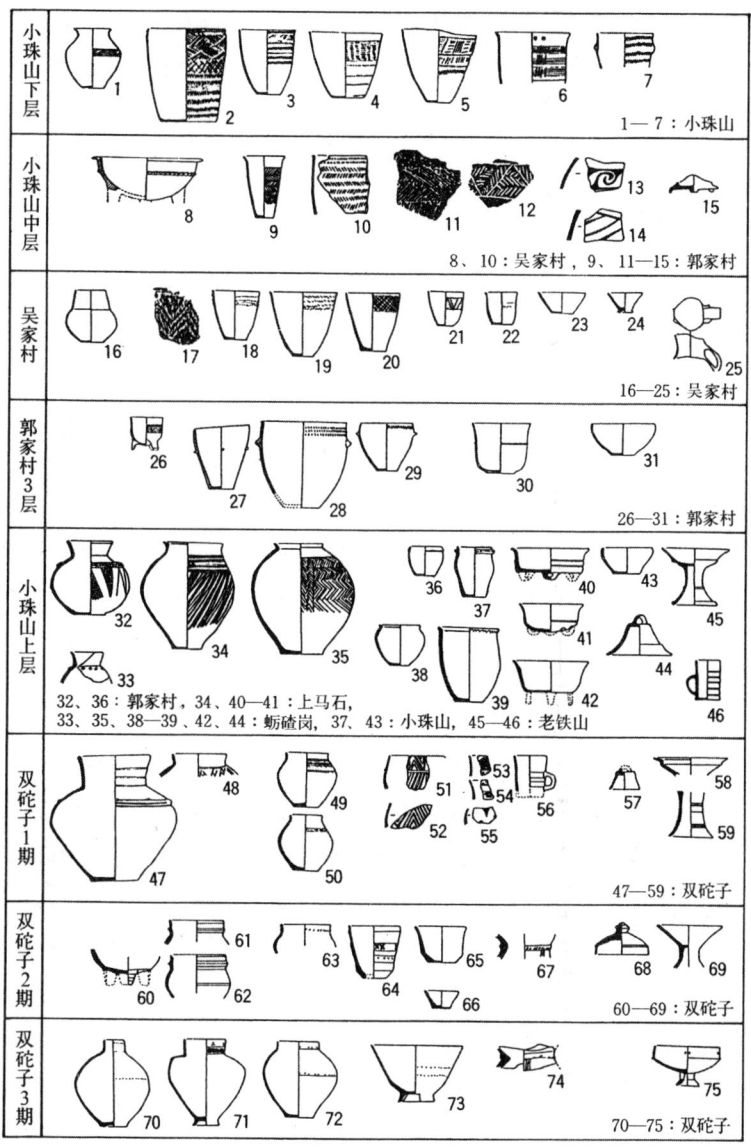

**图6 辽东半岛陶器演变图**①

（10—15、17：比例1/10，其余比例1/20）

---

① 见宫本一夫：《海峡を挟む二つの地域—山東半島と遼寧半島、朝鮮半島南部と西北九州、その地域性と伝播問題—》，《考古学研究》第37巻第2号，1990年，图2。

在双坨子2期和3期也都能够看到接受这种先进生活样式的情况。不过在随后的上马石A地点下层①阶段以后就看不到两地之间的文化交流了。这个阶段相当于西周时期，胶东半岛受到政治上领地的限制，与辽东半岛断绝了原有的文化交流。这意味着进入政治限制文化的阶段。

接下来浏览一下西朝鲜的地域文化。笔者曾指出，从系统上看，西朝鲜陶器样式可能是继承了黄海沿岸地区的圜底釜系统。② 与周边文化不同的陶器样式是目前已知的可以追溯到的时代最早的文化。至于其成因，因为现有资料不足难以深究，这里略作分析。在这个大背景下，南京1期和2期阶段才看到辽东的因素。从纹样或者陶器造型特征来看，图7：36、41的壶是来自辽东的偏堡类型的陶器。图7：36的纹样特色见诸朝鲜西北堂山下层，图7：41的凸弦纹见诸堂山上层的双鹤里等遗址。这个阶段只有特殊的壶形器是受到辽东的影响而进入西朝鲜的。这种文化交往与在胶东半岛和辽东半岛之间所看到的相互交流以及后来导致其生活样式转变等的文化交往不同，它是单项选择的结果，而且只接受了对方的部分陶器。这也是地域文化中的一种文化交往方式。

---

① 宫本一夫：《辽东半岛周代并行土器の变迁—上马石贝塚A・BⅡ区を中心に—》，《考古学杂志》第76卷第4号，1991年。
② 宫本一夫：《朝鲜有文土器の编年》，《朝鲜学报》第121期，1986年。

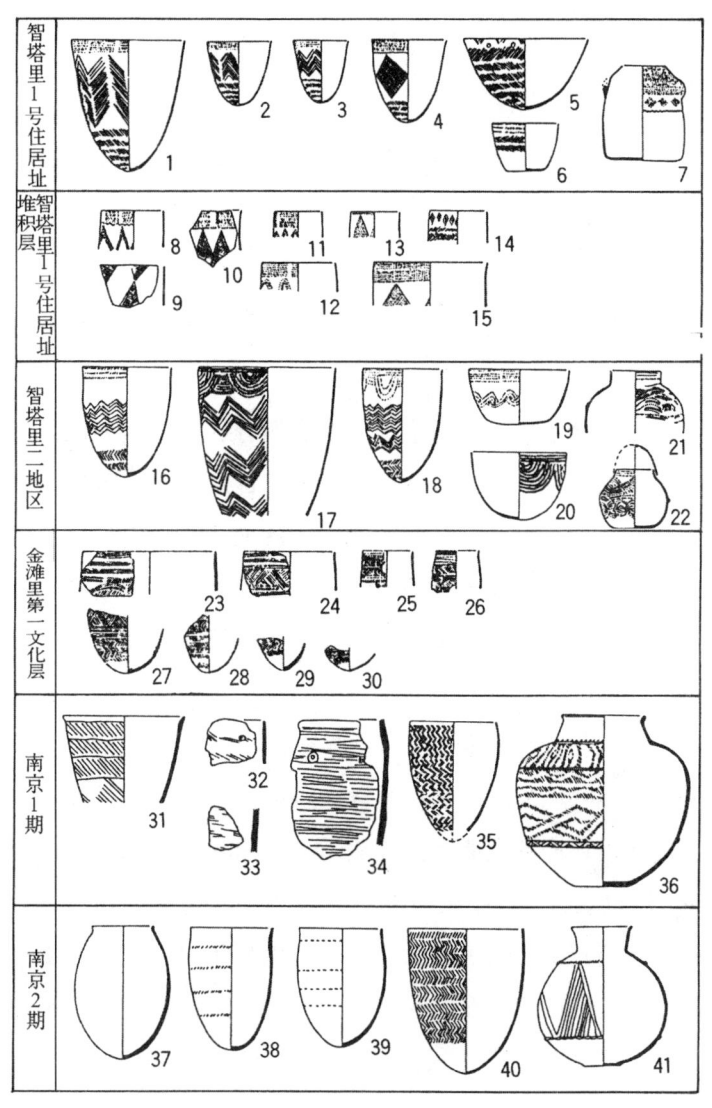

**图 7　西朝鲜新石器时代陶器演变图**①

（1—22：智塔里，23—30：金滩里，31、36：南京 37 号房址，32—33：南京 12 号房址，34：南京 17 号房址，35：龙塘洞，37—41：南京 31 号房址）

---

① 见宫本一夫：《朝鲜有文土器の编年》，《朝鲜学报》第 121 期，1986 年中的图 1。

## 5　文化分区的背景

　　环渤海的胶东半岛、辽东半岛、西朝鲜的地域文化即使因为文化交往而出现变化,但是不同的地域文化仍然一直存在,连绵不断。换言之,尽管地域文化出现变化,但是文化分区或者说地域集团从早到晚一直存在。下面探讨文化分区之所以保持稳定的原因。

　　与文化分区相关的因素之一是自然分区。自然分区是以地形因素与植被为中心的自然环境分区。自然分区是制约地域集团生业和活动范围的自然因素。事实上,现在中国自然分区多数与新石器时代陶器样式分区一致。交流频繁的胶东半岛和辽东半岛在自然分区中属于同一个地带。① 相同的环境有助于人的交流。

　　决定文化分区因素之一的自然分区,与新石器时代以植被为中心的自然环境分区未必一致。全新世后半期的环境变动虽然不如更新世环境变化那么剧烈,但是气温和植被等的变化还是存在的。② 也就是说以植被为中心的自然分区也会变化。同一种植被分布范围也会随时间的推移而发生变化。尤其是本文涉及的环渤海地区虽然处在中纬度,但是纬度相对较高,导致了对气温和降水量敏感的植被也发生变化。需要注意的是,自然分区有

---

① 任美锷:《中国の自然地理》,东京大学出版会,1986年。
② Laboratory of Quaternary Palynology and Laboratory of Radiocarbon, Kweiyang Institute of Geochemistory, Academia Sinica 1978 Development of Natural Environment in the Southern Part of Liaoning Province during the Last 10000 Years, *Scientia Sinica 21*.

一定的变异范围。与之相关的地域文化即地域集团的活动范围也有可能发生变化。自然分区一定程度上制约了地域集团的生业活动。

从世界范围来讲，更新世末期到全新世前半期，随着海平面的变化而急速上升到最高海平面，之后虽然也有微小波动，但是渐趋稳定。本书所涉及的地区是靠近高纬度的中纬度地区，纬度相对较高，气候波动出乎意料的剧烈。特别是从内蒙古中南部到辽西地区的气候变动剧烈，受其影响植被也发生剧烈变化。图8是以花粉分析等为依据建立起来的内蒙古中南部岱海周围植被和气候变动情况。① 现在，该地区内文化内涵明确的新石器时代文化恰好处在世界范围内最高海平面前后的阶段。在温湿期的气候最适宜，该地区属于农耕文化，之后气候波动剧烈，渐趋干凉。王墓山坡上遗址应对仰韶文化末期寒冷气候的措施是，屋内不仅设置炊煮用的灶，还设置了取暖用的灶。王墓山坡上遗址2期开始，为了便于采光，整个聚落的房门全部朝南，这是保持室内温度而改变了聚落的结构。② 龙山文化阶段为了应对寒冷天气，房屋结构变化更加明显，如园子沟遗址建造了窑洞式住房。另外，如第2章将论述的那样，花粉分析结果显示气候变得干燥，使得动物群发生了变化，从龙山文化时期开始出现了以前没有的羊

---

① 田广金、史培军：《内蒙古中南部原始文化的环境考古研究》，内蒙古文物考古研究所编：《内蒙古中南部原始文化研究文集》，海洋出版社，1991年。
② 秋山进午、大貫静夫、宮本一夫、広川守、小田木治太郎：《内蒙古王墓山上遺跡の発掘調査、遊牧騎馬民族文化の生成と発展過程の考古学的研究》[平成7年～9年度文部省科学研究費補助金（国際学術研究）報告書]，大手前女子大学文学部，1998年。

等畜牧型家畜,它是畜牧比例提高的原因之一。① 根据花粉分析结果,比较内蒙古中南部与辽西地区的气候变动,可以发现内蒙古中南部率先进入干凉期。换言之,内蒙古中南部逐步进入干燥期时,与朱开沟文化并行的辽西的夏家店下层文化阶段气候并不那么干燥,反倒是夏家店上层阶段气候变得非常干燥。北方地区的干凉化导致植被和畜牧农耕等生业出现了地域性变化。从内蒙古中南部到辽西包括生业在内的一体化导致青铜时代文化面貌变得很相似。

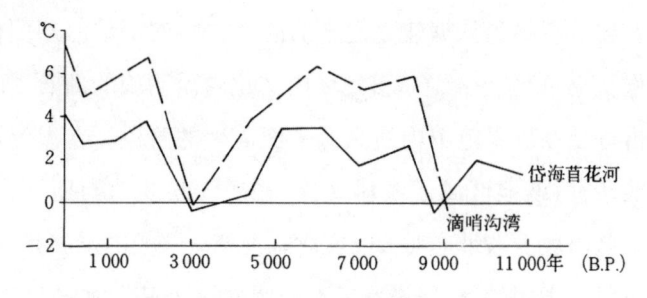

1 鄂尔多斯地区距今1万年间温度变化

2 鄂尔多斯地区距今1万年间湿度变化

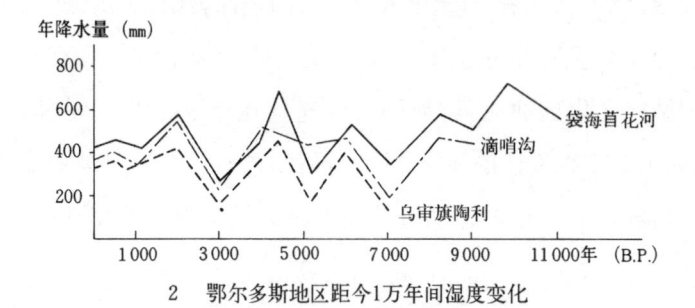

**图 8 内蒙古中南部古气候变动②**

---

① 孔昭宸、杜乃秋、刘观民、杨虎:《内蒙古自治区赤峰市距今8000—2400年间环境考古学的初步研究》,中国社会科学院考古研究所编著:《大甸子——夏家店下层文化遗址与墓地发掘报告》,科学出版社,1996年。
② 见田广金、史培军:《内蒙古中南部原始文化的环境考古研究》,内蒙古文物考古研究所编:《内蒙古中南部原始文化研究文集》,海洋出版社,1991年,图8、图9。

## 6　从生业看文化分区

　　如上所述,自然分区对以此为背景的地域集团的生业具有很大的影响。促使生业出现的原因之一无疑是以植被为中心的自然环境。下面将探讨构成地域集团的生业以及生业与文化分区之间的关系。生业,一言以蔽之,是农耕或狩猎采集,或者农耕与狩猎采集组合起来的复杂的经济体系,要把握它们的面貌就必须从多个角度分析植物遗骸、花粉、动物遗骸等自然遗物,复原当时的环境。为了把握地域文化的特点,需要关注生业活动所需的工具即石器,根据石器造型及石器组合来把握地域文化中的生业和地域性。

　　这里首先分析辽东尤其是辽东半岛,然后分析西朝鲜(图9)。首先陶器样式比较结果表明,胶东半岛和辽东半岛的文化交往,与辽东半岛和西朝鲜的文化交往存在本质差异。下面从生业角度分析文化交往的意义。

　　辽东(辽东半岛)的石器组合包括镞(图 9∶1、2)、斧(图 9∶4)、铲(图 9∶5)、磨盘(图 9∶6)和磨棒(图 9∶7),这种基本组合与从西朝鲜的弓山文化 1 期、2 期到金滩里第 2 文化层为止的石器组合相同。特别是两地的长三角形扁平磨制石镞的造型和制作技术特点很相似。这种石器组合不仅见诸从辽东小珠山下层(新乐下层)与西朝鲜弓山文化 1 期、2 期(智头里)到金滩里第 2 文化层(南京 1 期、2 期),还见诸两地之间的辽宁省本溪县马城子 B 洞下层和北甸 A 洞下层。[①] 马城子 B 洞下层和北甸 A 洞下

---

① 辽宁省文物考古研究所、本溪市博物馆编:《马城子——太子河上游洞穴遗存》,文物出版社,1994 年。

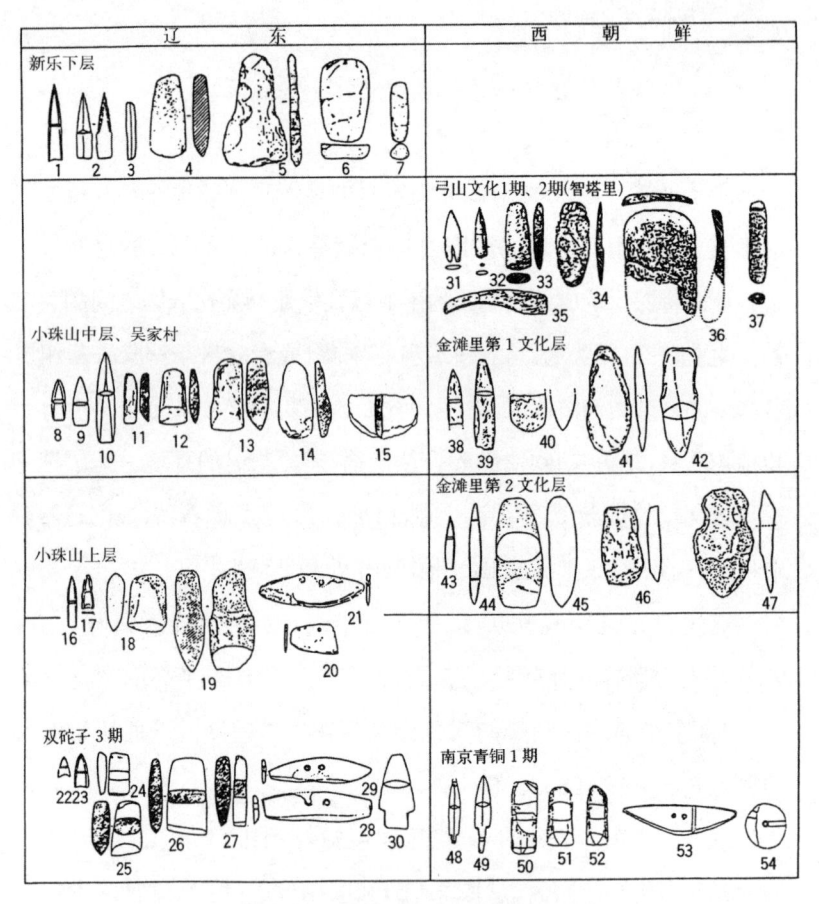

图9　辽东、西朝鲜石器组合的变化①
（比例不同）

---

① 新乐的图见沈阳市文物管理办公室：《沈阳新乐遗址试掘报告》，《考古学报》1978年第4期和沈阳市文物管理办公室、沈阳故宫博物馆：《沈阳新乐遗址第二次发掘报告》，《考古学报》1985年第2期；小珠山、吴家村的图见辽宁省博物馆、旅顺博物馆、长海县文化馆：《长海县广鹿岛大长山岛贝丘遗址》，《考古学报》1981年第1期；双砣子的图见朝、中合同考古学发掘队：《崗上·樓上—1963～1965中國東北地方遺跡発掘報告—》，六兴出版，1986年；智塔里的图见朝鲜民主主义人民共和国科学院考古学및民俗学研究所：《智塔里原始遗迹发掘报告》，《遗迹发掘报告》第8集，1961年；金滩里的图见朝鲜民主主义人民共和国科学院考古学및民俗学研究所：《金滩里原始遗迹发掘报告》，《遗迹发掘报告》第10集，1964年"；南京的图见金用玗、石光濬：《南京遗迹에关한研究》，1984年。

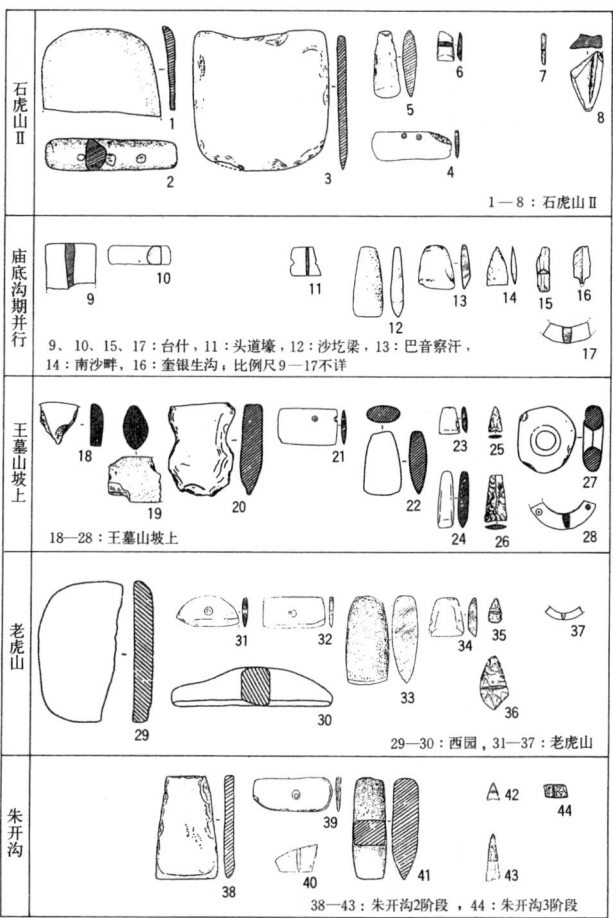

图 10　内蒙古中南部的石器变迁①
（比例 1/8）

---

① 石虎山的图见内蒙古文物考古研究所、日本京都中国考古学研究会中日岱海地区考察队：《内蒙古乌兰察布盟石虎山遗址发掘纪要》，《考古》1998 年第 12 期；台什、头道壕、沙圪梁、巴音察汗、南沙畔、奎银生沟的图见王志浩、杨泽蒙：《鄂尔多斯地区仰韶时代遗存及其编年与谱系初探》，内蒙古文物考古研究所编：《内蒙古中南部原始文化研究文集》，海洋出版社，1991 年，图 4；王墓山坡上的图见内蒙古文物考古研究所、日本京都中国考古学研究会中日岱海地区考察队：《凉城王墓山坡上遗址发掘报告》，魏坚主编：《内蒙古文物考古文集》第 2 辑，中国大百科全书出版社，1997 年；西园的图见内蒙古社会科学院历史研究所、包头市文物管理处：《内蒙古包头市西园遗址 1985 年的发掘》，《考古学集刊》第 8 集，1994 年；老虎山的图见田广金：《凉城县老虎山遗址 1982—1983 年发掘简报》，《内蒙古文物考古》1986 年第 0 期；朱开沟的图见田广金：《内蒙古朱开沟遗址》，《考古学报》1988 年第 3 期。

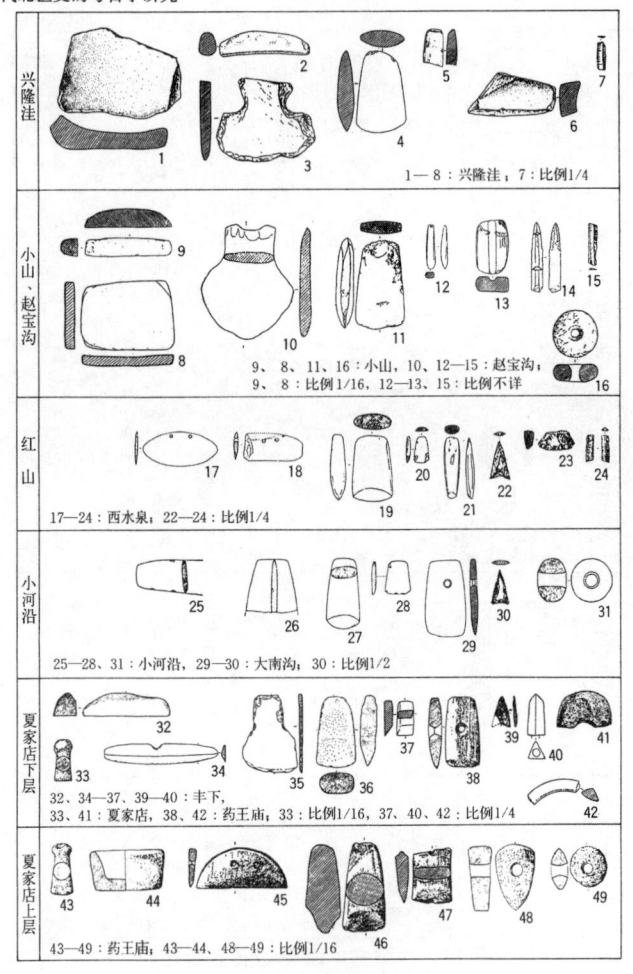

**图 11　辽西石器的演变**①
（比例 1/8）

---

① 兴隆洼的图见中国社会科学院考古研究所内蒙古工作队：《内蒙古敖汉旗兴隆洼聚落遗址 1992 年发掘简报》，《考古》1997 年第 1 期；小山的图见中国社会科学院考古研究所内蒙古工作队：《内蒙古敖汉旗小山遗址》，《考古》1987 年第 6 期；赵宝沟的图见中国社会科学院考古研究所编著：《敖汉赵宝沟——新石器时代聚落》，中国大百科全书出版社，1997 年；西水泉的图见中国社会科学院考古研究所内蒙古工作队：《赤峰西水泉红山文化遗址》，《考古学报》1982 年第 2 期；小河沿的图见辽宁省博物馆、昭乌达盟文物工作站、敖汉旗文化馆：《辽宁敖汉旗小河沿三种原始文化的发现》，《文物》1977 年第 12 期；大南沟的图见辽宁省文物考古研究所、赤峰市博物馆编著：《大南沟——后红山文化墓地发掘报告》，科学出版社，1998 年；丰下的图见辽宁省文物干部培训班：《辽宁北票县丰下遗址 1972 年春发掘简报》，《考古》1976 年第 3 期；夏家店的图见中国社会科学院考古研究所内蒙古工作队：《赤峰药王庙、夏家店遗址试掘报告》，《考古学报》1974 年第 1 期；药王庙的图见中国社会科学院考古研究所内蒙古工作队：《赤峰药王庙、夏家店遗址试掘报告》，《考古学报》1974 年第 1 期。

层的年代相当于小珠山中层到吴家村期。① 截至这个阶段,辽东内陆与西朝鲜的石器组合相同。属于辽东小珠山下层期的沈阳市新乐遗址下层发现了黍②,可能出现了黍作农业。石器组合相同的弓山文化1期、2期的智塔里遗址第2地区2号房址③和属于南京2期的南京遗址31号房址④出土了粟,可见这个阶段已经出现了农耕。因此,辽东和西朝鲜在初期阶段石器组合相同,经营相似的旱作农耕经济。虽然应该探讨生业对旱作农耕的依赖程度,不过拙著暂不讨论这个问题。

辽东半岛石器组合的变化是小珠山中层、吴家村期出现了摘取稻穗的石刀(图9:15)。石刀在小珠山上层才普及。新出现的石器的普及与上述陶器交流以及辽东半岛陶器样式转变是同步的。辽东半岛,要到双坨子3期工具类的扁平石锛(图9:24)和石凿(柱状石锛,图9:27)才定型。在这个阶段看到的青铜镞是殷后期至西周前期的造型,辽东半岛从胶东半岛进口物资一直持续到双坨子3期。这种固定的石器组合,以及同时期的卜骨基本都是与胶东半岛文化交往后结出的硕果。相对于辽东半岛的发展,在素面(无纹)陶器样式确立的阶段(南京青铜1期),西朝鲜出现了包括石刀(图9:53)、扁平石锛(图9:50)、石凿(柱状石锛)和纺轮在内的新的石器组合。其背景是西朝鲜吸收并消化了与之有着文化交往的辽东半岛的新的石器组合,这是经过选择

---

① 宫本一夫:《遼東新石器時代土器編年の再檢討》,《東北アジアの考古学的研究》,同朋社出版,1995年。
② 沈阳市文物管理办公室、沈阳故宫博物馆:《沈阳新乐遗址第二次发掘报告》,《考古学报》1985年第2期。
③ 朝鲜民主主义人民共和国科学院考古学및民俗学研究所:《智塔里原始遗迹发掘报告》,《遗迹发掘报告》第8集,1961年。
④ 金用玕、石光叡:《南京遗迹에관한研究》,1984年。

的新的石器组合。西朝鲜的石刀造型位列辽东半岛石刀造型变化序列当中。①

上述石器组合反映了以下事实。辽东与西朝鲜拥有原本就相同的石器组合,辽东半岛在与胶东半岛交流过程中,其石器组合发生了变化,西朝鲜随之吸收了新的石器组合。由此可知,西朝鲜原先与辽东一样,在相同的生态环境中从事粟和黍等旱作农耕,且在生业中占有一定比例,但在此后的文化发展过程中,它朝着有选择性地吸收新的石器的方向转变。就像西朝鲜在陶器样式方面选择吸收了壶那样,它有选择地吸收了外来文化。这种文化交流形式与南京青铜器1期以后辽东美松里型壶和辽宁式铜剑进入西朝鲜的情况相同,美松里型壶和辽宁式铜剑也是西朝鲜有选择地吸收外来文化的结果。

下面比较分析有文化交流的内蒙古中南部和辽西的石器组合。首先,简单地回顾一下内蒙古中南部石器组合的变化过程(图10)。石虎山时期,有磨盘、磨棒(图10:1、2)等磨面用具和石铲(图10:3)、石刀(图10:4)等农耕工具。石铲是翻土和起土工具。此外还有磨制石斧(图10:5、6)、加工骨角器的砥石(图10:8)。石虎山遗址还发现了细石器(图10:7),它是制作骨柄石刃刀时嵌入骨柄内的石叶。与仰韶文化中期庙底沟并行阶段所使用的石器同前一个时期的石器组合基本相同,只是新出现了打制石镞(图10:14)。② 打制石镞属于北方地区的石器技术传统。此外还有作为首饰的石环(图10:17)、加工石环的石

---

① 下条信行:《日本石包丁の源流—弧背弧刃系石包丁の展開—》,《日本民族・文化の生成 1 永井昌文教授退官記念論文集》,六兴出版,1988年。
② 王志浩、杨泽蒙:《鄂尔多斯地区仰韶时代遗存及其编年与谱系初探》,内蒙古文物考古研究所编:《内蒙古中南部原始文化研究文集》,海洋出版社,1991年。

锥等(图10:16)。与仰韶后期并行的王墓山坡上遗址依然只有少量磨盘和磨棒,同其他地区大幅度扩充石器组合相比,这里显得相当保守。截至这个阶段,庙子沟等遗址都出土了嵌刃石器。① 此外,还发现了打制石镞(图10:25)和类似石枪头的大型石镞(图10:26)。这个阶段还能见到石纺轮等,开始见到被当作礼器的穿孔石斧和圜状石斧(图10:27),与龙山文化并行阶段的情况相仿。西园遗址依然只有少量磨盘和磨棒(图10:29、30)。② 进入朱开沟时期之后,磨盘、磨棒及石环消失,石器组合中其他石器尚存,新出现的石器是石镰(图10:40)。

与内蒙古中南部的发展相比,辽西石器组合的情况稍有不同(图11)。兴隆洼文化阶段的石器有磨盘、磨棒(图11:1、2),还有磨制石斧(图11:4、5)以及打制石铲(图11:3),迄今为止还没有发现石刀。赵宝沟文化阶段石器组合与前期的基本相同,只是打制石铲通过磨制而变成了固定造型的石铲(图11:10)。这个阶段虽然还有细石器(图11:15),不过因为迄今没有发现过骨柄,细石器中是否有与内蒙古中南部的一样被当作骨刀的石刃,不得而知。从这个阶段开始可以看到尖端经过细微修整的石镞(图11:14)。石器组合的变化始于红山文化阶段,这时出现了作为农具的石刀(图11:17、18)。细石器继续存在,新出现了打制石镞(图11:22)。农具中造型固定的磨制石铲、磨面用的磨盘和磨棒等继续存在。后续的小河沿文化阶段的石器以磨制石器为主,赤峰市大南沟墓地出土的镶嵌石叶的骨柄表明这里还

---

① 内蒙古文物考古研究所:《内蒙古察右前旗庙子沟遗址考古纪略》,《文物》1989年第12期。
② 内蒙古社会科学院历史研究所、包头市文物管理处:《内蒙古包头市西园遗址1985年发掘》,《考古学集刊》第8集,1994年。

在使用细石器。① 这里的环状石斧(图 11∶31)以及流行方形石刀佐证了上述陶器存在交流的说法是可靠的。这里还有大型打制石镞。除打制石镞(图 11∶39)外,后续的夏家店下层文化以磨制石器为主,还有磨制石镞(图 11∶40)。磨盘和磨棒消失后,取而代之的是石杵(图 11∶33)。石刀造型特殊,具有很强的地域性特点。夏家店上层阶段,还有作为农具的石刀,作为礼器的穿孔石斧(图 11∶48)和圜状石斧(图 11∶49)等令人瞩目。如上所述,石器组合在辽西的发展虽然与其在内蒙古中南部的发展相似,但是各类石器出现的时间稍有先后,石器造型各具特色。其中,打制石镞的出现和细石器的使用是中国北方的共性,而石刀和石铲等农耕工具可能来自华北农耕社会。从作为礼器的石环和圜状石斧出现时间来看,东西部很可能有过文化交流。

上述两个例子表明,在陶器方面进行交流的阶段,石器方面也有类似的交流。不过胶东半岛和辽东半岛甚至西朝鲜的石器组合的变化是单方面的变化,而内蒙古中南部和辽西的石器组合的变化则是双方的变化。

## 7 分区的变化

上面探讨了孕育出地域文化的新石器时代至铜器时代基础文化的长城地带,即内蒙古中南部到辽西—辽东一带的地域文化。其间,以陶器样式为中心的地域文化不是一成不变的,分布地域亦有变化。下面将探讨这里的地域文化变迁。

---

① 辽宁省文物考古研究所、赤峰市博物馆编著:《大南沟——后红山文化墓地发掘报告》,科学出版社,1998年。

为了叙述地域文化的变迁,把以下的3个阶段提炼成3个模式,然后分别探讨它们的变化。第1阶段相当于从裴李岗、磁山文化到仰韶文化庙底沟类型阶段,即公元前6000—3500年;第2阶段相当于仰韶文化晚期到龙山文化阶段,即公元前3500—2000年;第3阶段相当于从二里头文化到战国时期,即公元前2000—200年。

本章开头以炊煮器的釜和罐的形态为对象,从制陶技法角度梳理了地域文化谱系,分析了各地已知早期阶段的陶器。现在已知内蒙古中南部时代最早的新石器阶段的陶器样式属于分布在渤海湾沿岸到太行山脉东麓的后冈一期文化,这里是后冈一期文化分布区的北界,这是其地域特色。第1阶段是通过太行山脉东侧实现了南北交流。从石器组合及家畜来看,该地区无疑已经出现了农耕。就止于内蒙古中南部的南北地域相互作用圈而言,辽西以东形成了陶器样式显著不同的地域相互作用圈。辽西和辽东陶器样式属于同一个系统,辽西陶器样式对辽东陶器样式的形成产生了一定的影响。[①] 前面已经指出,胶东半岛与西朝鲜也可能存在某种陶器样式。

在辽西,从磁山文化出现之字纹筒形罐(平底深腹罐)、红山文化中出现的具有后冈一期特征的缸等看,磁山文化或后冈一期文化与华北无疑有一些南北交流,但是尚未形成相同的地域相互作用圈。内蒙古中南部以南的华北所形成的南北地域相互作用圈,随着时间的推移,其范围有所变化。内蒙古中南部的石虎山Ⅰ遗址绳纹普及一事表明陶器信息发源地逐渐发生变化,之后仰

---

[①] 宫本一夫:《遼東新石器時代土器編年の再檢討》,《東北アジアの考古学の研究》,同朋社出版,1995年。

韶文化庙底沟期内蒙古中南部与陕西盆地的共性增多，南北部地域相互作用圈发生了变化。

石器清楚地表明，包含内蒙古中南部在内的华北与辽西—辽东分属于两个系统。就石器特色而言，从辽西—辽东到内蒙古中南部可以看到具有北方地区鲜明特色的细石器。大概率先出现于辽西的打制石镞见于内蒙古中南部第1阶段末期的仰韶文化庙底沟类型。这种细石器即打制石镞属于北方系统的石器制作技术系统。与之相对的是，从内蒙古中南部到辽西的磨盘、磨棒、石刀和石铲与农耕有关，从其分布地区来看，它属于华北系统的石器群。这样看来，石器方面显示了第1阶段根据陶器所划分的内蒙古中南部与辽西—辽东是南北文化交流地带。

第2阶段是仰韶文化晚期到龙山文化并行期，从内蒙古中南部到辽西两个地区之间文化交流频繁，也就是前面提到的陶器技术传统的交流。它是指内蒙古中南部出现了筒形罐（平底深腹罐），辽西出现了绳纹。两个地区的彩陶纹样的结构相似。这种地区之间的交往，在前一个阶段属于南北地域相互作用圈，而从这个阶段开始，东西之间形成了地域间相互作用圈。就石器而言，内蒙古中南部到辽西之间都发现了细石器以及用石叶制作的石刃骨柄刀。第三章还会详细地讨论这个问题，它是东西文化交往的实例。仰韶文化末期，内蒙古中南部出现了石城，辽西地区在稍晚的第3期普遍出现了石城，两个地区都看到石城这个事实说明，从内蒙古中南部到辽西的东西之间已经形成了地域相互作用圈。本书没有涉及的东西之间的地域相互作用圈甚至向西扩展到了甘肃省和青海省，在长城地带已经形成了文化上的地域相互作用圈。

这个阶段，辽东出现了小区化现象。辽东大致分为吉长地区、辽河下游、鸭绿江下游和辽东半岛等小区。辽河下游的陶器样式与鸭绿江下游的陶器样式属于同一个地区的陶器样式,但是吉长地区发展出了具有当地特色的陶器样式。辽东半岛与胶东半岛的交流非常活跃,使得陶器样式发生了很大变化。西朝鲜和大同江下游与汉江下游各具地域特色,小区化不断发展。

第3阶段是以第2阶段中长城地带为中心的东西地域相互作用圈为基础,形成了具有中国北方特色的青铜器文化,也就是北方式青铜器文化并持续发展的阶段。毫无疑问,虽然青铜器特征反映了东西之间的交往,但是各地的特色依然很鲜明。第3阶段初期,在二里岗时期,内蒙古中南部就与中原有了文化交流,至二里头时期,辽西与中原开始了文化交流,从中可以看出南北之间的联系。西周到春秋战国时期,燕与辽西有文化交流,它们之间是领地关系。战国后期赵向鄂尔多斯青铜器文化地带扩张。南北之间的一系列联系是以内蒙古中南部到辽西的长城地带东西地域相互作用圈为基础促成的南北文化交流。本书未能论及,第3阶段之后的第4阶段,秦汉时期出现了以东西地域相互作用圈为基础,通过兼并建立起来的匈奴游牧国家和以中原为中心的统一国家秦汉帝国,这两个地区的政权反映了南北之间通过战争等相互交往形成的具有历史意义的发展态势。

第3阶段,辽河下游受到辽西的影响,出现了鬲和鼎为中心的陶器样式,这种新样式一直传播到吉长地区。辽东以东地区始终没有引进鬲和鼎。这样辽东以东地区就形成了独立的地域相互作用圈。截至这个时期,西周以后因为分封诸侯而实行的地域统治关系,阻断了胶东半岛与辽东半岛之间的交流。在这个过程中,辽东半岛和鸭绿江下游以海岸为纽带建立起了密切的联系。截至这个时期,辽东被分割为北方的辽河下游与吉长地区、南方的辽东半岛与鸭绿江下游两个部分,前者与辽西构成了地域相互作用圈,后者构成了辽东以东的地域相互作用圈。辽东的地域特色是石棚,后来变成了辽东型辽宁式铜剑文化。这个地域相互作用圈大概反映了小区共享高层次信息的情况。这种小区的特性始于石棺墓从辽西传入浑河流域阶段,到了大石盖墓阶段变得愈发明显。西朝鲜在保持小区特色的同时,有选择地从辽东半岛、鸭绿江下游地区吸收了新的石器组合和美松里型陶壶,导致其社会面貌发生了变化。他们还从辽东吸收了被当作宝物或祭器的辽宁式铜剑。

讨论地域文化阶段性变化时需要注意的是,胶东半岛与辽东半岛之间的关系。隔海相望的两个地区气候、植被和自然地貌相似,共享同一个捕捞区,捕捞技术比较发达,从第2阶段开始双方的交流非常频繁。① 本来这种频繁的交流会持续下去,但是西周分封制导致齐等诸侯国出现并且明确了领地范围,西周以后胶东半岛和山东半岛原来利用自然环境开展的交流因为政治上的阻隔而被切断。这样看来,西周以后特别是战国时期出现的领地国家无疑对地域文化的形成产生了一定的影响。

## 8 小结

前文从陶器样式、石器组合、生业、自然区分和政治等多个方面检讨了从内蒙古中南部到辽西—辽东为中心的长城地带的考古学上的地域文化。现在已经清楚看到,地域文化在不同时期,

---

① 渡边诚:《中国古代の釣り針》,《東アジアの考古と歴史 上 岡崎敬先生退官記念論集》,同朋社出版,1987年。

其分布地域会发生变化，不同地域之间的大范围的地域相互作用圈也会发生变化。从时间上看，存在着一根连绵不断的地域文化主线。这个主线是地域集团生息繁衍，世代相传的人们生息繁衍。地域文化反映了他们的文化样式，是地域社会的单位。考古学追溯地域集团的过去，在特定的时空框架内探讨其变化。以下各章将根据上面构建的地域社会框架，探讨各个地区的社会变化。首先探讨第1和第2阶段中原的社会进化，以试图厘清第2阶段长城地带的地域性。

# 第二章　中原及其边境的形成

　　中国大陆被秦岭—淮河分为气候、地形环境不同的两个地区。这个分区在全新世始终如一,北边是华北,南边是华中、华南。生态方面的不同体现在北方是旱作,南方是稻作。史前时期生业不同导致其文化面貌也不同,自始至终地展示了不同的文化谱系。虽然它们的地理位置不同,但是考古资料表明,华北和华中都是东亚最早出现农耕的地区。不过限于资料,农耕出现的过程至今未得到合理的解释。近年来,华中稻作方面的资料能够上溯到很早以前,有关稻作及其社会发展的研究比较活跃,但有关以粟为中心的旱地农耕出现过程的研究则停滞不前。自从柴尔德提出了新石器时代革命的观点后,农耕就被认为是进步的标志,是最先进的文化。问题在于,如果不追究农耕背后的社会性,研究就无法深入。近年来,关于农耕起源核心区之一的黎凡特地区的农耕起源机制有了新的解释。① 新观点不像柴尔德那样看重农耕开始以后人口增加导致剩余产品积累所带来的飞跃发展②,而是看重定居狩采社会确立之后、农耕开始之前的社会组

---

① Bar-Yosef, Ofer and Meadow, H. Richard, "The Origins of Agriculture in the Near East", In *Last Hunters First Farmers*, edited by T. Douglas Price and Anne Birgitte Gebauer(eds), School of American Research Press, 1995, pp. 39 - 94.
② V. G. Childe, *Man Makes Himself*, Watts & Co, 1936.

织的发展。① 这种研究范式的导向性变化适用于东亚农耕研究。本书将从社会发展的角度探讨促使农耕出现的背景，伴随农耕发展起来的社会组织的变化和进化。为此，本书只详细地论述了后来出现古代国家商周社会的地理中心即黄河中游也就是中原地区，其他地区只在讨论地域之间关系时略有涉及。这里所说的周边地区，不是指政治上的周边地区，而是指实施与华北型农耕社会不同的经济战略的社会。

## 1 华北初期农耕的特征

华北最早的栽培作物是公元前 5000 年左右的裴李岗、磁山文化的粟，以及同时期甘肃省秦安大地湾遗址②和河南省新郑市裴李岗遗址③出土的黍。④ 华北的栽培作物以粟和黍为中心，此外还有大地湾遗址出土的蔬菜种子，旱地农耕的特征非常明显。同样属于裴李岗文化的河南省舞阳县贾湖遗址⑤出土了粟和稻。贾湖遗址位于沙河等淮河支流的台地，这个时期随着气候温湿化而变得适合种植水稻，但该遗址以北的裴李岗、磁山文化至今没有发现水稻遗骸。华北的栽培稻基本上是旱地农业中栽培作物

---

① Brian Hayden, "A New Overview of Domestication", In *Last Hunters First Farmers*, edited by T. Douglas Price and Anne Birgitte Gebauer, School of American Research Press, 1995, pp. 273 - 299.
② 甘肃省博物馆、秦安县博物馆、大地湾发掘组:《一九八〇年秦安大地湾一期文化遗存发掘简报》，《考古与文物》1982 年第 2 期。
③ 中国社会科学院考古研究所河南一队:《1979 年裴李岗遗址发掘报告》，《考古学报》1984 年第 1 期。
④ 本章使用的 $C_{14}$ 数据未经树轮校正。
⑤ 张居中、孔昭宸、刘长江:《舞阳史前稻作遗存与黄淮地区史前农业》，《农业考古》1994 年第 1 期。

的一种,而不像华中那样稻是农耕的主体。正像后来所看到的那样,水稻在逐渐北上华北地区的过程中,并未取代其他栽培作物,它是作为旱地农耕多样性战略而出现的。湖南省道县玉蟾岩遗址①的炭化米和江西省万年县吊桶环遗址②所发现的植物硅酸体表明,距今 10 000 年左右出现了栽培稻,华中栽培稻的年代上限逐渐上移。贾湖的例子表明,随着气候温湿化,栽培稻北上,而贾湖遗址一带原来是种粟的。目前还没有发现早于裴李岗、磁山文化的粟和黍,不过 8 000 年前的河北省徐水县南庄头遗址③出土了磨石和磨棒,花粉中也发现了禾本科植物,这暗示这里存在栽培作物。石器组合表明,它很可能是粟或黍。无论怎么说,重点是粟和黍是适合干燥地带的栽培作物。

因为不清楚从中石器向新石器时代的转变过程,所以现在不清楚粟和黍农耕是如何开始的。这些谷物不仅适应华北的碱性土壤,甚至还适应了半干旱气候。④ 在它们被作为农作物种植之前,这些谷物的野生种业已存在,不难想象是人类把它们驯化成栽培种的。粟的野生种当是狗尾草⑤,而黍的野生种不详。目前栽培作物出土趋势表明,粟分布在渭河流域,黍分布在从黄河中

---

① 严文明:《我国稻作起源研究的新进展》,《考古》1997 年第 9 期。
② R. S. MacNeish and J. Libby (eds.), *Origins of Rice Agriculture. Preliminary Report of the Sino-American Jiangxi (PRC) Project. SAJOR.* Publications in Anthropology No. 13, EL Paso Centennial Museum, University of Texas at El Paso, 1995.
③ 保定地区文物管理所、徐水县文物管理所、北京大学考古系、河北大学历史系:《河北徐水县南庄头遗址试掘简报》,《考古》1992 年第 1 期。
④ Chang Te-Tzu, "The Origins of Early Cultures of the Cereal Grains and Food Legumes", In *The Origins of Chinese Civilization*, Edited by David N. Keightley, California University of California Press, 1983, pp. 65 – 93.
⑤ 黄其煦:《黄河流域新石器时代农耕文化中的作物(续)——关于农业起源问题的探索》,《农业考古》1983 年第 1 期。

游到黄河下游的东部地区,两者发源于不同地区。黍的分布地区与东部粟的分布地区相比更加干燥,黍适宜生长在干凉的黄土地带。① $C_{14}$ 年代为公元前 8000 年的南庄头第 6 层出土了磨盘和磨棒等磨粉工具、禾本科作物以及猪等家畜,可以想象,这里已经是农耕社会了。从陶器来看,可以肯定的是,人们已经定居,通过采集禾本科植物与猎取鹿为主的狩猎获得食物。若果真如此,那么率先出现粟和黍等谷物栽培就未必是定居的前提条件,反过来,富裕的狩采社会是定居的前提条件。谷物栽培是从高度社会组织化的狩采社会发展而来的假说很有道理②,华北农耕的起源正好符合这个模式。因此,在农耕出现以前就出现了陶器是东亚的共性。③

研究中原新石器时代就要了解两大文化谱系,即渭河流域的陕西盆地、河北省南部与河南省构成的黄河中游。渭河流域的文化序列如下:老官台文化→仰韶文化半坡类型(半坡类型→史家类型→庙底沟类型→半坡晚期)→龙山文化客省庄 2 期。黄河中游的文化序列如下:裴李岗、磁山文化→仰韶文化王湾 1 期→仰韶文化秦王寨类型→庙底沟 2 期→河南龙山文化。陶器组合一如既往地明确反映了地域性差异,黄河中游在与黄河下游交流中最先引进了鼎等炊煮器,黄河中游却不见最具渭河流域特色的尖

---

① W. Yan, "Origins of Agriculture and Animal Husbandry in China", In *Pacific Northeast Asia in Prehistory. Hunter Fisher Gatherers, Farmers, and Sociopolitical Elites*, edited by C. M. Aikines and Song N. Rhee, Washington State University Press, 1992, pp. 113 – 123.

② Brian Hayden, "A New Overview of Domestication", In *Last Hunters First Farmers*, edited by T. Douglas Price and Anne Birgitte Gebauer, School of American Research Press, 1995, pp. 273 – 299.

③ Anne P. Underhill, "Current Issue in Chinese Neolithic Archaeology", In *Journal of World Prehistory*. 11(2): pp. 103 – 160.

底瓶。下面比较这两个地区的裴李岗、磁山文化与老官台文化的社会组织。

黄河中游的河北省武安县磁山遗址发现了大量窖穴。① 它们基本上是圆角长方形的竖穴土坑,其中 88 个有粟的痕迹。窖穴分 2 期,分布在三个发掘区,从几个一组到十几个一组成组分布。据佟伟华测算,窖穴中粟的储量可能有 5 万吨之多,需要注意的是它们不是同一个时期的粟。即使撇开这一点不论,仅仅从谷物以被普遍认可的方式存储起来并且储量之巨看,该聚落属于稳定的农耕社会。窖穴成片集中分布而且周围没有居址,表明窖穴可能是由集团统一管理的。

通过分析裴李岗文化墓葬,我们可以发现这种集团结构的特点。② 裴李岗文化墓地最初见于裴李岗等几个遗址,随葬品组合明显不同。除陶器外,还有专门磨粉的磨盘和磨棒组合,以及翻耕、挖土的石铲和做木工的石斧,有的甚至还有收割谷物的石镰。在后一种组合中,以石铲为主,有的还有石斧和石镰,最常见的随葬品只有石铲。这些磨盘和磨棒原则上不与石铲共存于一墓。假如把它与民族志所反映的按性别实行的劳动分工进行对应,那么磨盘和磨棒组合是女性墓,石铲、石斧、石镰则是男性墓。这个推测与河南省长葛县石固遗址③和贾湖遗址④墓地人骨性别鉴定结果不矛盾,因为性别不同,随葬的器物种类则不同。因此,需要

---

① 佟伟华:《磁山遗址的原始农业遗存及其相关的问题》,《农业考古》1984 年第 1 期。
② 宫本一夫:《華北新石器時代の墓制にみられる集団構造(一)》,《史淵》第 132 号,1995 年。
③ 河南省文物研究所:《长葛石固遗址发掘报告》,《华夏考古》1987 年第 1 期。另,长葛县现为长葛市。
④ 河南省文物研究所:《舞阳贾湖遗址的试掘》,《华夏考古》1988 年第 2 期;河南省文物研究所:《河南舞阳贾湖新石器时代遗址第二至六次发掘简报》,《文物》1989 年第 1 期。

视墓主生前对社会的贡献来确定其随葬品。对社会的贡献反映了当时严格实行以性别为基础的劳动分工。可能出现了以性别为单位的劳动单位和集团单位。因为随葬石铲而被认为是男性的墓中，有的还随葬石斧和石镰等，随葬品数量多少不等。石镰是收割用工具，民族志中收割多由女性承担，男性墓中罕见石镰。这样的墓主生前要么负责谷物收割，要么管理这种收割工具。在这个意义上说，石铲就不只是翻耕农具，还能像挖窖穴的木制工具那样起到挖土的作用。男性拥有这些工具，表明他还承担了挖窖穴的工作，并且参与谷物管理当中。这类随葬品数量多寡不一，随葬磨盘和磨棒的女性墓中陶器数量也是多寡不一的。虽然存在性别分工和随葬品数量多寡不一的情况，但是看不到随葬品明确地反映出贫富有别的等级差别，据此推测，当时处于平等社会。墓葬布局表明，存在若干座墓比较集中的情况，意味着有多个集团。从随葬器物反映墓主生前工种的情况看，该社会是非世袭制家庭集中埋在一处的社会。只是随葬品中除陶器和石斧外，值得关注的是与谷物相关的劳动工具，它们正好反映了全社会重视谷物，进一步说明了它是全社会从事农耕的社会。

渭河流域的墓葬制度与反映黄河中游社会组织的墓葬制度不同，呈现了不同的面貌。① 虽然也有与裴李岗文化墓葬制度相同的墓群单位，但是其中的墓数量少。最大的不同点是随葬品组合不同。尽管有的墓有石铲，但没有磨盘和磨棒。随葬石铲的墓中有的还随葬狩猎工具，男性墓的随葬品组合中除了作为翻土、挖土的石铲，新增的狩猎工具意味着对墓主生前狩猎活动的尊

---

① 宫本一夫:《華北新石器時代の墓制にみられる集団構造（一）》,《史淵》第 132 号，1995 年。

敬。尊敬狩猎活动说明狩猎对该社会而言具有重要意义。老官台文化的墓中与谷物相关的工具只有石铲一种,推测该社会对谷物栽培的认识不充分。尊重狩猎表明该社会对农耕的依赖程度不及裴李岗文化。这些地区性的生业差异反映了栽培作物的差异,渭河流域的栽培作物是粟,而黄河中下游的栽培作物是黍,两者生态环境也不同。

## 2 社会的成长与农耕

继裴李岗、磁山和老官台文化之后的仰韶文化,近年除粟、黍以外,有关稻的资料不断增加。图12列出了不同时代出土栽培稻的地点。在与前仰韶文化并行阶段,以长江中游为中心的地区发现了栽培稻,之后随着时代推移,栽培稻分布地逐步扩大到长江下游、黄河中游和黄河下游。[1] 严文明曾提出栽培稻的扩散表明起源于长江中下游的稻作农耕像水波扩散那样向外传播。[2] 的确,在高温湿润气候最适宜,水稻能够在自然条件好的高纬度地区栽培,不过,笔者认为人的因素起了很大的作用。特别是公元前3000年以后的仰韶文化末期至龙山文化的干凉期,黄河下游的山东出现了栽培稻,与其说是栽培稻在自然条件下的扩散,不如说是通过人为作用获得的。在适合栽培粟和黍的地方,引进栽培稻应该是基于谷物栽培多元化战略的结果。水稻虽然具有丰富的营养,人们对它有偏爱,能够被连续栽种,但它是被当作杂谷农耕引入山东的,此后它被视为华北农耕的特征和战略。在这

---

[1] 孔昭宸、刘长江、张居中:《河南舞阳县贾湖遗址八千年前水稻遗存的发现及其在环境考古学上的意义》,《考古》1996年第12期。
[2] 严文明:《中国稻作农业的起源》,《农业考古》1982年第1期。

个意义上说,商代后期殷墟期的甲骨文上出现了相当于粟、黍和稻的文字①,表明黄河中游在商代已经实行多元化谷物农耕,早在新石器时代就已经确立了栽培战略。

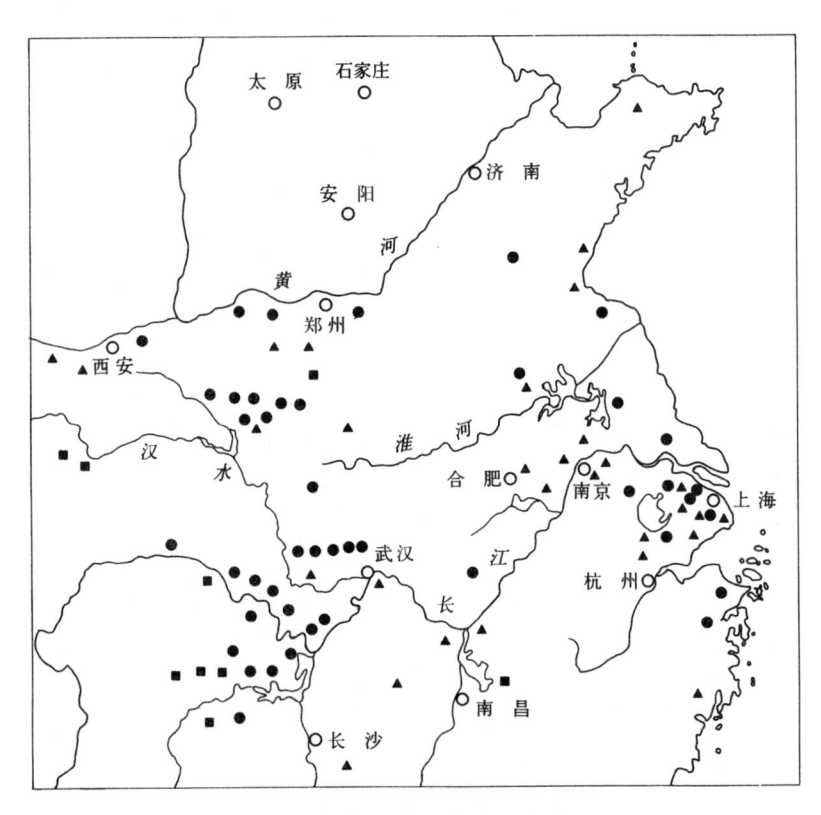

**图 12　与栽培稻相关的遗址分布图②**
(■前仰韶文化期遗址,● 仰韶文化并行期遗址,▲ 龙山文化并行期遗址)

---

① Chang Kwang-Chih, *Shang Civilaziton*, Yale University Press, 1980, pp. 148-149.
② 根据孔昭宸、刘长江、张居中:《河南舞阳县贾湖遗址八千年前水稻遗存的发现及其在环境考古学上的意义》,《考古》1996 年第 12 期,图 1 改绘。

下面考察仰韶文化阶段的社会组织。黄河中游仰韶文化中有关墓葬制度的资料不那么多,可供参考的只有河南省长葛县石固遗址Ⅵ和Ⅶ期①,相当于仰韶文化王湾2期(仰韶文化秦王寨类型)的河南省郑州市大河村遗址Ⅳ期墓葬。② 两地除女性墓随葬纺轮外,几乎没有随葬品。除了极少数例外,各个墓地的死者头向基本上一致,这与裴李岗、磁山文化阶段随葬品反映死者生前职业的习俗不同,该集团的人们遵守随葬器物种类以及统一头向的规定,整体组织化程度比较高。集团的组织化当然与农耕的集约化相对应,可以说是与农耕发展相辅相成的结果。

接下来考察从狩采在生业占比较高的老官台文化发展而来的仰韶文化半坡类型的情况。半坡类型是以陕西省西安市半坡遗址③和陕西省临潼县姜寨遗址④为代表的环濠聚落。面向中心广场即房屋呈同心圆式排列是向心式聚落的特点。姜寨遗址几乎被全面揭露,是可以看清遗址全貌的少有的实例。房屋分五组,五组房屋相当于五个血缘集团即氏族(图13)。五个氏族构成一个胞族,形成了环濠聚落。每个氏族由大型、中型和小型房屋构成。小型和中型房屋是基本家庭单位,大型建筑是集团集会的地方。冈村秀典认为,姜寨这个环濠聚落内,共有5组由两三个同时期的扩大家庭组成的3个或4个房屋群。⑤ 根据发掘报

---

① 河南省文物研究所:《长葛石固遗址发掘报告》,《华夏考古》1987年第1期。
② 郑州市博物馆:《郑州大河村遗址发掘报告》,《考古学报》1979年第3期。
③ 中国科学院考古研究所、陕西省西安半坡博物馆编:《西安半坡——原始氏族公社聚落遗址》,文物出版社,1963年。
④ 西安半坡博物馆、陕西省考古研究所、临潼县博物馆:《姜寨——新石器时代遗址发掘报告》,文物出版社,1988年。
⑤ 冈村秀典:《仰韶文化の集落構造》,《史淵》第128号,1991年。

告中的打破关系和生活面来看，聚落可以分为前、中、后三个阶段。中期还能够再细分，不过这里只关注与这三个阶段相对应的聚落结构。虽然并非所有房址都能够归入各个阶段，并非所有房址都在图上标了出来，但是根据打破关系可以推测房屋分布趋势。前期尚未出现环濠和大型建筑，在图 14 不同阶段房屋分布图上可以看到，前期房屋还没有呈环状分布，只是呈面对面的两排分布。这些房屋的门是面对面开的。每排房屋中各有两群房屋集中在一处，该聚落是由 4 个两两相对的房屋群构成的聚落。前期聚落大概由 2 个小聚落构成。环濠是中期出现的，中期普遍出现大型房屋。其中有 4 栋大型房屋，构成了 4 个小聚落。它是从前期向中期转变过程中氏族扩大的结果。扩大家庭的发展促使氏族发展，4 个聚落各有作为精神寄托的大型房屋。4 个氏族是前期呈两排分布的小聚落扩大后分裂而成的，为了表示平等而使房屋呈圆形分布并且房门都朝广场开。后期房屋材料不多，1 号大型房屋是截至此时最大的建筑，它未必是 1 个房屋群的，而是整个聚落的公共建筑。它展示了从以氏族为单位的等质聚落向各个氏族扩大后分裂而成的整个聚落的精神寄托的过程。

考察聚落布局时应该注意的是，灰坑与氏族的房屋群似乎有对应关系（图 13）。遗憾的是未能把灰坑与房屋群变化对应起来。灰坑位于氏族集中分布地而且相对集中在几处。如果把多数灰坑解释为窖穴的话，那么它们是以扩大家庭为单位的贮存谷物等粮食的设施。与此相对应，在北部房屋群只发现了两个饲养家畜的小屋。猪和鸡很可能是以氏族为单位饲养的。发掘中只发现两处家畜圈栏和窑址，如果它们不是同时期的遗迹，那么像牛那样的大型家畜的管理和陶器制作就是由聚落负责的。这种做法表明,以扩大家庭为单位保管粮食,以氏族为单位管理公共事务和小型家畜,在有多个氏族的聚落内,全体成员共同管理大型家畜并从事手工业生产。这种管理方式无疑需要能够把集团组织起来的领导。不过在下面讨论的墓葬结构中看不到这种领导拥有特权、占据较高社会地位的痕迹,因此这个阶段属于大人社会。

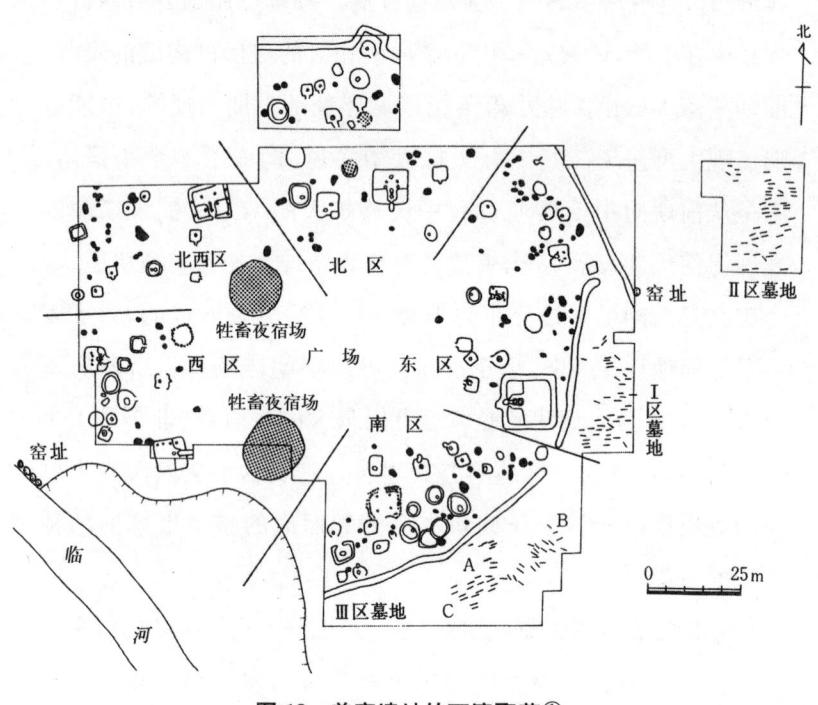

**图13 姜寨遗址的环濠聚落①**
(涂黑处是窖穴,网格是牲畜圈栏)

---

① 根据西安半坡博物馆、陕西省考古研究所、临潼县博物馆:《姜寨——新石器时代遗址发掘报告》,文物出版社1988年,图6改绘。

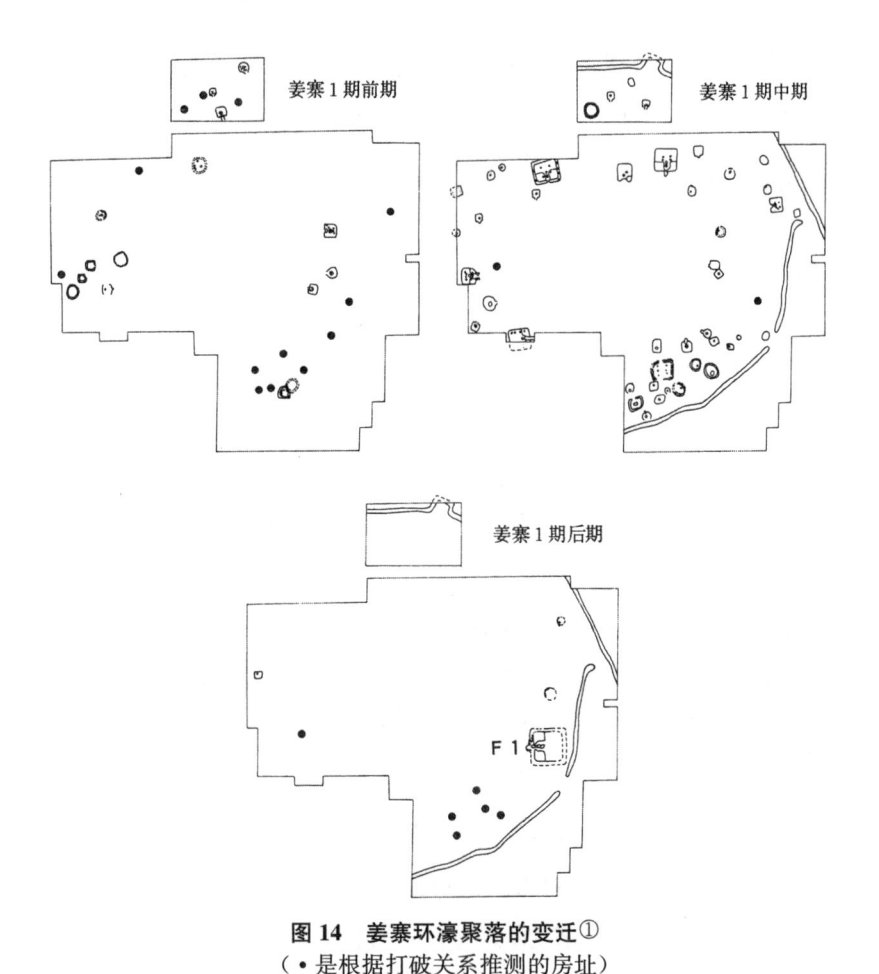

**图 14　姜寨环濠聚落的变迁①**
（·是根据打破关系推测的房址）

姜寨遗址以氏族为单位营建墓地,在环濠外围建成了与氏族房屋相对应的墓地。目前只发现了 3 处墓地。其他的墓地要么在发掘区以外,要么早已被破坏掉。严文明认为姜寨第 1 期时聚落的广场是墓地②,如果把它算进来的话,则有 4 处墓地,假设当初有 4 个氏族,那么 4 个墓地就是分属于不同氏族的墓地。墓地

---

① 作者自绘。
② 严文明:《史前聚落考古的重要成果——〈姜寨〉评述》,《文物》1990 年第 12 期。

内成人墓和未成年人的瓮棺混在一起,表明集团成员埋在一起。从体质人类学分析结果可以了解到男女人数和年龄结构,男女比例基本相同,中年男性死亡率最高,中青年女性死亡率很高,包括难产致死的女性在内,死者全部埋在墓地内。① 随葬品多寡特别是陶器数量方面看不出墓主之间有地位差异,该集团是内部不存在身份差异的平等社会。从墓葬分布看,东南区的墓群还能分组。Ⅲ区的墓地(图13)细分成3个群,其中A、C群与B群不仅头向不同,前者有随葬品而后者几乎没有。前者被社会优待,小孩也被埋葬的规制表明前者是本地集团,后者是外婚集团。② 这种血亲集中或者说重视血亲的规制表明,以血缘为单位从事社会活动的可能性很大。前面提到的以扩大家庭为单位管理窖穴的现象反映了以血亲为单位保管储存粮食的情况。

姜寨第2期即仰韶文化史家类型,发现了多座二次葬的合葬墓。从陕西省渭南县史家遗址③的合葬墓中的人骨性别看,合葬墓埋葬的不是姻亲成员,而是血亲成员,即不是夫妇合葬墓而是兄妹合葬墓。④ 这是重视依据血亲建立起来的家世并按血亲进行二次葬。集中埋葬在固定墓地的举措,可能也是方便祭祀祖先时举行礼仪活动。死者中,男女性死者人数差异较大,男性个体数较多,不仅青年男性多,成年男性也很多,因为婚姻形式是女性

---

① 宫本一夫:《華北新石器時代の墓制にみられる集団構造(一)》,《史淵》第132号,1995年。
② 今村佳子:《中国新石器時代の社会構造―渭河流域を中心として―》,《古代学研究》126号,1996年。
③ 西安半坡博物馆、渭南县文化馆:《陕西渭南史家新石器时代遗址》,《考古》1978年第1期。
④ Gao Qiang and Lee Yun Kuen, "A Biological Perspective on Yangshao Kinship", In *Journal of Anthropological Archaeology* 12(3), 1993, pp. 266-298.

外嫁、男性留在本地，所以墓地中出现性别差异。① 可见当时是以男性为中心的血缘集团。从这个阶段开始，血缘集团结合更为紧密，血缘集团内的规制更严格。

姜寨遗址的姜寨第 2 期，合葬墓数量达到高峰。严文明认为，根据陶器分期，姜寨遗址发掘报告中的第 2 期中有一部分墓葬属于姜寨第 1 期，它们位于姜寨第 1 期的聚落中心即广场，是聚落中最早的氏族墓地。② 如果这个看法不错的话，那么姜寨第 2 期以广场为中心大规模营建合葬墓。姜寨第 2 期的聚落与 1 期的聚落不同，它转移到周边某处，这个阶段的居民把多个个体的人骨重新葬在已经废弃的聚落中心。这个墓坑内的死者结构正如史家遗址所分析的那样，是父系血亲。在集团诞生地的聚落中的祭祀中心即广场上举行二次葬仪式，很可能是为了进一步加强血缘集团凝聚力。姜寨第 2 期，从时间上讲还能够分出前后段，后段二次葬更盛行。父系血缘集团的规制更加严格，同时也意味着以血缘集团为单位开展社会活动。生业活动也是以血缘集团为单位实施的。它表明农耕活动中可能是以血缘集团为单位确保耕地、保管粮食的。

## 3 家畜化问题

栽培作物和家畜对农耕社会而言非常重要。探讨华北或者中国大陆的家畜问题时，前面已经提到了公元前 8000 年前后河北省南庄头遗址出土了家猪。有资料表明出土了鸡，但是否为家

---

① Gao Qiang and Lee Yun Kuen, "A Biological Perspective on Yangshao Kinship", In *Journal of Anthropological Archaeology* 12(3), 1993, pp. 266 - 298.
② 严文明：《史前聚落考古的重要成果——〈姜寨〉评述》，《文物》1990 年第 12 期。

禽不得而知。① 有个遗留问题是没有列举判断它是家猪的体质形态特征。华南的广西壮族自治区桂林甑皮岩出土的猪多为青年猪②，因此被认为是家猪，但是报告也没有列举其体质形态特征。总之，如果相信鉴定者的看法，那么从这个阶段开始，华北就出现了家猪。南庄头出土的狗大概也是家犬。进入裴李岗、磁山文化阶段，除了狗和猪，还有家鸡。③ 狗已经表现出小型化特征，无疑变成了家犬。猪第三臼齿的尺寸位于仰韶文化时期家猪的范围内。比较鸡的体形数据后发现，鸡很可能也是家鸡。其形态比现在的野鸡大、家鸡小，处在野鸡与家鸡中间，体形上看属于早期家鸡。磁山文化有牛，不过数量太少，情况不详。仰韶文化的黄牛当为家牛。与华南的水牛相比，华北的牛都是黄牛，牛不仅可食用而且可能被用于耕地，这个问题值得今后探讨。

根据不同时期家畜和捕获到的猎物的数量比，可知家畜在肉食中的占比。发掘中采集到的动物骨骼的数量和种类，受对动物骨骼的关心程度和采集动物骨骼技术水平的高低以及遗址保存状况乃至遗址和遗迹本身特点等因素的影响而出现偏差。稍感遗憾的是，迄今为止公布的动物骨骼资料中只有极少数公布了最小个体数的数据，因此无法系统地探讨不同地区之间家畜与猎物之间的数量比的变迁。这里尝试对公布了最小个体数的姜寨遗

---

① 任式楠：《公元前五千年前中国新石器文化的几项主要成就》，《考古》1995年第1期。
② 李有恒、韩德芬：《广西桂林甑皮岩遗址动物群》，《古脊椎动物与古人类》1978年第4期。
③ 周本雄：《河北武安磁山遗址的动物骨骸》，《考古学报》1981年第3期。

址①与内蒙古伊克昭盟朱开沟遗址②作对比。可以看到姜寨遗址四个时期中动物骨骼的变化。四个时期是指仰韶文化半坡类型(姜寨1期)、史家类型(姜寨2期)、半坡晚期(姜寨4期)和客省庄2期(姜寨5期)。除了仰韶文化庙底沟类型未采集到动物骨骼,仰韶文化向龙山文化转变过程中家畜与猎物的数量比有变化。朱开沟遗址是龙山晚期到二里岗时期的遗址,是典型的长城以北的北方文化遗址。就生业中的家畜比例来看,能够大致把握其时代变迁。这里把老官台文化的白家村遗址③加进来,探讨其大致变迁过程(图15、表2)。④

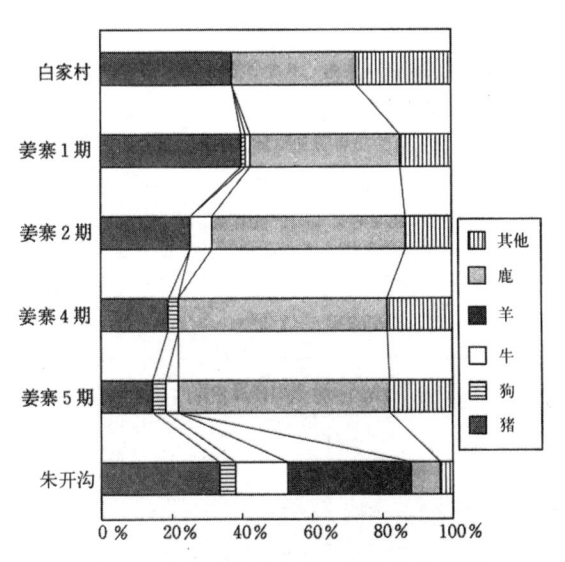

图15　不同时代动物遗骸数量变化图⑤

---

① 祁国琴:《姜寨新石器时代遗址动物群的分析》,西安半坡博物馆、陕西省考古研究所、临潼县博物馆:《姜寨——新石器时代遗址发掘报告》,文物出版社,1988年。
② 黄蕴平:《内蒙古朱开沟遗址兽骨的鉴定与研究》,《考古学报》1996年第4期。
③ 周本雄:《白家村遗址动物遗骸鉴定报告》,中国社会科学院考古研究所编著:《临潼白家村》,巴蜀书社,1994年。
④ 白石村遗址发掘报告没有公布动物的最小个体数,这里用头骨数作为最小个体数。
⑤ 作者自绘。

表2 不同时代动物遗骸数量变化表

| 动物名称 | 遗址名称 ||||||
|---|---|---|---|---|---|---|
| | 白家村 | 姜寨1期 | 姜寨2期 | 姜寨4期 | 姜寨5期 | 朱开沟 |
| 猪 | 187(37.70) | 85(40.67) | 8(25.00) | 12(18.18) | 4(13.79) | 52(33.12) |
| 狗 | 2(0.40) | 2(0.96) | | 2(3.03) | 1(3.45) | 7(4.46) |
| 黄牛 | | 3(1.44) | 2(6.25) | | 1(3.45) | |
| 牛科 | | | | | | 24(15.29) |
| 羊 | | | | | | 56(35.67) |
| 水牛 | 80(16.13) | | | | | |
| 日本鹿 | | 48(22.97) | 7(21.88) | 19(28.79) | 11(37.93) | |
| 赤鹿 | 80(16.13) | | | | | 8(5.10) |
| 麝 | | 3(1.44) | | | | |
| 獐 | | | | | | 5(3.18) |
| 獐 | 97(19.56) | 21(10.05) | 4(12.50) | 16(24.24) | 1(3.45) | |
| 鹿科 | | 19(9.09) | 7(21.88) | 5(7.58) | 6(20.69) | |
| 蒙原羚 | 28(5.65) | 2(0.96) | | 1(1.52) | 1(3.45) | 1(0.64) |
| 刺猬 | | 1(0.48) | | | | |
| 鼠 | | 1(0.48) | | | | |
| 猕猴 | | 1(0.48) | | | | |
| 中华鼢鼠 | | 4(1.91) | | | | |
| 中华竹鼠 | 8(1.61) | 2(0.96) | 2(6.25) | 2(3.03) | | |
| 兔 | | 1(0.48) | 1(3.13) | 2(3.03) | | |
| 豺 | | 1(0.48) | | | | |
| 狸 | 10(2.02) | 5(2.39) | 1(3.13) | 4(6.06) | 3(10.34) | |
| 黑熊 | | 2(0.96) | | | | |
| 熊科 | | | | | | 1(0.64) |

续表

| 动物名称 | 遗址名称 ||||||
|---|---|---|---|---|---|---|
| | 白家村 | 姜寨1期 | 姜寨2期 | 姜寨4期 | 姜寨5期 | 朱开沟 |
| 獐 | | 4(1.91) | | 1(1.52) | 1(3.45) | 1(0.64) |
| 猪獾 | | 2(0.96) | | 1(1.52) | | |
| 虎 | | 1(0.48) | | | | |
| 豹 | | | | | | 1(0.64) |
| 猫科 | 4(0.81) | 1(0.48) | | 1(1.52) | | |
| 骆驼 | | | | | | 1(0.64) |
| 合计 | 496 | 209 | 32 | 66 | 29 | 157 |

注：括号内的数字表示的是百分比。

与野生的相比，家猪、水牛的比例在白家村、姜寨1期有所增加，姜寨2期以后家畜的比例反而降低了。不过朱开沟的家畜比例非常高。姜寨2期至5期的动物遗骸是聚落附近的文化层出土的，不能反映生业的实际情况。相当于龙山文化的姜寨5期，栖息在竹林的竹鼠和水边的獐数量减少乃至消失，这是公元前3000年以后与干凉气候相对应的生态环境变化造成的。白家村的水牛或者是随着最适宜气候的温湿化导致栖息在华南的水牛北上的结果，或者是继承了更新世就栖息在北方的水牛谱系的水牛，今后有必要作进一步研究。仰韶文化以后的新石器时代在华北基本上看不到水牛，这些水牛与其说是家畜不如说是野生的，是捕获而得到的。不管怎么说，根据以上资料，除5期外，从姜寨2期到5期，老官台文化和仰韶文化半坡类型的家畜比例较高，可是随着从仰韶文化史家类型到龙山文化客省庄2期，家畜比例逐渐降低，鹿类却有所增加。这个也许是遗址的特点不同以及资料绝对数量不足造成的，不过正如甲元真之所推断的那样，它可能表明对栽

57

培作物的依赖性不断提高而对家畜的依赖性降低了。① 此外,如表3和图16所示,比较了姜寨1期与朱开沟的猪的年龄结构后发现②,在姜寨1期第三臼齿尚未萌出、月龄在20个月以下的猪的比例达到62.9%,在朱开沟达到63.4%,两地家畜化特点基本相同。朱开沟第三臼齿萌出、月龄在17—22个月的青年猪比例很高,月龄在12—24个月的属于屠宰期。

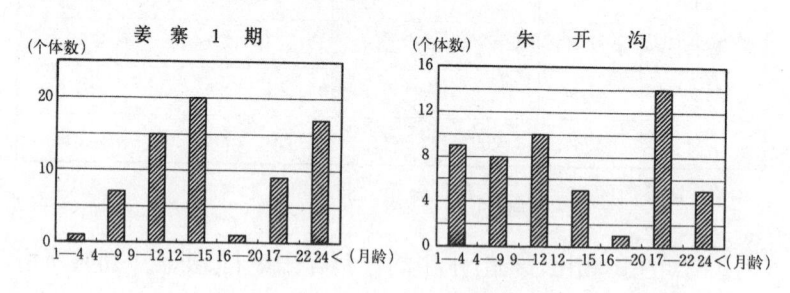

**图16　猪死亡月龄之比较③**

姜寨1期具有相同的倾向,月龄在24个月以上的中老年猪的比例很高,这说明它的家畜化不如朱开沟那么发达。根据第三臼齿大小的比较研究成果④(图17),将姜寨1期和同时期的陕西省华县北首岭遗址的第三臼齿与朱开沟的比较后发现,朱开沟的第三臼齿具有小型化特点,从形态上看它正朝着家猪方向进化。从以上动物骨骼构成、猪年龄结构与形态比较可以看出,老官台文化以后家畜化不断发展,与栽培作物形成联动,朝着专业农耕社会加速发展。至于羊,有报道说裴李岗遗址和多个仰韶遗址出土了羊骨,

---

① 甲元真之:《長江と黄河—中国初期農耕文化の比較研究》,《国立歴史民俗博物館研究報告》第40集,1992年。
② 参考黄蕴平:《内蒙古朱开沟遗址兽骨的鉴定与研究》,《考古学报》1996年第4期。这是以文中朱开沟遗址猪的月龄为基础,并将其与姜寨对照的结果。
③ 作者自绘。
④ 黄蕴平:《内蒙古朱开沟遗址兽骨的鉴定与研究》,《考古学报》1996年第4期。

不过是否家畜不详。① 有报告说,陕西省南郑县龙岗寺遗址仰韶文化半坡类型地层出土了61个家养的羊骨骼。② 还有报道说,龙山文化阶段多个遗址出土了羊骨,据此可知,在龙山文化阶段,羊的确已经变成了家羊。羊和水牛与猪不同,它们的野性强必须放养,也就是要放养的家畜。龙山文化出现的放养家畜,表明该阶段进入家畜多元化时代。始于龙山文化阶段的卜骨用的是牛骨和羊骨,这表明家畜不仅是食物来源还是用于祭祀的供品。

表3 猪死亡月龄分布表

| 遗址名称 | 1—4 | 4—9 | 9—12 | 12—15 | 16—20 | 17—22 | >24 | 合计 |
|---|---|---|---|---|---|---|---|---|
| 姜寨1期 | 1 (1.4) | 7 (10.0) | 15 (21.4) | 20 (28.6) | 1 (1.4) | 9 (12.9) | 17 (24.3) | 70 |
| 朱开沟 | 9 (17.3) | 8 (15.4) | 10 (19.2) | 5 (9.6) | 1 (1.9) | 14 (26.9) | 5 (9.6) | 52 |

注:括号内的数字表示的是百分比。

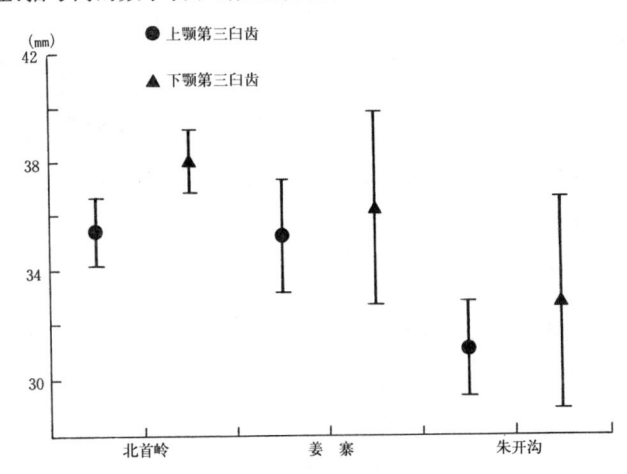

图17 猪上颚第三臼齿与下颚第三臼齿长度之比较③

---

① 陕西省考古研究所编著:《龙岗寺——新石器时代遗址发掘报告》,文物出版社,1990年。
② 任式楠:《公元前五千年前中国新石器文化的几项主要成就》,《考古》1995年第1期。
③ 见黄蕴平:《内蒙古朱开沟遗址兽骨的鉴定与研究》,《考古学报》1996年第4期,图1。

## 4 华北新石器时代社会分层与集团合并

有资料表明在家畜化发展的同时,对栽培作物的依赖有所增加。根据对人骨 $C_{13}$ 含量的比较,可以知道摄取的 $C_4$ 植物的比例。[①] 根据蔡莲珍的研究,与仰韶文化半坡遗址和北首岭遗址相比,龙山文化时期的山西省襄汾县陶寺遗址的人骨表明他们的 $C_4$ 植物摄取量比较高。华北 $C_4$ 植物是指粟,粟的摄取比例较高。它反映了来自栽培食物的摄取量比例较高,农耕社会有了发展。因为采集到的资料少,$C_3$ 食物和 $C_4$ 食物的关系,龙山文化时期随着社会分层的发展,人们摄取的食物与社会分层的关系等问题有待今后探讨。$C_4$ 植物摄取量的变化反映了姜寨遗址动物骨骼构成中家畜减少而更加依赖栽培作物的事实。龙山文化阶段可能已经开始栽培小麦,山东省兖州区西吴寺遗址[②]和甘肃省民乐县东灰山遗址[③]、陕西省武功县赵家来遗址[④]皆报道了小麦。不过东灰山遗址的小麦属于四坝文化,四坝文化可能与二里头文化并行。从这个阶段开始,小麦可能成为多元化谷物的重要组成部分。

上面对以血缘关系为纽带的仰韶文化史家类型(姜寨2期)的集团面貌做了分析。从墓葬制度的角度可以看出,黄河下游社会内部的规制和集团凝聚力进一步强化。可以想见,这种集团是以血缘关系为纽带的。推测这种集团的集约化是以集体的形式

---

[①] 蔡莲珍、仇士华:《碳十三测定和古代食谱研究》,《考古》1984年第10期。
[②] 周昆叔、赵芸芸:《西吴寺遗址植物孢粉分析报告》,国家文物局考古领队培训班编著:《兖州西吴寺》,文物出版社,1990年。
[③] 李璠、李敬仪、卢晔、白晶、程华芳:《甘肃省民乐县东灰山新石器遗址古农业遗存新发现》,《农业考古》1989年第1期。
[④] 黄石林:《陕西龙山文化遗址出土小麦(秆)》,《农业考古》1991年第1期。

从事农耕为前提的。与在裴李岗、磁山文化看到生前职业以及墓葬制度所反映的尊重以男女劳动分工为基础的职业不同,仰韶文化半坡类型墓葬的随葬品没有明确地反映性别劳动分工。[①]这个现象可能反映了仰韶文化男女集约劳动的情况。这个阶段渭河流域存在着以父系血亲为基础的集团。这里出现集体农耕的专业体制可能早于长江下游地区。[②]

从地域上看,在位于上述地区南边的淮河流域的河南省淅川县下王岗遗址[③]发现的单间相连的长屋是典型的以血亲为纽带的社会组织的居住形式。这种长屋的时代相当于仰韶文化晚期。最近在河南省郑州八里岗遗址[④]的发掘中发现的这种长屋可以早到仰韶文化庙底沟类型。下王岗遗址的长屋是20个单元房并排成一列(图18)。单元房有三种类型,一种类型是外间与两个内间构成的双内间室,另一个类型是一个外间与一个内间构成的单内间室,还有一个类型是只有一间房的单室。数量最多的双内间室中,有的室内有灶坑,正像F13和F32那样,每个房间内都有炊煮器,可能两个家庭同时在此生活,不像功能不同的两内间室。可以想象,两个血缘关系非常密切的家庭共同在此生活。发掘中发现单室如F38室是在房屋群西端扩建的。单室是新增加家庭的住房。像遭到火灾的F39那样的单室是该遗址时代最晚的住房,出土的陶器和工具组合显示它是以男女为基础的单个家

---

[①] 庞雅妮:《试论姜寨一期文化的劳动分工》,《考古与文物》1995年第2期。
[②] 宫本一夫:《長江中下流域の新石器時代研究》,《日本中国考古学会会報》第7号,1997年。
[③] 河南省文物研究所、长江流域规划办公室考古队河南分队:《淅川下王岗》,文物出版社,1989年。
[④] 北京大学考古学系、南阳地区文物研究所:《河南邓州市八里岗遗址1992年的发掘与收获》,《考古》1997年第2期。

庭。这样的话，可以想象它是扩大家庭最后扩建的单间住房。这样看来，长屋可能反映了血缘家庭人口增加的过程。结合前述合葬墓来看，这是以男性血缘为纽带的扩大家庭。

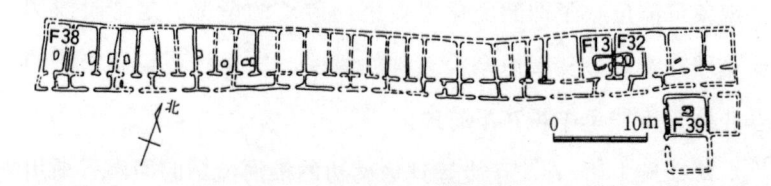

**图 18　下王岗遗址的长屋**①

墓葬结构显示血缘组织从相对平等发展到社会分层。这种情况见诸山西省襄汾县陶寺遗址的墓地群。② 陶寺遗址从庙底沟2期延续至整个河南龙山文化。根据地层叠压打破关系，陶寺墓地分早中晚三期。根据墓坑大小和结构差异以及随葬品组合的不同，把这批墓葬分成大中小型。③ 大型墓有木棺、彩绘陶器、彩绘木器和玉器等100—200件随葬品。大型墓细分为甲、乙两种，两者的不同之处在于，甲种墓随葬鼍鼓和特磬而乙种墓没有。中型墓分三类，甲种墓距离大墓较近，随葬陶器、彩绘木器和玉器等。乙种墓随葬玉器等，但是不随葬陶器和木器。丙种墓和甲乙种墓相同，都有木棺，但是棺内不涂朱而且随葬品数量比它们少。小型墓没有木棺，随葬品在3件以下。因为没有报道所有墓葬资料，现时无法分析墓葬的早晚变化，只能根据墓葬数量等因素，画出如图19那样的等级结构图。从早期有8座大墓、11座中型墓

---

① 见河南省文物研究所、长江流域规划办公室考古队河南分队：《淅川下王岗》，文物出版社，1989年，图178。
② 中国社会科学院考古研究所山西工作队、临汾地区文化局：《1978—1980年山西襄汾陶寺墓地发掘简报》，《考古》1983年第1期。
③ 高炜、高天麟、张岱海：《关于陶寺墓地的几个问题》，《考古》1983年第6期。

看,河南龙山文化早期就出现了如图所示的等级。大型墓墓主是男性,大型墓 M2001 两侧有同时期的中型甲种墓,有人认为这些中型墓的墓主可能是大型墓墓主的配偶。不管怎么说,位居最高等级的是男性,男性在其中的地位比姜寨 2 期所看到父系血亲为纽带的组织中的地位更加稳固。这也可以从它们与墓地群布局之间的关系中推断出来。陶寺墓地大致分 3 个区。大部分大型甲种墓位于Ⅲ区,大型乙种墓位于Ⅱ区。从墓地群所反映的集团之间的关系中也能够看出等级与墓地群的对应关系。前面指出的每个以男性为中心的血亲为基础的集团内部的社会分层不断发展。大型甲种墓不仅有象征军权的玉钺,还有用于祭祀的鼍鼓和特磬,它们是商周时期掌握祭祀和军权的王权象征。这个阶段展示了酋邦社会的特征。

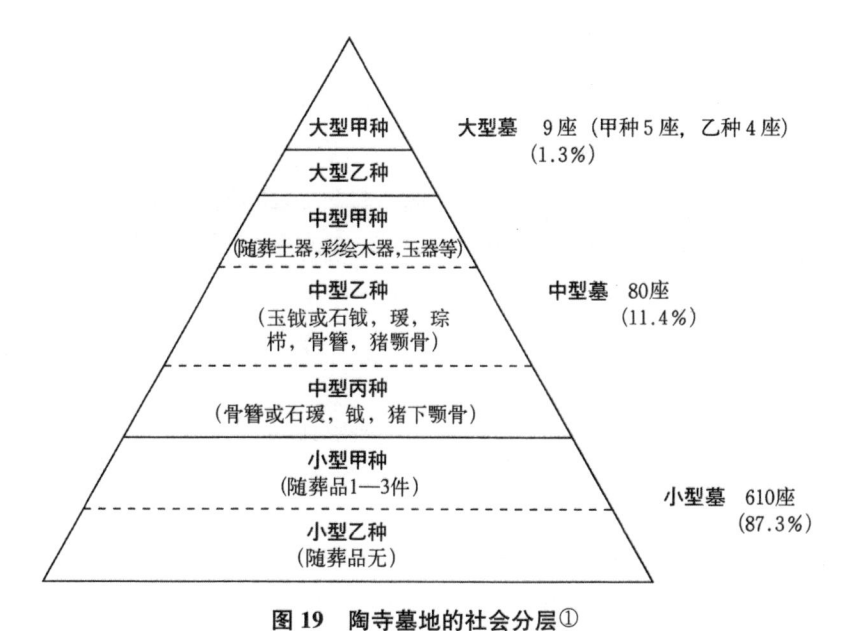

图 19　陶寺墓地的社会分层①

————
① 作者自绘。

在这种等级结构确立之后,仰韶文化后期开始出现了城。城址在中文中是指新石器时代城的遗迹,环绕聚落的围墙。① 关于城址,很多研究者不喜欢用中文城址这个词,而使用城寨聚落等名称。② 我认为它是指中国特有的而且仅限于新石器时代的特殊的聚落构造,所以用城址这个名称。华北最早的城是属于仰韶文化后期秦王寨类型的河南省郑州市西山遗址③,到了河南龙山文化阶段城就普及了。张学海根据黄河下游山东地区城的规模的不同,把城分成3个等级。④ 黄河中游地区,聚落内的房屋结构的等级差异证明了城和一般聚落的不同结构所反映的等级差别。⑤ 无论如何,从墓葬结构和聚落结构可以看出华北龙山文化社会分层不断发展。它展示了以农耕为基础的社会结构的历史性变迁,表明酋邦社会业已出现。

## 5 农耕的传播

正如华北中石器(旧石器时代末期)向新石器时代转变的过程不甚明了那样,燕山以北的中国东北地区的变化时间及变化过程也不清楚。不过辽西出现了相当于华北磁山文化的兴隆洼文化,当时可能已经出现了农耕。早于它的有属于千斤营子类型的白音长汗遗址⑥,

---

① 都出比吕志:《都市の形成と戦争》,《考古学研究》第44卷第2号,1997年。
② 宫本一夫:《新石器時代の城址遺跡と中国の都市国家》,《日本中国考古学会会報》第3号,1993年。
③ 张玉石:《西山仰韶城址及相关问题研究》,许倬云、张忠培主编:《中国考古学的跨世纪反思》(上),(香港)商务印书馆,1999年。
④ 张学海:《试论山东地区的龙山文化城》,《文物》1996年第12期。
⑤ Anne P. Underhill, "Variation in Settlements during the Longshan Period of Northern China", In *Asian Perspectives* 33(2), 1994, pp. 197 – 228.
⑥ 宫本一夫译:《内蒙古東南部地区における近年の考古学上の発見と研究》,《九州考古学》第71号,1996年。

不过其 $C_{14}$ 年代不详,生业形态也不明确。因此,早于兴隆洼文化阶段的辽西无疑出现了陶器文化。下面按石器组合划分文化区,分别探讨资料比较丰富而且年代相当于华北磁山文化阶段的生业情况。这个阶段这里分成三个地区。① 第一个地区是北纬 43°以北地区,以细石器等石叶石器为主,是以捕捞为主的狩猎采集经济。第二个地区是从内蒙古中南部到内蒙古东部、辽西和沈阳的地区,有一些细石器和磨盘、磨棒、石刀、石铲,从事华北型农耕。第三个地区是有少量磨制石器、以打制石器为主而缺少细石器的辽东半岛。

这里需要注意的是长城以北的地区拥有细石叶而从事华北型农耕。第一章把华北型农耕地区的石器群与北方细石器等石叶石器交错地带作为该地区石器群的特色。但是,从陶器样式来看,内蒙古中南部与内蒙古东部、辽西、沈阳属于不同的文化区。以筒形罐为代表的特殊陶器样式所构成的内蒙古东部、辽西、沈阳地区与华北新石器时代陶器样式完全不同。内蒙古中南部地区几乎从仰韶文化阶段就开始吸收华北的陶器样式,就陶器样式而言,随着年代推移,从内蒙古自治区凉城县老虎山遗址后冈一期文化(仰韶文化后冈类型)变成内蒙古自治区凉城县王墓山坡下遗址仰韶文化庙底沟类型,文化系统发生了显著变化。② 换言之,前者属于黄河中游到下游的文化谱系,后者属于渭河流域的陕西盆地系统。无论怎么说,在这个阶段长城以北的内蒙古中南部地区出现了与华北相同的文化样式。从石器组合来看,它从事

---

① 宫本一夫:《中国東北地方の早期新石器時代の石器群》,《歴史学と考古学 高井悌三郎先生喜寿記念論集》,真阳社,1988 年。
② 秋山进午等:《中国内蒙古"岱海"南岸王墓山上遺跡の発掘調査》,《日本考古学協会第 63 回総合研究発表要旨》,1997 年。

华北型农耕。这无疑是受到了气候最适期的温暖、湿润气候的影响。不过,在内蒙古中南部地区,从公元前3000年前后进入干凉化阶段,仰韶文化后期的海生不浪文化阶段开始为了适应寒冷气候改造房屋结构和聚落结构。①

此后,正如第一章所叙述的那样,内蒙古中南部地区隔着大兴安岭和与其相对的内蒙古、辽西有了密切的交往。内蒙古中南部出现的筒形罐及内蒙古东部、辽西新出现的彩陶纹样和筒形罐上的绳纹等都是反映了地区之间交流的物证。此后两个地区出现的由石墙环绕的城说明了两地之间有着密切的交往。那么如何看待与华北联系紧密的内蒙古中南部在仰韶文化阶段开始出现的细石叶呢?石虎山遗址发掘资料表明,这个阶段的细石叶是镶嵌在石刃骨柄刀上的石刃。这种石刃骨柄刀直到相当于仰韶文化晚期的海生不浪文化阶段还在使用,一直到朱开沟遗址第三阶段也还在使用。毗邻的甘肃永昌鸳鸯池遗址仰韶文化半山、马厂类型也有这种刀。② 甘肃临夏齐家文化遗址中发现了模仿石刃骨柄刀的青铜刀③,据此可知它演变成了颇具北方青铜器特点的青铜刀。这种刀的传统是长城地带新石器时代—青铜器时代的特点。内蒙古中南部从仰韶文化庙底沟类型并行期开始出现了打制石镞。它继承了北纬43°以北的石叶文化中两面加工尖状器的技术传统,是与外部狩采社会交流的结果。

长城以北的新石器时代具有地域特色,安志敏关于林西、赤

---

① 秋山进午等:《内蒙古王墓山上遺跡の発掘調査》,《遊牧騎馬民族文化の生成と発展過程の考古学的研究》[平成7年度文部省科学研究費補助金(国際学術研究)報告書],大手前女子大学文学部,1995年。
② 甘肃省博物馆文物工作队、武威地区文物普查队:《甘肃永昌鸳鸯池新石器时代墓地》,《考古学报》1982年第2期。
③ 田毓璋:《甘肃临夏发现齐家文化骨柄铜刃刀》,《文物》1983年第1期。

峰为农业兼营畜牧狩猎而内蒙古是畜牧狩猎型生业的看法有问题。① 即这些地区新石器时代是否存在畜牧业的问题尚未解决。上面讨论华北畜牧业时列举的朱开沟遗址是内蒙古中南部相当于龙山文化晚期至二里岗上层的遗址。② 从兽骨比例看,从这个阶段开始,本地区出现了羊、牛为主的畜牧业。不过能否追溯到龙山文化早期,尚不清楚。正如大贯静夫指出的那样,兽骨资料显示夏家店下层文化以后才出现了畜牧业。③ 至少仰韶文化阶段看不到畜牧业出现的迹象,尚属华北农耕文化范畴。这个从笔者参加发掘的内蒙古凉城石虎山Ⅰ遗址④的环壕与灰坑出土的大量动物遗骸组合就能够看出端倪。正式发掘报告尚未出版而无法提供准确的数据,不过与后冈一期文化并行的石虎山Ⅰ遗址没有羊骨,只有一定数量的猪等家畜,它与陕西盆地的白家村遗址和姜寨1期的情况相似(表2)。但是石虎山Ⅰ遗址对这些家畜的依赖程度低于这些遗址。

　　正像朱开沟遗址那样,长城以北在龙山文化以后,羊、牛等家畜很可能在生业中担负着重任。它恰好反映了伴随气候干凉化尤其是草原化导致动物群变化特别是鹿类数量骤减的情况。龙山文化以后,长城以北开始了定居的畜牧业农耕生活。它与殷代以后黄河中下游羊、牛等畜牧动物在兽骨中的比例不高而鹿类等猎物的比例依然很高形成了鲜明的对照。为了明确表示生业的不同,以图20中的遗址地貌为背景,将长城地带(石虎山Ⅰ遗址、朱开沟遗

---

① 安志敏:《细石器文化》,《考古通讯》1957年第2期。
② 内蒙古文物考古研究所:《内蒙古朱开沟遗址》,《考古学报》1988年第3期。
③ 大贯静夫:《環渤海初期雜穀農耕文化の展開—動物相からみた生業の変遷を中心として　東北アジアの考古学的研究》,同朋社出版,1995年。
④ 内蒙古文物考古研究所、日本京都中国考古学研究会中日岱海地区考察队:《内蒙古乌兰察布盟石虎山遗址发掘纪要》,《考古》1998年第2期。

址)与黄河中下游(白家村遗址、姜寨遗址、尹家城遗址)进行比较。以黄河中下游报道了动物最小个体数的尹家城遗址为例①,比较了该遗址中龙山文化、岳石文化(与二里头、二里岗文化平行)以及殷周时代动物遗骸的比例。从图21中可以看到黄河中下游新石器时代到殷周时代家畜比例低而鹿类比例一直比较高的情况。与之相对的是,长城地带朱开沟遗址的动物遗骸中家畜的比例很高。这与上述在石虎山Ⅰ遗址阶段,它与陕西盆地相似的动物遗骸不同,出现了显著的地域性差异。正像冈村秀典所指出的那样②,中国西北部属于马家窑文化的甘肃武山傅家门遗址③和属于齐家文化的甘肃永靖大何庄遗址④家畜的比例很高,佐证了长城地带出现了畜牧农耕社会的看法。它意味着长城以北出现的畜牧农耕社会变成了对于中原而言的边疆。在以前的农耕社会与狩猎采集社会相对的地区之间出现了新的畜牧农耕生活,具有历史意义。

殷墟周围的河南安阳洹北花园庄遗址⑤出土的动物遗骸,按最小个体数计算,猪占65%、牛占15%、羊占9%。洹北花园庄遗址紧邻殷墟文化Ⅰ期的三家庄遗址墓地,属于这个阶段的都市遗址。殷墟时期,都市与农村在家畜消费方面有很大的不同,因而从消费推测生产基地不妥。尤其是礼仪活动所用的家畜种类多,把它当作一般消

---

① 芦浩泉、周才武:《山东泗水县尹家城遗址出土动、植物标本鉴定报告》,山东大学历史系考古专业教研室编:《泗水尹家城》,文物出版社,1990年。
② 冈村秀典:《中国古代王朝形成期における畜产と动物犠牲の研究、中国古代王朝形成期における畜产と动物犠牲の研究》(平成9年度~平成10年度科学研究费補助金萌芽の研究　研究成果报告书》,京都大学人文科学研究所,1999年。
③ 中国科学院考古研究所甘肃工作队:《甘肃永靖大何庄遗址发掘报告》,《考古学报》1974年第2期。
④ 中国社会科学院考古研究所:《论中国新石器时代居民获取肉食资源的方式》,《考古学报》1999年第1期。
⑤ 中国社会科学院考古研究所安阳工作队:《河南安阳市洹北花园庄遗址1997年发掘简报》,《考古》1998年第10期。

费倾向更不妥。洹北花园庄遗址牛、羊等家畜所占的比例低于长城地带,缘于它与长城地带和黄河中下游生产基础的不同。

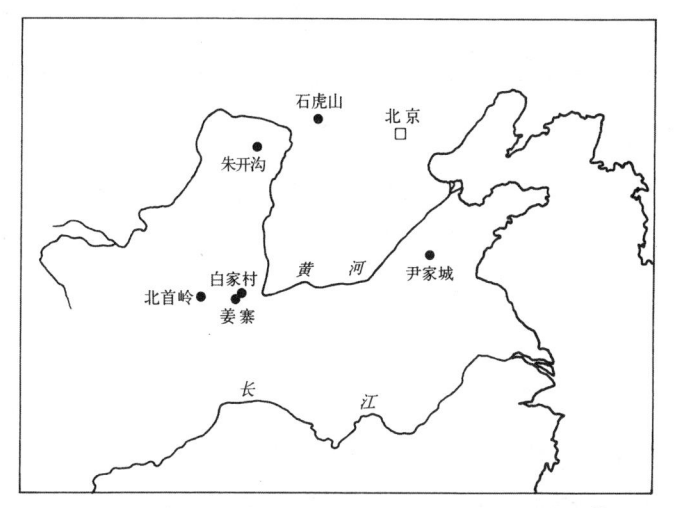

图 20 中原与长城地带出土动物遗骸的遗址分布图①

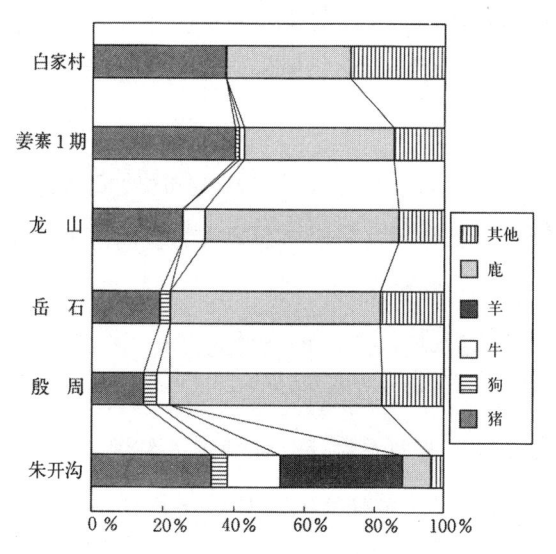

图 21 中原与长城地带的动物遗骸比较②

---

① 作者自绘。
② 作者自绘。

## 6　小结

　　本章试图在新石器时代框架内论述从华北农耕社会出现及发展过程中不同地区的社会组织复杂化进程。社会组织反映了农耕社会的面貌,而非农耕促使社会组织复杂化。对探讨华北农耕起源来说,这个看法将会随着今后新资料的发现而得到证明。应该关注的是,随着组织化的发展,农耕中劳动集约化程度提高的过程。按近年人类社会进化的观点[1],人类社会经历了家庭社会、地区性群组社会、大人社会、酋邦、初期国家、领地国家的变迁过程。按这个定义,可以把华北的农耕社会重新分类,即从裴李岗、磁山文化到老官台文化阶段的地区性群组开始,经过集团组织化程度略有提高的扩大家庭构成的大人社会的仰韶文化,发展到扩大家庭之间出现等级差异最终致使酋邦的出现。酋邦社会出现时所看到财富向酋长集中的现象有待今后新发现的材料给予验证。龙山文化阶段出现酋邦的地域集团之间的合并,从地域集团之间政治上的合并发展成初期国家的殷代社会的历史进程,可以用考古资料进行验证。[2]

　　龙山文化以后,这一地域集团之间合并,长城以北开始出现畜牧农耕社会,界于农耕社会与狩采社会之间。畜牧农耕社会是因为气候变化被华北型农耕社会吸纳进入长城地带后形成的新的社会,它们在经济上是独立的。对华北型农民而言,经营与华

---

[1] Allen W. Johnson and Timothy Earle, *The Evolution of Human Societies. Forum Foraging Group to Agrarian State*, Stanford University Press, 1987.
[2] 宫本一夫:《中国新石器时代と古代伝来》,《日中文化研究》第 6 号,勉诚社,1994 年。

北型杂谷农耕不同的经济社会是边疆,对中原而言,无论是在经济上还是在地域上,这里都是直接交往的地带。正是这里新出现的畜牧农耕社会与华北型农民的对抗成为后来推动中国史发展的原动力之一。

与裴李岗、磁山文化并行的位于北纬43°以北的捕捞型狩猎采集社会迅速发展,辽东半岛以东以打制石器为主的定居型狩猎采集社会不断扩张。辽东半岛到西朝鲜,在仰韶文化并行期从事华北型农耕,而朝鲜半岛东海岸和南海岸地区作为其外围地区仍然是定居型狩猎采集社会。

# 第三章　朱开沟文化、李家崖文化和夏家店下层文化

第二章探讨了从农耕社会到出现畜牧以及农耕畜牧混合型经济社会。这里暂时把畜牧与农耕混合型经济社会称为畜牧农耕社会。在农耕社会与狩采社会的中间地带出现的畜牧农耕社会，导致了农耕社会与畜牧农耕社会的对立和相互交往，正是这种相互交往和对立成为带动中原与北方地区社会发展的引擎。从农耕社会转变为畜牧社会或者游牧社会的过程，与西亚伴随灌溉农耕发展导致游牧社会的出现、灌溉农耕社会与游牧社会相互依存的社会发展模式[1]如出一辙。本章以与商代并行的朱开沟文化、李家崖文化和夏家店下层文化及其周边的青铜器文化为对象，探讨畜牧农耕社会的社会变化。

## 1　朱开沟文化

朱开沟文化可以分为1—5五个阶段。[2] 第1阶段到第5阶段分别与龙山文化晚期、夏代早期、夏代中期、夏代晚期和早商并

---

[1] Susan H. Lees and Daniel G. Bates, "The Origins of Specialized Nomadic Pastoralism: A Systemic Model", *American Antiquity* 39(2), 1974, pp. 187-193.
[2] 内蒙古文物考古研究所：《内蒙古朱开沟遗址》，《考古学报》1988年第3期。

第三章　朱开沟文化、李家崖文化和夏家店下层文化

行。相当于早商的第 5 阶段出土了中原二里岗上层陶器和青铜戈,因此第 5 期与二里岗上层并行。第 2 阶段到第 4 阶段的夏代基本上相当于二里头时期到二里岗下层。

　　第 1 阶段的墓随葬了继承本地谱系的陶器和显示与西部的齐家文化等有交流的双耳罐。这个现象正如第一章所说的那样,反映了仰韶文化后期以后东西文化的交流。第 1 阶段随葬了猪下颚骨,但随葬兽骨不是本地特色。第 3 阶段出土了铜针等小型青铜器,可见这个阶段已经开始生产青铜器,出现了大型合葬墓,墓中有殉人,由此可见社会分层迅速发展。根据合葬墓推测,社会上层人物是以血亲为单位的集团,尚未出现代表个人身份的上层人物。随葬的动物骨骼中,不仅有猪下颚骨还有羊下颚骨,开始出现了畜牧文化因素。值得关注的是,这里随葬了后来成为北方文化因素滥觞的铜耳环和戒指。第 4 阶段这种趋势持续发展。第 5 阶段出现了包含两个系统因素的墓葬,即本地特色的墓,随葬了中原二里岗上层类型的陶器和青铜戈。青铜器中既有继承了中原谱系的戈又有显示北方地区特征的短剑和铜刀。短剑和铜刀是模仿当地工具造型在当地制造的。事实上,当地发现了石质铸范,表明该地区正式开始生产青铜器。这个时期的房屋是地面建筑与窑洞并存,前者是中原文化因素而后者是本地文化因素。林嘉琳(Katheryn M. Linduff)认为第 1 阶段到第 4 阶段反映了地域内部的结盟和交换关系,第 5 阶段出现的礼器中,既有显示北方青铜器那种地域内部关系的,又有显示朱开沟与中原关系的,在这种关系中,中原占了上风。[①] 的确,从第 1 阶段到第 4

---

① Katheryn M. Linduff, "Zhukaigou, Steppe Culture and the Rise of Chinese Civilization", *Antiquity* 69(262), 1995, 133–45.

阶段,本地社会与其说是地域内部还不说是在东西交流中得到发展。与此相对的是第 5 阶段与中原的关系,因为出现了反映南北关系的因素。不过这种关系并非中原人立即进来,而是像出土了制作中原式陶簋的陶拍那样,在本地制作了具有中原风格的器物。青铜武器中有体现二里岗文化特点的戈,以及体现本地特色的短剑和铜刀,青铜器并未反映出中原文化面貌占优的一边倒的情况。因此,为了理解固有的当地文化中所包含的中原文化因素,对此现象可作出解释,即特定社会集团为了显摆特殊地位而必须夸大与中原的关系。随葬簋等中原风格的陶器是显示他们拥有与中原相同的祭祀观念,通过显摆与其他社会的关系展示自己在本地的社会地位。这种社会潮流也见于下面论述的夏家店下层墓葬当中,下文将详述之。

## 2　夏家店下层文化的石城

　　夏家店下层文化是相当于中原二里头文化至二里岗上层文化之前,分布在以辽西为中心的燕山以南的考古学文化。从现有的分期看,辽西地区没有与龙山文化同期的考古学文化。表 4 汇集了在长城地带发现的城址。

　　夏家店下层文化富有特色的聚落是石城。石城是用石块砌的石墙环绕起来的聚落,多位于丘陵南侧斜坡上。聚落内常见地穴式房屋,墙壁多用石块垒砌。迄今为止,只在大甸子遗址(图 22)、水泉遗址(图 23)以及大山前遗址发现有建造在平地上的土城。

表 4　长城地带的城址一览表

| 地域 | 遗址名称 | 所在地 | 规模(m²) | 构造 | 时代(文化名) |
|---|---|---|---|---|---|
| 内蒙古中南部 | 老虎山 | 内蒙古凉城县 | 13万 | 石城 | 石虎山2期 |
| | 西白玉 | 内蒙古凉城县 | | 石城 | |
| | 板城 | 内蒙古凉城县 | | 石城 | |
| | 大庙坡 | 内蒙古凉城县 | | 石城 | |
| | 阿善 | 内蒙古包头市 | 2.88万 | 石城 | |
| | 黑麻板 | 内蒙古包头市 | 0.77万 | 石城 | |
| | 莎木佳 | 内蒙古包头市 | 0.48万 | 石城 | |
| | 纳太 | 内蒙古包头市 | | 石城 | |
| | 威俊 | 内蒙古包头市 | | 石城 | |
| | 西园 | 内蒙古包头市 | 1.35万 | 石城 | |
| | 白草塔 | 内蒙古准格尔旗 | | 石城 | 海生不浪 |
| | 寨子塔 | 内蒙古准格尔旗 | 5万 | 石城 | 阿善3期前半 |
| | 寨子上 | 内蒙古准格尔旗 | 3万 | 石城 | 阿善3期后半 |
| | 小沙湾 | 内蒙古准格尔旗 | 0.4万 | 石城 | 阿善3期 |
| | 后城嘴 | 内蒙古清水河县 | | 石城 | |
| | 马路塔 | 内蒙古清水河县 | | 石城 | |
| | 城嘴子 | 内蒙古清水河县 | 31.39万 | 石城 | |
| 辽西 | 三座店 | 内蒙古赤峰市 | 3.8万 | 石城 | |
| | 尹家店 | 内蒙古赤峰市 | 3.3万 | 石城 | |
| | 迟家营子 | 内蒙古赤峰市 | 10万 | 石城 | |
| | 大榆树底 | 内蒙古赤峰市 | | 石城 | |
| | 西大营子 | 内蒙古赤峰市 | 2.5万 | 石城 | |
| | 大营子南山 | 内蒙古赤峰市 | 3.5万 | 石城 | |
| | 新店 | 内蒙古赤峰市 | 1万 | 石城 | 夏家店下层 |
| | 西山根 | 内蒙古赤峰市 | 1万 | 石城 | 夏家店下层 |
| | 机房营子 | 内蒙古赤峰市 | 0.4万 | 石城 | |

续表

| 地域 | 遗址名称 | 所在地 | 规模(m²) | 构造 | 时代(文化名) |
|---|---|---|---|---|---|
| 辽西 | 东八家 | 内蒙古赤峰市 | 2.24万 | 石城 | |
| | 大山前 | 内蒙古喀喇沁旗永丰乡 | | 土垒,外掘 | 夏家店下层 |
| | 大甸子 | 内蒙古敖汉旗 | 7万 | 土垒,外掘 | 夏家店下层 |
| | 三官甸子城子山 | 辽宁省凌源县 | 0.79万 | 石城 | 夏家店下层 |
| | 南梁城子山 | 辽宁省阜新市 | 2.43万 | 石城 | 夏家店下层 |
| | 平顶山 | 辽宁省阜新市 | 6.45万 | 石城 | 夏家店下层 |
| | 康家屯 | 辽宁省北票市大板镇 | 3.24万 | 石城 | 夏家店下层 |
| | 西大川 | 辽宁省北票市上园镇五道营子村 | | 石城 | 夏家店下层 |
| | 水泉 | 辽宁省建平县 | 140 | 土垒,外掘 | 夏家店下层 |

注：本表根据本书所引用的部分文献所制，散见于各章节的页下注中，在此不赘述。

早在内蒙古东部、辽西龙山文化之前，内蒙古中南部的石城就很普及了。该地区已经发现了相当数量的龙山文化时期的城址，它们都是用石块堆砌的石墙围起来的石城。岱海周围的石城有大庙坡、西白玉(图24)、老虎山(图25、26)和板城(图27)，包头附近的石城有阿善、西园、莎木佳、黑麻板、威俊和纳太，准格尔的石城有白草塔、寨子上、寨子塔和小沙湾，清水河县的石城有后城嘴、马路塔和城嘴子。其中已知准确年代的石城是老虎山，老虎山文化相当于中原地区庙底沟2期文化。板城、威俊、阿善、莎木佳和黑麻板等城的内城和外城都有祭坛遗迹。在阿善地区相当于庙底沟2期的阿善3期有房屋是用石块堆砌的墙，房屋外侧也有石墙。莎木佳和黑麻板的祭坛遗迹属于阿善3期,它是这个阶段该地区的特殊聚落形式。迄今为止,在内蒙古中南部发现的时代最早的石城是位于白草塔的海生不浪文化时期的石城,这也表明内蒙古中南部在仰韶文化末期就出现了石城。正像第一章所论述的那样,石城的地貌与石城出现之前的海生不浪文化如王墓山坡上等遗址的地貌相同,它们都位于丘陵顶部附近(图24—27)。两者的不同之处在于有无石墙。既然地貌相同,那么聚落为什么会出现石墙呢?一种可能是第一章也已说过,这个时期环境变化即气候变得干凉。因为环境变化威胁到植物性食物生产基础,导致集团之间关系紧张,防御用的石墙应运而生。这个时期华北和华中都出现了城。[①] 这是新石器时代社会发展的一个趋势。社会进化过程中多种环境变化交织在一起,导致集团之间紧张关系加剧,出现石城顺理成章。

徐光冀等在辽西以赤峰为中心的英金河、阴河流域发现了超过43座城址。[②] 它们都是石城。英金河、阴河流域的平原非常狭小,水绕山脚,因此石城没有建在平原上而是建在高出平地30—70米的丘陵斜坡上。这些石城分成3个群,各群内有相对比较大的中心石城。即每群石城内有中心城和卫星城,城的规模所反映的等级差异和以群为单位的大型城址为中心的等级社会业已出现。43座石城中有23座石城肯定属于夏家店下层文化,可以断定几乎所有的石城都是夏家店下层文化时期的城。根据分期,辽西出现石城的时间要晚于内蒙古中南部。根据对该地区

---

[①] 宫本一夫:《新石器时代の城址遗跡と中国の都市国家》,《日本中国考古学会会报》第3号,1993年。
[②] 徐光冀:《赤峰金英河、阴河流域石城遗址》,《中国考古学研究——夏鼐先生考古五十年纪念论文集》,文物出版社,1986年。

夏家店下层文化石城分布做过调查的吉迪的介绍①，徐光冀等调查时只发现了29座城址的第1群中实际上有200多座城址，这些遗址分布相当密集。吉迪认为这些遗址按大小可以分成3个阶段，房屋大小的标准差与遗址规模大小相关，即上层人物或者富人家的房屋见于较大的遗址。夏家店下层石城中的东八家（图28）和新店（图29、30）等石城内部结构资料已经发表了。东八家城内有57处房屋，最大的是直径10米左右的圆形房屋，它是聚落中心。房屋有石墙。这种房屋也见于内蒙古中南部，除东八家外，还见于新店。用石块砌墙的方法流行于内蒙古东部。通过发掘，大家了解了新店城墙的建造方法，即城墙内侧用版筑法，外侧砌石墙。新店的城墙外侧还有半圆形凸出，估计它起到后期城墙上马面的作用。

大陵河流域也有石城，知名的有凌源县三官甸子城子山（图31）、阜新市平顶山（图32）、阜新市南梁城子山（图33）等石城。平顶山的城墙结构与内蒙古东部新店的相似，城墙内侧是用土石混合堆筑而成的，外侧是用石块堆筑而成的。发掘结果表明，三官甸子城子山和平顶山石城属于夏家店下层文化时期。根据表采遗物判断，南梁城子山的石城很可能也属于夏家店下层时期。与赤峰周围把石城建于丘陵斜坡相比，这些石城建于山顶平坦面或丘陵的平坦面上。这种差异缘于地形环境不同，也是为了在丘陵周围开展生业活动。

与内蒙古中南部的石城相比，辽西石城要晚一些才出现。辽西分期方面的问题是缺少与中原龙山文化同时期的文化，即使夏

---

① Gideon Shelach, "A Settlement Pattern Study in Northeast China: Result and Potential Contributions of Western Theory and Methods to Chinese Archaeology", *Antiquity* 72(275), 1998, pp. 114–127.

家店下层文化能上溯到龙山文化时期,也改变不了这里的石城晚于内蒙古中南部石城的事实。辽西的石城晚于内蒙古中南部石城的原因何在。正如第一章所说的那样,从气候上讲,气候干凉化导致辽西相对晚于内蒙古中南部出现石城。就建造石城的条件而言,起决定性作用的是地形。内蒙古中南部的石城也见于辽西,可能与内蒙古中南部的信息传到辽西有关。它是因小河沿文化时期形成的包括长城地带在内的东西地域相互作用圈而出现的。辽西集团之间关系紧张,加上气候条件作用,导致了石城流行。如上所述,这些石城是因为社会集团之间存在等级关系而产生了有机的联系。

与石城相对应的是在平地上建造的土城。辽宁省建平县水泉遗址(图23)与石城一样同属夏家店下层文化,版筑城墙外侧有濠沟。拥有同样版筑城墙的土城还有大甸子遗址(图22)和大山前遗址。大甸子位于低地,辽西石城同样位于低矮丘陵的平坦面上。T2发现了城墙和环濠,城墙高2.25米,底宽6.15米。T3发现了城门和道路,城门宽2.25米,路面宽1.25米。从文化层和地层打破关系看,虽然大甸子遗址分前后两期,但是从陶器看,它们基本上都属于中原二里头文化时期,是存续时间较短的城址。分析生活在大甸子遗址的集团内部社会结构有助于了解土城的性质。

图 22　大甸子城址①

图 23　水泉城址②

图 24　西白玉石城③

---

① 作者拍摄
② 作者拍摄。
③ 作者拍摄。

第三章　朱开沟文化、李家崖文化和夏家店下层文化

图 25　老虎山石城(从东向西)①

图 26　老虎山石城城墙②

图 27　板城石城③

---

① 作者拍摄。
② 作者拍摄。
③ 作者拍摄。

图 28　东八家石城(从东南向西北)①

图 29　新店石城(从东向西)②

图 30　新店石城城墙③

---

① 作者拍摄。
② 作者拍摄。
③ 作者拍摄。

第三章 朱开沟文化、李家崖文化和夏家店下层文化

图31 城子山石城①

图32 平顶山石城②

图33 南梁城子山石城③

---

① 作者拍摄。
② 作者拍摄。
③ 作者拍摄。

83

## 3 大甸子墓地分析

大甸子墓地毗邻土城,是生活在土城内居民的墓葬。[①] 有一条标识墓地范围的沟。这条沟从墓地开始形成时就已经出现了。墓与墓之间几乎没有打破关系,排列整齐,上面有标记,表明该墓地存续时间较长。考古发掘时清理了804座墓,具体如下。

根据墓坑大小可将墓分为三类。墓坑长2.2米以上的墓为大型墓,共143座墓,占墓葬总数的18%。大部分大型墓有木质葬具,46座墓没有木质葬具。墓坑长1.7—2.2米的墓为中型墓,占墓葬总数的54%,墓室多样,有的有木质葬具,有的墓室用土坯砖垒砌而成,有的有生土二层台,有的有洞室。墓坑长1.7米以下的为小型墓,共175座。有的有木质葬具,有的有生土二层台,绝大多数是土坑墓。小型墓中14岁以下的儿童墓占墓葬总数的49%,与大型墓中儿童墓仅占墓葬总数的4%、中型墓中儿童墓占墓葬总数的12%相比,数量多,小型墓中近半数为儿童墓。一半小型墓无随葬品,60座墓只有1件随葬品,32座墓有2—3件随葬品,大部分墓随葬品贫乏。

男性和女性的葬式区别比较明确。死者都是头向西北的仰身葬,不过男性面西,女性面东。随葬品方面,除极少数墓以外,男性随葬斧或钺,女性随葬纺轮。

根据墓葬分布疏密的不同,把它们分成若干个墓群(图34)。大致分为北区、中区和南区。随葬的鬲分A、B、C三型(图35:

---

[①] 中国社会科学院考古研究所编著:《大甸子——夏家店下层文化遗址与墓地发掘报告》,科学出版社,1996年。

## 第三章　朱开沟文化、李家崖文化和夏家店下层文化

1—10)。鬲的型与墓群相关。北区墓的随葬品以 A 型鬲为主，A 型分 AⅠ—AⅥ六式。与此相对应，墓群也细分为 AⅠ型—AⅥ型共 6 群。中 a 区以 A 型鬲为主，中 b 区以 B、C 型鬲为主。前者还随葬 BⅠ、BⅡ和 C 型鬲，表明 A 型鬲所代表的家族与其他鬲所代表的家族关系密切。后者中 b 区随葬 AⅢ、Ⅳ型鬲，与这些鬲所代表的家族有联系。南区中，南 b 区以 B 型鬲为主，还有 C 型鬲，B 型所代表的家族与 C 型所代表的家庭结成一体。南 c 区以 B 鬲为主，另有 A 型鬲，它们所代表的两个家族关系密切。南 d 区以 B 和 C 型鬲为主，表示它们所代表的家族结为一体。南 e 区以 C 型鬲为主，A 型鬲在随葬品中处于从属地位，C 型所代表的家族把 A 型所代表的家族合并进来了。陶明器中的彩绘陶器的纹样母题可以分为几个型。它们也与墓群相关。例如 Aa 类见于 37 座墓，除中区的 5 座墓外，其余皆见于北区。Ab 类多见于中 a 区。彩绘陶器纹样可能是代表某个家族的标识。

陶明器中鬶、盉盉爵等器类(图 35：11—14)在当地陶器中找不到源头，但是可以在中原二里头文化中找到源头。这些容器出自 12 座墓，其中 11 座位于北区，这中间的 7 座墓还有 AⅠ式鬲。可见，北区家族与中原地区存在某种联系，也许两者的祭祀方式相同。这些墓区的墓地中男性墓随葬斧和钺，随葬 AⅠ型鬲的墓还随葬斧、钺，但是绝对没有纺轮，推测它是以男性为主体的父系社会。南区女性墓多随葬纺轮，属于母系社会的可能性很大。北区 AⅣ、Ⅴ式鬲与中 a 区、中 b 区、南区 a 墓地随葬分布在辽河下游的高台山文化的陶器，推测它与高台山文化有联系。这个阶段不见代表北方式青铜器的短剑和铜刀。该地区尚未开发这些青铜器，处在只有有限几种青铜饰物的阶段，青铜器生产刚刚开始。

图 34 大甸子墓地墓群分布①
（比例 1/1000）

① 见中国社会科学院考古研究所编著：《大甸子——夏家店下层文化遗址与墓地发掘报告》，科学出版社，1996年，图22。

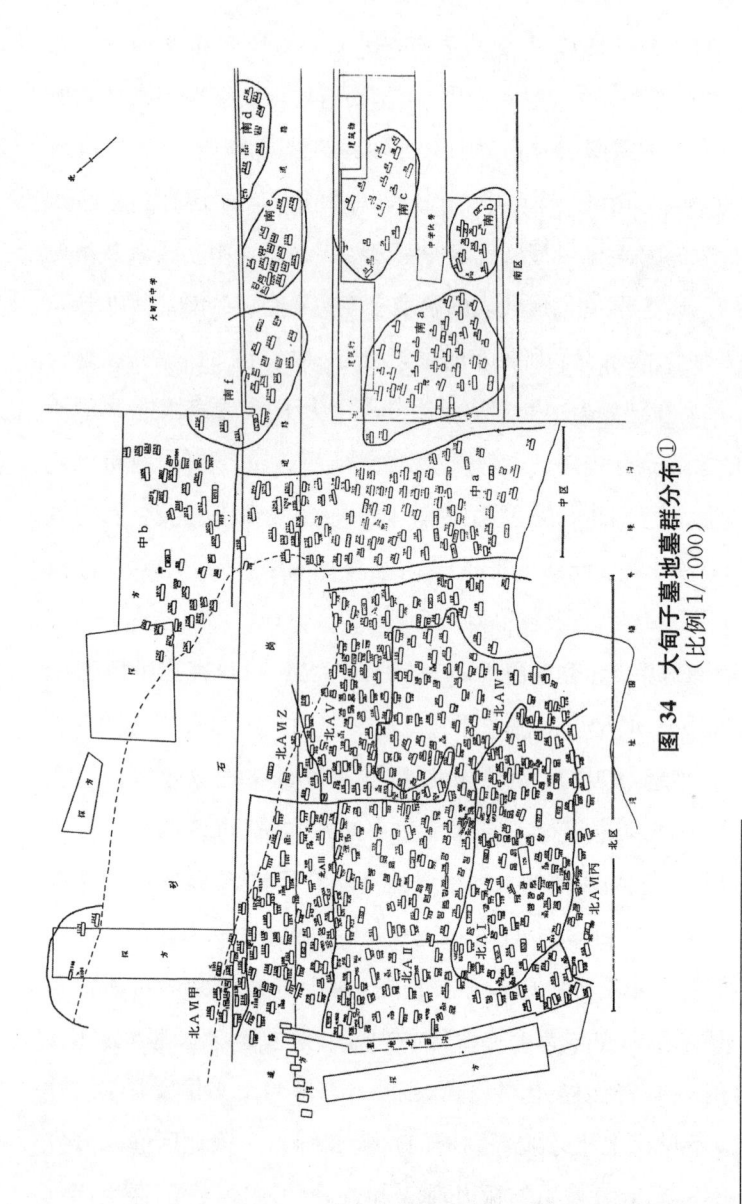

## 第三章　朱开沟文化、李家崖文化和夏家店下层文化

　　下面对大甸子墓地作进一步分析。发掘报告中,根据墓葬分布的疏密程度不同以及与之对应的鬲的型式,划分了若干个墓区。发掘报告根据不同墓区彩绘陶器的纹样母题不同,推测墓区可能代表了族。墓葬分布的疏密、鬲的型式、彩绘陶器的纹样形式在一定程度上存在相关关系,发掘报告的墓群划分是合适的。下面据此探讨墓群之间的相关关系。这里关注的是墓坑的大小。发掘报告按墓坑长度,把墓分为大中小三型。墓坑长度与墓的结构即有无木质葬具等有一定的相关关系。墓坑长度与墓主的社会地位也可能有一定的相关关系。同样,发掘报告也指出一半小型墓可能是儿童墓。这是根据对出土人骨所作的体质人类学分析后得出的结论。短墓坑埋葬仰身直肢的成年人有困难,墓主很可能是儿童。发掘报告正因此而关注墓坑长度并对墓葬进行分类,把墓坑长度视为反映墓主社会地位的因素。不过不能只关注墓坑长度还应关注墓坑面积,即墓坑大小反映了营造墓时投入劳动量的多少,它才是反映墓主社会地位的因素。毫无疑问,就投入劳动量来看,墓坑深度很重要,墓坑深度只是发掘时测量得到的深度,未必是营建墓坑时的实际深度,这是因为地形发生了变化,同时墓坑开口与原始地面不同。因此这里还是以墓坑面积代表劳动投入量。假设墓主社会的地位与墓坑面积相关,那么就不能不考虑墓主的年龄段这个因素,即应将儿童与成年人分开。[92]

　　因此,分析成年人墓时要考虑墓坑面积与其社会地位的关系。首先要把804座墓中墓坑面积不详的墓去掉。接下来要剔除根据体质人类学上判断为墓主是儿童的墓。判断几岁属于儿童时不仅存在确定年龄的问题,还存在不同社会划分成人与儿童的年龄标准不同的问题,照搬现在的年龄标准不合适。这里按照比较容易判断年龄的13岁为界线,将13岁以下的称为儿童,将

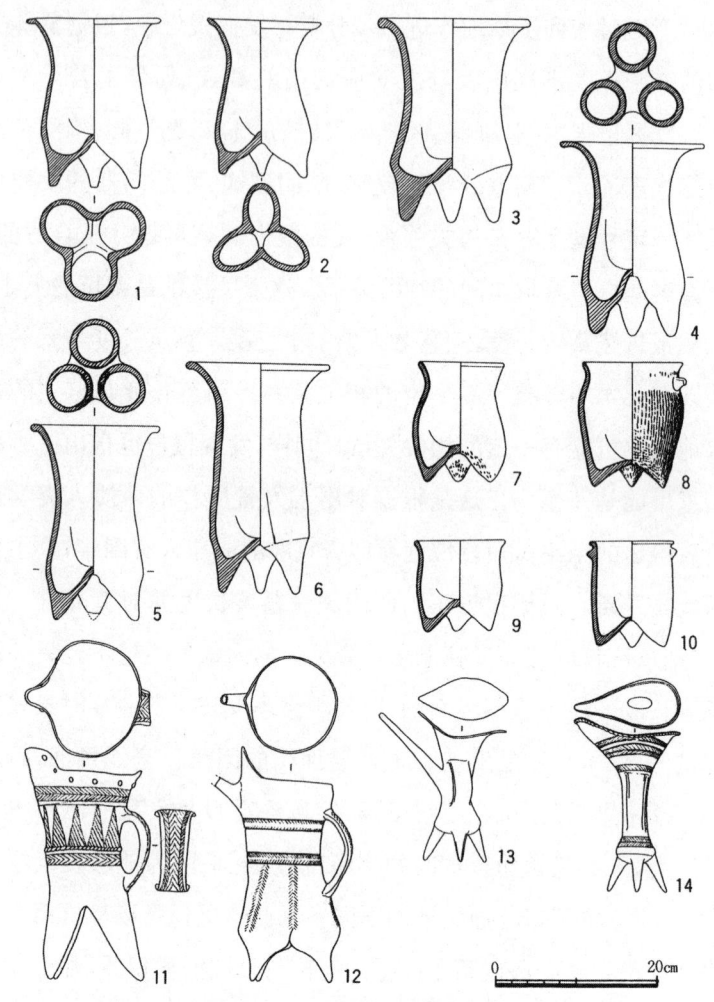

**图 35　大甸子墓地的陶明器**①

[1：鬲 A Ⅰ 型(M854),2：鬲 A Ⅱ 型(M905),3：鬲 A Ⅲ 型(M371),4：鬲 A Ⅳ 型(M839),5：A Ⅴ 型(M615),6：鬲 A Ⅵ 型(M325),7：鬲 B 型(M486),8：鬲 B 型(M51),9：鬲 C 型(M1017),10：鬲 C 型(M31),11：鬹(M713),12：盉(M853),13：爵(M905),14：爵(M853);比例 1/8]

---

① 见中国社会科学院考古研究所编著:《大甸子——夏家店下层文化遗址与墓地发掘报告》,科学出版社,1996 年(1 图 34：1,2 图 34：6,3 图 35：1,4 图 36：3,5 图 37：4,6 图 38：1,7 图 40：2,8 图 40：5,10 图 40：12,11 图 41：1,12 图 41：6,13 图 42：1,14 图 42：3)。

墓主为儿童的这些墓剔除掉。遇到年龄难以确定的墓,先要看各墓群内墓坑面积与墓坑长度,考察它与按年龄确认墓主是儿童的墓之间的关系,长度不足150厘米的墓的墓坑长度与儿童身高差不多,因此把墓坑长度不足150厘米的儿童墓剔除掉。毫无疑问,这种小型墓的墓坑面积小,属于儿童墓。把墓坑长度不足150厘米而年龄鉴定为成人的墓也作为成人墓进行分析。

把儿童墓剔除掉之后,可以比较不同墓区成人墓的墓坑面积。这类墓共有555座。图36是根据统计数据制作的各墓群内墓坑面积大小变化箱式图。统计分析结果表明,各墓群中的墓坑面积大致分为四个等级。相对而言,墓坑面积特别大的墓群是北AⅠ型群,其次是北AⅡ、AⅣ、AV型群,中央a、b群,南a、c、f群的墓坑面积为所有墓坑面积的中位数,因此把它们定为第2等级。北AⅢ型群与北AⅣ型群与第2等级墓群相比面积稍小,相当于第3等级。墓坑面积最小的第4等级包括南b、d和e群。统计分析结果并不意味着墓群之间是平等的,各墓群之间存在比较大的等级差异。

如图37所示,墓地布局显示这4个等级中,第1等级的AⅠ群是中心,旁边是第2等级,再往外是第3等级,第4等级位于东端,从北AⅠ群为中心的同心圆式分布可以看出墓群之间的等级差异,墓群之间的等级结构非常清楚。有关北AⅠ型墓群的墓坑面积与随葬品的对应关系证明了墓坑面积的确能够反映墓主生前社会地位的假说。

北AⅠ型墓群随葬品除常见的陶器外,还有鬲、爵或者漆觚等特殊随葬品,如表5所示,除北AⅥ型外,只有面积大的墓群才有这类特殊随葬品。这是墓坑面积与墓主社会地位存在相关关系的典型墓例。北AⅠ型群内的7座墓都随葬鬲和爵。

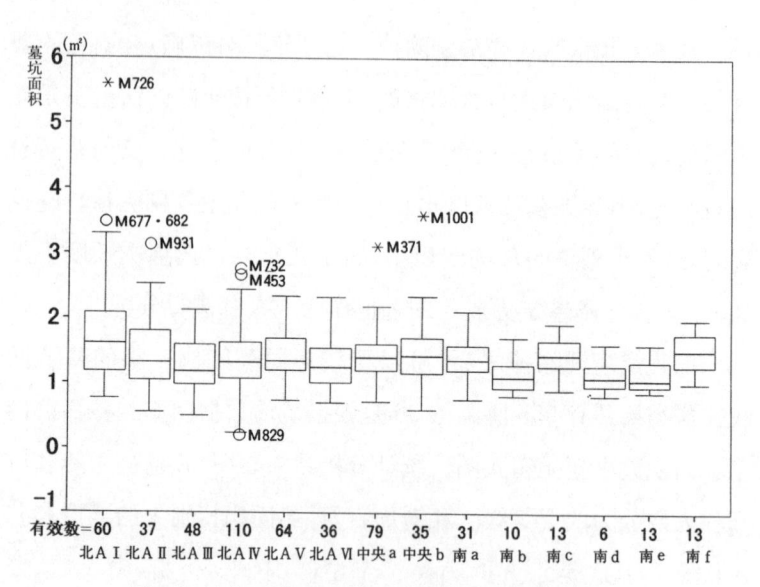

图 36　大甸子墓地以墓群为单位的面积比较图①

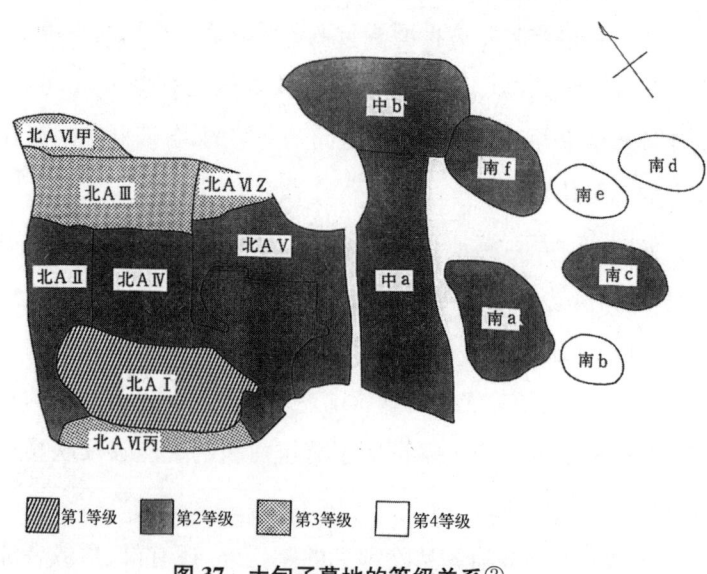

图 37　大甸子墓地的等级关系②

---

① 作者自绘。
② 作者自绘。

鬶和爵也见于北 AⅡ型群的 3 座大型墓。其他墓群中只有北 AⅥ型群中的 1 座墓随葬鬶和爵。鬶和爵是华北特别是二里头文化的典型器物,二里头文化的特征明显。这些墓群无疑与二里头文化社会有着某种联系。随葬以辽河下游为中心的高台山文化陶器的墓群是北 AⅣ型、北 A Ⅴ 型、中央 a、中央 b 和南 a 群,除中央 a 外它们不随葬鬶和爵。不难想象,这些墓与辽河下游社会有着某种联系。假如与这两种社会保持某种关系的墓群具有排他性,那么上述情况则反映了这个阶段的地域关系是以墓群即族为单位划分的。除北 AⅠ型外,与这两个地域社会有关系的族,从墓坑面积看属于第 2 等级,相对而言,它们之间是平等的。从这个意义上讲,相对而言没有反映地域之间关系的墓群几乎都是社会地位较低的墓坑面积,属于第 3、4 等级的墓群。这种社会地位低下的墓群中,第 3 等级的墓群位于北墓区周边,第 4 墓群位于南区的周边,据此推测墓群之间等级差异与墓群在墓地中的位置有关。

表 5 大甸子墓地出土特殊随葬品的墓葬

| 墓群 | 墓葬番号 | 特殊随葬品 |
| --- | --- | --- |
| 北 AⅠ | 645 | 漆片 |
| | 666 | 鬶、爵、漆器 |
| | 672 | 鬶、爵、漆觚形器、铜耳环 |
| | 675 | 铜耳环 |
| | 677 | 鬶、爵、铜戒指 |
| | 706 | 鬶、爵 |
| | 726 | 鬶、爵、觚形漆器 |
| | 756 | 铜戒指 |
| | 782 | 铜戒指 |

续表

| 墓群 | 墓葬番号 | 特殊随葬品 |
| --- | --- | --- |
| 北AⅠ | 788（儿童墓） | 铜戒指 |
|  | 818 | 鬲、爵、漆器 |
|  | 853 | 盉、爵、漆器 |
| 北AⅡ | 867 | 鬲、漆觚 |
|  | 905 | 鬲、爵、漆觚 |
|  | 931 | 鬲、爵、漆觚 |
| 北AⅣ | 453 | 铜耳环 |
|  | 454 | 铜戒指 |
|  | 463 | 铜耳环 |
|  | 683 | 铜柄首 |
|  | 715 | 铜柄首、铜柄镦 |
|  | 725（儿童墓） | 铜耳环 |
|  | 813 | 铜耳环 |
|  | 830 | 铜戒指 |
| 北AⅤ | 507 | 铜耳环 |
|  | 516 | 金耳环 |
| 北AⅥ | 523 | 铜耳环 |
|  | 612 | 鬲、爵、漆器 |
|  | 1103 | 漆器 |
| 中a | 11（儿童墓） | 铜耳环 |
|  | 15（儿童墓） | 铜耳环 |
|  | 371 | 铅杖首 |
|  | 1215 | 鬲 |
| 中b | 1254 | 铜耳环 |
|  | 1265 | 铜耳环 |
| 南c | 43 | 铅杖首 |

第三章　朱开沟文化、李家崖文化和夏家店下层文化

那么，如何解释相对而言社会地位最高的北ＡⅠ型群随葬比较多的具有二里头文化特征的礼器？如表6所示，随葬这些特殊陶器的墓相对而言墓坑面积比较大，是北ＡⅠ型群和北ＡⅡ型群中高等级人物的墓。这里探讨一下这些随葬品的社会意义。它们可作两种解释。其一是社会地位较高的族积极地与二里头社会攀上关系。其二是为了显摆与二里头社会的关系，抑或是因为具有与二里头社会相同的祭礼观念而确立了自身的社会地位。我认为，北ＡⅠ型群是大甸子墓地中地位最高的集团，群内地位很高的人随葬这类器物表明他们与二里头社会有着上述两种关系中的一种关系。而在这个阶段中原社会作为紧密联系的一方发挥了重要作用。他们通过展示与中原的关系达到在集团内部宣示自己占据较高地位的目的，这种做法与内蒙古中南部朱开沟第5阶段保持与二里头文化联系的情况相似。

随葬高台山文化陶器的墓不是通过大面积墓坑表示墓主是社会上层人物的墓。相对而言，中央a群和北ＡⅣ型群墓的墓坑面积较大并且随葬高台山文化陶器，不过他们绝不是社会显贵人物。北ＡⅣ型群、中央b和南a群中随葬高台山文化陶器的墓的墓坑面积属于中等或下等（表6）。通过比较可知，随葬高台山文化陶器的墓与上述随葬鬹和爵的墓相比，地位有高低之别，这类陶器与墓主的社会地位高低无关。随葬高台山文化陶器的墓反映了墓主个人与高台山文化有联系。

金属器见于北ＡⅠ型群、北ＡⅣ型群、北ＡⅤ型群，中央a群、中央b群和中央c群的墓。金属器几乎都是铜柄首、铜杖首、铅杖首、铜耳环和铜戒指等首饰，不见武器。要说与墓坑面积的关系，中央A群中面积最大的墓M371随葬铅杖首，它可能是被当作礼器随葬的。但是其他金属器不像随葬鬹、盉、爵等特殊随

93

葬品的墓那样与墓坑面积大小相关。除北ＡⅤ群墓外,因为铜耳环和铜戒指几乎只见于女性墓所以被视为反映性别差异的器物。这个阶段青铜器尚未被当作礼器随葬。大甸子墓地还没有进入把青铜器当作确保社会地位的礼器的阶段。铜耳环和铜戒指在内蒙古中南部的朱开沟第3阶段才出现,与大甸子几乎同时。值得注意的是,这是长城地带东西部都可以看到的相似的现象。

表6 特殊随葬品与墓葬的关系

| 墓群 | 墓葬番号 | 墓坑面积($m^2$) | 性别 | 特殊随葬品 |
|---|---|---|---|---|
| 北ＡⅠ | 726 | 5.60 | 男 | 鬶、爵 |
| 北ＡⅠ | 677 | 3.49 | 女 | 鬶、爵、铜戒指 |
| 北ＡⅠ | 682 | 3.48 | 女 | |
| 北ＡⅠ | 672 | 3.30 | | 鬶、爵、铜耳环 |
| 北ＡⅠ | 401 | 3.00 | 男 | |
| 北ＡⅠ | 853 | 2.94 | 男 | 盉、爵 |
| 北ＡⅠ | 791 | 2.43 | 男 | |
| 北ＡⅠ | 652 | 2.34 | 女 | |
| 北ＡⅠ | 663 | 2.33 | 女 | |
| 北ＡⅠ | 751 | 2.32 | | |
| 北ＡⅠ | 818 | 2.32 | 女 | 鬶、爵 |
| 北ＡⅠ | 659 | 2.21 | 男 | |
| 北ＡⅠ | 666 | 2.21 | 男 | 鬶、爵 |
| 北ＡⅠ | 756 | 2.20 | 女 | 铜戒指 |
| 北ＡⅠ | 645 | 2.08 | 男 | |
| 北ＡⅠ | 827 | 2.08 | 男 | |
| 北ＡⅠ | 855 | 2.03 | 男 | |
| 北ＡⅠ | 648 | 1.94 | 男 | |

续表

| 墓群 | 墓葬番号 | 墓坑面积（m²） | 性别 | 特殊随葬品 |
|---|---|---|---|---|
| 北AⅠ | 886 | 1.92 | 男 | |
| 北AⅠ | 772 | 1.89 | 男 | |
| 北AⅠ | 706 | 1.88 | 男 | 鬲、爵 |
| 北AⅠ | 684 | 1.84 | 男 | |
| 北AⅠ | 761 | 1.84 | 女 | |
| 北AⅠ | 882 | 1.84 | 男 | |
| 北AⅠ | 670 | 1.73 | 男 | |
| 北AⅠ | 647 | 1.72 | 女 | |
| 北AⅠ | 854 | 1.70 | | |
| 北AⅠ | 675 | 1.68 | 女 | 铜耳环 |
| 北AⅠ | 483 | 1.61 | 男 | |
| 北AⅠ | 657 | 1.61 | 男 | |
| 北AⅠ | 824 | 1.61 | 男 | |
| 北AⅠ | 668 | 1.56 | 女 | |
| 北AⅠ | 402 | 1.52 | 女 | |
| 北AⅠ | 782 | 1.37 | | 铜戒指 |
| 北AⅠ | 857 | 1.37 | | |
| 北AⅠ | 653 | 1.33 | 女 | |
| 北AⅠ | 641 | 1.32 | | |
| 北AⅠ | 667 | 1.32 | 女 | |
| 北AⅠ | 671 | 1.32 | 女 | |
| 北AⅠ | 856 | 1.26 | 女 | |
| 北AⅠ | 409 | 1.24 | 女 | |
| 北AⅠ | 777 | 1.24 | 女 | |
| 北AⅠ | 642 | 1.20 | 男 | |
| 北AⅠ | 887 | 1.20 | | |

95

续表

| 墓群 | 墓葬番号 | 墓坑面积(m²) | 性别 | 特殊随葬品 |
|---|---|---|---|---|
| 北AⅠ | 888 | 1.20 | 女 | |
| 北AⅠ | 792 | 1.16 | 女 | |
| 北AⅠ | 412 | 1.16 | | |
| 北AⅠ | 703 | 1.08 | 女 | |
| 北AⅠ | 819 | 1.08 | 女 | |
| 北AⅠ | 694 | 1.06 | 女 | |
| 北AⅠ | 674 | 1.05 | 男 | |
| 北AⅠ | 692 | 1.05 | | |
| 北AⅠ | 846 | 1.05 | 女 | |
| 北AⅠ | 411 | 0.99 | 女 | |
| 北AⅠ | 650 | 0.95 | 男 | |
| 北AⅠ | 695 | 0.95 | | |
| 北AⅠ | 679 | 0.94 | 女 | |
| 北AⅠ | 640 | 0.93 | 男 | |
| 北AⅠ | 673 | 0.82 | 男 | |
| 北AⅠ | 781 | 0.77 | 男 | |
| 北AⅡ | 931 | 3.13 | | 鬶、爵 |
| 北AⅡ | 905 | 2.52 | 男 | 鬶、爵 |
| 北AⅡ | 867 | 2.50 | 女 | 鬶 |
| 北AⅡ | 911 | 2.09 | 女 | |
| 北AⅡ | 919 | 1.97 | 男 | |
| 北AⅡ | 885 | 1.92 | 女 | |
| 北AⅡ | 861 | 1.90 | 女 | |
| 北AⅡ | 910 | 1.84 | 女 | |
| 北AⅡ | 866 | 1.81 | 女 | |
| 北AⅡ | 899 | 1.80 | 男 | |

续表

| 墓群 | 墓葬番号 | 墓坑面积(m²) | 性别 | 特殊随葬品 |
|---|---|---|---|---|
| 北AⅡ | 891 | 1.78 | 男 | |
| 北AⅡ | 868 | 1.76 | 男 | |
| 北AⅡ | 881 | 1.76 | | |
| 北AⅡ | 901 | 1.60 | 女 | |
| 北AⅡ | 932 | 1.56 | 男 | |
| 北AⅡ | 914 | 1.48 | 男 | |
| 北AⅡ | 940 | 1.41 | | |
| 北AⅡ | 922 | 1.40 | 女 | |
| 北AⅡ | 898 | 1.32 | 男 | |
| 北AⅡ | 907 | 1.20 | 男 | |
| 北AⅡ | 928 | 1.20 | 女 | |
| 北AⅡ | 929 | 1.20 | 男 | |
| 北AⅡ | 933 | 1.16 | 男 | |
| 北AⅡ | 934 | 1.10 | | |
| 北AⅡ | 874 | 1.08 | 女 | |
| 北AⅡ | 925 | 1.08 | 女 | |
| 北AⅡ | 884 | 1.05 | 女 | |
| 北AⅡ | 913 | 1.04 | 男 | |
| 北AⅡ | 895 | 0.99 | 女 | |
| 北AⅡ | 876 | 0.99 | 女 | |
| 北AⅡ | 912 | 0.96 | 女 | |
| 北AⅡ | 837 | 0.85 | 女 | |
| 北AⅡ | 920 | 0.85 | 女 | |
| 北AⅡ | 896 | 0.78 | 女 | |
| 北AⅡ | 877 | 0.75 | | |
| 北AⅡ | 863 | 0.74 | 女 | |

续表

| 墓群 | 墓葬番号 | 墓坑面积(m²) | 性别 | 特殊随葬品 |
|---|---|---|---|---|
| 北AⅡ | 862 | 0.56 | 男 | |
| 北Ⅳ | 732 | 2.76 | 男 | |
| 北Ⅳ | 453 | 2.66 | 女 | 铜耳环 |
| 北Ⅳ | 472 | 2.44 | | |
| 北Ⅳ | 444 | 2.42 | 男 | |
| 北Ⅳ | 713 | 2.40 | 男 | |
| 北Ⅳ | 459 | 2.38 | 女 | 高台山钵 |
| 北Ⅳ | 486 | 2.16 | 男 | |
| 北Ⅳ | 422 | 2.14 | 男 | |
| 北Ⅳ | 454 | 2.00 | | 铜戒指 |
| 北Ⅳ | 783 | 2.00 | | |
| 北Ⅳ | 451 | 1.98 | 女 | |
| 北Ⅳ | 840 | 1.96 | | |
| 北Ⅳ | 416 | 1.93 | 女 | |
| 北Ⅳ | 859 | 1.92 | 女 | |
| 北Ⅳ | 438 | 1.89 | 女 | |
| 北Ⅳ | 480 | 1.89 | 女 | |
| 北Ⅳ | 715 | 1.88 | 男 | 铜柄首、铜柄镦 |
| 北Ⅳ | 433 | 1.84 | 男 | |
| 北Ⅳ | 838 | 1.84 | 女 | |
| 北Ⅳ | 730 | 1.80 | 女 | |
| 北Ⅳ | 462 | 1.80 | | |
| 北Ⅳ | 646 | 1.80 | 男 | |
| 北Ⅳ | 728 | 1.73 | 男 | |
| 北Ⅳ | 467 | 1.68 | 男 | |
| 北Ⅳ | 731 | 1.67 | 男 | |

续表

| 墓群 | 墓葬番号 | 墓坑面积(m²) | 性别 | 特殊随葬品 |
|---|---|---|---|---|
| 北Ⅳ | 839 | 1.65 | 女 | |
| 北Ⅳ | 787 | 1.64 | 女 | |
| 北Ⅳ | 484 | 1.63 | 男 | |
| 北Ⅳ | 512 | 1.61 | 女 | |
| 北Ⅳ | 636 | 1.61 | 男 | |
| 北Ⅳ | 639 | 1.60 | 男 | |
| 北Ⅳ | 809 | 1.60 | 女 | |
| 北Ⅳ | 722 | 1.58 | 女 | |
| 北Ⅳ | 466 | 1.57 | 女 | |
| 北Ⅳ | 470 | 1.53 | 男 | |
| 北Ⅳ | 830 | 1.51 | 女 | 铜戒指 |
| 北Ⅳ | 858 | 1.51 | 男 | |
| 北Ⅳ | 474 | 1.50 | 女 | |
| 北Ⅳ | 806 | 1.48 | 女 | |
| 北Ⅳ | 445 | 1.47 | 女 | |
| 北Ⅳ | 723 | 1.47 | 女 | |
| 北Ⅳ | 493 | 1.44 | 男 | |
| 北Ⅳ | 811 | 1.44 | 男 | |
| 北Ⅳ | 495 | 1.42 | 女 | |
| 北Ⅳ | 496 | 1.41 | 男 | |
| 北Ⅳ | 494 | 1.40 | 女 | |
| 北Ⅳ | 747 | 1.40 | | |
| 北Ⅳ | 748 | 1.40 | 男 | |
| 北Ⅳ | 784 | 1.40 | 男 | |
| 北Ⅳ | 795 | 1.40 | 男、女 | |
| 北Ⅳ | 808 | 1.40 | 男 | |

续表

| 墓群 | 墓葬番号 | 墓坑面积(m²) | 性别 | 特殊随葬品 |
|---|---|---|---|---|
| 北Ⅳ | 463 | 1.37 | 女 | 铜耳环 |
| 北Ⅳ | 710 | 1.37 | 女 | |
| 北Ⅳ | 734 | 1.33 | 女 | |
| 北Ⅳ | 487 | 1.32 | 女 | |
| 北Ⅳ | 661 | 1.32 | 男 | |
| 北Ⅳ | 700 | 1.32 | 女 | |
| 北Ⅳ | 683 | 1.31 | 男 | 铜柄首 |
| 北Ⅳ | 660 | 1.30 | 女 | |
| 北Ⅳ | 485 | 1.30 | 男 | |
| 北Ⅳ | 634 | 1.29 | 男 | |
| 北Ⅳ | 457 | 1.28 | 女 | |
| 北Ⅳ | 822 | 1.28 | 男 | |
| 北Ⅳ | 719 | 1.26 | 男 | |
| 北Ⅳ | 813 | 1.26 | | 铜耳环 |
| 北Ⅳ | 817 | 1.26 | | |
| 北Ⅳ | 799 | 1.24 | 女 | |
| 北Ⅳ | 638 | 1.22 | 男 | |
| 北Ⅳ | 447 | 1.20 | 女 | |
| 北Ⅳ | 785 | 1.20 | 男 | |
| 北Ⅳ | 804 | 1.20 | 女 | |
| 北Ⅳ | 810 | 1.20 | 女 | |
| 北Ⅳ | 738 | 1.18 | 男 | |
| 北Ⅳ | 479 | 1.16 | 男 | |
| 北Ⅳ | 823 | 1.10 | 男 | |
| 北Ⅳ | 878 | 1.10 | | |
| 北Ⅳ | 497 | 1.09 | | |

续表

| 墓群 | 墓葬番号 | 墓坑面积(m²) | 性别 | 特殊随葬品 |
| --- | --- | --- | --- | --- |
| 北Ⅳ | 464 | 1.08 | | |
| 北Ⅳ | 797 | 1.08 | | |
| 北Ⅳ | 816 | 1.08 | 女 | |
| 北Ⅳ | 475 | 1.07 | | |
| 北Ⅳ | 604 | 1.07 | 女 | |
| 北Ⅳ | 688 | 1.07 | 女 | |
| 北Ⅳ | 737 | 1.07 | 男 | |
| 北Ⅳ | 842 | 1.05 | 男 | |
| 北Ⅳ | 833 | 1.05 | 女 | |
| 北Ⅳ | 468 | 0.99 | 女 | |
| 北Ⅳ | 631 | 0.99 | 女 | |
| 北Ⅳ | 836 | 0.99 | 女 | |
| 北Ⅳ | 805 | 0.99 | 女 | |
| 北Ⅳ | 680 | 0.98 | 男 | |
| 北Ⅳ | 505 | 0.98 | 男 | |
| 北Ⅳ | 654 | 0.98 | 女 | |
| 北Ⅳ | 450 | 0.98 | 女 | |
| 北Ⅳ | 415 | 0.97 | 男 | |
| 北Ⅳ | 469 | 0.96 | 男 | |
| 北Ⅳ | 717 | 0.96 | 男 | |
| 北Ⅳ | 446 | 0.95 | 女 | |
| 北Ⅳ | 826 | 0.95 | 男 | |
| 北Ⅳ | 729 | 0.85 | 女 | |
| 北Ⅳ | 605 | 0.85 | 男 | |
| 北Ⅳ | 807 | 0.85 | 男 | |
| 北Ⅳ | 687 | 0.83 | 女 | |

续表

| 墓群 | 墓葬番号 | 墓坑面积($m^2$) | 性别 | 特殊随葬品 |
|---|---|---|---|---|
| 北Ⅳ | 815 | 0.80 | 男 | |
| 北Ⅳ | 465 | 0.77 | 女 | |
| 北Ⅳ | 696 | 0.70 | | |
| 北Ⅳ | 455 | 0.68 | | |
| 北Ⅳ | 801 | 0.68 | | |
| 北Ⅳ | 794 | 0.24 | | |
| 北Ⅳ | 829 | 0.20 | 女 | |
| 中a | 371 | 3.11 | 男 | 铅杖首 |
| 中a | 1203 | 2.18 | 男 | |
| 中a | 316 | 2.05 | 男 | |
| 中a | 303 | 1.98 | | |
| 中a | 1211 | 1.96 | 男 | |
| 中a | 322 | 1.95 | 男 | |
| 中a | 351 | 1.92 | 男 | |
| 中a | 388 | 1.90 | 男 | |
| 中a | 360 | 1.88 | 男 | |
| 中a | 326 | 1.84 | 男 | 高台山罐 |
| 中a | 325 | 1.79 | 女 | |
| 中a | 381 | 1.75 | 男 | |
| 中a | 321 | 1.73 | 女 | |
| 中a | 364 | 1.72 | 男 | |
| 中a | 305 | 1.68 | 女 | |
| 中a | 329 | 1.68 | 女 | |
| 中a | 373 | 1.67 | 女 | |
| 中a | 1204 | 1.63 | 男 | 高台山罐 |
| 中a | 311 | 1.62 | 男 | |

续表

| 墓群 | 墓葬番号 | 墓坑面积(m²) | 性别 | 特殊随葬品 |
|---|---|---|---|---|
| 中a | 343 | 1.61 | 男 | |
| 中a | 1215 | 1.60 | 男 | 鬲 |
| 中a | 342 | 1.60 | 女 | |
| 中a | 366 | 1.60 | 女 | |
| 中a | 1235 | 1.60 | 男 | |
| 中a | 308 | 1.56 | 女 | |
| 中a | 307 | 1.54 | 女 | |
| 中a | 376 | 1.53 | 女 | |
| 中a | 210 | 1.51 | | |
| 中a | 312 | 1.51 | 女 | 高台山、罐 |
| 中a | 306 | 1.51 | 男 | |
| 中a | 1205 | 1.50 | 女 | |
| 中a | 377 | 1.48 | | 高台山钵 |
| 中a | 335 | 1.47 | 女 | |
| 中a | 1210 | 1.46 | 女 | |
| 中a | 319 | 1.44 | 男 | |
| 中a | 346 | 1.43 | 男 | |
| 中a | 363 | 1.43 | 女 | |
| 中a | 334 | 1.41 | 女 | |
| 中a | 331 | 1.41 | 男 | |
| 中a | 310 | 1.40 | 女 | |
| 中a | 320 | 1.40 | 女 | |
| 中a | 301 | 1.39 | 男 | |
| 中a | 1236 | 1.39 | 男 | |
| 中a | 333 | 1.38 | 男 | |
| 中a | 341 | 1.38 | 女 | |

续表

| 墓群 | 墓葬番号 | 墓坑面积(m$^2$) | 性别 | 特殊随葬品 |
| --- | --- | --- | --- | --- |
| 中a | 304 | 1.37 | 男 | |
| 中a | 1238 | 1.36 | 男 | |
| 中a | 375 | 1.33 | | |
| 中a | 359 | 1.29 | 女 | |
| 中a | 348 | 1.29 | 女 | |
| 中a | 378 | 1.27 | | |
| 中a | 384 | 1.27 | 女 | |
| 中a | 315 | 1.27 | 男 | |
| 中a | 361 | 1.26 | 男 | |
| 中a | 347 | 1.25 | 女 | |
| 中a | 324 | 1.24 | 男 | |
| 中a | 336 | 1.23 | 女 | |
| 中a | 380 | 1.22 | | |
| 中a | 349 | 1.20 | | |
| 中a | 372 | 1.20 | 女 | |
| 中a | 389 | 1.17 | 男 | |
| 中a | 390 | 1.16 | 女 | |
| 中a | 385 | 1.15 | | |
| 中a | 209 | 1.14 | 男 | |
| 中a | 318 | 1.14 | 女 | |
| 中a | 386 | 1.14 | 女 | |
| 中a | 323 | 1.13 | 女 | |
| 中a | 338 | 1.13 | 男 | |
| 中a | 352 | 1.10 | 女 | |
| 中a | 353 | 1.10 | 男 | |
| 中a | 314 | 1.09 | 女 | |

续表

| 墓群 | 墓葬番号 | 墓坑面积(m²) | 性别 | 特殊随葬品 |
|---|---|---|---|---|
| 中a | 357 | 1.05 | 女 | |
| 中a | 313 | 1.03 | 男 | |
| 中a | 330 | 1.00 | | |
| 中a | 327 | 0.95 | 男 | |
| 中a | 358 | 0.92 | 女 | |
| 中a | 383 | 0.84 | | |
| 中a | 369 | 0.80 | 男 | |
| 中a | 379 | 0.72 | 女 | |
| 中b | 1001 | 3.60 | 男 | |
| 中b | 1006 | 2.34 | 男 | |
| 中b | 1011 | 2.34 | 女 | |
| 中b | 1031 | 1.92 | 女 | |
| 中b | 1034 | 1.92 | 男 | |
| 中b | 1015 | 1.79 | | |
| 中b | 1008 | 1.76 | 女 | |
| 中b | 1003 | 1.75 | 男 | |
| 中b | 1028 | 1.73 | 女 | |
| 中b | 1024 | 1.68 | 女 | |
| 中b | 1258 | 1.68 | 男 | |
| 中b | 1261 | 1.58 | 男 | |
| 中b | 1021 | 1.51 | 男 | |
| 中b | 1255 | 1.50 | 女 | |
| 中b | 1018 | 1.47 | 男 | |
| 中b | 1032 | 1.47 | 男 | |
| 中b | 1013 | 1.45 | 男 | |
| 中b | 1262 | 1.43 | 男 | |

续表

| 墓群 | 墓葬番号 | 墓坑面积(m$^2$) | 性别 | 特殊随葬品 |
|---|---|---|---|---|
| 中b | 1264 | 1.41 | 女 |  |
| 中b | 1012 | 1.39 | 男 |  |
| 中b | 1263 | 1.37 | 女 |  |
| 中b | 1019 | 1.34 | 男 |  |
| 中b | 1007 | 1.32 | 男 |  |
| 中b | 1265 | 1.32 | 女 | 铜耳环 |
| 中b | 1025 | 1.26 |  |  |
| 中b | 1023 | 1.18 | 女 |  |
| 中b | 1016 | 1.14 | 女 |  |
| 中b | 1017 | 1.14 | 男 |  |
| 中b | 1020 | 1.10 | 女 |  |
| 中b | 1266 | 1.05 | 女 |  |
| 中b | 1009 | 0.98 | 男 | 高台山钵 |
| 中b | 1254 | 0.96 | 男 | 铜耳环 |
| 中b | 1027 | 0.82 | 男 |  |
| 中b | 1010 | 0.68 | 女 | 高台山罐 |
| 中b | 1030 | 0.60 |  |  |

## 4 北方式青铜器文化的出现

典型的北方式青铜器包括青铜短剑、有銎斧、铜刀等。其中青铜短剑和铜刀最迟在相当于二里岗上层时期的朱开沟第5阶段就出现了。

这里探讨一下朱开沟文化第5阶段出现的青铜短剑(图38:2)和青铜刀(图38:4)的谱系。青铜短剑和青铜刀中,青铜短剑是中国最早的青铜剑。中原地区在殷代都没有出现这种青铜短剑。它是本地产品,那么是从外部还是内部寻找其源头呢。西伯利亚卡拉苏克文化的年代即使上推也早不到西周①,因此在该地区难以找到朱开沟青铜短剑的源头。如果从内部找其谱系的话,骨柄上镶嵌石叶的石叶骨剑可能是其源头(图38:1)。青铜刀的情况也一样,本地区的石叶骨刀(图 38:3)可能是其源头。实际上,甘肃省临夏县齐家文化遗址出土的骨柄铜刃刀的刃部是用青铜制作的②,它是骨柄石刃刀向青铜刀转变的过渡类型。骨柄石刃剑和骨柄石刃刀都是在骨柄上镶嵌石叶,两者的不同之处在于前者是两面刃而后者是单面刃。

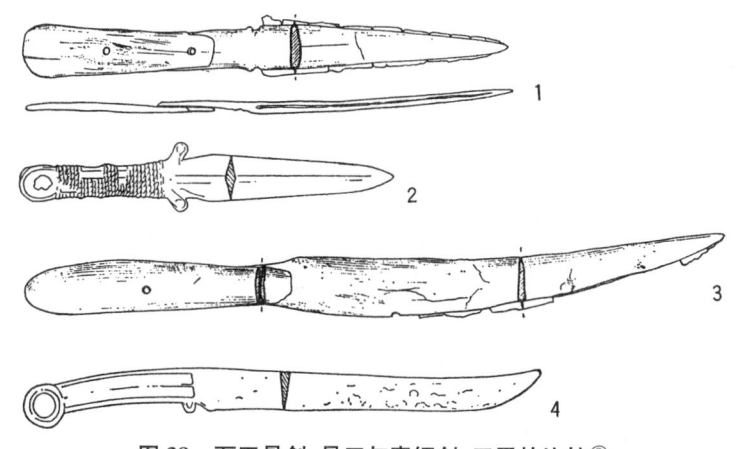

**图38 石刃骨剑、骨刀与青铜剑、刀子的比较**③
(1:鸳鸯池 M92,3:鸳鸯池 M93,2、4:朱开沟 M1040)

---

① Lin Yun, "A Reexamination of the Relationship between Bronzes of the Shang Culture and of the Northern Zone", In *Studies of Shang Archaeology*, Ed. K. C. Chang, Yale University Press, 1986, pp. 237 - 273.
② 田毓璋:《甘肃临夏发现齐家文化骨柄铜刃刀》,《文物》1983年第1期。
③ 图38:1、3见甘肃省博物馆文物工作队、武威地区文物普查队《永昌鸳鸯池新石器时代墓地的发掘》,《考古》1974年第5期,图10;图38:2见内蒙古文物考古研究所:《内蒙古朱开沟遗址》,《考古学报》1988年第3期,图29:2;图38:4见内蒙古文物考古研究所:《内蒙古朱开沟遗址》,《考古学报》1988年第3期,图29:3。

出土实例见于表 7 和图 39。它见于西起青海省东至中国东北部的广大地区,具有长城地带以南的华北地区所没有的特征。它主要流行于新石器时代。这种分布特点表明,这里是旧石器时代北方出现的石叶石器分布的南界。

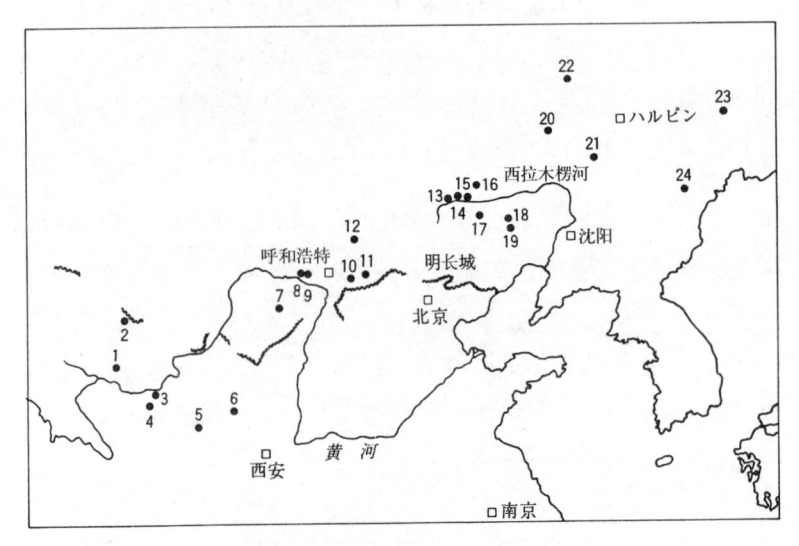

**图 39　石刃骨剑、石刃骨刀的分布①**

(1:朱家寨,2:鸳鸯池,3:花寨子,4:林家,5:大地湾,6:常山,7:朱开沟,8:阿善,9:西园,10:石虎山,11:庙子沟,12:布拉格芒和,13:南台子,14:白音长汗,15:那斯台,16:富河沟门,17:大南沟,18:乌根包冷,19:兴隆洼,20:靶山,21:左家山,22:昂昂溪,23:新开流,24:延吉小营子)

从表 7 可以看到,新石器时代骨柄石刃刀和骨柄石刃剑仅共存于从甘肃到内蒙古中南部到辽西一线即长城地带。松嫩平原的昂昂溪遗址出土的骨柄两侧虽然有沟槽,但是没有发现剑应有的手握部分,所以它是旧石器时代以后的骨枪。因此,骨柄石刃刀分布于从中国东北部到长城地带的广大地区,同时使用骨柄石

---

① 作者自绘。

第三章 朱开沟文化、李家崖文化和夏家店下层文化

刃刀和骨柄石刃剑的地区限于长城地带。新石器时代最早的骨柄石刃剑见于辽西兴隆洼文化的白音长汗遗址,到新石器时代晚期,它见诸从甘肃到内蒙古中南部的广大地区。最晚的是与二里头文化并行的朱开沟文化第3阶段的骨柄石刃刀和骨柄石刃剑,它们是朱开沟文化第5阶段的青铜剑和青铜刀的直接源头。现在看来,它们是内蒙古中南部的北方式青铜剑的直接源头。考虑到未来考古资料会增加,这里推测一下,沿用至新石器时代末期、分布于从甘肃至内蒙古中南部广大地区的骨柄石刃剑很可能是北方式青铜器文化的直接发源地。

因此,正像第一章所说的那样,新石器时代末期,北方地区出现的以长城地带东西为中轴的文化交流及其分布圈为基地的北方式青铜武器,是以模仿前朝石器造型为标志的青铜器文化。殷代后期出现的有銎斧和铃首剑分布于陕西省北部至辽西之间的地区,构成了相同的分布圈。虽然殷墟也出土了有銎斧,不过安阳大司空村M24出土的有銎斧的刃部为三角形,与北方式的有銎斧造型不同,其分布地区明显有别于北方式有銎斧。按林沄的说法,这类北方式青铜器可能分布于太行山两侧。① 下面探讨太行山西侧山西省北部至陕西省北部和内蒙古中南部的情况。

表7 石刃骨剑、石刃骨刀一览表

| 地域 | 遗迹名 | 所在地 | 内容 | 年代(文化名) |
| --- | --- | --- | --- | --- |
| 甘肃 | 朱家寨 | 青海西宁 | 石刃骨刀 | 马家窑文化半山类型 |
| | 鸳鸯池 | 甘肃省永昌县 | 石刃骨刀、石刃骨剑 | 马家窑文化马厂类型中、后期 |

---

① Lin Yun, "A Reexamination of the Relationship between Bronzes of the Shang Culture and of the Northern Zone", In *Studies of Shang Archaeology*, Ed. K. C. Chang, Yale University Press, 1986, pp. 237-273.

续表

| 地域 | 遗迹名 | 所在地 | 内容 | 年代（文化名） |
|---|---|---|---|---|
| | 花寨子 | 甘肃省兰州市七里河区 | 石刃骨刀、石刃骨剑柄 | 马家窑文化半山类型前期 |
| | 林家 | 甘肃省东乡 | 石刃骨刀柄、石刃骨剑 | 马家窑文化 |
| | 大地湾 | 甘肃省秦安县 | 石刃骨刀柄 | 仰韶文化前期 |
| | 常山 | 甘肃省镇原县 | 骨刃骨刀柄 | 常山下层文化 |
| 内蒙古中南部 | 石虎山 | 内蒙古凉城县 | 石刃骨刀柄 | 后冈1期文化 |
| | 庙子沟 | 内蒙古乌兰察布市察右前旗 | 石刃骨刀、石刃骨剑 | 海生不浪文化 |
| | 西园 | 内蒙古包头市 | 石刃骨刀柄 | 阿善3期文化 |
| | 阿善 | 内蒙古包头市 | 石刃骨刀、石刃骨剑 | 阿善3期文化晚期 |
| | 朱开沟 | 内蒙古伊克昭盟伊金霍洛旗 | 石刃骨刀、石刃骨剑 | 朱开沟第3段阶 |
| | 布拉格芒和 | 内蒙古锡林郭勒盟苏尼特右旗 | 石刃骨刀 | 不明 |
| 辽西 | 南台子 | 内蒙古赤峰市克什克腾旗 | 石刃石刀 | 兴隆洼文化 |
| | 兴隆洼 | 内蒙古赤峰市敖汉旗 | 石刃石刀、石刃骨枪 | 兴隆洼文化 |
| | 白音长汗 | 内蒙古赤峰市林西县 | 石刃石刀、石刃骨剑 | 兴隆洼文化 |
| | 那斯台 | 内蒙古赤峰市巴林左旗 | 石刃石刀 | 红山文化 |
| | 乌根包冷 | 内蒙古通辽市奈曼旗 | 石刃骨刀柄 | 红山文化 |
| | 富河沟门 | 内蒙古赤峰市巴林左旗 | 石刃骨刀 | 小山文化 |

110

续表

| 地域 | 遗迹名 | 所在地 | 内容 | 年代(文化名) |
|------|--------|--------|------|---------------|
|  | 大南沟（石棚山） | 内蒙古赤峰市翁牛特旗 | 石刃骨刀 | 小河沿文化 |
| 吉长地区 | 左家山 | 吉林省农安县 | 石刃骨刀柄 | 左家山3期 |
| 松嫩平原 | 昂昂溪 | 黑龙江省齐齐哈尔市 | 石刃骨枪柄 | 昂昂溪文化 |
|  | 靶山 | 吉林省白城市 | 石刃骨刀 | 5460±110、5175±130（树轮校正值） |
| 三江平原 | 新开流 | 黑龙江省密山县 | 石刃骨刀柄 | 新开流上层 |
| 东北朝鲜 | 延吉小营子 | 延边自治区延吉市 | 石刃骨剑 | 青铜器文化并行 |

注：本表根据本书所引用的部分文献所制，散见于各章节的页下注中，在此不赘述。

## 5 李家崖文化

为了明确北方式青铜武器的绝对年代，必须从它与青铜彝器共存的实例开始分析。随葬青铜彝器、典型的北方式青铜短剑和青铜兽首匕的墓位于山西省保德县林遮峪、山西省石楼县后兰家沟及陕西省延川县用斗村、陕西省绥德县墕头村。这些墓的结构不详，从青铜彝器来看，它们都属于殷代后期。北方式青铜器与上一节讨论过的长城地带的青铜器没有继承关系，殷墟等商社会几乎看不到这些青铜器。它们包括短剑、有銎斧、兽首匕、长刀、弓形饰等。有銎斧是像戈那样用于钩割的武器，主体部分是斧形。有些刃部像钺那样但是比斧身要宽，可以称为有銎钺。有銎斧和有銎钺中有的銎比较短，有的銎比较长。经过观察，可以发现如图40：1—3所示的像流散在皇家安大略美术馆藏品那样的有銎斧和有銎钺以及长刀的刃部没有研磨过，也不锋利。因此与其说它们是砍劈敌方不如说是依靠其重量和坚硬打击敌方的武器。它们与商社会常用的具有刺突功能和殷墟4期开始利用戈援下方的刃和胡钩割不同。弓形饰与商社会用于弓上手握的弓形器不同，造型特殊，用途不明。其他具有北方青铜器特色的铜器有勺等。金饰件也是长城地带的特色。

正像图41所示，长城地带的墓主要分布在山西省北部到陕西省北部的黄河流域的保德以及从石楼到绥德的两个地区。各地区墓葬的随葬品组合如表8所示。北方式青铜器和青铜彝器是主要随葬品。几种分布在山西省北部到陕西省北部的地域文化尚无合适的文化名称。因为拥有殷代后期城堡的陕西省清涧县高杰乡李家崖遗址较为典型，所以把它们命名为李家崖文化①，以作为地域文化的代表。

根据表8，很容易理解毗邻周原的淳化为何拥有颇具长城地带特色的青铜器群。它与同时期先周文化的青铜器不同，属于与渭河流域的周族不同的集团。

李伯谦把长城地带墓葬随葬的青铜器分为A、B、C共3群。② A群是殷墟常见的青铜器，B群是具有明显地方特色的青铜器，即这里说的北方式青铜器和模仿殷墟青铜彝器风格的地方型青铜彝器。B群是该地区青铜器文化的主要组成部分。C群只有双环首刀和冒首刀两种青铜器，是受到米努辛斯克盆地的卡拉苏克文化影响的产物。在这个分类中把B、C群当作北方式青铜器，把A群当作殷墟青铜器予以考察。表8中的青铜武器

---

① 吕智荣：《朱开沟古文化遗存与李家崖文化》，《考古与文物》1991年第6期；吕智荣：《试论李家崖文化的几个问题》，《考古与文物》1989年第4期。
② 李伯谦：《从灵石旌介商墓的发现看晋陕高原青铜器文化的归属》，《北京大学学报（哲学社会科学版）》1988年第2期。

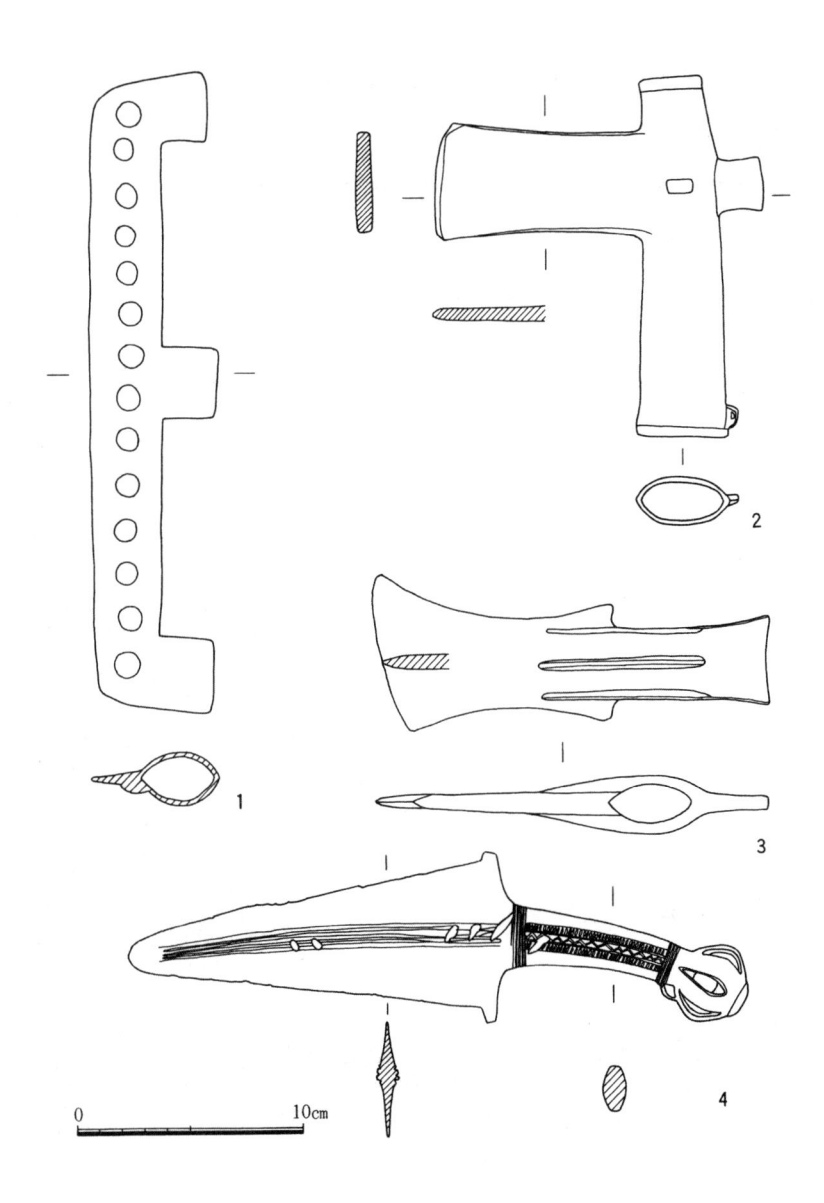

**图 40 北方式青铜武器**①

(1：长刀，2：有銎斧，3：有銎钺，4：铃首短剑；1—3：加拿大皇家安大略美术馆藏，4：东京国立博物馆藏；比例 1/3)

---

① 作者测绘。

可以分为殷墟风格青铜器与北方式青铜武器两类。遗憾的是,只有少数几座墓的结构和规模是清楚的,所以无法通过墓葬分析来探讨等级结构。不过除了前面李伯谦提到的北方式青铜器特色,该表中的青铜彝器组合中没有鬲。① 这可能是与殷文化不同

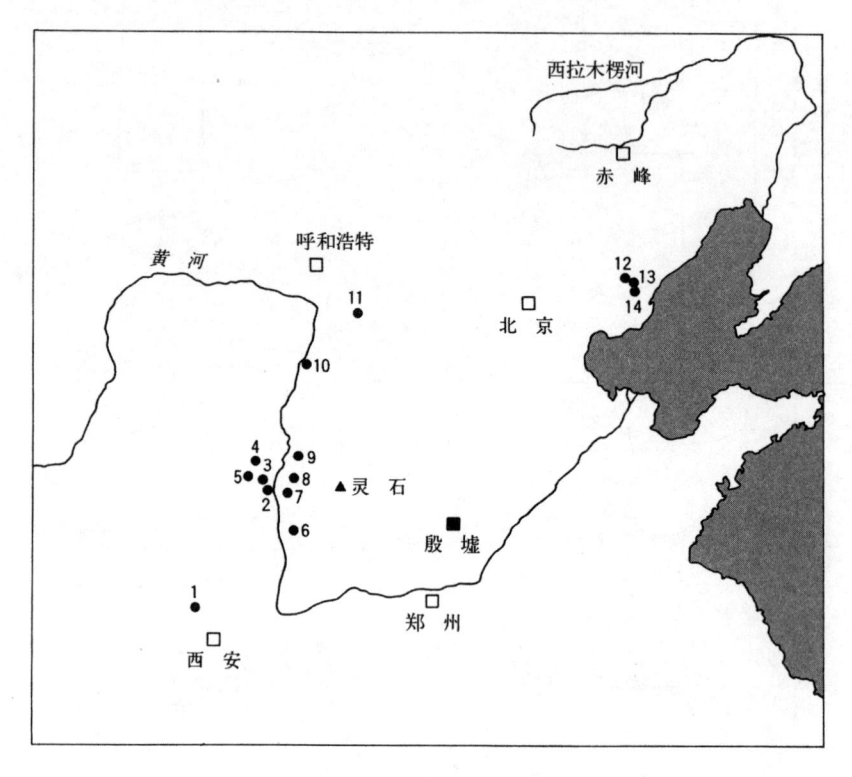

**图 41　出土北方式青铜器的墓葬分布地域**②

(1：淳化县,2：延川县,3：清涧县,4：绥德县,5：子长县,6：吉县,7：永和县,8：石楼县,9：柳林县,10：保德县,11：右玉县,12：迁安县,13：卢龙县,14：滦县)

---

① 陕西省淳化县铁王乡红崖村出土的鬲纯属例外(姚生民:《陕西淳化县新发现的商周青铜器》,《考古与文物》1990年第1期),从器形看属于西周前期的器物,是成为周领地之前的器物。

② 作者自绘。

## 第三章 朱开沟文化、李家崖文化和夏家店下层文化

表 8 李家崖文化青铜器出土一览表

| 墓葬名 | 所在地 | 鼎 | 簋 | 甗 | 尊 | 卣 | 罍 | 壶 | 觚 | 爵 | 斝 | 盘 | 北方式铜器 | 殷墟式青铜武器 | 其他 |
|---|---|---|---|---|---|---|---|---|---|---|---|---|---|---|---|
| 旌介村1号墓 | 山西省灵石 | 2 | 1 | | 1 | 2 | 1 | | 4 | 10 | 1 | 1 | | 戈2,矛6,镞4,弓形器2 | 兽首管状器1,铃3 |
| 旌介村2号墓 | 山西省灵石 | 1 | 1 | | 1 | 1 | | | 4 | 10 | | 1 | 兽首刀1,管状器1 | 戈11,矛19,镞16,弓形器2 | 铃1 |
| 旌介村 | 山西省岭石 | 3 | | | | 1 | 1 | | 1 | 3 | | | 有銎钺3 | 有銎戈3 | |
| 高家堡 | 山西省右玉县 | | 1 | | | | | | | | | | | | |
| 林遮峪 | 山西省保德县 | 2 | | 1 | | 1 | | | | | | | 铃首剑1,有銎斧1,有銎钺2 | | 铃豆2,车马具,金制品 |
| 褚家峪 | 山西省石楼县义牒公社 | | | | | | | | 1 | | | | 环首刀1,蛇匕首1,弓形饰1 | 戈2,有銎戈1,镞2,弓形器1 | 斧1,锛1,凿1 |
| 曹家垣 | 山西省石楼县义牒公社 | | | 1 | | 1 | | 1 | | | | | 铎形器1,有銎钺1,铃首剑1,勺1,弓形饰1,管1 | | |
| 二郎坡 | 山西省石楼县 | 2 | | | | 1 | 1 | | 4 | | | | 环首刀1 | 戈1,钺2 | 斧1,锛1 |
| 肖家塌 | 山西省石楼县城关公社 | | | | | | | | | | | | | 有銎戈1 | |

115

续表

| 墓葬名 | 所在地 | 鼎 | 簋 | 瓿 | 甑 | 尊 | 卣 | 壶 | 觚 | 爵 | 觯 | 罍 | 盘 | 北方式铜器 | 殷墟式青铜器 | 其他 |
|---|---|---|---|---|---|---|---|---|---|---|---|---|---|---|---|---|
| 南沟村 | 山西省石楼县罗村公社 | | | | | | | | | | | | | 长刀1 | | |
| 外庄村 | 山西省石楼县曹家垣公社 | | | | | | | | | | | | | 勺1 | | |
| 义牒 | 山西省石楼县义牒公社 | | | | | | | | 3 | 1 | | | | 长刀1 | 有銎戈1 | 梳1,铲1,凿1,镞2,条形铜器1 |
| 义牒 | 山西省石楼县义牒公社 | | | | | | | | | | | | | 蛇首匕1 | 有銎戈1 | 斧1 |
| 会坪 | 山西省石楼县 | | | | | | | | | | | | | 有銎钺1 | | 镞25 |
| 贺家坪 | 山西省石楼县 | 1 | | | | | 1 | | | 1 | | | 2 | 匕首1 | 戈1,镞1 | 勺1 |
| 桃花庄 | 山西省石楼县 | 2 | 1 | 1 | 1 | 1 | 1 | | 2 | 1 | | | | 弓形饰1,泡 | | 匕1,斧1,镞7,铜饰1,金饰 |
| 后兰家沟 | 山西省石楼县 | | | | 1 | | 1 | | 1 | 1 | | | | 弓形饰1,蛇首刀1,蛇首匕1 | 戈1 | 镞4,铲1,凿1,金饰3 |

## 第三章 朱开沟文化、李家崖文化和夏家店下层文化

续表

| 墓葬名 | 所在地 | 鼎 | 簋 | 瓿 | 尊 | 卣 | 罍 | 壶 | 觚 | 爵 | 觯 | 罍 | 盘 | 北方式铜器 | 殷墟式青铜武器 | 其他 |
|---|---|---|---|---|---|---|---|---|---|---|---|---|---|---|---|---|
| 下辛角村 | 山西省永和县 |  |  |  |  | 1 |  |  | 1 |  |  |  |  |  | 戈2 | 金饰2 |
| 榆林村 | 山西省永和县桑壁乡 | 1 | 1 |  |  |  |  |  |  |  |  |  |  |  |  |  |
| 高红 | 山西省柳林县 |  |  |  |  |  |  |  |  |  |  |  |  | 铃首剑1,有銎斧1,有銎钺 | 矛1,甲1 | 靴形器1,铃1 |
| 上东村 | 山西省吉县 |  |  |  | 1 |  |  |  |  |  |  |  |  | 铃首剑1,有銎镰1,勺2 | 有銎戈1 |  |
| 薛家渠 | 陕西省绥德县义合公社 | 1 | 1 |  |  |  |  | 1 | 1 | 1 |  |  |  |  | 戈1,钺1 | 斧1 |
| 墕头村 | 陕西省绥德县义合公社 |  |  |  |  |  |  | 1 | 1 | 1 |  |  |  | 马头刀1,蛇首匕1 | 戈1 | 斗 |
| 后任家沟 | 陕西省绥德县崔家湾 |  | 1 |  |  |  |  |  |  |  |  |  |  | 长刀1 |  | 镞5,三棱形器1 |
| 沟口村 | 陕西省绥德县河底乡 | 2 |  |  |  |  |  |  |  |  |  |  |  | 环首刀1 |  |  |
| 周家沟 | 陕西省绥德县薛家峁乡 |  |  |  |  |  |  |  |  |  |  |  |  |  |  | 镈1 |

117

续表

| 墓葬名 | 所在地 | 鼎 | 簋 | 甗 | 瓿 | 尊 | 卣 | 壶 | 瓠 | 爵 | 觯 | 罍 | 盘 | 北方式铜器 | 殷墟式青铜武器 | 其他 |
|---|---|---|---|---|---|---|---|---|---|---|---|---|---|---|---|---|
| 杨家峁 | 陕西省绥德县征回中角乡 | | | | | | | | | | | | | 有銎钺 | | |
| 高家川村 | 陕西省绥德县满堂川乡 | 1 | | | | | | | | | | | 1 | | | |
| 解家沟 | 陕西省清涧县解家沟公 | 1 | 1 | | 1 | 1 | | 1 | | | | | | | | |
| 解家沟 | 陕西省清涧县解家沟公 | 2 | 2 | 1 | | 1 | | 2 | 2 | | | | | 勺1 | | 匕1 |
| 张家疙 | 陕西省清涧县二郎山公社 | | 1 | | 1 | 1 | | 1 | 1 | | | 1 | 1 | | 戈1,钺1 | |
| 寺墕 | 陕西省清涧县 | | | | | | | | | | | | | 蛇匕首1 | 戈2 | 镞6,铃1,金制耳饰6 |
| 李家塌 | 陕西省子长县 | 1 | 1 | | | | 1 | 1 | | 1 | | | | 环首刀1 | | |
| 用斗村 | 陕西省延川县马家河乡 | 1 | | | 1 | 1 | | 2 | 2 | | | | | 环首刀1,羊首匕1 | 钺1 | 铃2,凿1 |
| 土岗村 | 陕西省延川县土岗乡 | | | | | | | | | | | | | 蛇首匕1 | 钺1 | 金制品 |

118

续表

| 墓葬名 | 所在地 | 鼎 | 簋 | 甗 | 甑 | 尊 | 卣 | 罍 | 壶 | 觚 | 爵 | 斝 | 罐 | 盘 | 北方式铜器 | 殷墟式青铜武器 | 其他 |
|---|---|---|---|---|---|---|---|---|---|---|---|---|---|---|---|---|---|
| 土岗村 | 陕西省廷川县土岗乡 | | | | | | | | | | | | | | | 戈1,钺1 | |
| 刘家塬村 | 陕西省延川县张家河乡 | | | | | | | | | | | | | | | | 斧1,铧1,凿2 |
| 去头村 | 陕西省延川县稍道河乡 | | | | | | | | | | | | | | 铃首剑,有銎钺1 | 有銎戈1 | |
| 张兰沟村 | 陕西省延长县黑家堡乡 | | | | | | | | | | | | | | 长刀,有銎钺1,环首刀1 | | 镞1,铧1,凿1 |
| 黑豆嘴1号墓 | 陕西省淳化县 | | | | | | | | | | 1 | | | | 长刀,刀子2,泡1,弓形器1 | 钺1,弓形器1 | 镞22,金饰 |
| 黑豆嘴2号墓 | 陕西省淳化县 | | | | | | | | 1 | | | | | | 长刀1,有銎斧1,有銎钺1,泡2 | | 铜饰1 |
| 黑豆嘴3号墓 | 陕西省淳化县 | | | | | | | | | | | | | | 有銎斧1,泡16 | 有銎戈1 | 镞5,金饰4 |
| 黑豆嘴4号墓 | 陕西省淳化县 | | | | | | | | | | | | | | | | 镞1,金饰1 |

续表

| 墓葬名 | 所在地 | 鼎 | 簋 | 甑 | 尊 | 卣 | 罍 | 壶 | 觚 | 爵 | 觯 | 罍 | 盘 | 北方式铜器 | 殷墟式青铜武器 | 其他 |
|---|---|---|---|---|---|---|---|---|---|---|---|---|---|---|---|---|
| 赵家村1号墓 | 陕西省淳化县官庄乡 | 1 | | | | | | | | | | | | 长刀1,环首刀1 | | 斧1,镜1 |
| 赵家村2号墓 | 陕西省淳化县官庄乡 | 1 | | | | | | | | | | | | | 有銎戈1 | |
| 西梁家村1号墓 | 陕西省淳化县 | | | | | | | | | | | | | | | |
| 西梁家村2号墓 | 陕西省淳化县 | | | | | | | | | | | | | 泡1 | | 铃3 |
| 西梁家村3号墓 | 陕西省淳化县 | 1 | | | | | | | | | | | | 有銎斧1 | 钺1 | 銮铃2 |
| 西梁家村 | 陕西省淳化县润镇乡 | 1 | | | | | | | | | | | | 刀子1,泡1 | 戈2 | 镞1 |
| 西梁家村 | 陕西省淳化县润镇乡 | | | | | | | | | | | | | | 钺1 | |
| 西梁家村 | 陕西省淳化县润镇乡 | | | | | | | | | | | | | | | |

续表

| 墓葬名 | 所在地 | 鼎 | 簋 | 甗 | 甑 | 尊 | 卣 | 罍 | 壶 | 觚 | 爵 | 斝 | 罍 | 盘 | 北方式铜器 | 殷墟式青铜武器 | 其他 |
|---|---|---|---|---|---|---|---|---|---|---|---|---|---|---|---|---|---|
| 西梁家村 | 陕西省淳化县润镇乡 | 1 | | | | | | | | | | | | | | 钺1、戈1 | 斧1 |
| 西梁家村 | 陕西省淳化县润镇乡 | | | | | | | | | | | | | | 泡1 | | |
| 田家村 | 陕西省淳化县夕阳乡 | 1 | | | | | | | | | | | | | | 有銎戈1 | 銮铃2 |
| 陈家咀 | 陕西省淳化县夕阳乡 | | | | | | | | | | | | | | | | |
| 辛庄村 | 陕西省淳化县南村乡 | | | | | | | | | | | | | | | | 铲1 |
| 火石梁村 | 陕西省淳化县南村乡 | | | | | | | | | | | | | | | | 斧1 |
| 史家塬村 | 陕西省淳化县石桥乡 | | | | | | | | | | | | | | 长刀1 | | |
| 赵家庄村 | 陕西省淳化县官庄乡 | | | | | | | | | | | | | | 长刀1 | 弓形器1 | |

续表

| 墓葬名 | 所在地 | 鼎 | 簋 | 甗 | 瓿 | 尊 | 卣 | 斝 | 壶 | 觚 | 爵 | 觯 | 罍 | 盘 | 北方式铜器 | 殷墟式青铜武器 | 其他 |
|---|---|---|---|---|---|---|---|---|---|---|---|---|---|---|---|---|---|
| 东阳各庄 | 河北省卢龙县 | 1 | 1 | | | | | | | | | | | | | | |
| 马哨村 | 河北省迁安县 | 1 | 1 | | | | | | | | | | | | | 弓形器 1 | 金钏 |
| 陈山头 | 河北省滦县雷庄镇 | 1 | 1 | | | | | | | | | | | | 有銎斧 1 | | |

注：本表根据本书所引用的部分文献所制，散见于各章节的页下注中，在此不赘述。

的李家崖文化的特色。青铜彝器的组合分两种,一种是包括鼎、簋、甗、瓿、卣、斝、壶、觚、罍和盘等器物的组合,另一种是只有1种或2种鼎或簋的组合。这可能反映了等级差异。在拥有多种青铜彝器的组合中,鼎、簋和觚是基本组合。就等级差异来说,随葬这种青铜彝器的墓分两个等级。没有青铜彝器而只有青铜武器的墓主的地位低于有青铜彝器的墓主。就现有的青铜彝器组合来看,可以分出3个等级。只是无法利用墓葬结构和墓葬规模予以验证。李家崖文化阶段出现了社会分层,社会发展明显强于之前的朱开沟文化时期。

虽然这些青铜彝器没有铭文和族徽,但是从器型特殊和制作粗糙来看,它们与殷墟的青铜彝器不同。例如,像山西省永和县桑壁乡榆林村出土的那种做工粗糙的鼎和簋(图42)①不见于殷墟等商社会,是地方制作的青铜彝器。因此长城地带的青铜彝器中有一部分的确是当地产生的。根据这个观点,甘肃省庆阳等地出土的相当于殷墟青铜彝器中的青铜器②,如具有独特纹样的鼎或做工粗糙而且内模和外范不一的觚等,可能是地方产品。就觚而言,从纹样和器型特征看,它与李家崖文化地区生产的觚相同。这些青铜器要是加上长城地带的青铜器正好在山西省北部到甘肃省北部再到甘肃东部泾河流域的地区构成了拥有与商不同生产基地的青铜文化社会。

---

① 赵志明、梁有军:《山西省博物馆近年征集的部分商代青铜器》,《文物世界》1999年第2期。
② 许俊臣:《甘肃庆阳地区出土的商周青铜器》,《考古与文物》1983年第3期。

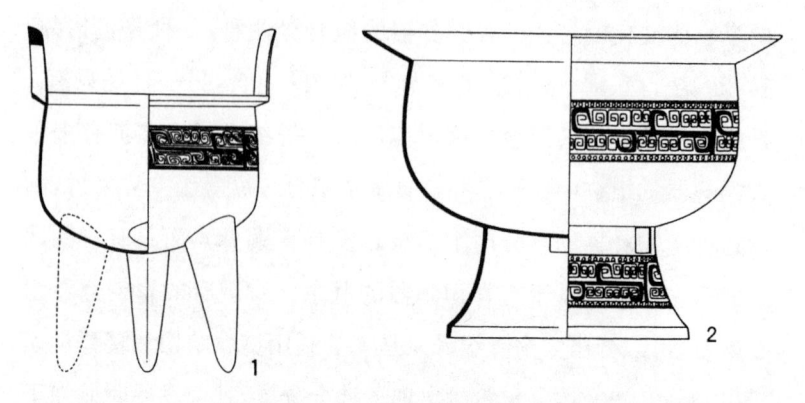

**图 42　本地生产的青铜彝器**①
（山西省永和县桑壁乡榆林村出土）

从这个意义上说，山西省灵石旌介村 1、2 号墓的青铜彝器就具有重要意义。② 北方式青铜器虽然数量极少，但是其中大部分青铜彝器有族徽 。这个族徽几乎不见于殷墟等中原地区，是当地固有集团的标识。青铜彝器如簋的外底面铸有骡马形图案，是地域性特征，即这个地区的青铜器是自己生产的。由此推测，灵石旌介村的墓主人们未必是殷人血亲。从青铜器与中原存在密切关系看，旌介村 1、2 号墓的墓主人可能与殷人结成同盟，在政治上属于商的成员，不过经济上是独立的邑制国家。从这个意义说，位置更加偏北的山西省石楼和保德以及陕西省淳化的墓群中青铜彝器相对较少，而北方式青铜器出现频率变高。这个地区的集团与殷的关系比较疏远，也许是政治上的对抗势力。事实上，从甲骨文等复原的资料来看，与殷对抗的方国就在北方地区。岛

---

① 见赵志明、梁有军:《山西省博物馆近年征集的部分商代青铜器》,《文物世界》1999 年第 2 期，图 1、2。
② 山西省考古研究所、灵石县文化局:《山西灵石旌介村商墓》,《文物》1986 年第 11 期。

邦男等根据卜辞内容梳理出来的方国地理位置未必正确①,不过鬼方、土方、舌方等殷的敌对势力应该就在这个地区。李伯谦根据甲骨文记载认为舌方势力最强大,舌方就在李家崖文化分布区内。② 因此这里探讨的随葬北方式青铜武器的墓群在政治上是与殷对抗的地方势力。按这个看法,拥有北方式青铜武器的内蒙古中南部和辽西等北方地区是与以殷墟为中心的殷的同盟相对抗的地方势力。与之对抗的社会组织指为了与殷对抗而大力发展具有地域特色的武器生产,就像同时共存政权相互竞争那样,为了与殷竞争而生产青铜彝器。③

正像林沄所认为的太行山脉东西两侧的北方式青铜器内涵有一定差异那样,太行山脉西侧的李家崖文化与太行山脉东侧的燕山地区以及越过燕山的辽西地区,虽然同属北方式青铜器文化分布范围,但是两者不同。首先,从武器看,两侧都有有銎斧和有銎钺,但是燕山地区以东不见长刀。刃部不像斧而像戈那样带尖的有銎斧只见于辽西地区。正像下一章要论述的那样,有銎斧和有銎钺只见于辽西的辽河流域的窖藏。青铜铃首短剑见于辽西,内蒙古敖汉旗水泉出土了单件青铜器。④ 燕山地区迄今只发现了少数与殷代后期并行阶段的墓。如表8所示,它与李家崖文化不同,青铜彝器的数量极少。与李家崖文化相比,社会分层进展缓慢。

---

① 岛邦男:《殷虚卜辞研究》,1958年。
② 李伯谦:《从灵石旌介商墓的发现看晋陕高原青铜器文化的归属》,《北京大学学报(哲学社会科学版)》1988年第2期。
③ Colins Renfrew, "Introduction: Peer Polity Interaction and Socio-political Change", In *Peer Polity Interaction and Socio-political Change*, ed. Renfrew. Colins and Cherry. John F., Cambridge University Press, 1986, pp. 1-18.
④ 邵国田:《内蒙古敖汉旗发现的青铜器及有关遗物》,《北方文物》1993年第1期。

## 6　小结

　　新石器时代末期,华北分化出来农耕社会与畜牧农耕社会,即因中原与长城地带经济战略不同而形成的不同社会基础在各自地区社会发展呈现出的明确差异。一直以来都是以中原为中心,长城地带是其周边地区。在作为中心的初期国家阶段的夏和殷的周边地区是发展迟缓的北方式青铜器文化。这种双方的对等关系或者包括战争在内的相互依存关系,恰好与西亚古代文明社会所看到的农耕民与游牧民的相互关系促使社会加速发展的情况一样。

　　新石器时代后期,长城地带最早出现石城的内蒙古中南部因为气候变化导致集团之间产生矛盾,双方的对立加剧。与此相似,在同一个时期的黄河中游处于相同的社会发展阶段,也出现了城。在中原地区,二里头文化从地方联合体发展到在更大范围内形成了文化联合体的殷代文化。二里岗时期的偃师商城和郑州商城以及殷墟期的殷墟等大规模都市在很大范围内形成了文化联合体,同时建构了属于初期国家阶段的政治联合体。与殷文化相对,以内蒙古中南部为中心的长城地带出现的朱开沟文化是从李家崖文化发展而来的文化面貌独特的青铜器文化。从墓葬规模看,虽然不具备殷那样强有力的王权却也能够成为与殷对抗的地方势力。该地区独特的青铜器文化特别是青铜武器,是从新石器时代后期具有长城地带特色的石刀骨剑等传统中发展而来的,青铜短剑是该地区独立发明的。具有李家崖文化特点的有銎斧、有銎钺和长刀等是为了与殷对抗而开发的武器。因此,长城地带的青铜器文化显然是需要实用器即用于打仗而开发出来的具有实用价值的青铜器文化。青铜彝器中有些明显是本地的,在长城地带独立生产,并用于祭祀活动。这是在与殷势力对抗中发展出来的。从共存政权间相互作用角度看,长城地带必须有青铜彝器。

根据近年取得进展的殷代青铜器铅同位素分析结果①,也可以想象殷势力与李家崖文化相互对立的情况。根据铅同位素分析,A 是西汉铜镜组,B 是东汉铜镜组,L 组是从山东到辽宁渤海湾组,S 组是新发现的三星堆组。其中 A 西汉铜镜组,用战国货币分析结果来说,属于以战国时代韩、魏为中心的黄河北岸黄土高原为中心的地区。因为目前尚未对李家崖文化青铜器进行分析而不清楚,在 A、B、L、S 组中,李家崖文化从地理位置来说与 A 组最近。从二里头期到二里岗期的整个殷墟期中,不见 A 组铅同位素(图 43)。

虽然殷墟晚期出现了 A 组铅同位素(图 44),但是殷墟 1、2 期不见 A 组铅同位素,到了殷墟 4 期以 A 组铅同位素为主(图 45)。铅来源途径的地域性差异是因为长城地带与殷王朝在政治上的对立。殷王朝开始是从南方得到稳定的矿石,无法从敌对的长城地带获得矿石。殷王朝征伐长城地带之后得到了矿石,同时还通过周获得北方地区的矿石,因为不知何故无法从南方得到,所以在殷墟 Ⅳ 期时,铜器中的铅的同位素就以 A 组铅同位素为主。

---

① 平尾良光、早川泰弘、金正耀:《古代中国青铜器の自然科学的研究》,《古代東アジアにおける青銅器の変遷に関する考古学的・自然科学的研究》(平成 8 年度〜平成 10 年度文部省科学研究費補助金国際学術研究),1999 年;平尾良光:《古代中国青銅器の鉛同位体比》,《日本中国考古学会会報》第 9 号,1999 年。

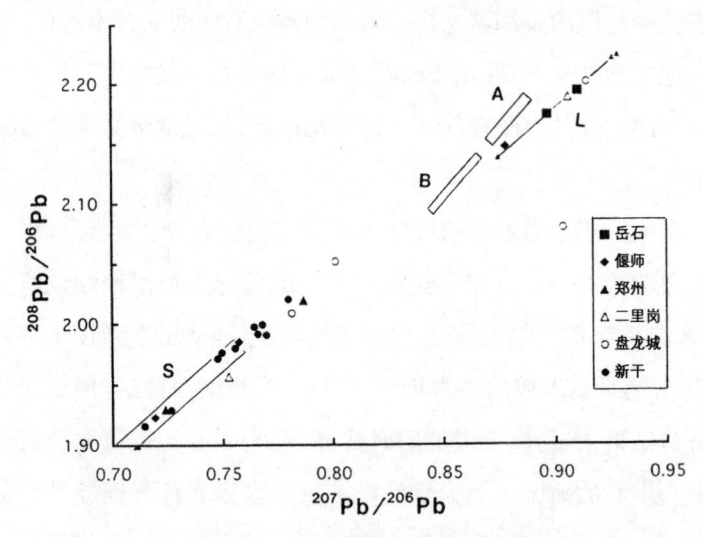

图 43　二里岗期铅同位素比较①

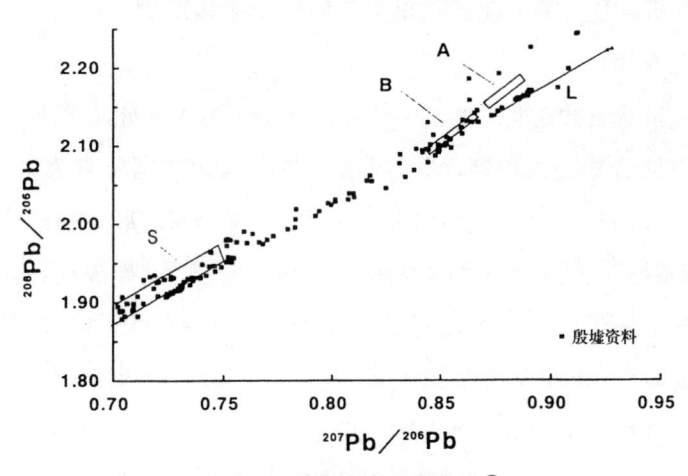

图 44　殷墟期铅同位素比较②

---

① 见平尾良光:《古代中国青銅器の鉛同位体比》,《日本中国考古学会会報》第 9 号,1999 年,图 14。
② 见平尾良光:《古代中国青銅器の鉛同位体比》,《日本中国考古学会会報》第 9 号,1999 年,图 15。

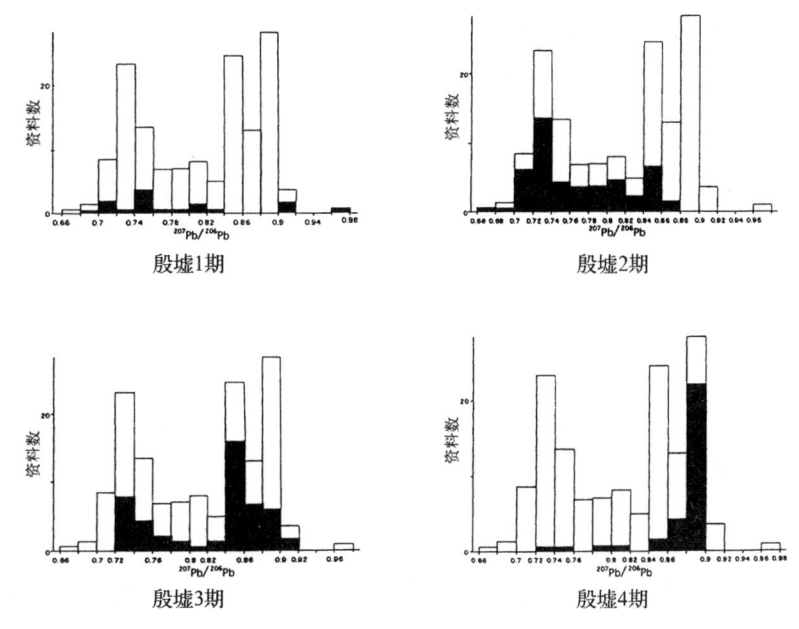

图 45　殷墟期的铅同位素比例变化①

　　上面梳理清楚了北方式青铜器中长城地带特别是内蒙古中南部到陕西北部、山西北部为主的发展过程。周文王时期,当地独立生产先周文化的斜方格乳钉纹夔龙纹簋②,殷墟期的青铜器未必都在殷墟生产,它们是在各自地盘上生产的。暂且不论王的绝对权力有多大,也不讨论殷墟是否为殷代社会的中心,仅从诸多地域关系的角度便可以看到殷代社会的发展,也可以从中认识到长城地带所起的历史作用。

　　至于长城地带的青铜器文化特征,以及尚未论及的燕山地区和辽西地区,将在下一章讨论西周前期社会时一并论述。

---

① 见平尾良光:《古代中国青铜器の铅同位体比》,《日本中国考古学会会报》第 9 号,1999 年,图 16。
② 邵国田:《内蒙古敖汉旗发现的青铜器及有关遗物》,《北方文物》1993 年第 1 期。

# 第四章　西周的燕与辽西

第三章论述了商代长城地带特别是陕西省北部到山西省北部及内蒙古中南部的李家崖文化及其青铜器文化的特质和历史意义。本章将论述与长城地带文化面貌相似而第三章没有涉及的燕山地区到辽西的商至西周的特质。为此,将根据丧葬分析复原的燕的统治形态,并类推西周的分封制。在此基础上,根据燕北部的魏营子类型的历史地位来探讨国家社会(state society)及其与周边社会的关系。

《史记·燕召公世家》说,周武王克殷后把召公奭分封到燕。自古以来,北方的重要国家燕一直被认为位于北京周边。琉璃河遗址发现后,这个说法被证明是对的。琉璃河遗址既有墓地又有都城。[①]都城北城墙长 829 米,东西城墙仅存 300 米,南城墙已被损毁。城墙外围应有环濠,但南城墙外的濠沟被损毁。城墙东北角发现两座墓打破了城墙。一座在东城墙内侧,另一座在北城墙内侧。根据随葬陶鬲造型,前者被认定为西周初期,因打破了城墙,所以其建造年代早于西周初期。根据都城周边墓地群出土的大量带有燕侯某铭文铜器,可以认定该城是西周初期的燕的都城。最近的发掘还发现了写

---

① 北京市文物研究所编:《琉璃河西周燕国墓地 1973—1977》,文物出版社,1995 年。

第四章 西周的燕与辽西

有"成周"的卜骨①，说明上述判断是准确的。因为发掘进展不大，都城内部结构不详，因此从都城结构很难判断燕的政权，倒是根据墓地结构可以在一定程度上复原燕的政权。这里尝试利用丧葬分析来复原燕的政权。

## 1 琉璃河墓地分析

琉璃河墓地被京广铁路分为城东Ⅰ区墓地和城东南Ⅱ区墓地两个部分（图46）。Ⅱ区发现了带墓道的大型墓，因为出土的铜器上有燕侯铭文，所以被判定为燕侯墓。根据1973—1977年的发掘报告②，墓地的墓葬可以分成大型、中型、小型墓。其

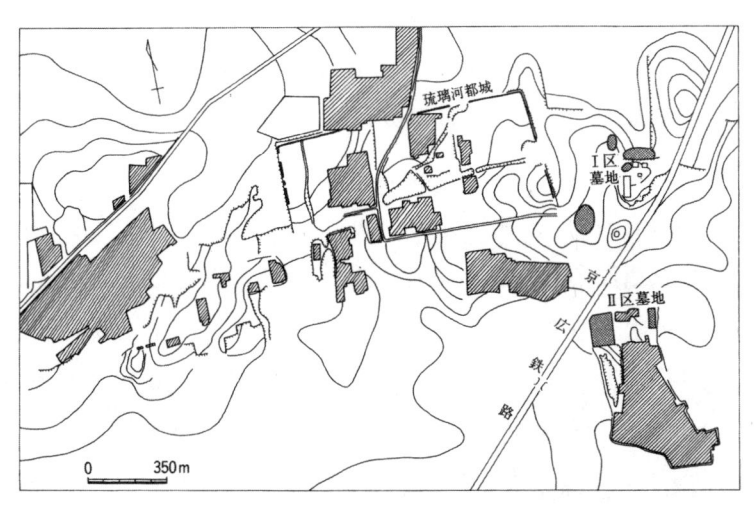

**图46 琉璃河遗迹③**
（网格部分是墓葬区）

---

① 琉璃河考古队：《琉璃河遗址1996年度发掘简报》，《文物》1997年第6期。
② 北京市文物研究所编：《琉璃河西周燕国墓地1973—1977》，文物出版社，1995年。
③ 见北京市文物研究所编：《琉璃河西周燕国墓地1973—1977》，文物出版社，1995年。

中,墓坑长3.45—5.1米、宽2.02—3.5米的墓属于中型墓,墓坑长1.65—3.45米、宽0.62—2.35米的墓为小型墓,带墓道的大型墓大于中型墓。墓地布局显示,各个墓群内有若干座墓相对集中在一处,从空间上看,墓群可以细分。

图47标明了Ⅰ区墓地和Ⅱ区墓地的相对位置。Ⅰ区墓地分四群,从墓葬分布看,d群可以细分。Ⅱ区墓地分为大型墓较多的A群和位于其东侧的南北向分布的B群。A群分为由大型墓及附属小型墓构成的Aa群、中型墓为主的Ab群,以及散布在其北侧的小型墓。不过,这张平面图没有正确地标注1981—1983年发掘的121座墓的位置①,所以这里划分的墓群未必准确。笔者认为,发掘报告说的大部分未发掘的墓葬已在1981—1983年发掘中经过发掘清理。发掘报告把随葬陶器分为西周前、中、后期。这个分期与长安张家坡的陶器分期对比后感觉是可靠的。图48—50是按期别绘制的墓葬分布图。据此可知,琉璃河墓地的多数墓葬属于西周前期,西周后期的墓可能只有位于Ⅱ区中心的Ac群。因此Ⅱ区的大型墓组成的Aa群与中型墓组成的B群反映了西周前期的面貌,而小型墓西周前、中、后期都有。即,王侯贵族等社会上层人物的墓地可能限于西周前期,西周中期以后社会上层人物的墓可能迁移到其他地方。这说明了琉璃河遗址仅在西周前期被当作燕的都城,西周中期以后都城可能迁移到别处。最近发掘城濠的结果表明,西周后期都城基本丧失了功能,濠沟被填埋。② 该城只在西周前中期被当作都城使用,与西周后期都城外迁的推测是一致的。

---

① 中国社会科学院考古研究所、北京市文物工作队、琉璃河考古队:《1981—1983年琉璃河西周燕国墓地发掘简报》,《考古》1984年第5期。
② 琉璃河考古队:《琉璃河遗址1996年度发掘简报》,《文物》1997年第6期。

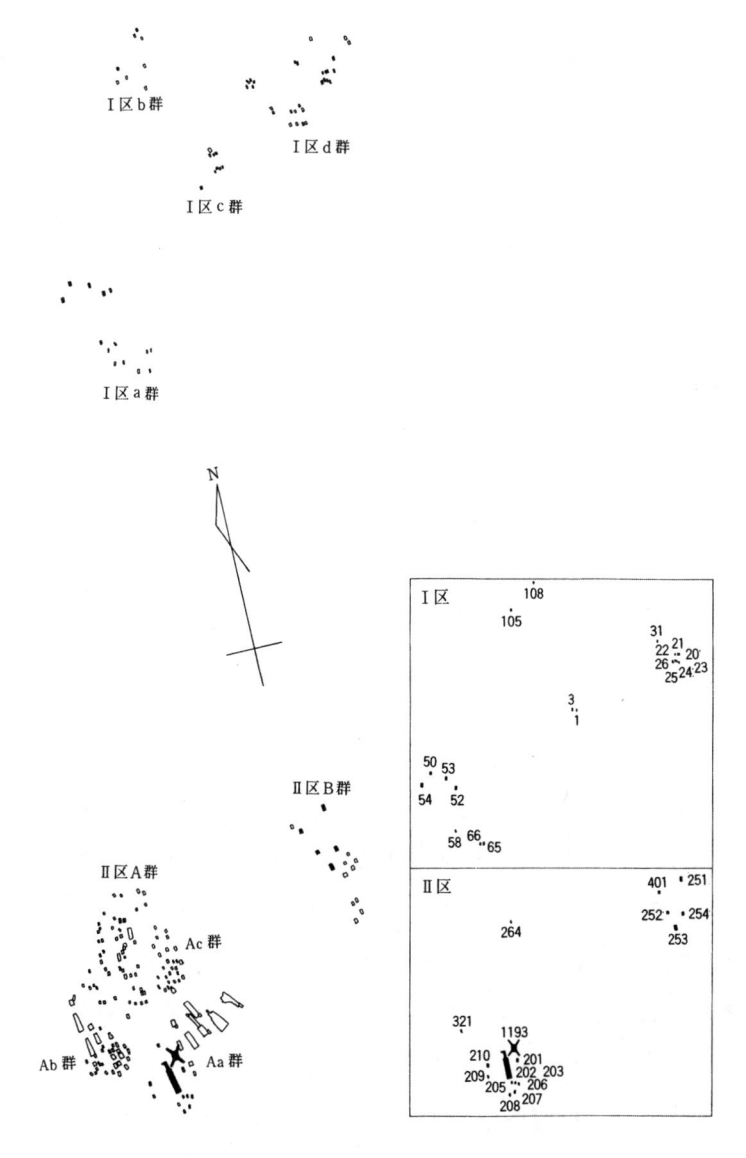

**图 47　琉璃河墓地的墓葬布局①**　　**图 48　西周前期琉璃河墓地②**

---

① 作者自绘，参考北京市文物研究所编：《琉璃河西周燕国墓地 1973—1977》，文物出版社，1995 年。
② 作者自绘。

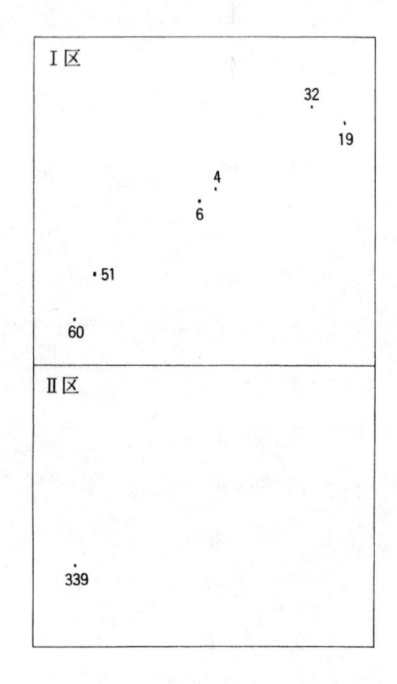

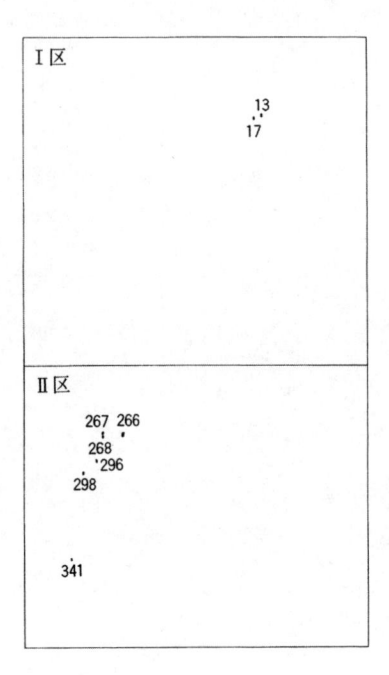

**图49 西周中期琉璃河墓地**① **图50 西周后期琉璃河墓地**②

　　琉璃河墓地多在墓室底部设置腰坑或在填土中殉葬狗。殷代就有墓室内设腰坑和殉狗的习俗,它是殷人的习俗。而殉狗习俗如表9所示,在琉璃河墓地中仅见于Ⅰ区。除大型墓外,殉人习俗也限于Ⅰ区,因此推测Ⅰ区是殷人墓地。Ⅰ区是继承了殷以来的殷人谱系的殷人墓地,Ⅱ区是始于周王朝分封的燕公和贵族或家臣的墓地,抑或是新派来的周人的墓地。西周时期周人与殷人墓地分开的情况也见诸鲁国墓地,绝对不是仅见于琉璃河墓地的特殊现象。不过也有人认为,腰坑和殉狗不是殷人独有的特征,西周墓中设腰坑和殉狗的比例也很高,所以Ⅰ区墓地不是殷

---

① 作者自绘。
② 作者自绘。

遗民的墓地,而是燕人的墓地。① 这里为了判断以上说法是否合理并分析这个时期的社会结构,笔者对发掘报告中按墓坑大小划分的墓葬等级和与之相关的随葬品进行了分析。此外,为了简单地表示发掘报告中划分墓葬等级的墓坑长度和宽度而尝试计算墓坑面积,以此来代表墓坑的大小(表9)。墓坑面积是简化发掘报告中墓葬分类标准的数据,把墓坑面积20平方米以上的定为大型墓,把墓坑面积7—20平方米的定为中型墓,把墓坑面积不足7平方米的作为小型墓。

  分析随葬品时,先把它们分为青铜器、首饰、原始瓷、陶器及其组合,然后对随葬品组合进行分类。毫无疑问,随葬品可以作为一项判断标准,因为在琉璃河遗址发掘的墓葬都有随葬品,所以可以把只随葬陶器与随葬陶器及青铜器作为标准划分墓葬等级。随葬品与墓坑大小相对应,除M210外,只随葬陶器的墓的墓坑面积都是小于3.5平方米的小型墓坑,而可以确定为高等级的墓除随葬青铜器外,还随葬玉饰件等小件首饰和陶器,与只随葬陶器的墓相比,这些墓的墓坑面积也大。高等级墓除随葬这些器物外,还随葬青铜器,按青铜器中有无青铜彝器,可将它们分成不同等级。墓葬等级由高到低依次为:青铜彝器＋青铜器(除青铜彝器外)＋首饰,其他＋陶明器、青铜器(除青铜彝器外)＋首饰,其他＋陶明器、首饰,其他＋陶明器。这与划分大、中、小型墓标准的墓坑大小相对应。当然大型墓M1193和M202因为被盗所以其随葬品组合不能反映其等级。

---

① 刘绪、赵福生:《琉璃河遗址西周燕文化的新认识》,《文物》1997年第4期。

表 9　琉璃河墓地的墓葬随葬品一览表

| 时期 | 地区 | 墓番号 | 墓坑面积 (m²) | 车马坑 | 青铜彝器 | 青铜武器 | 青铜车马具 | 青铜工具 | 其他青铜器 | 装身具 | 其他随葬陶器 | 殉犬、殉人 |
|---|---|---|---|---|---|---|---|---|---|---|---|---|
| 西周前期 | Ⅱ区 A 群 | 1193 | 41.9 | ○ | ○ | ○ | ○ | ○ | ○ | ○ | | |
| | | 202 | 37.4 | | | | | | ○ | ○ | | ○ |
| | | 201 | 5.5 | | | | | | | ○ | | |
| | | 203 | 4.2 | | | | | | | ○ | | |
| | | 204 | 3.9 | | ○ | | ○ | | ○ | ○ | ○ | |
| | | 205 | 6.3 | | | | | | | ○ | ○ | |
| | | 207 | 6.1 | | ○ | ○ | ○ | | ○ | ○ | | |
| | | 208 | 5.5 | | | ○ | | | | | ○ | |
| | | 209 | 4.2 | | | ○ | | | ○ | | ○ | |
| | | 210 | 5.0 | | | | ○ | | ○ | | ○ | |
| | | 252 | 5.0 | | | | | | | ○ | ○ | ○ |
| | | 264 | 5.3 | | | | | | | ○ | ○ | |
| | | 321 | 3.7 | | | | | | | | ○ | |

续表

| 时期 | 地区 | 墓番号 | 墓坑面积（m²） | 车马坑 | 青铜彝器 | 青铜武器 | 青铜车马具 | 青铜工具 | 其他青铜器 | 装身具 | 其他随葬陶器 | 殉犬、殉人 |
|---|---|---|---|---|---|---|---|---|---|---|---|---|
| | Ⅱ区B群 | 251 | 16.7 | | ○ | ○ | ○ | | ○ | ○ | ○ | |
| | | 253 | 17.9 | | ○ | ○ | ○ | ○ | ○ | ○ | ○ | |
| | | 254 | 7.1 | | | ○ | | | | ○ | ○ | ○ |
| | | 401 | 10.3 | | ○ | | | | | ○ | ○ | |
| 西周前期 | Ⅰ区a群 | 50 | 6.0 | | ○ | ○ | | | ○ | ○ | ○ | ○ |
| | | 52 | 9.5 | ○ | ○ | ○ | ○ | | ○ | ○ | ○ | ○ |
| | | 53 | 7.1 | ○ | ○ | | | ○ | ○ | ○ | ○ | ○ |
| | | 54 | 9.2 | | ○ | | | ○ | ○ | ○ | ○ | ○ |
| | | 58 | 2.6 | | | | | | | | ○ | |
| | | 65 | 3.9 | | | (○) | | | | | ○ | |
| | | 66 | 2.3 | | | ○ | ○ | | | | ○ | |
| | Ⅰ区b群 | 105 | 7.9 | | | | | | ○ | ○ | ○ | ○ |
| | | 108 | 4.1 | | | | | | ○ | ○ | ○ | ○ |

续表

| 时期 | 地区 | 墓番号 | 墓坑面积 (m²) | 车马坑 | 青铜彝器 | 青铜武器 | 青铜车马具 | 青铜工具 | 其他青铜器 | 装身具 | 其他随葬陶器 | 殉犬、殉人 |
|---|---|---|---|---|---|---|---|---|---|---|---|---|
| 西周前期 | Ⅱ区C群 | 1 | 4.0 | | | ○ | | | | ○ | ○ | ○ |
| | | 3 | 2.8 | | | | | | | | ○ | ○ |
| | | 20 | 3.3 | | | ○ | | | | ○ | ○ | ○ |
| | | 21 | 3.3 | | | | | | | ○ | ○ | ○ |
| | Ⅰ区d群 | 22 | 5.6 | | | ○ | ○ | | ○ | | ○ | ○ |
| | | 23 | 3.3 | | | | | | | | ○ | ○ |
| | | 24 | 3.5 | | | ○ | | | | | ○ | ○ |
| | | 26 | 7.4 | | | ○ | | | | ○ | ○ | ○ |
| | | 31 | 3.8 | | | | | | | | ○ | ○ |
| 西周中期 | Ⅰ区 | 4 | 2.8 | | | | | | ○ | | ○ | ○ |
| | | 6 | 3.0 | | | | | | | ○ | ○ | ○ |
| | | 19 | 2.8 | | | | | | | ○ | ○ | ○ |
| | | 32 | 2.7 | | | | | | | | ○ | ○ |

续表

| 时期 | 地区 | 墓番号 | 墓坑面积 (m²) | 车马坑 | 青铜葬器 | 青铜武器 | 青铜车马具 | 青铜工具 | 其他青铜器 | 装身具 | 其他随葬陶器 | 殉犬、殉人 |
|---|---|---|---|---|---|---|---|---|---|---|---|---|
| 西周中期 | Ⅰ区 | 51 | 6.3 | | | | | | | ○ | ○ | ○ |
| | | 60 | 3.9 | | | | | | | ○ | ○ | ○ |
| | Ⅱ区 | 339 | 3.1 | | | | | | | ○ | ○ | |
| 西周后期 | Ⅰ区 | 13 | 4.9 | | | | | | | ○ | ○ | ○ |
| | | 17 | 4.4 | | | | | | | ○ | ○ | |
| | Ⅱ区 | 266 | 4.9 | | | | | | | ○ | ○ | |
| | | 267 | 4.3 | | | | | | | ○ | ○ | |
| | | 268 | 4.2 | | | ○ | | | | ○ | ○ | |
| | | 296 | 4.3 | | | | | | | ○ | ○ | |
| | | 298 | 3.2 | | | | | | | ○ | ○ | |
| | | 341 | 3.3 | | | | | | | ○ | ○ | |

下面分别考察墓地布局是如何体现等级差异的。只有西周前期等级差异是明显的,西周中后期几乎看不到墓葬之间存在等级差异。这里只考察西周前期等级差异与墓葬分布的对应关系。Ⅰ区a群、b群和d群中有中型墓,a群中型墓特别密集。就随葬品组合而言,从青铜彝器有无看,随葬青铜彝器a群的上层人物的墓集中在一处。可以想象的是,Ⅰ区内的这四群墓应该是以血缘关系为纽带的氏族,就这四个氏族而言,其等级由高到低依次为:a群＞b,d群＞c群。b、d群中各有一座中型墓,它们的墓主很可能是各氏族的首领。Ⅱ区中,A群内有包含大型墓和小型墓的Aa群和其他墓群。包含中型墓的Ab群因为没有发掘或发掘后资料没有发表所以眼下无法判断他们的等级。总之,Aa群作为A群的代表,与中型墓集中的B群形成对比。

中型墓或随葬青铜彝器的大型墓的Ⅰ区a群,Ⅱ区A群,Ⅱ区B群之间是什么关系呢。为了明确它们之间的关系,这里对青铜彝器进行分析。分析时将参考研究过殷墟后期青铜彝器的杰西卡·罗森(Jessica Rawson)的看法。① 分析虽然简略,但是把殷墟妇好墓的青铜彝器和殷墟小型墓的青铜彝器对比后发现,等级高的妇好墓的青铜器相对较大,等级低的殷墟小屯 M18 和殷墟西区 M198 的青铜器不仅小而且殷墟西区 M198 的青铜彝器为素面。采用按青铜彝器大小和纹样有无确定等级高低的方法来分析琉璃河墓葬。

首先把随葬青铜彝器的墓分为Ⅰ区 a 群、Ⅱ区 A 群和Ⅱ区 B 群,其中Ⅱ区 A 群细分为大型墓和小型墓。比较这 4 个墓群中各座墓

---

① Jessica Rawson, "Late Shang Bronze Design: Meaning and Purpose", In *The Problem of Meaning in Early Chinese Ritual Bronzes*, Edited by R. Whitfield, University of London, School of Oriental and African Studies, 1993, pp. 67–95.

的墓坑大小后,发现可以把上述墓群由大到小依次排列如下:Ⅱ区A群大型墓＞Ⅱ区B群＞Ⅰa群＞Ⅱ区A群小型墓。除去Ⅱ区A群大型墓后,这个排序基本反映了青铜彝器组合的多寡(表10)。

表10 琉璃河墓地的青铜彝器

| 墓 群 | 墓番号 | 食 器 |||| 酒 器 |||||| 盥器 |
|---|---|---|---|---|---|---|---|---|---|---|---|---|
| ||鼎|鬲|甗|簋|爵|盉|尊|卣|罍|壶|觯|盘|
| Ⅱ区A群大型墓 | M1193 | | | | | 1 | | | 1 | | | 1 | |
| Ⅱ区B群 | M251 | 6 | 2 | 1 | 4 | 2 | 1 | 1 | 1 | | | 3 | 1 |
| | M253 | 6 | 4 | 1 | 2 | 2 | 1 | 1 | 2 | | 1 | 1 | 1 |
| | M401 | | | | | | | | | | | 1 | |
| Ⅰ区a群 | M50 | 1 | 1 | | | 1 | | | 1 | | | 1 | |
| | M52 | 1 | 1 | | | 2 | | | 1 | | | 1 | |
| | M53 | | | | 1 | 1 | | 1 | | | | 1 | |
| | M54 | 1 | | | 1 | | | | | | | | 1 |
| | M65 | | | | | 1 | | | | | | | |
| Ⅱ区A群小型墓 | M205 | 1 | | | 2 | | | | | | | | |
| | M209 | 1 | 1 | | 1 | | | | | | | | |

Ⅱ区B群包括鼎、鬲、甗、簋、爵、盉、尊、卣、壶、觯、盘,Ⅰ区a群有鼎、鬲(簋)、爵、尊、觯、盘,Ⅱ区A群的小型墓有鼎,簋是基本组合,从组合看墓葬之间存在等级差异。Ⅱ区A群大型墓中M1193和M202被盗,因此原来随葬的青铜彝器组合不详。不过正像M1193那样,它有Ⅱ区B群青铜彝器组合中没有的罍,因此有理由推测这些大型墓原来的青铜彝器组合要比其他墓群丰富。接下来分析青铜器的大小和纹样是否反映了等级差异。为此把青铜器的高作为反映其大小的判断标准。遗憾的是,Ⅱ区A群大型墓因为盗掘仅剩极少的罍和盉等而无法比

较。这里把Ⅱ区B群和Ⅰ区a群、Ⅱ区A群小型墓的青铜彝器的大小作一比较。为了便于比较,以高5厘米为一级划分青铜器的大小,表11是各墓群内青铜彝器个体数统计表。鼎、鬲分三个等级,随着等级由高到低的变化,青铜彝器个体大小出现明显的小型化趋势。簋的情况不如前面二者清楚,不过仍然反映了等级高低与大小具有相关关系。对于尊、爵、觯来说,虽然Ⅱ区B群与Ⅰ区a群无法比较,不过正像尊那样,等级高低与青铜彝器大小相关。就青铜彝器有无铭文和纹样来看,随着等级由高到低,青铜彝器也呈现出从有铭文到没有铭文(表12)、从有纹样到素面变化的趋势。毫无疑问,青铜彝器总数也与等级高低相关。

如上所述,不只是墓葬结构而且作为祭器的青铜彝器的分级也明确地反映了等级秩序。按西周前期Ⅱ区A群大型墓、Ⅱ区B群、Ⅰ区a群和Ⅱ区A群小型墓的顺序,墓葬等级由高到低。比它们等级低的是Ⅰ区b、d群,Ⅰ区c群,以及除了Aa群的Ⅱ区A群中的低等级墓。

表11 琉璃河墓地的青铜彝器的大小

鼎

| 高度(cm) | 墓群 |  |  |
|---|---|---|---|
|  | Ⅱ区B群 | Ⅰ区a群 | Ⅱ区A群小型墓 |
| 10—15 |  | 1 |  |
| 15—20 | 1 |  | 1 |
| 20—25 | 2 | 1 | 1 |
| 25—30 | 3 | 1 |  |
| 30—35 | 1 |  |  |
| 35—40 | 4 |  |  |

续表

| 高度(cm) | 墓群 | | |
|---|---|---|---|
| | Ⅱ区B群 | Ⅰ区a群 | Ⅱ区A群小型墓 |
| 40—45 | | | |
| 45—50 | | | |
| 50—55 | | | |
| 55—60 | | | |
| 60—65 | 1 | | |

鬲

| 高度(cm) | 墓群 | | |
|---|---|---|---|
| | Ⅱ区B群 | Ⅰ区a群 | Ⅱ区A群小型墓 |
| 10—15 | | | 1 |
| 15—20 | 5 | 2 | |
| 20—25 | | | |
| 25—30 | | | |
| 30—35 | 1 | | |

簋

| 高度(cm) | 墓群 | | |
|---|---|---|---|
| | Ⅱ区B群 | Ⅰ区a群 | Ⅱ区A群小型墓 |
| 10—15 | 2 | | 2 |
| 15—20 | 1 | 1 | |
| 20—25 | 2 | | |
| 25—30 | 1 | 1 | 1 |

爵

| 高度(cm) | 墓群 | |
|---|---|---|
| | Ⅱ区B群 | Ⅰ区a群 |
| 15—20 | | 1 |
| 20—25 | 4 | 3 |

143

尊

| 高度(cm) | 墓群 | |
|---|---|---|
| | Ⅱ区B群 | Ⅰ区a群 |
| 15—20 | | 1 |
| 20—25 | | 1 |
| 25—30 | 1 | 1 |
| 30—35 | 1 | |

觯

| 高度(cm) | 墓群 | |
|---|---|---|
| | Ⅱ区B群 | Ⅰ区a群 |
| 10—15 | 3 | 2 |
| 15—20 | 2 | 1 |

表 12　琉璃河墓地青铜彝器铭文一览表

| 墓　群 | 墓番号 | 铭　　文 |
|---|---|---|
| Ⅱ群A群<br>大型墓 | M1193 | 王曰太保，隹乃明。乃鬯享於乃辟，余大对乃享。令克侯於匽。<br>旃，羌，马，叡，雩，驭，微，克，审，匽入土众厥辞。用作宝障彝。(盂)<br>王曰太保，隹乃明。乃鬯享於乃辟，余大对乃享。令克侯於匽。<br>旃，羌，马，叡，雩，驭，微，克，审，匽入土众厥辞。用作宝障彝。(罍) |
| Ⅱ区B群 | M251 | 亚般作父乙障彝(鼎)<br>父癸(鼎)<br>□作宝障彝(鼎)<br>才戊辰，匽侯赐伯矩贝，用作父戊障彝(鬲)<br>麦作彝(鬲)<br>戈父申(甗)<br>骰作文祖宝障彝(簋)<br>伯□□作宝彝(簋，2点)<br>父辛(爵)<br>□(爵)<br>亚般父乙(盉)<br>单子□父戊(尊)<br>单子□父戊(卣)<br>乙丑，公中赐庶贝十朋，□用作宝障彝(觯)<br>乙丑，□赐贝於公中，用作宝障彝(觯)<br>癸伯矩作宝障彝(盘) |

续表

| 墓　群 | 墓番号 | 铭　　文 |
|---|---|---|
| Ⅱ区B群 | M253 | 匽侯命堇饎太保於宗周,庚申,太保赏堇贝,用作太子癸宝䵼餗□(鼎)<br>休朕公君匽侯赐圉贝,用作宝䵼彝(鼎)<br>亚異矣作彝(鼎)<br>悪父丙(鼎)<br>王莝於成周,王赐圉贝,用作宝䵼彝(甗)<br>王莝於成周,王赐圉贝,用作宝䵼彝(簋盖)<br>伯鱼作宝䵼彝(簋身)<br>未(爵,2点)<br>□父辛(盉)<br>作宝彝(尊)<br>作宝彝(卣)<br>王莝於成周,王赐圉贝,用作宝䵼彝(卣)<br>其史作祖己宝䵼彝(觯) |
| Ⅰ区a群 | M50 | □父己(爵)<br>□祖丙(尊)<br>父乙(觯) |
| | M52 | 侯赏复贝三朋,复用作父乙宝䵼彝□(鼎)<br>父乙(爵)<br>匽侯赏复䋷衣,臣,妾,贝,用作父乙宝䵼彝(尊)<br>父乙(爵) |
| | M53 | 侯赏攸贝三朋,攸用作父戊宝䵼彝,启作綨(簋) |
| | M54 | 敔史作考䵼彝(鼎)<br>亚矣妃(盘) |
| | M65 | 母己(爵) |
| Ⅱ区A群小型墓 | M209 | 杨作父辛宝䵼彝(鼎)<br>伯作乙公䵼簋(簋) |
| Ⅱ区A群不明 | M1026 | 员作宝彝(鼎) |
| | M1043 | 鱼鱼　父癸(爵)<br>瞰父己(罍) |

　　接下来从青铜彝器铭文的解读来探讨等级差异的含义。表12是各墓群中铜器铭文一览表。Ⅱ区Aa群中的大型墓M1193

145

出土的罍和盉上的铭文相同①，铭文内容与周王参照太保的德行分封燕侯有关。铭文中看到直接被封侯的人是克②，如果把克看作助动词的话那么被封侯的是太保即召公奭。③ M1193 还出土了带有铭文"匽侯舞易""匽侯舞""匽侯舞戈"的铜泡和铜戈，把墓主认作舞的看法是成立的，舞字与奭相似，是异体字，舞就是奭。④ 也有人认为舞是召公本名。⑤ 还有人认为舞是宫廷乐舞的舞。⑥ 虽然如上所述关于墓主人名，研究者之间的看法不一，不过正如《史记·燕召公世家》和《尚书》记载的那样，太保是周王分封到燕的召公奭。这样一来就有一个问题，即被分封的第一代诸侯究竟是召公还是召公之子，研究者之间存在不同看法，如上所述，对铭文的解释不同，也就是对何人被分封的看法就不同。根据分封铭文，很自然地会把大型墓 M1193 看作西周初期的燕侯墓。拥有四个墓道的墓与殷代王墓相对应，因此它无疑是燕侯墓。从具备王一级墓的墓葬结构看，该墓很可能是召公奭。处理国政的召公奭，大部分时间住在王近畿内，把奥津城建在燕国境内理所当然。大型墓共有六座，从近年搞清楚的晋侯大墓看，它们很可能是历代燕侯或夫人墓。⑦

---

① 中国社会科学院考古研究所、北京市文物研究所琉璃河考古队：《北京琉璃河 1193 号大墓发掘简报》，《考古》1990 年第 1 期。
② 陈平：《克罍、克盉铭文及其有关问题》，《考古》1991 年第 9 期；孙华：《匽侯克器铭文浅见——兼谈召公建燕及其相关问题》，《文物春秋》1992 年第 3 期。
③ 殷玮璋、曹淑琴：《周初太保器综合研究》，《考古学报》1991 年第 1 期。
④ 殷玮璋：《新出土的太保铜器及其相关问题》，《考古》1990 年第 1 期。
⑤ Lin Yun, "A Reexamination of the Relationship between Bronzes of the Shang Culture and of the Northern Zone", In *Studies of Shang Archaeology*, Ed. K. C. Chang, Yale University Press, 1986, pp. 237–273.
⑥ 田毓璋：《甘肃临夏发现齐家文化骨柄铜刃刀》，《文物》1983 年第 1 期。
⑦ Gideon Shelach, "A Settlement Pattern Study in Northeast China: Result and Potential Contributions of Western Theory and Methods to Chinese Archaeology", *Antiquity* 72(275), 1998, pp. 114–127.

地位低于燕侯墓的Ⅱ区B群墓中的M253和M251出土了大量铭文铜器,其中M253的铭文内容基本相同。铭文内容与圉有关,"王莽於成周,王赐圉贝,用作宝障彝"说的是周王赏赐圉的事,还有铭文"休朕公君匽侯赐圉贝,用作宝障彝",说的是燕侯给圉赏赐的事。有关圉的铭文见于4件铜器,因此该墓主是圉的可能性就很大。其他的铭文有"匽侯命堇饴太保於宗周,庚申,太保赏堇贝,用作太子癸宝障铼□",说的是燕侯令堇安抚在宗周的太保,堇因军功而得到太保的夸奖。有人根据堇鼎与圉鼎年代有早晚关系,认为堇与圉是父子关系。① 依此说,圉鼎铭文末尾族徽应该是殷系部族,所以墓主为殷系遗民。是否为殷系遗民暂且不论,但从铭文内容可知堇、圉都是燕侯的臣下。而且圉得到周王亲自赏赐。作为燕侯臣下的同时,又与周王有直接联系的人物当为圉。如此说不谬,从墓地布局看,尽管它位于Ⅱ区内,但是与大墓群分属不同的墓地。从权力结构看,他是燕侯的属下可是又与周王室保持联系,有着独特的家庭背景。M251出土了大量铭文青铜器,不过不像M253的铭文那样,涉及的人名比较多。只有"才戊辰,匽侯赐伯矩贝,用作父戊障彝"和"癸伯矩作宝障彝"中的人名伯矩相同。曹淑琴认为它们是癸国铜器②,即使进入周代,癸国依然存在。殷代贵族在周代效力于周王朝。从该铭文看,匽侯下赐伯矩,燕与癸在政治上有联系。根据礼记中的王制和孟子引文中的五等爵,侯的下面是伯。铭文中的下赐与身份是匹配的。若果真如此,那么可以认为西周时期被吸纳到周王朝的

---

① 张亚初:《燕国青铜器铭文研究》,中国社会科学院考古研究所编著:《中国考古学论丛——中国社会科学院考古研究所建所40年纪年》,科学出版社,1993年。
② 曹淑琴:《伯矩铜器群及其相关问题》,《庆祝苏秉琦考古五十五年论文集》编辑组编:《庆祝苏秉琦考古五十五年论文集》,文物出版社,1989年。

147

殷系氏族与燕关系特殊。直说 M251 墓主是伯矩当然不妥，不过他与癸国有关。除了这些铭文铜器，M253 和 M251 中还有好几件带亚字形记号的铜器，因此他们很可能是殷系贵族。正如上面分析过的伯矩那样，殷代贵族臣服于西周王朝，那么对燕侯而言他们是具有一定实力的贵族阶层。如 M253 的圉那样，这些贵族虽然是燕侯的臣下，但是与周王有直接关系，分封燕时被吸纳到诸侯国的殷贵族阶层当中。

地位较低的 I 区 a 群墓中的 M52 和 M53 出土了与燕侯有关系的铭文。M52 有人名复、M53 有人名攸，他们得到了燕侯的褒奖。至于他们与燕侯的再分配关系，前面看到的 M253 和 M251 的陶器铭文中使用了"赐"字①，这里却使用了"赏"字。这两字都有给予的意思，不过含义稍有不同。《说文》"赐，予也。从贝易声"，《礼记·玉藻》"凡赐君子予小人，不同曰"，指的是君子给臣子，彰显了君臣关系中的再分配关系。与此相对，《说文》"赏，赐有功也。从贝尚声"，是褒奖军功的意思。这种物品的再分配彰显了等级差异。II 区 B 群墓没有对贵族阶层而言表示明确的君臣关系的下赐的铭文，I 区 A 群墓有从燕侯那里得到在礼制上档次较低的褒奖。I 区墓的腰坑葬犬或殉人的习俗②，与 II 区墓明显不同。虽然不宜按殉狗习俗直接把墓主定为殷系居民，不过 II 区内的集团内部习俗差异明显。假如他们不是殷系居民，那也是展示了继承古老习俗的保守氏族的面貌。I 区铜器铭

---

① 关于"赐"的用法还见诸传卢沟桥出土的盉上的铭文，"匽侯赐亚贝作父乙宝障"。有一个例外，泉屋博古馆藏匽侯旨鼎上有铭文"匽侯旨初见事钘宗周，王赏旨贝廿朋，用作姒宝障"。这里用了"赏"字，可以解释为燕侯对周王行了厚礼而从周王那里得到褒奖。
② 近年在 I 区墓区内发现了殉人习俗。北京市文物研究所、北京大学考古系：《1995 年琉璃河遗址墓葬区发掘简报》，《文物》1996 年第 6 期。

文中只有一个亚字形记号,当然它未必就是殷系民族。从其保守的面貌来看,很难把他们看作本土集团。事实上,邻近琉璃河遗址的刘李店遗址发现了年代可以上溯到西周初期的殷代中晚期的灰坑①,他们无疑是燕分封之前的本土势力。燕侯以"赏"即褒奖的形式给本土势力Ⅰ区墓地中墓主们的首领物品,与其说是基于分封制的君臣关系还不如说是怀柔政策使然。它反映了燕侯与本土各族之间有趣的关系。地位低于Ⅱ区B群的Ⅰ区a群中的M52和M53有车马坑,而Ⅱ区B群没有车马坑(表9)。这突破了分封制的例外现象,是燕侯优待Ⅰ区a群墓主中的首领的措施。前面讨论了Ⅰ区四个墓群之间的等级差异,各墓群内随葬品和墓葬规模不同,各群墓中都能够找到首领的墓。这种现象可以解释为各墓群是以氏族为单位的墓地。

这里把上述墓葬结构、随葬品特别是青铜彝器组合及大小以及青铜彝器上铭文分析的结果概述如下。从墓葬大小和青铜礼器组合看,墓葬等级由高到低依次是:Ⅱ区A群大型墓→Ⅰ区a群→Ⅱ区A群小型墓。Ⅱ区Aa群大型墓是诸侯墓,附属于它们的Ⅱ5区Aa群小型墓是诸侯的家臣或血亲的墓。Ⅱ区A群虽然经过了发掘,但是资料尚未发表,只见其中有几座中型墓,随葬若干件青铜彝器,不过无法确定它们的等级,多说无益。尽管如此,这些中型墓很可能是与燕侯有血亲关系的人物的墓。同属Ⅱ区的A群墓与B群墓的墓地不同,当是在燕分封时被作为家臣新纳入贵族阶层的家族墓地。这些贵族阶层是殷代家臣,被当作周王朝的家臣集团吸纳进来的,成为燕侯的家臣,其实力来自与周王朝有直接联系这

---

① 北京市文物研究所:《北京房山琉璃河遗址发现的商代遗迹》,《文物》1997年第4期。

层不可轻视的关系。与此相对，Ⅰ区很可能一直都是本土势力的墓地。其埋葬习俗比较保守，Ⅰ区 a 群是首领，Ⅰ区内的势力之间存在等级差异，反映了燕分封之前地方势力的社会组织结构。燕是由燕侯家族及其直系家臣，新近臣服于周王朝并成为燕侯家臣的殷代贵族，以及地位较低的本地豪族等三个阶层构成的。

## 2 燕山地区的墓葬

琉璃河墓地周围出现的中原式墓是北京市平谷区刘家河带二层台的木椁墓。① 随葬的青铜彝器具有二里岗上层的特征。墓北半部被破坏，虽然不是所有随葬品都是中原式的，但是随葬的铜器呈现了中原式的面貌。木棺内死者佩戴的金手镯和耳环与夏家店下层墓的随葬品相似。正如琉璃河遗址内有夏家店下层文化的墓那样，至少截至二里岗上层时期夏家店下层文化系统的居民很可能还住在这里。正如町田章所说的那样②，中原式墓葬结构、中原式青铜彝器以及具有本地特征的金饰品共存这个现象表明，墓主人是得到殷势力庇护的本地豪强。铭文所见的"黾"是黾族的族徽，很可能是参与殷北上的黾族。③ 夏家店下层文化末期，燕山以南的本土势力已经与殷建立了联系。

如第三章所说的那样，殷后期（殷墟期）的墓葬如河北省卢龙县东闫各庄1号墓④、河北省滦县陈家山头⑤、河北省迁安市夏官

---

① 北京市文物管理处：《北京市平谷县发现商代墓葬》，《文物》1977 年第 11 期。
② 町田章：《殷周と孤竹》，《立命館文学》，430、431、432，1981 年。
③ 甲元真之：《西周初期燕国の形成》，《東アジアの文化構造》，九州大学出版会，1997 年。
④ 唐云明：《河北境内几处商代文化遗存纪略》，《考古学集刊》第 2 集，1982 年。
⑤ 孟昭永、赵立国：《河北滦县出土晚商青铜器》，《考古》1994 年第 4 期。

营镇马哨村①各自出土了1件鼎和簋。其中东閜各庄的是墓葬,不过虽然其他的铜器都没有说明出处,但恐怕它们也是墓葬出土的。从造型上看,这3个地点出土的鼎属于林巳奈夫的殷墟后期ⅢB期。② 东閜各庄1号墓和陈家山头的鼎上本来应该是浮雕的饕餮纹却被凹弦纹取代,因此它很可能是地方产品。按武者章的说法,东閜各庄1号墓的簋很可能是先周铜器。③ 东閜各庄1号墓的金钏和陈家山头的有銎斧带有长城地带的特征,这两个地方是与殷不同的北方本土势力,而马哨村的鼎和簋是铭文铜器,与中原有关。尤其是簋上的铭文"其",意为与殷有血缘关系的箕子。文献记载,箕子在武王克商后被分封到朝鲜,与后面将要分析的牛栏山有关,它可能与西周燕的分封和燕的政权有关。

北京市顺义区牛栏山出土了西周前期前段的青铜彝器。④ 正式报告尚未发表,遗迹性质不详,青铜彝器的数量和组合以及时代皆不详,据说出土了4件陶器,推测它们是墓葬出土的。青铜彝器有鼎、爵、尊、卣、觚和觯,这套铜器组合与下面要讨论的燕山以北窖藏铜器的组合不同。假如它们是墓葬出土的,那么它们的等级大概处在琉璃河墓地Ⅱ区B群和Ⅰ区a群之间。这些青铜彝器上都有铭文"亚龏父己",很可能是殷系人物的墓。传说出自河北省卢沟桥的盉上有铭文"亚龏侯奀""匽侯赐亚贝作父乙宝障彝"⑤,"龏"可能是在分封燕时被纳入燕政权的燕家臣⑥。他与燕侯及

---

① 李宗山、尹晓燕:《河北省迁安县出土两件商代青铜器》,《文物》1995年第6期。
② 林巳奈夫:《殷周時代青銅器の研究》,《殷周青銅器総覧一》,吉川弘文館,1984年。
③ 武者章:《先周青铜器试探》,《东洋文化研究所纪要》第190册,1989年。
④ 程长新:《北京市顺义县牛栏山出土一组周初带铭文青铜器》,《文物》1983年第11期。
⑤ 罗振玉编:《三代吉金文存》第14卷,1937年。
⑥ 甲元真之:《亜"龏"侯"奀"考》,《九州上代文化論集》,乙益重隆先生古稀纪念论文集刊行会,1990年。

151

琉璃河Ⅱ区B群墓的墓主一样,都是被发配到燕领地的殷系贵族。河北省迁安县小山东庄的西周前期墓随葬有銎斧和金钏,显然它是本土势力的墓葬。① 有铭文的鼎和簋很可能是燕山以南地区制作的,墓主是与燕山以南的诸侯有联系的本土势力。

北京市昌平区白浮村墓地有3座西周中期墓。② 它们都是木椁墓,其中M3和M2保存较好,前者墓坑长4.35米、宽2.9米,后者墓坑长3.35米、宽2.5米。与分析琉璃河墓葬时所说的大型墓相比较后发现,它们相当于琉璃河墓葬Ⅰ区a群墓。墓底设腰坑的特征与琉璃河Ⅰ区墓一致。墓主为男性的M3的随葬品多是青铜武器、车马器、工具,有鼎1件、簋2件。鼎高14.3厘米,大小知晓的簋属于小型,高9.4厘米,放到前面分析的青铜彝器中看,其规格相当于琉璃河墓Ⅱ区A群的小型墓。鼎腹下部外鼓、底部平坦,属于西周中期。墓主为女性的M2随葬了大量青铜武器、车马具、装身具,青铜彝器有壶和簋。壶,林巳奈夫把它定为西周中期后半段。③ 簋,浅腹、整体扁平化,属于西周中期。铜器皆素面,高分别为47厘米和17.5厘米。从青铜彝器组合及素面看,它在随葬青铜彝器的琉璃河墓地Ⅱ区A群小型墓中属于等级最低的。不过从墓坑规模和其他青铜武器等数量来看,它与琉璃河墓地Ⅰ区a群墓的等级非常相似。这些墓出土了北方系青铜短剑和青铜刀或青铜首饰,是本地因素浓厚的墓。正

---

① 唐山市文物管理处、迁安县文物管理所:《河北迁安县小山东庄西周时期墓葬》,《考古》1997年第4期。
② 北京市文物管理处:《北京地区的又一重要考古收获——昌平白浮西周木椁墓的新启示》,《考古》1976年第4期。
③ 林巳奈夫:《殷周時代青銅器の研究》,《殷周青銅器総覧一》,吉川弘文館,1984年。

如町田章①和甲元真之②所推测的那样,墓主是与燕等中原势力有联系的本土权贵。等级秩序和腰坑等特点与琉璃河墓地Ⅰ群墓地相似,对燕侯而言,白浮村的墓主与琉璃河Ⅰ区墓地群相同,是被怀柔的本土势力。从青铜彝器的年代看,这些墓属于西周中期,这个阶段燕侯对北方的控制力减弱,燕的政治中心从琉璃河遗址向外迁移。燕对北方控制力的减弱决定了从这个阶段开始,北方势力愈来愈强大,也决定了随葬品的质量。

从以上墓群特点看,燕山以南的燕山地区从二里岗上层阶段开始,本土势力逐渐采用殷的祭祀方式进行祭祀,在殷政治扩张中被吸纳进去。殷后期的事例体现了与长城地带相同的北方地区的地域特征。但是它不如第三章论述的李家崖文化那样强势,尚未发展到与之分庭抗礼的程度。西周初期牛栏山遗址可能是在燕分封时被殷系集团直接纳入燕山以南的统治范围当中的,正像小山东庄那样,在燕怀柔当地势力时,它被吸纳到封地统治系统当中,并在琉璃河Ⅰ区墓地群中有所反映。[133]西周早期的白浮村墓表明随着燕势力的削弱,北方本土因素不断加强。

## 3 燕山以北的青铜彝器

燕山以北的大凌河流域的青铜彝器,除出自喀左县和尚沟1

---

① 町田章:《殷周と孤竹》,《立命館文学》,430、431、432,1981年。
② 甲元真之:《燕の成立と東北アジア》,《東北アジアの考古学［天地］》,六兴出版,1990年。

号墓①和喀左县高家河1号墓②的部分外,其余皆出自窖藏。和尚沟1号墓是木椁墓,随葬品有卣、壶形卣和耳杯形青铜器,青铜彝器组合非常特别。出土金镯子表明它具有夏家店下层文化随葬品的特色,共存的陶器具有魏营子类型的特色,它是大凌河流域本土势力的墓。耳杯状青铜器是非常特殊的青铜器,其形态表明它无疑是本地产品。正如广川守所说的那样,从纹样的特殊性和形态的特征来看,其余的卣和壶形卣也是本地产品。③ 从造型看,青铜彝器为西周时期,该墓也应该是西周的。和尚沟1号墓的墓主是大凌河流域本土势力。如果把它随葬的青铜彝器看作本地生产的,那么说明这里还有一个与燕国不同的政权。

燕山以北的青铜彝器除传说是辽阳出土的外④,其余的皆出自辽西。它们都是窖藏出土的。青铜器类型如表13所示,与琉璃河墓地的青铜彝器几乎相同,不过其特点是没有爵和觯等温酒器和饮酒器。出土大型罍和瓿是其特色。琉璃河墓中只有等级在Ⅱ区B群以上的墓才随葬瓿,罍是Ⅱ区B群所没有的且只有等级高于它的墓才有的器物。就青铜彝器大小来看,与等级低于琉璃河Ⅱ区B群墓中的青铜彝器相比较,青铜彝器的体量要大得多,这个现象值得回味。它与缺少爵和觯等小型青铜彝器有相关关系。辽西出土的青铜彝器无须像燕山以南西周分封制中通过祭祀起到确定秩序的作用,也不关心其含义,青铜彝器可能被赋予其他含义。

---

① 辽宁省文物考古研究所、喀左县博物馆:《喀左和尚沟墓地》,《辽海文物学刊》1989年第2期。
② 辽宁省文物考古研究所:《辽宁喀左县高家洞商周墓》,《考古》1998年第4期。
③ 广川守:《遼寧大凌河流域の殷周青銅器》,《泉屋博古館紀要》第10卷,1994年。
④ 柯昌济编:《金文分域编》第18卷,1930年。

表 13　辽西窖藏出土的青铜彝器

| 窖藏名 | 食　器 ||||| 酒　　器 ||||| 盥器 | 其他 |
|---|---|---|---|---|---|---|---|---|---|---|---|---|
|  | 鼎 | 鬲 | 甗 | 簋 | 盂 | 尊 | 卣 | 罍 | 壶 | 瓿 | 盘 |  |
| 喀左县山嘴子公社海岛营子村马厂沟 | 1 |  | 2 | 3 | 1 | 1 | 2 | 2 | 1 |  | 1 |  |
| 喀左县平房子公社北洞1号 |  |  |  |  |  |  | 5 |  | 1 |  |  |  |
| 喀左县平房子公社北洞2号 | 3 |  |  | 1 |  |  | 1 |  |  |  |  | 1 |
| 喀左县平房子公社山湾子 | 1 | 1 | 3 | 10 | 1 | 1 | 1 | 3 |  |  |  | 1 |
| 喀左县坤都营子公社小波汰沟 | 1 |  |  |  |  |  | 4 |  |  |  |  |  |
| 朝阳县大庙 |  |  |  |  |  |  | 2 |  |  |  |  |  |
| 义县稍户营子公社花尔楼 | 1 |  | 2 | 1 |  |  |  |  |  |  |  | 1 |
| 赤峰县大西牛波罗 |  |  | 1 |  |  |  |  |  |  |  |  |  |
| 昭乌达盟翁牛特旗公社解放营子公社头牌子 | 2 |  | 1 |  |  |  |  |  |  |  |  |  |
| 克什克腾旗天宝同 |  |  | 1 |  |  |  |  |  |  |  |  |  |

广川守在分析这些窖藏青铜彝器后提出的青铜器分期方案是可信的。[①] 按其分期,各个窖藏的青铜彝器的年代范围如下:马长沟窖藏属于殷代后期后叶至西周中期[②],北洞1号墓窖藏属

---

[①] 广川守:《遼寧大凌河流域の殷周青銅器》,《泉屋博古館紀要》第 10 卷,1994 年。
[②] 热河省博物馆筹备组:《热河凌源县海岛营子村发现的古代青铜器》,《文物参考资料》1955 年第 8 期。

155

于殷代后期中叶至殷末周初①,北洞 2 号墓为殷代后期后叶至西周前期后半段②,山湾子窖藏为殷代后期中叶至西周中期③,花儿楼窖藏为殷代后期后叶至西周前期④。出土了 9 件青铜器的小波汰沟窖藏的资料没有全部发表⑤,从已发表的 3 件青铜器看,它们属于西周前期。其他窖藏的青铜彝器都属于殷代后期。马场沟窖藏和山湾子窖藏出土的燕侯盂和叔尹方鼎可能晚至西周中期,这些窖藏无疑是西周中期以后的遗迹。值得注意的是,它们并非临时埋藏的而是殷代后期至西周中期这段时间埋藏的。表 14 是这些青铜器上的铭文一览表。

　　正如广川守所指出的那样⑥,殷代后期青铜彝器中包含反映它与殷墟周围的鱼铭铜器、⁑铭以及和尚沟墓出土的壶形卣的仦铭所代表的山西中部与殷有着友好关系的邑之间有联系的铜器。⑦ 像匽侯铭和围铭那种西周前期的器物无疑来自燕国。像分析琉璃河墓地时所指出的那样,带有殷系族徽的青铜器大部分集中在Ⅱ区 B 群墓中,他们是从属于燕侯的殷系贵族。其他表示殷系氏族的青铜器铭文仅见于被视为本土势力的Ⅰ区 a 群墓的亚矣妃盘(M54)以及燕侯家族或直属家臣的Ⅱ区 B 群墓的鱼铭爵(M1043)等。燕山以北窖藏出土的带有殷系族徽的青铜器无

---

① 辽宁省博物馆、朝阳地区博物馆:《辽宁喀左县北洞村发现殷代青铜器》,《考古》1973 年第 4 期。
② 喀左县文化馆、朝阳地区博物馆、辽宁省博物馆、北洞文物发掘小组:《辽宁喀左县北洞村出土的殷周青铜器》,《考古》1974 年第 6 期。
③ 喀左县文化馆、朝阳地区博物馆、辽宁省博物馆:《辽宁省喀左县山湾子出土商周青铜器》,《文物》1977 年第 12 期。
④ 孙思贤、邵福玉:《辽宁义县发现商周铜器窖藏》,《文物》1982 年第 2 期。
⑤ 辽宁省博物馆编:《辽宁省博物馆》,文物出版社,1983 年。
⑥ 广川守:《辽宁大凌河流域的殷周青铜器》,《泉屋博古馆纪要》第 10 卷,1994 年。
⑦ 解希恭:《山西洪赵县永凝东堡出土的铜器》,《文物》1957 年第 8 期。

疑反映了燕的分封体制。问题是这些窖藏中的殷墟期（殷代后期）的青铜器的性质。甲元真之推测，燕征服辽西后，获得了被征服者（殷系氏族）的青铜彝器，为了告慰前世首领而把它们与自己的青铜彝器放在一起，祭祀山川，然后埋到地下。① 因为一部分窖藏中包含西周中期青铜彝器，所以这些窖藏被掩埋的时间晚至西周中期，绝对不是征服者祭祀时留下的。如上所述，大凌河流域的陶器中的魏营子类型器物与琉璃河墓地的陶器完全不同。大凌河流域具有明显的地域文化特色，推测它也是一个独立的政权。正如在朝阳出土的青铜鬲具有二里岗上层的特征那样②，这表明从该阶段开始这一地区与中原就有联系。窖藏中的殷墟期青铜彝器可以解释为本土势力在殷墟后期与中原及其周边地区交往时带来的。反映殷墟周边与山西中部关系的铭文体现了殷代邑制国家结构中本地集团与殷代各个邑之间的关系。③ 因此，喀左县高家洞1号墓④随葬的殷墟后期铜瓿与山西省忻县连寺沟的铜瓿⑤相似的现象值得深思。连寺沟属于第三章讨论过的李家崖文化，殷后期来自殷领地以外都邑的青铜彝器可能是因为政治原因而流散到辽西的。西周的燕或者以燕为中介的带有殷系氏族铭的铜器反映了殷代邑与大凌河流域的联系延续了下来，反映了燕与大凌河流域在政治上有联系。这也可以解释为大凌河流域把这种青铜彝器当作礼器使用。

---

① 甲元真之：《西周初期燕国的形成》，《東アジアの文化構造》，九州大学出版会，1997年。
② 辽宁省博物馆文物工作队：《概述辽宁省考古新收获》，文物编辑委员会编：《文物考古工作三十年 1949—1979》，文物出版社，1979年。
③ 松丸道雄：《殷周国家の構造　岩波講座　世界の歴史 4　東アジア世界の形成 I》，岩波书店，1970年。
④ 辽宁省文物考古研究所：《辽宁喀左县高家洞商周墓》，《考古》1998年第4期。
⑤ 沈振中：《忻县连寺沟出土的青铜器》，《文物》1972年第4期。

表14　辽西窖藏出土青铜彝器铭文一览表

| 窖藏名 | 铭　　文 |
|---|---|
| 马厂沟 | 鱼父癸(鼎)<br>蔡(簋)<br>匽侯作饎盂(盂)<br>史伐作父壬障彝(卣)<br>戈作父庚尊彝(卣) |
| 北洞1号 | 父丁孤竹亚㣙(罍) |
| 北洞2号 | 丁亥瓞赏又正婴婴贝在穆朋二百、婴扬<br>瓞赏用作母己障□(鼎)<br>亚㠱侯矣(同上)<br>🅰父辛(鼎)<br>作宝障彝(簋) |
| 山湾子 | 叔尹作旅(鼎)<br>戊嬒厎作宝彝(甗)<br>白矩作宝障彝(甗)<br>亚□(簋)<br>亚□父乙(甗)<br>八父甲(簋)<br>庚父戊(簋)<br>父丁□(簋)<br>尹(簋)<br>作宝障彝(簋)<br>伽子作义妣宝障彝(簋)<br>虿白作宝障彝(簋)<br>鱼(尊)<br>鞲父丁(卣盖)<br>舟父甲(卣身)<br>史(罍) |
| 小波汰沟 | 王䔍於成周王赐圉贝用作宝障彝(簋)<br>登𡴂(罍)<br>□父庚(罍)<br>□父乙(罍)<br>天□父乙(罍) |

这里要讨论的问题是燕山以北出土的具有地方特色的青铜彝器。从纹样粗劣和制作特征看，它们是本地产品。广川守列举

158

的本地产品有山湾子窖藏出土的牛纹罍、山湾子窖藏出土的饕餮纹瓿、花儿楼窖藏出土的小瓿、马场沟窖藏出土的饕餮纹瓿、和尚沟墓出土的卣、小波汰沟窖藏出土的饕餮纹鼎等。① 还有如昭盟翁牛特旗解放营子公社头牌子大队出土的瓿和两件具有本地特色的鼎(图51)。② 遗迹性质不详,墓葬情况不详,窖藏出土的可能性很大。这些青铜彝器颜色发红,铜质具有北方的地域特色,制作工艺粗劣。多数是补铸的,瓿和弦纹鼎有四条范线,与中原的不同。中原的鼎基本上都有与足相对应的三条范线。报告中说的范线边上的圆形痕迹可能是放在内外范之间的起到垫片作用的小铜块留下的痕迹。瓿上的阳纹可能是模仿中原青铜彝器上的族徽或铭文。不过,作为文字没有意义但作为凸起的阳纹则反证了铸造技术的低劣。因此,这三件青铜彝器是本地产品。其中饕餮纹鼎腹下部外鼓,是西周前期前半段的特征。弦纹鼎造型偏早具有殷末周初的特征。瓿的造型具有殷墟期的特征。制作年代为殷代后期至西周前期。它们的共性是高皆在50厘米以上。饕餮纹鼎的纹样与北京市刘家河出土的鼎相似,其制作年代当晚于西周前期,其特征与小波汰沟窖藏出土的饕餮纹鼎相同。克什克腾旗天宝同出土的瓿铜质呈红褐色③,富有异乡特色,很可能是本地生产的(图51)。

---

① 广川守:《遼寧大凌河流域の殷周青銅器》,《泉屋博古館紀要》第10卷,1994年。
② 苏赫:《从昭盟发现的大型青铜器试论北方的早期青铜文明》,《内蒙古文物考古》1982年第2期。
③ 克什克腾旗文化馆:《辽宁克什克腾旗天宝同发现商代铜瓿》,《考古》1977年第5期。

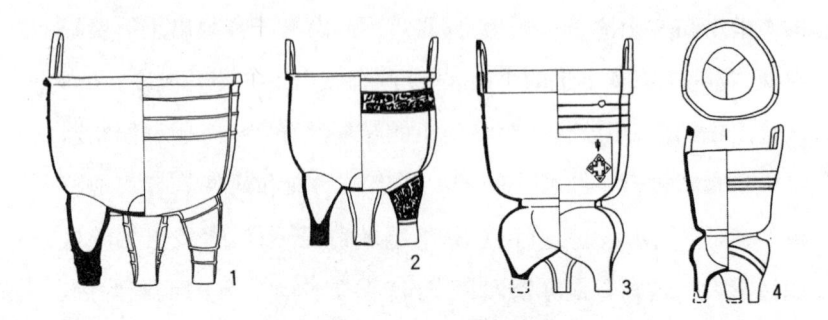

**图 51　本地生产的青铜彝器**①
（1—3：头牌子，4：天宝同）

造型具有西周前期的特征。赤峰市大西牛波罗出土的弦纹甗②与天宝同出土的甗相似，铜质呈红褐色，可能也是本地产品。赤峰市松山出土的甗③与头牌子的甗相似，铸造技术粗劣，十分显眼。与其他因素相比，红褐色的铜质是地方产品的特征。这样看来，在殷后期开始到西周前半期，辽西的青铜彝器有两类。一类是殷代后期有殷系族徽和西周时期有燕侯等铭文的燕山以南制作的青铜彝器。另一类是辽西的制作粗劣的本地产品。假如所有出土的青铜彝器都按这个标准分类，它们的分布如图 52 所示④，这两类青铜彝器在大凌河流域都有，值得关注的是其外边的西拉木楞河上游只有本地生产的青铜彝器。这里所讨论的辽西青铜彝器分布地点相当于陶器样式的魏营子类型分布区，与燕山以

---

① 图 51：1—3 见苏赫：《从昭盟发现的大型青铜器试论北方的早期青铜文明》，《内蒙古文物考古》1982 年第 2 期，图 1；图 51：4 见克什克腾旗文化馆：《辽宁克什克腾旗天宝同发现商代铜甗》，《考古》1977 年第 5 期，图 1。
② 魏凡：《就出土青铜器探索辽宁商文化问题》，《辽宁大学学报（哲学社会科学版）》1983 年第 5 期。
③ 中国青铜器全集编辑委员会编：《中国青铜器全集》第 15 卷，文物出版社，1995 年。
④ 无法确认它们是沈阳出土的，所以图中没有采用这些器物。喀左小城子公社洞上大队咕噜沟和朝阳县木城子窖藏出土的青铜彝器实物不详，所以图中也没有采用这些窖藏器物。

南文化样式明显不同。克什克腾旗天宝同遗址中青铜器出土地点周边散布着魏营子类型陶器,从陶器样式上看,这个地区可能属于魏营子类型。这个地区的青铜彝器分布暗示了某种政治关系,即西周时期燕与大凌河流域、大凌河流域与西拉木楞河上游的关系。

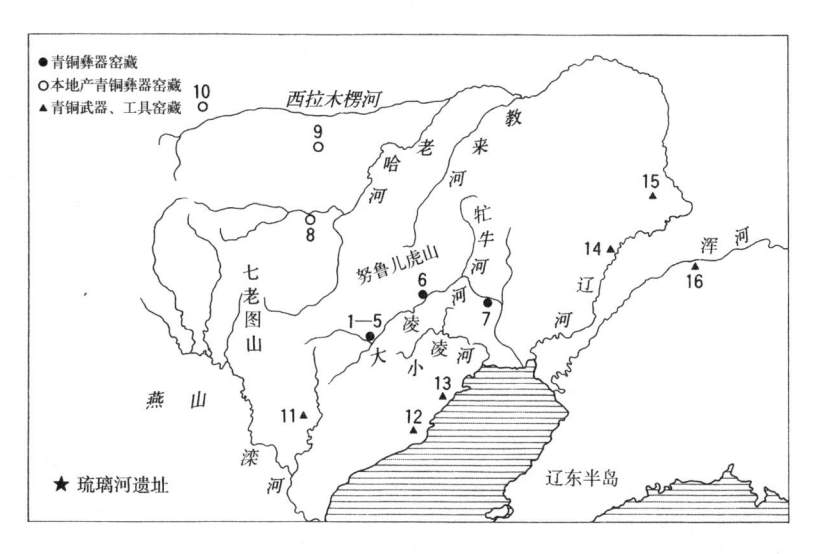

**图52　窖藏分布图①**

（1：马厂沟,2：山湾子,3：小波汰沟,4：北洞1号,5：北洞2号,6：大庙,7：花尔楼,8：松山、牛波罗,9：头牌子,10：天宝洞,11：抄道沟,12：冯家村,13：杨河,14：红旗村,15：湾柳街,16：望花;1—3包括本地产青铜彝器窖藏）

这些青铜彝器的特点是没有殷后期到西周前半期祭祀活动必备的爵和觯等小型饮酒器。正如广川守所指出的那样②,它们都是大型器。表15是这里出土的数量相对比较多的鼎、甗和簋与琉璃河墓中高等级阶层Ⅱ区B群墓的同类器、琉璃河墓葬中等级最高的M1193中罍的比较。

---

① 作者自绘。
② 广川守:《遼寧大凌河流域の殷周青銅器》,《泉屋博古館紀要》第10卷,1994年。

### 表15 琉璃河墓地与辽西出土青铜彝器的大小比较

鼎

| 高度(cm) | 墓群 ||
|---|---|---|
| | 琉璃河Ⅱ区B群 | 辽　西 |
| 15—20 | 1 | |
| 20—25 | 2 | 2 |
| 25—30 | 3 | |
| 30—35 | 1 | 1 |
| 35—40 | 4 | 2 |
| 40—45 | | |
| 45—50 | | |
| 50—55 | | 2 |
| 55—60 | | |
| 60—65 | 1 | |
| 65— | | 2 |

簋

| 高度(cm) | 墓群 ||
|---|---|---|
| | 琉璃河Ⅱ区B群 | 辽　西 |
| 10—15 | 2 | 3 |
| 15—20 | 1 | 11 |
| 20—25 | 2 | 1 |
| 25—30 | 1 | |

甗

| 高度(cm) | 墓群 ||
|---|---|---|
| | 琉璃河Ⅱ区B群 | 辽　西 |
| 35—40 | 1 | 1 |
| 40—45 | 1 | 4 |

续表

| 高度(cm) | 墓群 ||
|---|---|---|
| | 琉璃河Ⅱ区B群 | 辽　西 |
| 45—50 | | 2 |
| 50—55 | | 1 |
| 55—60 | | |
| 60—65 | | |
| 65—70 | | 1 |

簋

| 高度(cm) | 墓群 ||
|---|---|---|
| | 琉璃河Ⅱ区A群 | 辽　西 |
| 25—30 | | 1 |
| 30—35 | 1 | 1 |
| 35—40 | | 2 |
| 40—45 | | 6 |
| 45—50 | | |
| 50—55 | | 2 |

　　就簋而言,大小差异不明显,不过从琉璃河墓葬出土的体现等级制度的青铜彝器大小来看,辽西出土的其他类型的青铜彝器体量巨大。这种器物大型化倾向以及缺少饮酒器可以解释为辽西地区没有采纳中原式祭祀的概念。事实上,正如广川守指出的那样,花尔楼窖藏出土的甗没有箅子而无法蒸煮。可见,这些青铜彝器可以解释为被当作礼器使用。辽西喜欢生产大型青铜,它们分布于大凌河流域外缘,这种趋势表明大凌河流域生产的青铜器没有被带到流域外缘以外地区,即大凌河流域及其外部的西拉木楞河上游属于同一个文化样式、同一个政权。不过,大凌河流域并未形成统一政权,它仅作为盟主与其外部的地区首领结成同盟。

大凌河流域要取得政治上的霸权,必须展示它与燕山以南政权的关系,诸如拥有燕山以南的青铜彝器。要维持与大凌河周围政体的同盟关系,就要把大凌河流域生产的青铜彝器带到大凌河流域的外部地区,这样才能够维持彼此之间的政治关系。不过,内蒙古林西县大井古铜矿遗址出土了可能是鼎足内范的器物①,表明大凌河流域以外地区也可能生产青铜器。总之,可以从青铜彝器被当作礼器分发给地区内首领这种政治关系的角度来看待这些青铜彝器。这些青铜彝器窖藏分布区以外的地区也有埋藏青铜武器和青铜工具的窖藏。② 秋山进午认为它们属于与青铜彝器窖藏不同的文化系统。③ 从文化样式方面看,青铜武器和工具的窖藏位于高台山文化分布区内,是该文化埋藏的。青铜武器中有与李家崖文化系统相同的有銎斧和有銎钺等,尖端锋利的戈形有銎戚还见于绥中冯家村和兴城杨河,是辽西的地域特色。青铜彝器和这些青铜武器时代相当,因为文化样式不同所以埋藏的种类也不同。它同早于二里岗期并与二里头并行的夏家店下层文化大甸子墓地④的情况相似。正像在第三章所论述的那样,大

---

① 辽宁省博物馆文物工作队:《辽宁林西县大井古铜矿1976年试掘简报》,文物编辑委员会编:《文物资料丛刊》7,文物出版社,1983年。
② 河北省文化局文物工作队:《河北青龙县抄道沟发现一批青铜器》,《考古》1962年第2期;喀左县文化馆、朝阳地区博物馆、辽宁省博物馆:《辽宁省喀左县山湾子出土商周青铜器》,《文物》1997年第12期;锦州市博物馆:《辽宁兴城县杨河发现青铜器》,《考古》1978年第6期;抚顺市博物馆考古队:《抚顺地区早晚两类青铜文化遗存》,《文物》1983年第9期;辽宁大学历史系考古教研室、铁岭市博物馆:《辽宁法库县湾柳遗址发掘》,《考古》1989年第12期;铁岭市博物馆:《法库县弯柳街遗址试掘报告》,《辽海文物学刊》1990年第1期;王云刚、王国荣、李飞龙:《绥中冯家发现商代窖藏铜器》,《辽海文物学刊》1996年第1期。
③ 秋山进午:《遼寧省東部地域の再銅器再論》,《東北アジアの考古学研究》,同朋社出版,1995年。
④ 中国社会科学院考古研究所编著:《大甸子——夏家店下层文化遗址与墓地发掘报告》,科学出版社,1996年。

甸子墓地的上层人物选用中原式祭祀陶器和中原式祭祀形式起到维护自身权威的作用,而集团下层人物则维持与东部的高台子文化的关系。这个现象可以理解为,这个阶段延续了前一个阶段的政治关系,即在大凌河流域,受殷代邑制国家和西周燕的影响,以青铜彝器为基础的本地礼器成为权威的保证,其外部的高台山文化把青铜武器和工具作为礼器。属于高台山文化的辽宁省法库县湾柳街遗址的铜斧是单范铸造而成的,很可能是本地生产的。因此可以推测,从殷代后期到西周前期,燕山以北地区为了获得礼器而开始生产青铜器。

## 4 燕的政权与辽西

欧美学界在分析丧葬时很少利用铭文资料[1],其作用尚未受到关注。后过程论者质疑宾福德[2]和萨克斯[3]提倡的用于复原生活面貌的丧葬分析方法是否可靠。[4] 对通过分析丧葬来复原社会面貌的过程论考古学而言,研究反映历史事实和直接反映社会面貌的铭文的做法是研究墓葬的可靠方法。我们讨论前方后圆古坟等初期国家时已经利用了三角缘神兽等铜镜上的铭文和文

---

[1] Klavs Randsborg, "Burial, Succession and Early State Formation in Denmark", In *The Archaeology of Death* edited by R. Chapman, I. Kinnes, and K. Randsborg, Cambridge University Press, 1981, pp. 105 – 121.

[2] Lewis R. Binford, "Mortuary Practices: Their Study and Their Potential", In *Approaches to the Social Dimensions of Mortuary Practices*, Edited by J. A. Brown, Society for American Archaeology, Memoirs 25, 1971, pp. 6 – 29.

[3] Arthur A. Saxe, *Social Dimensions of Mortuary Practices*, Ph. D. Dissertation, University of Michigan, University Microfilms. Ann Arbor, 1970.

[4] Inn Hodder, "Burials, Houses, Women and Men in the European Neolithic", In *Ideology, Power and Prehistory*, edited by D. Miller and C. Tilley Cambridge University Press, 1984, pp. 51 – 68.

献资料,因此研究丧葬必须利用铭文和文献资料。在西方普遍使用的复原社会组织的研究方法中加入铭文资料是东亚考古学方法论的特点和长处。这种方法的长处正好适用于西周前期燕国丧葬研究。

以民族志为依据,根据墓葬特别是随葬品来建构社会等级被很多学者证明是行之有效的方法。[1] 这里尝试利用这种可靠的方法来分析琉璃河墓地并考察截至西周初期分封的燕的政权,即通过划分墓葬等级和随葬品中的青铜彝器的组合来复原燕的政权。棺椁结构和鼎的数量多少所反映的等级差异见诸《礼记·檀弓》"天子五层棺,上公四层棺,诸侯三层棺,大夫二层棺,士与庶人皆单棺",以及《公羊传·桓公二年》"礼祭,天子九鼎,诸侯七,卿五,元士三也"。虽然这些记载可能反映了战国时代的思想观念,不过正如俞伟超所指出的那样[2],周代棺椁制度和鼎的多少所反映的等级差异被文献验证了。通过比较这些因素再加上青铜彝器组合及其大小,完全能够细化等级分类。丧葬方面,空间分析也有意义。[3] 将布局中的分区与墓葬中的等级对应后能够推断不同阶层之间的关系,比较铭文之后能够揭示不同阶层的历史真相。分析结果是,它由3个阶层构成,包括西周初期分封的燕侯及其直系部属和血亲构成的Ⅱ区A群墓地,燕被分封时殷代的家臣和贵族被当成新的燕侯家臣吸纳进来的殷系贵族墓地

---

[1] Christopher Carr, "Mortuary Practices: Their Social, Philosophical-religious, Circumustantial, and Physical Determinants", *Journal of Archaeological Method and Theory*. 2(2), 1995, pp. 105–200.

[2] 俞伟超:《周代用鼎制度研究》,《先秦两汉考古学论集》,文物出版社,1985年。

[3] Lynne Goldsterin, "One-dimentional Archeology and Mutlti-dimentional People: Spatial Organization and Mortuary Analysis", In *The Archaology of Death*, edited by R. Chapman, I. Kinnes and K. Randsborg, Cambridge University Press, 1981, pp. 53–69.

即Ⅱ区B群墓地。殷系贵族不仅与燕侯有关系,还与周王有关系。他们不只是燕侯的家臣,还是周王的家臣,这反映了西周初期分封体制的实际情况。对新来本地的统治集团而言,归属燕侯领导的本土势力形成了Ⅰ区的集团墓,也就是第三个阶层。本土势力内部存在等级差异,即氏族之间存在等级差异,其盟主可能是Ⅰ区a群集团墓。它们的氏族得到燕侯奖赏而能够维持这种关系。他们之间不仅因为分封形成了臣下关系,还因军功构筑了臣下关系,这些都是燕侯实施的领地政策的结果。

相对燕直接管辖的地区而言,燕山以北是其他政权的领地。它是从考古资料中所看到的由软绳纹组成的魏营子类型文化的领地,即燕山以北的辽西大部分地区。北洞1号窖藏出土的罍上有"父丁孤竹亚㣇"铭文,文献中的孤竹可能就在大凌河流域。① 琉璃河M1193出土的罍和盂上铭文中的燕领地中的微被视为孤竹,可能分布于滦河下游至大凌河流域。② 虽然这个看法未必正确,不过孤竹位于大凌河流域的看法得到很多人的支持。如何解读铭文,意见不一,有人认为北方的微和驭都是燕的领地③,有人把它们看作九个国族中的方国或族的版图④,或者六个族的领地⑤。假如微与孤竹一致,那么即使大凌河流域是周王朝认可的燕的领地,也不一定受它直接管辖。微氏,如其名,有自己管辖的领地,是独立的政权。如铭文所示,这些地区即使受到周王朝保护,也不像

---

① 晏琬:《北京、辽宁出土铜器与周初的燕》,《考古》1975年第5期。
② 张亚初:《燕国青铜器铭文研究》,中国社会科学院考古研究所编著:《中国考古学论丛——中国社会科学院考古研究所建所40年纪年》,科学出版社,1993年。
③ 张亚初:《太保罍、盂铭文的再检讨》,《考古》1993年第1期。
④ 殷玮璋、曹淑琴:《周初太保器综合研究》,《考古学报》1991年第1期;殷玮璋:《新出土的太保铜器及其相关问题》,《考古》1990年第1期。
⑤ 陈平:《克罍、克盂铭文及其有关问题》,《考古》1991年第9期;孙华:《匽侯克器铭文浅见——兼谈召公建燕及其相关问题》,《文物春秋》1992年第3期。

战国时代后期被当作领地那样接受管辖,因为燕侯与这些首领在政治上有联系。这个看法与白川静①和甲元真之②根据窖藏出土的铭文推测他们是北征的燕的看法截然不同。燕侯与辽西地区首领的政治联系意味着它进入被燕侯庇护的地方首领行列,作为庇护的象征是青铜彝器。这种做法与燕侯通过恩赏琉璃河墓地第Ⅰ区的本土势力达到把他们团结起来的做法如出一辙,青铜彝器的赏赐即通过赏赐礼器来维持他们与地区首领的关系。而且正如被赏赐的青铜彝器上的铭文所记述的那样,赏赐给该地区首领的青铜彝器,不是在当地制作的,而是从燕得到。正如不见饮酒器那样,燕没有给他们带来殷周时期关于祭礼的思想观念。从大型品数量很多的角度看,大对这里的人来说是很重要的,拥有大的青铜彝器意味着地区首领所拥有的权威也很大。而保证其权威的是燕。因此,在大凌河流域生产青铜彝器是树立首领权威的举措,这就是大型青铜彝器的特点。就大凌河流域北缘的西拉木楞河上游地区的政权而言,他们因为获得了本地生产的青铜彝器而结为政治同盟。可以说,大凌河流域的青铜彝器生产是为制作礼器发展起来的,分布范围达到大凌河流域外缘的高台山文化分布区。他们把青铜武器和工具当作礼器,辽河下游以此为契机开始生产青铜器。

## 5 小结

本章把以往墓葬分析方法与青铜器铭文分析相结合,揭示了

---

① 白川静:《北方の殷周器》,《金文通釈》第 6 卷,白鹤美术馆,1980 年。
② 甲元真之:《西周初期燕国の形成》,《東アジアの文化構造》,九州大学出版会,1997 年;甲元真之:《遼寧省山湾子出土の一括青銅器群熊本大学文学部論議》第 29 号,1989 年。

## 第四章　西周的燕与辽西

燕的社会组织，它是东亚考古学分析墓葬的主要研究方法。笔者在分析琉璃河遗址时运用了这种方法，复原了西周前期燕的政权，揭开了西周分封制的一角，厘清了燕与辽西的政治关系。第三章推测早到殷代后期的辽西地区已经与殷的邑制国家有着某种关系，追溯到早于它的夏家店下层文化阶段，正如在大甸子墓地看到的仿制中原祭祀用具所表明的那样，它们是维护该地区集团领导权威的礼器。今后必须详细地探讨殷前期初期国家形成阶段及其与周边地区的关系。不过以此为背景，殷后期、西周时期已经存在的而且时不时与中原政权有着某种联系的地区也建立了独立的政权。位于大凌河流域外缘的高台山文化分布区内的其他窖藏青铜器，反映了离高技术水准地区比较远的地方把利用简陋技术制作的青铜器作为礼器的实际情况。这种青铜武器是在与长城地带交往的基础上生产出来的。不过李家崖文化中用于实战的武器不是在燕山地区以西发展起来的。这里的社会进化与分布于内蒙古中南部到陕西北部的李家崖文化相比显得迟缓。在这个社会发展阶段，辽西地区的青铜彝器和青铜武器在不同的地区用途不同。

最后还有一个需要研究的大问题是辽西窖藏的意义。窖藏时代最晚的是西周中期以后，相当于本地区辽宁式铜剑等夏家店上层文化形成阶段。它至少表明大凌河流域把大型青铜彝器当作礼器乃至祭祀行为的核心看待，同时意味着这个阶段即将终结，主要文化样式或政权开始转换。换言之，在这个阶段，青铜武器、青铜工具在以政治或祭祀为中心的政权中起不到应有的作用，只能被一埋了事。这种做法与日本弥生时代埋藏铜铎、武器型铜祭器的情况一样。大凌河流域的青铜彝器中既有舶来品又有仿制品，它们反映了地区政权之间的联系，与日本古坟时代前期社会相似。就探讨东亚青铜器文化来说，这种相似的社会现象值得深思。

# 第五章　石棚文化圈及其社会

　　鸟居龙藏首次在析木城发现石棚以后，大家才知道中国东北地区是暴露在地表的由大型石盖及其下部石室构成的石棚或桌式石棚的主要分布区。桌式石棚主要分布在中国东北和朝鲜半岛北部，被称为北方式。其分布地域与由石盖和支石构成的棋盘式等南方式石棚不同。鸟居龙藏认为石棚的发展过程是从南方式变成了北方式的[①]，而三上次男认为东北亚石棚基本上是从北方式变成南方式的[②]。三上认为，东北亚石棚最早见于中国东北地区。甲元真之[③]和朝鲜学者[④]认为埋在地下的石棺逐渐抬升露出地表而成为桌式石棚。关于东北亚石棚总体变化方向意见不一，为此有必要关注从中国东北到朝鲜半岛的各个地区的发展方向及其地域性特征。三上次男刚开始研究这个问题时就已经注意这个问题了，现在更有必要强调这个看法。近年来原本认为只发现了北方式石棚的中国东北也发现了大石盖墓即南方式石棚，这说明这里的情况比较复杂。许玉林和许明纲细致的调查揭示了该地区石棚的特色。许玉林把桌式石棚分为大石棚、中石棚

---

[①] 鸟居龙藏:《中国石棚之研究》，《燕京学报》第 31 期，1946 年。
[②] 三上次男:《满鲜原始坟墓の研究》，1961 年。
[③] 甲元真之:《朝鲜支石墓の编年》，《朝鲜学报》66，1973 年。
[④] 石光叡:《우리나라国西北地方支石墓에관한研究》，《考古民俗论文集》7，1979 年。

和小石棚三类,认为大石棚和中石棚的年代早于小石棚。① 这是根据共存遗物确定的。不过共存遗物与石棚的共时性以及遗物的断代都有问题,因此不能照搬这个断代。

田村晃一②和金贞姬③很好地梳理了该地区石棚研究史,这里不再赘述。我们把目光放在上面所说的地域特色和发展方向上面,首先从中国东北地区的石棚分布与陶器样式分区之间的对应关系入手,研究确定其历史地位。关于石棚结构可能会有些新的认识,因此通过分析石棚结构深入探讨其社会意义。

## 1 分布与地貌

中国东北的石棚仅限于辽东地区,见图 53 和表 16 地名表。地名表上成群分布的石棚群是以群为单位登记的,具体数量表内有说明。

浏览一下表 16 就可以发现中国东北的石棚分布在 100 多个地点,石棚总数达到 316 座。其中,桌式石棚有 177 座,大石盖墓有 139 座,主要分布在辽东内陆的碧流河流域、大洋河流域的辽东半岛和浑河上游以及辉发河流域。这个分布范围不包括辽河下游和吉长地区,与公元前 2000 年辽东地区文化区重组后的辽东文化分布区对应。④ 也就是说,来自辽西的鼎和鬲等新型陶器组

---

① 许玉林:《辽东半岛石棚之研究》,《北方文物》1985 年第 3 期。
② 田村晃一:《東北アジアの支石墓》,《アジアの巨石文化—ドルメン・支石墓考》,六兴出版,1990 年。
③ 金贞姬:《韓半島における支石墓研究の最近動向とその成果》,《アジアの巨石文化—ドルメン・支石墓考》,六兴出版,1990 年。
④ [日]宫本一夫:《中国东北地区史前陶器的编年与地域性》,《辽海文物学刊》1995年第 2 期。

171

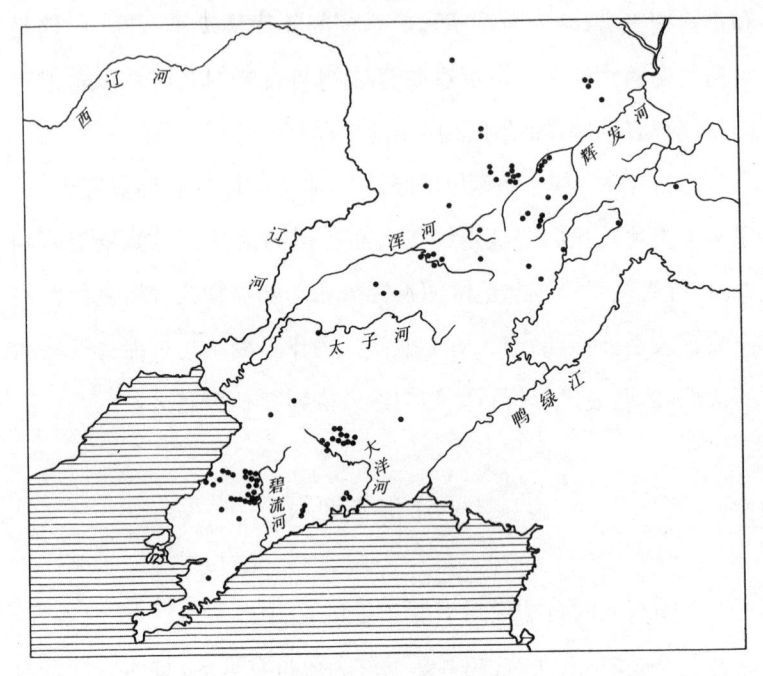

**图 53 辽东石棚分布**①

合进入辽河下游和吉长地区后形成了新的陶器样式,这里不见石棚。辽河下游有辽西风格的青铜器。作为石棚分布区的辽东属于不含鼎和鬲等陶器的陶器样式分布区,文化特征明显。② 与文化样式相对应,不同的集团有不同的墓葬制度,这样就很容易理解石棚的分布情况。石棚分布中值得深思的问题是,辽东半岛尖端部分没有石棚。③ 金县小观屯的石棚是辽东半岛西南角的石

---

① 作者自绘。
② 宫本一夫:《渤海湾に見られる考古学的共通性と地域文化》,《中国の方言》(4),1996年。
③ 据鸟居龙藏研究,大连大佛山山顶存在石棚。但它不是桌式石棚,而是由自然石柱组成,所以也不是大石盖墓。综上所述,其构造难以被认定为石棚,也就是说,大连周边地区至今没有石棚。[日]鸟居龙藏:《中国石棚之研究》,《燕京学报》1946年第31期。

棚。从这里再往南就看不到石棚了，那里是以渤海湾为中心的积石冢分布区。在新石器时代晚期，这里与对岸辽东半岛就陶器样式进行的交流达到巅峰，并出现了积石冢①，此后双方的交流一直延续了下来。它与石棚分布区所在的碧流河流域的辽东半岛社会集团不同，是以海滨为生业基础的地区。

表 16　辽东石棚地名表

| | 石棚名 | 所在地 | 内容 | 文献 |
|---|---|---|---|---|
| 1 | 小关屯(亮甲店) | 辽宁省金县 | 石棚 2[*1] | 许 1994 |
| 2 | 石棚沟 | 辽宁省普兰店区俭汤乡 | 石棚 4 | 许 1994 |
| 3 | 刘屯 | 辽宁省普兰店区安波镇 | 石棚 1,大石盖墓＋ | 许 1994 |
| 4 | 邵屯[*2] | 辽宁省普兰店区安波镇 | 石棚 5,大石盖墓 18,积石墓 1 | 许 1994 |
| 5 | 台前 | 辽宁省普兰店区安波镇 | 石棚 2,大石盖墓 3 | 许 1994 |
| 6 | 双房 | 辽宁省普兰店区安波镇 | 石棚 6,大石盖墓 3 | 许、许 1983 |
| 7 | 王营 | 辽宁省普兰店区双塔镇 | 石棚 3,大石盖墓＋[*3] | 许 1994 |
| 8 | 三台子 | 辽宁省普兰店区双塔镇 | 石棚 1,大石盖墓 19 | 许 1994 |
| 9 | 安平寨 | 辽宁省普兰店区双塔镇 | 石棚 2 | 许 1994 |
| 10 | 台子 | 辽宁省瓦房店市松树镇 | 石棚 1 | 许 1994 |

---

① 宫本一夫:《遼寧省大連市金州区王山頭積石塚考古測量調査》,《東北アジアの考古学研究》,同朋社出版,1995 年。

续表

| | 石棚名 | 所在地 | 内容 | 文献 |
|---|---|---|---|---|
| 11 | 榆树房 | 辽宁省瓦房店市季官乡 | 石棚2 | 许1994 |
| 12 | 化铜矿 | 辽宁省瓦房店市季官乡 | 石棚4 | 许1994 |
| 13 | 白店子 | 辽宁省庄河市吴炉乡 | 石棚2 | 许1994 |
| 14 | 大荒地 | 辽宁省庄河市塔岭镇 | 石棚1 | 许1994 |
| 15 | 杨屯 | 辽宁省庄河市太平领乡 | 石棚3 | 许1994 |
| 16 | 朱屯 | 辽宁省庄河市栗子房镇 | 石棚1 | 许1994 |
| 17 | 大营山 | 辽宁省庄河市栗子房镇 | 石棚1 | 许1994 |
| 18 | 粉房前 | 辽宁省庄河市栗子房镇 | 石棚2 | 许1994 |
| 19 | 石棚山 | 辽宁省盖州市二台子农场 | 石棚1 | 许1994,符1956 |
| 20 | 仰山村 | 辽宁省盖州市归州乡 | 石棚1 | 许1994 |
| 21 | 龙爪山(河北) | 辽宁省盖州市龙爪山 | 石棚5 | 许1994 |
| 22 | 岔沟(河北) | 辽宁省盖州市杨运乡 | 石棚2 | 许1994 |
| 23 | 连云寨 | 辽宁省盖州市甚字街乡 | 石棚2 | 许1994 |
| 24 | 二百垄地 | 辽宁省盖州市甚字街乡 | 石棚2,大石盖墓? | 许1994 |
| 25 | 长脖岗 | 辽宁省盖州市甚字街乡 | 石棚3 | 许1994 |
| 26 | 沙泥梁(邹屯) | 辽宁省盖州市甚字街乡 | 石棚2,大石盖墓? | 许1994 |

续表

| | 石棚名 | 所在地 | 内容 | 文献 |
|---|---|---|---|---|
| 27 | 侯大碥子(邹屯) | 辽宁省盖州市甚字街乡 | 石棚1 | 许1994 |
| 28 | 果园(邹屯) | 辽宁省盖州市甚字街乡 | 石棚1 | 许1994 |
| 29 | 河心地(邹屯) | 辽宁省盖州市甚字街乡 | 石棚2 | 许1994 |
| 30 | 霍地邹(邹屯) | 辽宁省盖州市甚字街乡 | 石棚5 | 许1994 |
| 31 | 伙家窝堡 | 辽宁省盖州市九寨镇 | 石棚5 | 许1994 |
| 32 | 石棚峪 | 辽宁省大石桥市官屯镇 | 石棚1 | 许1994 |
| 33 | 析木城 | 辽宁省海城市析木镇 | 石棚2 | 许1994 |
| 34 | 兴隆 | 辽宁省岫岩县城北兴隆乡 | 石棚2 | 许1994 |
| 35 | 栾家炉 | 辽宁省岫岩县龙潭乡 | 石棚1 | 许1994 |
| 36 | 红石 | 辽宁省岫岩县龙潭乡 | 石棚2 | 许1994 |
| 37 | 石棺地 | 辽宁省岫岩县洋河乡 | 石棚1 | 许1994 |
| 38 | 唐家堡子 | 辽宁省岫岩县洋河乡 | 石棚2 | 许1994 |
| 39 | 山头 | 辽宁省岫岩县朝阳乡 | 石棚2 | 许1994 |
| 40 | 吴西 | 辽宁省岫岩县朝阳乡 | 石棚1 | 许1994 |
| 41 | 小黄旗 | 辽宁省岫岩县红旗乡 | 石棚1 | 许1994 |
| 42 | 高家堡子 | 辽宁省岫岩县三家子乡 | 石棚2 | 许1994 |

续表

|  | 石棚名 | 所在地 | 内容 | 文献 |
|---|---|---|---|---|
| 43 | 白家堡子 | 辽宁省岫岩县兴隆乡 | 石棚11 | 许1994 |
| 44 | 石城相村 | 辽宁省岫岩县 | 石棚3 | 甲元1982 |
| 45 | 阳延里 | 辽宁省辽阳市 | 石棚1 | 甲元1982 |
| 46 | 榔头沟(曾家沟) | 辽宁省清原县苍石乡 | 石棚1 | 许1994 |
| 47 | 大边沟 | 辽宁省清原县湾甸子镇 | 石棚1 | 许1994 |
| 48 | 仙人堂 | 辽宁省新宾县上夹河镇西 | 石棚1 | 许1994 |
| 49 | 付家坟 | 辽宁省新宾县上夹河镇西 | 石棚1 | 许1994 |
| 50 | 赵家坟 | 辽宁省新宾县上夹河镇西 | 石棚1 | 许1994 |
| 51 | 南嘉禾 | 辽宁省新宾县上夹河镇西 | 石棚1 | 许1994 |
| 52 | 南沟 | 辽宁省新宾县上夹河镇西 | 石棚1 | 许1994 |
| 53 | 红山 | 辽宁省抚顺县新宾镇 | 石棚1 | 许1994 |
| 54 | 山龙 | 辽宁省新宾抚顺县救兵乡 | 石棚5 | 许1994 |
| 55 | 大石头 | 辽宁省新抚顺县石文镇 | 石棚1 | 许1994 |
| 56 | 下马古村 | 辽宁省抚顺县上马乡 | 石棚1 | 许1994 |
| 57 | 习皮屯 | 辽宁省开原市八棵树乡 | 石棚2,大石盖墓+ | 许1994 |
| 58 | 苇塘沟 | 辽宁省开原市新边乡 | 石棚1 | 许1994 |
| 59 | 桥屯[*4] | 辽宁省普兰店区双塔乡 | 大石盖墓6 | 许1994 |

续表

| | 石棚名 | 所在地 | 内容 | 文献 |
|---|---|---|---|---|
| 60 | 小刘屯 | 辽宁省普兰店区安波镇 | 大石盖墓5*5 | 许、许1981 |
| 61 | 石庙子 | 辽宁省普兰店区安波镇 | 大石盖墓+ | 许1994 |
| 62 | 梨树底 | 辽宁省普兰店区乐甲乡 | 大石盖墓+*6 | 许1994 |
| 63 | 牌坊 | 辽宁省盖州市甚字街乡 | 大石盖墓1 | 许1994 |
| 64 | 太老坟（老坟） | 辽宁省岫岩县兴隆乡 | 大石盖墓1*7 | 许1994 |
| 65 | 白家堡子（白家堡子西） | 辽宁省岫岩县兴隆乡 | 大石盖墓1 | 许1994 |
| 66 | 东山 | 辽宁省凤城县草河乡 | 大石盖墓30 | 许、崔1990 |
| 67 | 大庙 | 吉林省通化市 | 石棚1 | 许1994 |
| 68 | 英额布 | 吉林省通化市 | 石棚1 | 许1994 |
| 69 | 跳山沟 | 吉林省梅河口市吉乐乡 | 石棚1,大石盖墓5 | 许1994 |
| 70 | 龙头堡 | 吉林省梅河口市水道乡 | 石棚2,大石盖墓5 | 许1994 |
| 71 | 白石沟 | 吉林省梅河口市四ノ石乡 | 石棚4 | 许1994 |
| 72 | 碱水 | 吉林省梅河口市进化乡 | 石棚16,大石盖墓6 | 许1994 |
| 73 | 野猪沟 | 吉林省柳河县兰山乡 | 石棚4 | 许1994 |
| 74 | 大花斜 | 吉林省柳河县和平乡 | 石棚2 | 许1994 |
| 75 | 通沟 | 吉林省柳河县柳南 | 石棚1,大石盖墓6 | 许1994 |
| 76 | 三块石 | 吉林省柳河县姜家店乡 | 石棚4 | 许1994 |

续表

|    | 石棚名 | 所在地 | 内容 | 文献 |
|----|------|------|------|------|
| 77 | 太平沟 | 吉林省柳河县太平沟村 | 石棚2,大石盖墓＋,石棺墓2 | 许1994 |
| 78 | 大沙滩 | 吉林省柳河县安口镇 | 石棚2 | 许1994 |
| 79 | 长安 | 吉林省柳河县安口镇 | 石棚1 | 许1994 |
| 80 | 集安屯 | 吉林省柳河县太平川乡 | 石棚1 | 许1994 |
| 81 | 瓦房顶子 | 吉林省东丰县大阳乡 | 石棚8 | 许1994 |
| 82 | 小四平 | 吉林省东丰县小四平乡 | 石棚3 | 许1994 |
| 83 | 抚生屯 | 吉林省抚松县郊抚生村 | 石棚1 | 王1993 |
| 84 | 利民屯 | 吉林省白山市孙家堡子镇 | 石棚1 | 王1993 |
| 85 | 磲逢 | 吉林省通化县金斗乡 | 石棚1 | 王1993 |
| 86 | 赵秋沟 | 吉林省东丰县大阳镇 | 大石盖墓3 | 金1991 |
| 87 | 宝山东山 | 吉林省东丰县大阳镇 | 大石盖墓1 | 金1991 |
| 88 | 大阳林场 | 吉林省东丰县大阳镇 | 大石盖墓1 | 金1991 |
| 89 | 大阳 | 吉林省东丰县大阳镇 | 大石盖墓1 | 金1991 |
| 90 | 龙头山 | 吉林省东丰县大阳镇 | 大石盖墓1 | 金1991 |
| 91 | 三里 | 吉林省东丰县大阳镇 | 大石盖墓1 | 金1991 |
| 92 | 杜家沟 | 吉林省东丰县横道河子镇 | 大石盖墓1 | 金1991 |
| 93 | 驼腰村 | 吉林省东丰县横道河子镇 | 大石盖墓1 | 金1991 |

续表

| | 石棚名 | 所在地 | 内容 | 文献 |
|---|---|---|---|---|
| 94 | 高古 | 吉林省东辽县 | 大石盖墓+ | 金1991 |
| 95 | 大顶子山 | 吉林省东辽县 | 大石盖墓+ | 金1991 |
| 96 | 张家油房 | 吉林省桦甸市 | 大石盖墓+ | 金1991 |
| 97 | 西荒山屯第一 | 吉林省桦甸市横道河子公社 | 大石盖墓6 | 张等1982 |
| 98 | 西荒山屯第二 | 吉林省桦甸市横道河子公社 | 大石盖墓1 | 张等1982 |
| 99 | 西荒山屯第三 | 吉林省桦甸市横道河子公社 | 大石盖墓1 | 张等1982 |
| 100 | 猴古 | 吉林省公主岭市二十家子镇 | 大石盖墓1 | 武1989 |

注:＊1数字表示墓葬数量;＋表示数量不详;＊2据许玉林和许明纲1981年的研究为杨屯;＊3据许玉林和许明纲1981年的研究有大石盖墓;＊4桥屯和小刘屯合称为碧流河大石盖墓;＊5据许玉林和许明纲1981年的研究,另有1座石棚;＊6据许玉林和许明纲1981年的研究,这里有石棚和积石墓;＊7许玉林1995年的研究将其称为石棚,但是从石室被埋在地下看,应是大石盖墓。

文献来源:制作地名表时参考了下列文献,其中地名基本上引自许玉林1994年的《辽东半岛石棚》。符松子:《辽宁省新发现两座石棚》,《考古通讯》1956年第2期;三上次男:《满鲜原始墳墓の研究》,1961年;许玉林、许明纲:《辽东半岛石棚综述》,《辽宁大学学报》1981年第1期;张英:《吉林桦甸西荒山屯青铜短剑墓》,《东北考古与历史》第1辑,1982年;甲元真之:《中国東北地方の支石墓》,《森貞次郎博士古稀記念古文化論集上卷》,1982年;许玉林、许明纲:《新金双房石棚和石盖石棺墓》,《文物资料丛刊》7,1983年;许玉林、许明纲:《辽宁新金县双房石盖石棺墓》,《考古》1983年第4期;刘俊勇:《辽宁大连新金县碧流河大石盖墓》,《考古》1984年第8期;王洪峰:《吉林海龙原始社会遗迹调查》,《博物馆研究》1985年第2期;金贞姬:《中国东北地方支石墓研究의最近动向》,《伽耶通信》第17辑,1988年;金贞姬:《东北아시아支石墓의研究》,《崇实史学》第5辑,1988年;武保中:《吉林公主岭猴石古墓》,《北方文物》1989年第4期;许玉林、崔玉宽:《凤城东山大石盖墓发掘简报》,《辽海文物学刊》1990年第2期;金旭东:《1987年吉林东丰南部盖石墓调查与清理》,《辽海文物学刊》1991年第2期;朴潤陆:《海龙地区新石器遗址和支石墓》,《东北历史与文化》,辽沈书社,1991年;洪峰:《吉林南部石棚及其相关问题》,《辽海文物学刊》1993年第2期;许玉林:《辽东盖县伙家窝堡石棚发掘简报》,《考古》1993年第9期;许玉林:《辽东半岛石棚》,辽宁科学技术出版社,1994年;武家昌:《辽东半岛石棚初探》,《北方文物》1994年第4期;大贯静夫:《辽宁省凤城县东山大石盖墓地考古出来调查》,《东北アジアの考古学研究》,同朋社出版,1995年;许玉林:《辽宁省岫岩县太老坟石棚发掘简报》,《北方文物》1995年第3期。

## 2 辽东半岛的桌式石棚

如前所述，许玉林按大小把辽东半岛的石棚分成三个类型。① 它们分别是集中分布在低台地和平地的小石棚，独立分布在高台地和山顶并且加工精细的大石棚，大小、聚散程度和地貌类型介于二者之间的中石棚。考察石棚时确实必须注意上述石棚大小和地貌等重要因素，不过笔者认为有必要先从分析石棚结构开始研究。研究者不必拘泥于大小这个标准，应该主要根据石棚结构给石棚分类。关于桌式石棚和大石盖墓即南方式石棚之间的关系，甲元真之认为朝鲜半岛石棚经历了从大石盖墓经小石棚再到大石棚的演变，而许玉林根据共存遗物认为，其应是完全相反的变迁过程。在分析石棚构造时，首先谈谈桌式石棚（桌式支石墓）和大石盖墓（南方式支石墓）的区别。

该地区的桌式石棚的结构是有大盖石而下方的石室暴露在地面上。石室平面基本上呈箱式石棺形，分两种：短侧壁嵌入长侧壁内的称为 A 型（图 54：1—3），短侧壁在长侧壁外侧的称为 B 型（图 54：5—8）。这两型中，短侧壁基本上是一端比较矮，有的甚至另一端没有短侧壁，它很可能是进出石室的出入口。从出入口看，这两个类型石棚的平面呈纵轴长的长方形，也有平面呈横轴长的扁长方形。这种石棚的后壁嵌入两个侧壁中，给人的印象是与 A 型相似，不过其平面形态为横轴长的长方形，两者明显不同，这里称为 C 型（图 56）。还有一座石棚无法归入上述类型，它与战前在瓦房店市铜矿发掘的石棚一样，是侧壁依次嵌入后围成一

---

① 许玉林：《辽东半岛石棚之研究》，《北方文物》1985 年第 3 期。

第五章 石棚文化圈及其社会

**图54 辽东半岛的 A、B 型桌式石棚**①
(1：邵屯,2：伙家窝堡 M1,3：连云寨东石棚,4：化铜矿,5：连云寨西石棚,6：小关屯小石棚,7：石棚沟,8：台子;比例 1/150)

---

① 见许玉林:《辽东半岛石棚》,辽宁科学技术出版社,1994 年。

圈的石棚(图54∶4),因为仅此一例,暂时把它当作例外看待。

接下来比较这三类石室内部的大小,它们直接反映了石室的功能。许玉林对石棚作了仔细的调查研究①,绘制了大部分石棚平面图,根据平面图可以比较各类石棚内部的大小。图57和表16汇总了各型石室长度和宽度数据。把石室内开口到尾端作为纵轴的长,把与之成直角的横轴作为宽。从长宽数据散点分布图上看,A—C型三类桌式石棚差异明显,各自成群。A、B型的长宽比各有一定范围,比例不同,表明二者不仅结构不同,而且按照不同规格建造。B型的规格很精确。根据表17的数据对以下三个要素进行比较。首先比较盖石的大小,A型与B、C型大小明显不同,后二者相当大。A型石室高度也与B、C型的不同,前者以高1米以下的为主,后者在1米以上。与此相关的是石室容积,A型与B、C型明显不同。上述三要素即盖石大小、石室高度和石室容积都表明A型与B、C型在类型学方面存在差异。

相对而言,A型比B型小,A型为长方形。B型虽然是长方形,但是长度和宽度相差不大,接近正方形。如果把石棺形石室视为桌式石棚谱系的原型,那么石棺就与A型相似。它会朝大型化和近似平面方形的B型发展。石棚是从A型变成B型的。C型是B型的变异形态,处于从A型到B型的转变过程之中。

下面将逐个分析三种类型的石棚。这里要讨论的不是所有的石棚,而是1996年踏查时发现的石棚。②

---

① 许玉林:《辽东半岛石棚》,辽宁科学技术出版社,1994年。
② 宫井义朗:《中国遼東、韓国調査旅行》,《福岡からアジアへの4—弥生時代の二つの道—》,西日本新聞社,1996年。

**图 55 辽东半岛的 B 型桌式石棚**①
（1：析木城，2：石棚山；比例 1/150）

---

① 见许玉林：《辽东半岛石棚》，辽宁科学技术出版社，1994 年。

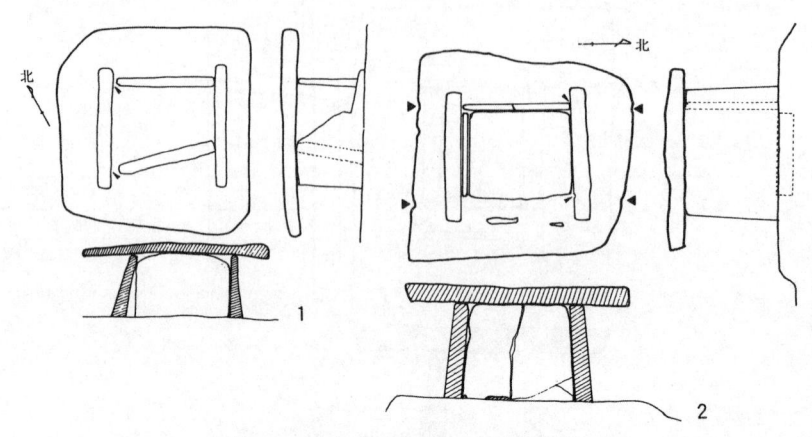

**图 56　辽东半岛的 C 型桌式石棚**①
（1：白店子，2：石棚峪；比例 1/150）

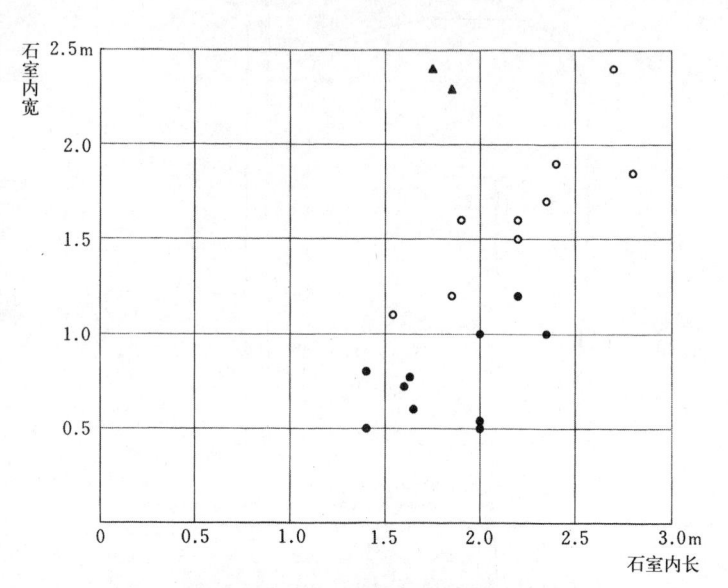

**图 57　辽东半岛桌式石棚室内长宽散点分布图**②
（●A 类，○B 类，▲C 类）

---

① 见许玉林：《辽东半岛石棚》，辽宁科学技术出版社，1994 年。
② 作者自绘。

A 型石棚,多是两个以上的石棚集中在一处。B 型石棚是单独分布的。B 型石棚多位于丘陵前端,看似与 A 型共存一地,其实是单独分布的。连云寨东西石棚是有名的 A 型与 B 型共存的石棚(图 58)。东石棚(图 58：3)和西石棚(图 58：5)都是以没有矮侧壁一端为出入口的,它们的出入口相对。东石棚是 A 型,西石棚是 B 型,不过这里不是典型的 B 型,而是稍有变化的 B 型石棚。其矮侧壁未被长侧壁包夹在其中,从结构上看它与 A 型相似,介于 A 型和 B 型之间。如果认为石棚是从 A 型向 B 型演变的话,那么它就是连接两个类型的中间型,是两个有早晚关系类型的中间类型。

表 17　辽东半岛桌式石棚

| 地　　名 | 型式 | 长 | 宽 | 高 | 容积 | 长宽比 | 盖长 | 盖幅 | 盖面积 |
|---|---|---|---|---|---|---|---|---|---|
| 石棚沟 1 号小石棚 | A | 2.35 | 1 | 0.65 | 1.6 | 0.43 | — | — | — |
| 邵屯 1 号 | A | 2 | 0.5 | 0.6 | 0.6 | 0.25 | 2.6 | 2 | 5.2 |
| 大营山 | A | 1.4 | 0.8 | 0.65 | 0.7 | 0.57 | 1.8 | 1.3 | 2.3 |
| 粉房前东 | A | 1.4 | 0.5 | 0.4 | 0.3 | 0.36 | 1.75 | 1.2 | 2.1 |
| 粉房前西 | A | 1.65 | 0.6 | 0.38 | 0.4 | 0.36 | 2 | 1.8 | 3.6 |
| 连云寨东石棚 | A | 2 | 1 | 1.1 | 2.2 | 0.50 | 2.75 | 2.1 | 5.8 |
| 伙家窝堡 1 号 | A | 1.6 | 0.72 | 1.06 | 1.2 | 0.45 | — | — | — |
| 伙家窝堡 3 号 | A | 2 | 0.54 | 0.91 | 1.0 | 0.27 | — | — | — |
| 伙家窝堡 5 号 | A | 1.63 | 0.77 | 0.62 | 0.8 | 0.47 | 1.9 | 1.1 | 2.1 |
| 兴隆小石棚 | A | 2.2 | 1.2 | 0.75 | 2.0 | 0.55 | 2.2 | 1.8 | 4.0 |
| 小关屯 | B | 2.8 | 1.85 | 1.35 | 7.0 | 0.66 | 4.3 | 2.5 | 10.8 |
| 石棚沟 | B | 2.2 | 1.6 | 1.2 | 4.2 | 0.73 | 5.9 | 4.4 | 26.0 |
| 刘屯 | B | 1.54 | 1.1 | 1.2 | 2.0 | 0.71 | — | — | — |
| 双房 2 号 | B | 1.85 | 1.2 | 1.6 | 3.6 | 0.65 | 4.9 | | |
| 台子 | B | 2.35 | 1.7 | 2.3 | 9.2 | 0.72 | 7.5 | 4 | 19.6 |
| 大荒地 | B | 2.4 | 1.9 | 2.05 | 9.3 | 0.79 | 8.6 | 5 | 37.5 |
| 石棚山 | B | 2.7 | 2.4 | 2.3 | 14.9 | 0.89 | 5.8 | 5.7 | 49.0 |
| 析木城 | B | 2.2 | 1.6 | 2.24 | 7.9 | 0.73 | 5.1 | 5.2 | 30.2 |

续表

| 地　　名 | 型式 | 长 | 宽 | 高 | 容积 | 长宽比 | 盖长 | 盖幅 | 盖面积 |
|---|---|---|---|---|---|---|---|---|---|
| 兴隆大石棚 | B | 2.2 | 1.5 | 1.7 | 5.6 | 0.68 | 3.3 | 4 | 20.4 |
| 连云寨西石棚 | B | 1.9 | 1.6 | 1.5 | 4.6 | 0.84 | 4.35 | 2.3 | 7.6 |
| 白店子 | C | 1.75 | 2.4 | 1.5 | 6.3 | 1.37 | 4.35 | 4 | 17.4 |
| 石棚峪 | C | 1.85 | 2.29 | 2.05 | 8.7 | 1.24 | 4.35 | 4.5 | 19.6 |

B型,其特征总的来说是体量很大。小关屯石室(图59)是建在高出地表的台基上的。石棚峪的C型石棚也是建在这种高台基上的(图61∶1)。田村晃一称之为台基。① 此外,白店子的C型也是建在高台基上的。就石室结构而言,通过观察可发现侧壁上有便于镶嵌组合的浅刻槽(图上用▲作标记)。例如,在石棚沟的石棚后壁与侧壁结合处发现了浅刻槽(图54∶7)。据许玉林说,在白店子C型的西侧壁内面与南北侧壁对应部位都发现了浅刻槽(图56∶1)②,两者特征相同。同样是C型的石棚峪的石棚的北侧壁与后壁结合的部位也发现了浅刻槽(图61∶2,图56∶2)。有趣的是,出入口的北侧壁上有纵向浅刻槽(图61∶3),也许曾有封门石嵌入其中。B、C型中,有比石棚峪、台子、析木城(图62)、石棚山(图60)等大的大型石棚,它们的侧壁和盖石都经过精心加工。石室后壁呈台形(图62∶2),侧壁稍稍向内倾斜,这种结构上的变化应该是为了支撑大型盖石而有意识设计的。

B型石棚在同一规格的石室中不仅具有向大型化方向发展的趋势,还有朝着石材加工精细化方向发展的趋势。以下几点值得注意。桌式石棚的石室一开始就暴露在地表。建造石室时在侧壁的周围堆土,便于把盖石搬上去。搬盖石时,为了系绳子而在盖石

---

① 田村晃一:《遼東石棚考》,《東北アジアの考古学　第二(槿城)》,1996年。
② 许玉林:《辽东半岛石棚》,辽宁科学技术出版社,1994年。

侧面刻槽。石棚峪、析木城和石棚山等地的石室盖石上都发现过这种浅刻槽。析木城的石室除了有许玉林以前发现的刻槽①，我们踏查时还在盖石南侧（图62∶3）和西侧壁上发现了刻槽。把这些刻槽与石室侧壁的方向对比后可以发现，正如图54—56上的▲标记所反映的那样，石盖上的刻槽位置与石室侧壁上的刻槽位置一致。这些刻槽不只方便系绳子，还起到了把盖石与侧壁对齐的作用。石棚山的情况也一样。因此这种朝大型化并且加工精细化方向发展的B、C型石棚是经过认真规划后建造而成的。从技术上看，处在建造石棚最发达的阶段；从年代上看，是最后出现的。

**图58　辽宁省盖州市连云寨石棚②**

**图59　辽宁省金县小关屯石棚③**

---

① 许玉林：《辽东半岛石棚》，辽宁科学技术出版社，1994年。
② 作者拍摄。
③ 作者拍摄。

图 60　辽宁省盖州市石棚山石棚①

1　石棚峪正面

2　后壁北侧卯孔状沟　　3　出入口处的卯孔状沟

图 61　辽宁省大石桥市石棚峪石棚②

---

① 作者拍摄。
② 作者拍摄。

1　析木城正面

2　析木城背面

3　正石盖石上的浅刻槽

**图 62　辽宁省海城市析木城石棚**①

---

① 作者拍摄。

正如在石棚峪看到的那样,开口部位很可能就是出入口。不仅有刻槽,而且像在小关屯和析木城 B 型石棚上所看到的那样,开口部位的矮侧壁低,因此人能够随意进出。开口部位的矮侧壁比后壁低的情况也见于 A 型。由于多数石棚开口部位没有矮侧壁,所以开口部位被当作出入口,很可能原先有某种形式的封闭设施。田村晃一也认为石棚有出入口。①

三上次男很早就根据化铜矿石棚和大庙石棚室内发现的人骨提出了桌式石棚是墓葬的观点。② 近年在双房 2 号③,伙家窝堡 1 号和 5 号④等石棚中发现了火化人骨等,这个现象引人关注。这些石棚属于 A、B 型,石室内部埋葬火化人骨。从石棚有出入口和火化人骨看,这些桌式石棚可能进行过追葬,即很可能通过再葬等形式埋葬了多个人。甲元真之也提出过类似看法⑤,即石棚属于集团合葬墓。

接下来讨论桌式石棚的年代问题。石棚的年代必须根据石室内出土的随葬品来确定。A 型中的伙家窝堡 1 号和 3 号石棚,B 型中的双房 2 号石棚出土了保存状况较好的陶器。伙家窝堡 1 号和 3 号墓出土的重沿陶罐上有明显的刻纹,其时代不会晚于战国时期的上马石 BⅡ期,属于上马石 A 区下层、上层时期。⑥ 双房 2 号墓出土的陶罐口沿上的双凹弦纹之间有刻划格子纹,腹上

---

① 田村晃一:《遼東石棚考》,《東北アジアの考古学 第二(槿城)》,1996 年。
② 三上次男:《満鮮原始墳墓の研究》,1961 年。
③ 许玉林、许明纲:《新金双房石棚和石盖石棺墓》,文物编辑委员会编:《文物资料丛刊》7,文物出版社,1983 年。
④ 许玉林:《辽宁盖县伙家窝堡石棚发掘简报》,《考古》1993 年第 9 期。
⑤ 甲元真之:《東北アジアの支石墓》,《福岡からアジアへ 4—弥生時代の二つの道—》,西日本新聞社,1996 年。
⑥ 宫本一夫:《遼東半島周代併行土器の変遷—上馬石貝塚 A・BⅡ区を中心に—》,《考古学雑誌》第 76 巻第 4 号,1991 年。

部刻划斜格子纹。口沿上的这种纹样是上马石A区下层的特点,上层并未出现。即使上溯到更早阶段,它也只见于双驼子3期晚段,不会更早于这个时间段。其腹部纹样不见于双坨子3期,因此从口沿上的纹样和腹部的纹样以及陶罐的造型看,将双房2号墓年代定为上马石A区下层最合理。这些石棚都具有上马石A区下层的特色,属于西周时期。当然,这些年代明确的石棚是A型石棚和年代稍早的B型石棚,前面推断的处在石棚发展巅峰的B、C型的年代要晚于这些石棚。它们的年代下限等问题将在下面讨论。

## 3  辽东半岛的大石盖墓

辽东半岛的大石盖墓便是南方式石棚。辽东半岛上没有发现朝鲜半岛上看到的那种石棚,是由大盖石和地表下的下部构造构成的。从下部构造的特色来看,这里的大石盖墓可以分为三类:箱式石棺(图63:1)、土坑型(图63:2)和墓坑四周积石型(图63:3)。[1] 这里分别称之为A型、B型和C型。其中B型只见于碧流河,主体是土坑墓,土坑内有二层台,二层台上有小石块围成的石圈,上面放置随葬品。C型见于东山[2],其特征是墓坑内局部有积石,它不是用石块堆砌的完整的石椁,并非所有墓壁都有用石块围起来的类似石椁的构造,只有部分墓壁是用石块垒砌的。有些石棚如东山2号、4号、6号墓那样,墓坑坑口四周有积石,它大概起到支石的作用,可以把它看作墓坑内积石的退化形

---

[1] 旅顺博物馆:《辽宁大连新金县碧流河大石盖墓》,《考古》1984年第8期。
[2] 许玉林:《凤城东山大石盖墓发掘简报》,《辽海文物学刊》1990年第2期。

式。这种特殊的下部构造可能是继承了石椁墓传统的结果。这样看来,这三类石棚中,A型属于石棺墓系统,B型属于土坑墓系统,而C型则属于石椁墓系统。下面探讨它们之间的早晚关系。

　　要确定它们的年代,就必须先确定随葬品的年代。A型中的双房6号墓中随葬了辽宁式铜剑、美松里型壶和重沿罐。B型中的碧流河的大石盖墓出土了铜斧范,无疑属于青铜时代。双房6号墓和碧流河都出土了重沿罐。这种罐与伙家窝堡的桌式A型相比,重沿上不见阴刻而口沿变薄,属于上马石A区上层以后阶段的特征,显然要晚于上马石A区。双房6号墓的美松里壶属于上马石A区上层,相当于春秋时期。① 这样看来,大石盖墓A、B型要晚于桌式石棚。从类型学角度看,大石盖墓C型的东山美松里型壶要晚于双房6号墓的壶。虽然下部构造不详,但是白家堡子大石盖墓出土了铜剑②,可见大石盖墓属于辽宁式铜剑流行的阶段。辽宁地区大部分随葬辽宁式铜剑的墓是石椁墓。由此看来,大石盖墓A型属于辽宁式铜剑流行阶段的石椁墓系统。土坑墓和石椁墓同时见于辽河下游和辽西地区,影响波及辽东地区,可能是它们自我革新后变成了辽东的大石盖墓B、C型。

　　从大石盖墓的墓室都在地下看,它们是单一的埋葬设施。正如东山的大石盖墓(图64)和碧流河流域的大石盖墓那样,多座墓组成一群,成为集团墓。有人根据随葬品摆放位置推测东山的大石盖墓可能是男女合葬墓。③ 不过随葬石斧和纺轮未必说明该墓

---

① [日]宫本一夫:《中国东北地区史前陶器的编年与地域性》,《辽海文物学刊》1995年第2期;宫本一夫:《遼東半島周代併行土器の変遷—上馬石貝塚A・BⅡ区を中心に—》,《考古学雑誌》第76卷第4号,1991年。
② 许玉林:《辽东半岛石棚之研究》,《北方文物》1985年第3期。
③ 大贯静夫:《辽宁省凤城县东山大石盖墓地考古出来调查》,《東北アジアの考古学研究》,同朋社出版,1995年。

一定是双人葬,同时期马城子的墓便不是双人葬类型。① 因此东
山大石盖墓可能是单人葬。如是,大石盖墓是单人葬的集团墓,
与多人葬的桌式石棚的埋葬形态不同。因为它受到了石椁墓等
的影响,完成了从集团共用埋葬设施的桌式石棚向单人葬的集团
墓的转变。

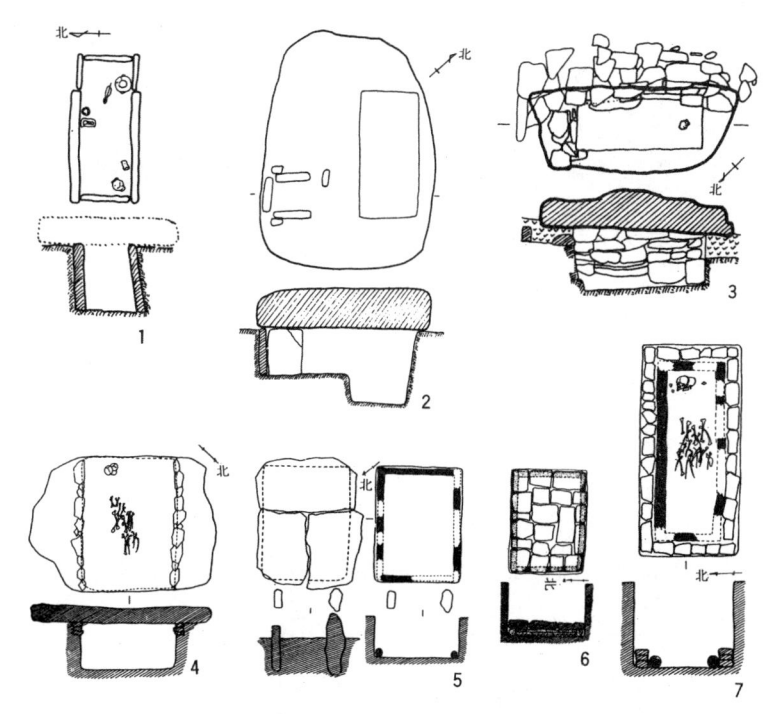

**图 63　辽东的大石盖墓②**

(1：双房 M6,2：碧流河桥屯 M24,3：东山 M3,4：赵秋沟 M1,5：赵秋沟 M2,6：大阳 M1,7：驼腰 M1;比例 1—3：1/75,其他 1/150)

---

① 辽宁省文物考古所研究所、本溪市博物馆编：《马城子——太子河上游洞穴遗存》,文物出版社,1994年。
② 图 63：1、2 见许玉林：《辽东半岛石棚》,辽宁科学技术出版社,1994 年；图 63：3 见许玉林：《凤城东山大石盖墓发掘简报》,《辽海文物学刊》1990 年第 2 期；图 63：4—7 见金旭东：《1987 年吉林东丰南部盖石墓调查与清理》,《辽海文物学刊》1991 年第 2 期。

图64　辽宁凤城县东山大石盖墓①

## 4　辽东内陆的石棚

辽东内陆的石棚有桌式石棚和大石盖墓两种。按前面的分类,桌式石棚中的大部分是 A 型(图 65∶1—5),其余的如山龙 2 号墓②具有 B 型的特征(图 65∶6)。如图 66 所示,石室大小比率表明它们基本上都落在 A 型的范围内。不过该石棚的特点是,石室周围有砾石堆,这种情况不见于辽东半岛,这里称之为 D 型。图 66 是该地区目前已知石室内部大小的桌式石棚大小的散点图。如表 18 和图 66 所示,将它与辽东半岛 A 型石室内部长度对比,可以

---

① 作者拍摄。
② 武家昌在《辽东半岛石棚初探》(《北方文物》1994 年第 4 期)一文中将它写作山龙 1 号墓,不过从大小和造型看,它与许玉林《辽东半岛石棚》(辽宁科学技术出版社,1994 年)一书中的山龙 2 号墓相同。武文的墓葬编号乱了,这里按许玉林的编号,改为山龙 2 号墓。

发现它们的大小规格与辽东的 A 型基本相同,不见 B 型规格。这是该地区石棚的特色,表明该地区的石棚是以 A 型为主的。在石棚发展过程中,因为在石室周围堆积砾石而出现了 D 型石棚。

**图 65　辽东内陆部的大石盖墓①**
(1:仙人堂,2:大沙滩 M1,3:榔头沟,4:大沙滩 M2,5:碱水,6:山龙 M2;比例 1/150)

今后要探讨 D 型与高句丽时期流行的积石冢之间的关系,它很可能是从石棚体系中分化出来的。鉴于清远县大边沟②和抚顺山龙 2 号墓出土了火化人骨,所以推测这里与辽东半岛一样流行多人葬。

---

① 见许玉林:《辽东半岛石棚》,辽宁科学技术出版社,1994 年。
② 许玉林:《辽东半岛石棚之研究》,《北方文物》1985 年第 3 期。

**表 18　辽东内陆部的桌式石棚**

| 地　名 | 型式 | 长 | 宽 | 高 | 容积 | 长宽比 | 盖长 | 盖宽 | 盖面积 |
|---|---|---|---|---|---|---|---|---|---|
| 榔头沟 | A | 3.1 | 1.2 | 1.9 | 7.1 | 0.39 | — | — | — |
| 仙人堂 | A | 1.9 | 0.85 | 0.8 | 1.3 | 0.45 | 3.5 | 1.9 | 6.7 |
| 付家坟 | ? | 1.7 | 1 | — | — | 0.59 | — | — | — |
| 山龙1号 | A | 1.9 | 0.65 | 0.6 | 0.7 | 0.34 | — | — | — |
| 山龙2号 | D | 1.5 | 0.6 | 0.9 | 0.8 | 0 | 2.25 | 1.84 | 4.1 |
| 习皮屯1号 | A | 1.8 | 0.6 | 0.95 | 1.0 | 0.33 | 1.8 | 1.5 | 2.7 |
| 碴逢 | ? | 2 | 0.8 | 1.5 | 2.4 | 0.40 | — | — | — |
| 集安屯 | A | 2.4 | 0.9 | 1.2 | 2.6 | 0.38 | 3.15 | 2.85 | — |
| 大沙滩1号 | A | 2.2 | 1.54 | 1.5 | 5.1 | 0.70 | 3.3 | 2.64 | 9.0 |
| 大沙滩2号 | A | 2.6 | 1.54 | 1.52 | 6.1 | 0.59 | 3.77 | 2.65 | 8.7 |
| 太平沟11号 | A | 1.85 | 0.85 | 0.9 | 1.4 | 0.46 | 2.4 | 2 | 10.0 |

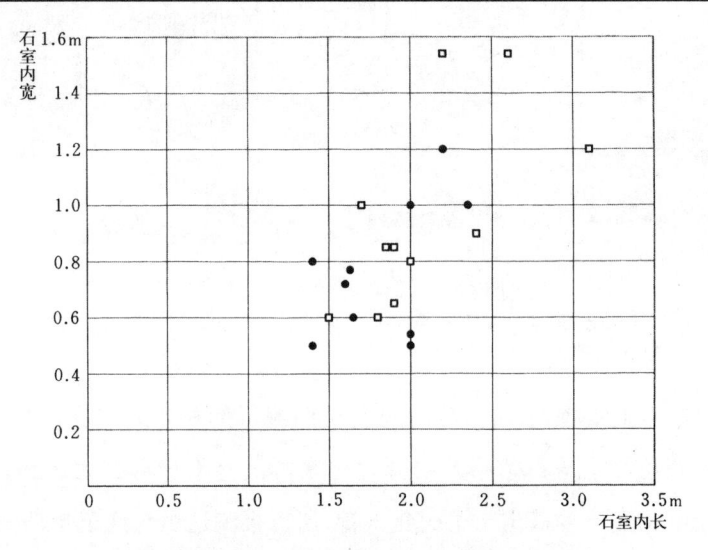

**图 66　辽东内陆部桌式石棚内部长宽散点分布图**[1]
（□辽东内陆部的石棚，●辽东半岛的 A 型石棚）

---

[1] 作者自绘。

辽东内陆也发现了不少与辽东半岛相同的大石盖墓。不过该地区经过发掘的大石盖墓很少,仅发表了少量资料。以已经公开发表的吉林省东丰县的发掘资料①为例探讨其普遍意义显然不妥,这里也只是把它当作现阶段的认识而已。吉林省东丰县赵秋沟、大阳、驼腰等地发现了大石盖墓(图 63：4、7),它们的下部基本上都是土坑,墓坑上部有砾石砌的边,墓坑底部铺砾石或木框,与辽东半岛的很不一样。另一个特色是这些大石盖墓中埋葬火化人骨,而且是多人葬。这是与辽东的多人葬不同的埋葬形式。这些墓的年代值得探讨。

168

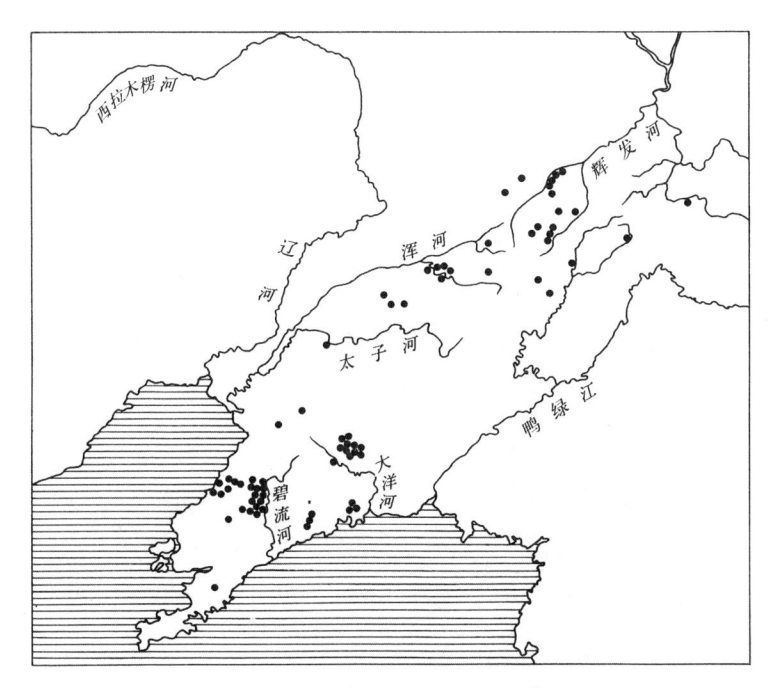

**图 67　辽东桌式石棚分布图②**

---

① 王洪峰:《吉林南部石棚及相关问题》,《辽海文物学刊》1993 年第 2 期。
② 作者自绘。

随葬品中有铜环和铜扣，它们属于青铜时代。此外还发现了辽宁式铜剑上的加重器，表明这些大石盖墓相当于辽宁式铜剑流行时期。因为该地区不易得到辽宁式铜剑，所以可能把辽宁式铜剑上的加重器当作礼器。因此从年代上看，该地区出现了与辽东半岛同时期的大石盖墓。不过与辽东半岛不同的是，这里流行火化人骨多人葬。例如吉林省桦甸县西荒山屯 2 号大石盖墓①中埋了 5 具火化人骨，吉林省公主岭市猴石②也发现了火化人骨等，这是辽东内陆大石盖墓的共同特征。因为该地区桌式石棚没有随葬品而难以判断其具体年代，如果它与辽东半岛时代相同的话，那么桌式石棚阶段流行的多人葬则一直延续到大石盖墓阶段，这个阶段仍然实行多人葬。

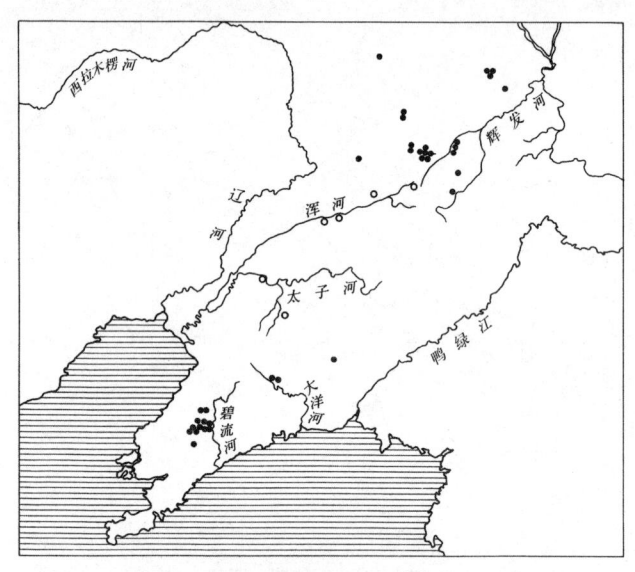

**图 68　辽东大石盖墓与石棺墓的分布③**
（●大石盖墓，○石棺墓）

---

① 张英等：《吉林桦甸西荒山屯青铜短剑墓》，东北考古与历史编辑委员会编：《东北考古与历史》第 1 辑，文物出版社，1982 年。
② 武保中：《吉林公主岭猴石古墓》，《北方文物》1989 年第 4 期。
③ 作者自绘。

## 5　小结

　　前文把辽东石棚细分为辽东半岛和辽东内陆两个地区类型，梳理了它们的变迁过程。这两个地区的石棚在构造方面的变化存在差异。在墓葬制度方面，我们通过细化地域分区，厘清了它们各自的变化过程。与辽东半岛由多人葬的桌式石棚向个人集团墓变化的大石盖墓不同，辽东内陆从多人葬的桌式石棚向继承了前一个阶段埋葬传统依然实行多人葬的大石盖墓变化。从年代上看，桌式石棚相当于上马石A区下层即西周时期，大石盖墓相当于上马石A区上层至上马石BⅡ区时期即春秋至战国前半段。

　　大石盖墓时期即辽宁式铜剑文化阶段，辽东出现了随葬辽宁式铜剑的石棺墓。图68是大石盖墓和随葬辽宁式铜剑和青铜工具的石棺墓的分布图。把这张分布图与图67桌式石棚分布图对比可知，大石盖墓分布在石棺墓分布区的外围。它给人的印象是，截至这个阶段，随葬辽宁式铜剑等青铜器的石棺墓进入桌式石棚分布圈中。有意思的是，这些石棺墓的分布仅限于浑河与太子河流域。这个现象可以解释为新的文化进入这些流域中。因此，桌式石棚的消失是石棺墓和拥有辽宁式铜剑的文化扩张所致。这个阶段的石棺墓基本上是单人葬，随葬辽宁式铜剑的墓主位居社会上层。这种外来的等级社会使该地区出现了像大石盖墓那样的个人集团墓。因此该阶段之前的桌式石棚是起到维护集体作用的公共墓地，是基本处于平等社会的人类共同体。辽东内陆在社会没有发生多大变化的情况下，墓葬制度却发生了变化。这种反映了社会发展地域性差异的墓制变化与朝鲜半岛石棚构造变化不同。因此,把辽东大石盖墓与朝鲜半岛的南方式石棚等同起来不妥,两者显然不同。如本章开头所述,它们反映了各地区的社会和墓制的变化不同。

最后要讨论的问题是,既然桌式石棚是从 A 型发展到 B 型和 C 型乃至 D 型的,那么其原型是什么？A 型与石棺相似。迄今为止,辽东不见被甲元真之视为西朝鲜桌式石棚发展过程中原型的沈村里 A 型墓。除了辽东半岛尖端,辽东地区在桌式石棚出现之前如偏卜子类型阶段的墓制不详,与双坨子 2 号、3 号并行期的墓制也不明确。这便无法解释桌式石棚 A 型原形为何了。关于辽东桌式石棚祖型的问题,只能留待以后探讨。

# 第六章　辽宁式铜剑文化圈及其社会

笔者曾写过题为《东北亚青铜器文化》的论文,论文中讨论了辽宁式铜剑的地域性差异。① 限于篇幅,论文中没有详细地论证地域性差异的形成过程,下面将详细地讨论这个问题。

虽然这里没有必要梳理辽宁式铜剑研究史,不过近年来刊布的讨论辽宁式铜剑的论文不少,它们反映了辽宁式铜剑的研究史。20世纪60年代,秋山进午最先从类型学角度探讨了辽宁式铜剑起源并提出了"辽西起源说"。② 80年代,林沄根据类型学研究成果提出了"辽东起源说"并探讨了辽宁式铜剑在各地的发展情况。③ 靳枫毅从青铜器生产中的器类组合和综合性谈到地域性发展,赞成辽宁式铜剑"辽西起源说"。④ 90年代,秋山进午根据实地调查结果并结合辽东出土的铸造粗糙的辽宁式铜剑及它被当作宝物的情况赞同"辽西起源说"。⑤ 1996

---

① 宫本一夫:《東北アジアの青銅器文化》,《福岡からアジアへの4―弥生文化の道―》,西日本新闻社,1996年。
② 秋山进午:《中国東北地方の初期金属器の様相(上)(中)(下)》,《考古学雑誌》第53卷第4号,第54卷第1号、第4号,1968,1969年。
③ 林沄:《中国东北系铜剑初论》,《考古学报》1980年第2期。
④ 靳枫毅:《论中国东北地区含曲刃青铜短剑的文化遗存》(上),《考古学报》1982年第4期;靳枫毅:《论中国东北地区含曲刃青铜短剑的文化遗存》(下),《考古学报》1983年第1期。
⑤ 秋山进午:《遼寧省東部地域の青銅器再論》,《東北アジアの考古学研究》,1995年。

年以后包括拙文在内共有6篇文章刊布。除拙文外,还有徐光辉①、秋山进午②、千叶基次③、村上恭通④和近藤乔一⑤的文章。其中秋山进午的文章重述了以前文章的内容。徐光辉和千叶基次都谈到"辽东起源说",村上恭通和近藤乔一谈到"辽西起源说"。徐和千叶不仅探讨了辽宁式铜剑的分类,还提出必须重视与铜剑共存的陶器,并据此讨论了它们的年代,以陶器分期支持"辽东起源说"。村上重视辽宁式铜剑的剑柄和剑把头的组合,把组合完整的辽西努鲁儿虎山南麓视为辽宁式铜剑的起源地,并论述了此后辽宁式铜剑发展的地域性特点。近藤认为剑身和剑把合铸的铜剑是时代最早的,且辽宁式铜剑起源于努鲁儿虎山北麓。1996年以后的研究普遍重视辽宁式铜剑分布区内的地域性。拙文探讨了该地区的分区以及各区内的发展情况。⑥ 笔者赞成有必要通过细致的分区来探讨辽宁式铜剑的意见,1996年发表的拙文就谈到辽宁式铜剑初期阶段就出现的地域性问题,且徐光辉也谈到这个问题。不过笔者不赞同徐和千叶关于共存陶器的看法以及他们的分期,下面将详细地论述笔者的看法。从迄今为止很少探讨的辽宁式铜剑使用方法的原理出发,讨论其形态变迁原理,在讨论其地域性

---

① 徐光辉:《遼寧式銅劍の起源について》,《史観》第135冊,1996年。
② 秋山进午:《東北アジア初期青銅器をめぐるいつくかの問題》,《朝鮮学報》第162輯,1997年。
③ 千叶基次:《古式の遼寧式銅剣—遼東青銅器文化考・2—》,《生產の考古学》,1997年。
④ 村上恭通:《遼寧式(東北系)銅劍の生成と變容》,《先史学考古学論究Ⅱ 熊本大学文学部考古学研究室創設25周年記念論文集》,1997年。
⑤ 近藤乔一:《遼寧青銅短劍の起源について》,《日本中国考古学会会報》第8号,1997年。
⑥ 宮本一夫:《東北アジアの青銅器文化》,《福岡からアジアへの4—弥生文化の道—》,西日本新聞社,1996年。

发展时应该注意到最重要的地域性需求,即各地区的社会发展阶段。这里还将结合墓制探讨拥有辽宁式铜剑社会的特质,深入思考辽宁式铜剑的意义。

## 1 分区

笔者的基本研究方法是根据陶器样式进行分区,然后探讨辽宁式铜剑的地域性及其社会意义。因此研究这个问题首先必须分区。地域单位即社会单位的地理范围,虽然会随着时代变化而变化,不过正如第一章所论述的那样,它具有连续性。辽西和辽东是按照这个原则划分的,但辽西有必要细分成多个小区。

首先辽东地区可以分为辽河下游、浑河、太子河流域与辽东半岛。辽东半岛严格来说,可以分为积石冢分布区的辽东半岛南端的旅大地区和石棚分布区的碧流河和大洋河流域的辽东半岛两个小区。在辽宁式铜剑出现之前,辽河下游与浑河、太子河流域就出现了明显的地域性差异。辽河下游从高台山文化阶段起,其陶器组合就与辽西的夏家店下层有一定的联系,显然与浑河、太子河流域的辽东迥然不同。从墓制上看,根据桌式石棚的有无,该地区内部的地域性差异是很明显的。① 本书在探讨古式辽宁式铜剑时,将会把辽河下游放到辽西予以检讨。从辽宁式铜剑出现阶段起,石棺墓就扩散到浑河、太子河流域,墓葬制度变得与辽西相似了。在辽东,位于辽东内陆的小区之一的辉发河上游等

---

① 宫本一夫:《中国東北地方の支石墓》,《東アジアにおける支石墓の総合的研究》[平成6年～8年度科学研究費補助金(基盤研究)(A)(2)],1997年。

地几乎没有出土过辽宁式铜剑,且拥有固有的大石盖墓,因此不在拙著讨论之列。

截至此时,辽西被统一分区,现在有必要作进一步分区。靳枫毅按青铜器组合差异把该地区分为西拉木楞河流域、宁城一带和大凌河流域三个小区。① 根据青铜器发展和陶器文化样式的不同,辽东可以分成魏营子类型和夏家店上层文化两个地区,与之对应的是,出土殷末到西周中期青铜彝器的地区及其以北地区。这里把魏营子文化分布区细分为大凌河流域及其以北地区,并在此基础上探讨魏营子文化。撇开矛形辽宁式铜剑,仅就辽宁式铜剑而言,这里可以分成大凌河流域与努鲁儿虎山以北的宁城地区,与靳枫毅的分区原则相同。

## 2 古式辽宁式铜剑分析

下面分析辽宁式铜剑即所谓古式阶段的辽宁式铜剑,也就是秋山进午的Ⅰ式铜剑、林沄的A式铜剑。秋山进午是根据剑身节尖变化进行分类,与之相比按照剑柄和剑首的类型及其组合来探讨铜剑更好。林沄按剑身对铜剑进行分类。他注意到剑身刃长与刃宽之比及其变化,用数据表示铜剑朝着刃部变窄、剑身变长的方向变化。这种剑身长宽比也被翟德芳作为客观地反映铜剑造型变化的证据用于分类。② 根据铜剑数据显示的变化方向可知,辽东的辽宁式铜剑属于初期阶段的铜剑,因此辽东是其发源地,之后辽西才出现辽宁式铜剑。这个形态发

---

① 靳枫毅:《夏家店上层文化及其族属问题的探讨》,《考古学报》1987年第2期。
② 翟德芳:《中国北方地区青铜短剑分群研究》,《考古学报》1988年第3期。

第六章 辽宁式铜剑文化圈及其社会

展方向看似客观真实,但也容易变成进化论式的解释。究其原因是没有反驳秋山进午提出的根据剑柄与剑把头的类型变化组合的分类。

如上所述,从研究方法上看,应该先根据铜剑出土地点来考察该地区铜剑的特点。以陶器类型所作的分区为基础,首先要把握不同社会中的铜剑的特点,以解决社会观全然不同的辽西和辽东铜剑的特征为何物入手研究铜剑。

以前发表的拙作《东北亚青铜器文化》一文中提到了铜剑节尖的位置,把节尖位于剑身中部的铜剑当作辽西系统的特质,把节尖靠近尖峰的铜剑看作辽东系统的铜剑。比较辽西和辽东古式铜剑,我们发现从造型上看,辽东铜剑的关比辽西的关稍宽。徐光辉也指出辽东铜剑可能存在地域性特点,他把旅大地区的铜剑称为狭叶形,把浑河、太子河流域的铜剑称为广叶形。[①]

为了客观地反映这些具有地域性特点的铜剑形态特点,笔者把相关数据制成表格。表中罗列了铜剑全长、最大宽、剑身长、剑身前端长(节尖到尖峰的长度)、节尖宽、锋长(图69)。表19 和 20 是铜剑资料总汇,其中包含秋山进午所划分的Ⅱ式辽宁式铜剑中的部分铜剑。这里把带有节尖的作为古式辽宁式铜剑。[②]

---

[①] 徐光辉:《遼寧式銅劍の起源について》,《史観》第 135 册,1996 年。
[②] 有些铜剑虽然有尖突,但是不属于辽宁式铜剑。大连市旅顺口区南山里老铁山西北麓出土了这类铜剑。它是浇铸的,无法准确地测量有关数据。

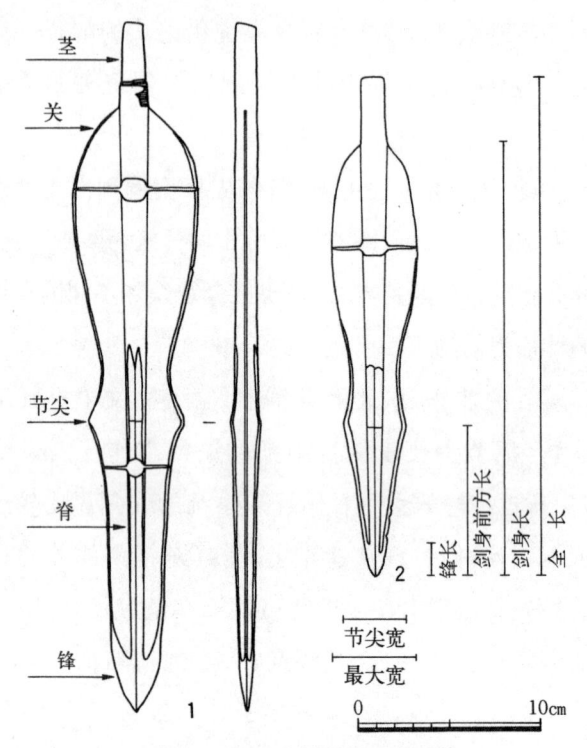

**图69 辽宁式铜剑细部名称**①
（1：朝阳十二台营子，2：金州亮甲店镇赵王村）

**表19 辽西的辽宁式铜剑**

单位：厘米

| 地　　名 | 全长 | 最大宽 | 剑身长 | 剑身前端长 | 节尖宽 | 锋长 | 比率 |
|---|---|---|---|---|---|---|---|
| 宁城县南山根 M101 | 31.9 | 5.2 | 27.9 | 12.8 | 4.0 | — | 0.46 |
| 宁城县小黑石沟 | — | 4.5 | 24.6 | 10.6 | 3.2 | 2.4 | 0.43 |
| 宁城县甸子公社王营子 | (34.0) | 5.8 | (30.5) | (15.0) | 4.5 | (3.0) | 0.49 |
| 宁城县四道营子 | 29.9 | 4.1 | 26.2 | 12.8 | 3.6 | 1.6 | 0.49 |
| 宁城县甸子公社 | 30.2 | 4.55 | 26.6 | 12.8 | 3.4 | 1.2 | 0.48 |

---

① 作者测绘。

续表

| 地　名 | 全长 | 最大宽 | 剑身长 | 剑身前端长 | 节尖宽 | 锋长 | 比率 |
|---|---|---|---|---|---|---|---|
| 宁城县汐子北山嘴 M7501 | 29.3 | 4.7 | 25.3 | 10.3 | 2.8 | 0.65 | 0.41 |
| 宁城县孙家沟 M7371 | 35.0 | 5.7 | 30.0 | 15.1 | 4.5 | 2.6 | 0.50 |
| 宁城县南山根东区石椁墓 | — | 4.0 | 21.2 | 11.0 | 2.8 | 1.5 | 0.52 |
| 宁城县大名城址附近 | 32.7 | 5.7 | 27.5 | 12.7 | 4.5 | 1.2 | 0.46 |
| 宁城县采集 | (31.4) | 5.0 | (27.2) | 13.5 | — | — | 0.50 |
| 内蒙古敖汉旗山湾子村 | 33.6 | 5.9 | 29.5 | 14.9 | 4.9 | 2.6 | 0.51 |
| 内蒙古敖汉旗山湾子村 | 31.6 | 5.3 | 27.8 | 12.4 | 3.6 | 4.0 | 0.45 |
| 内蒙古敖汉旗山湾子村 | 28.0 | 3.8 | 24.8 | 11.5 | 3.0 | — | 0.46 |
| 内蒙古敖汉旗东井村 | 32.4 | 5.0 | 29.2 | 14.6 | 4.0 | 3.6 | 0.50 |
| 喀左县兴隆庄乡和尚沟 M6 | 31.0 | 4.1 | 27.0 | 13.7 | 3.8 | 4.1 | 0.51 |
| 喀左县和尚沟 M17 | 26.35 | 3.8 | 23.35 | 11.15 | — | — | 0.48 |
| 喀左县和尚沟 M13 | 29.1 | 4.4 | 25.0 | 11.9 | — | — | 0.48 |
| 喀左县桃花池铁桥东 | 35.0 | 5.5 | 30.5 | 15.0 | 4.3 | 2.0 | 0.49 |
| 喀左县南洞沟 | 39.0 | 5.3 | 36.0 | 19.4 | 4.6 | 6.9 | 0.54 |
| 凌源县三道河子村 | (31.15) | 5.45 | (26.8) | (15.2) | 4.7 | (6.2) | 0.57 |
| 凌源县 | 29.7 | 4.1 | 25.9 | 12.9 | 3.9 | 2.3 | 0.50 |
| 凌源县 | (32.6) | 4.9 | 29.7 | 17.2 | (3.1) | 6.2 | 0.58 |
| 建平县弧山子公社大拉罕沟 M751 | 35.8 | 5.8 | 30.9 | 15.2 | 5.0 | 1.9 | 0.49 |
| 建平县弧山子公社老窝卜村 | 30.0 | 4.8 | 26.0 | 11.9 | 3.6 | 1.2 | 0.46 |

207

续表

| 地　　名 | 全长 | 最大宽 | 剑身长 | 剑身前端长 | 节尖宽 | 锋长 | 比率 |
|---|---|---|---|---|---|---|---|
| 建平县喀喇泌公社喀喇泌 | 31.8 | 4.9 | 28.0 | 13.6 | 4.1 | 2.1 | 0.49 |
| 建平县喀喇泌公社喀喇泌 | 32.0 | 4.9 | 28.3 | 13.6 | 4.1 | 2.1 | 0.48 |
| 建平县喀喇泌河东 | (27.6) | 4.9 | (22.8) | (10.5) | 3.8 | 1.4 | 0.46 |
| 建平县采集 | (32.9) | 5.4 | (28.5) | (12.9) | 4.0 | — | 0.45 |
| 建平市弧山子乡大拉罕沟 M851 | 27.9 | 4.5 | 24.5 | 10.3 | 3.7 | 1.1 | 0.42 |
| 建平市榆树林子乡炮手营子 M881 | 30.2 | 3.8 | 26.8 | 11.3 | 3.5 | 1.2 | 0.42 |
| 建平市榆树林子乡炮家营子 M901 | 35.3 | 5.9 | 31.0 | 15.5 | 4.7 | 3.5 | 0.50 |
| 北票市何家沟 M7771 | 40.2 | 5.5 | 36.2 | 17.7 | 4.1 | 5.5 | 0.49 |
| 朝阳市十二台营子 M1 | 35.6 | 5.25 | 30.7 | 14.4 | 5.5 | 2.9 | 0.47 |
| 朝阳市十二台营子 M2 | 36.8 | 6.6 | 32.4 | 15.5 | 5.1 | 2.8 | 0.48 |
| 朝阳市十二台营子 | 32.5 | 5.0 | 28.6 | 14.9 | 4.2 | 2.2 | 0.52 |
| 朝阳市十二台营子 | (29.8) | 5.5 | 26.3 | 12.2 | 3.9 | 1.7 | 0.46 |
| 朝阳市十二台营子 | 31.0 | 4.6 | 26.6 | 11.0 | 2.8 | 1.0 | 0.41 |
| 朝阳市十二台营子* | (25.4) | 4.7 | 20.7 | — | (2.3) | — | — |
| 朝阳市十二台营子 | 33.5 | 5.0 | 29.0 | — | — | — | — |
| 朝阳市木头沟 M1 | (33.0) | 5.2 | (28.5) | (13.0) | 4.3 | (1.3) | 0.46 |
| 朝阳市木头城子乡 | 33.6 | 5.0 | 29.1 | 13.5 | 3.3 | 1.7 | 0.46 |
| 朝阳市六家子公社东岭岗 | 32.3 | 5.1 | 27.8 | 13.6 | 3.7 | 1.3 | 0.49 |
| 朝阳市小波赤村 | 28.6 | 3.7 | 25.0 | 10.5 | 2.8 | 1.3 | 0.42 |

续表

| 地　　名 | 全长 | 最大宽 | 剑身长 | 剑身前端长 | 节尖宽 | 锋长 | 比率 |
|---|---|---|---|---|---|---|---|
| 朝阳市胜利乡花坤头营子村北台子 | 32.6 | 5.9 | 28.6 | 14.1 | 4.5 | 2.5 | 0.49 |
| 朝阳市胜利乡花坤头营子村北台子 | 31.5 | 5.5 | 27.0 | 13.8 | 4.3 | 2.15 | 0.51 |
| 朝阳市羊山北广富营子 | 28.0 | 4.4 | 24.65 | 9.8 | 4.1 | 1.0 | 0.40 |
| 朝阳市北四家子乡唐杖子村耿台子 | 33.6 | 5.5 | 28.2 | 13.8 | 3.9 | 2.35 | 0.49 |
| 朝阳市城郊孟克村 | 29.5 | 5.0 | 25.5 | 11.5 | 3.5 | 1.3 | 0.45 |
| 朝阳市东大道乡 | (29.0) | 4.8 | (24.8) | (12.5) | 3.8 | — | 0.50 |
| 朝阳市朝阳镇附近 | 31.0 | 4.7 | 26.4 | 12.0 | 3.5 | 1.65 | 0.45 |
| 朝阳市长宝营子 | (34.1) | 5.1 | (29.6) | (13.5) | (3.3) | (3.0) | 0.46 |
| 朝阳市东五家子乡娘娘庙村 | 32.8 | 4.7 | 29.3 | 16.4 | 3.9 | 6.15 | 0.56 |
| 朝阳市波罗赤乡大波罗赤村* | (21.5) | 4.0 | (19.4) | — | 3.5 | — | — |
| 阜新县化石戈公社胡头沟 M2 | (26.8) | 4.2 | (24.3) | (12.4) | 3.3 | (0.6) | 0.51 |
| 阜新县化石戈公社胡头沟 M5 | 33.0 | 4.5 | 28.6 | 13.8 | 3.8 | 1.2 | 0.48 |
| 阜新市细河区水泉乡高山子村 | 34.0 | 6.5 | 30.0 | 14.5 | 5.0 | 1.0 | 0.48 |
| 阜新市他本扎兰乡哈朋村 | 34.0 | 5.0 | 30.0 | 14.5 | 4.7 | 2.0 | 0.48 |
| 阜新县七家子乡 | 33.0 | 5.3 | 29.0 | 13.6 | 4.0 | — | 0.47 |
| 阜新县王府镇 | 27.0 | 4.0 | 24.0 | 11.7 | 3.3 | 1.0 | 0.49 |
| 锦西县寺儿堡 | 32.7 | 4.4 | 28.5 | 13.9 | 3.1 | 2.5 | 0.49 |

209

续表

| 地　名 | 全长 | 最大宽 | 剑身长 | 剑身前端长 | 节尖宽 | 锋长 | 比率 |
|---|---|---|---|---|---|---|---|
| 锦西县乌锦塘 | 25.0 | 4.2 | 21.0 | 10.3 | 3.7 | 1.3 | 0.49 |
| 义县高台子沟旧陵村 | 27.8 | 4.5 | 24.7 | 10.8 | 3.4 | 0.9 | 0.44 |
| 义县稍户营子镇 | 30.2 | 5.0 | 26.5 | 12.8 | 4.0 | 2.2 | 0.48 |
| 沈阳市郑家洼子第一地点 | 35.0 | 5.0 | 30.9 | 13.1 | 4.4 | 4.1 | 0.42 |
| 沈阳市郑家洼子第二地点 | 30.0 | (4.0) | 25.9 | 10.9 | (3.5) | 1.5 | 0.42 |
| 沈阳市郑家洼子 M6512 | 35.6 | 5.5 | 30.6 | 15.3 | 4.7 | 4.4 | 0.50 |

注："—"表示部分缺损；"( )"表示数值不确定；"*"表示图70散点图上没有的铜剑。另，本表根据本书所引用的部分文献所制，散见于各章节的页下注中，在此不赘述。

**表20　辽东的辽宁式铜剑**

单位：厘米

| 地　名 | 全长 | 最大宽 | 剑身长 | 剑身前端长 | 节尖宽 | 锋长 | 比率 |
|---|---|---|---|---|---|---|---|
| 抚顺市大甲邦后山 | 26.0 | 5.6 | 22.5 | 8.7 | 4.4 | 1.8 | 0.39 |
| 本溪市明山区高台子乡梁家村 M1 | (28.1) | 5.3 | (24.1) | (9.3) | 3.6 | — | 0.39 |
| 清原县北三家乡大葫芦沟 | 21.9 | 5.2 | 18.6 | 8.7 | 3.8 | 0.3 | 0.47 |
| 清原县土口子乡门脸 | 21.8 | 5.2 | 19.1 | 8.0 | 4.2 | 0.7 | 0.42 |
| 辽阳市二道河子 M1 | 28.8 | 6.2 | 25.2 | 10.5 | 4.7 | 1.0 | 0.42 |
| 新金县双房 M6 | 26.7 | 4.5 | 23.1 | 6.3 | 3.0 | 0.9 | 0.27 |
| 大连市金州区亮甲店镇赵王村 | (27.5) | 6.2 | (24.0) | (10.0) | 4.2 | — | 0.42 |
| 大连市金州区亮甲店镇赵王村 | 26.6 | 4.7 | 23.0 | 8.2 | 3.4 | 1.2 | 0.36 |

210

续表

| 地　　名 | 全长 | 最大宽 | 剑身长 | 剑身前端长 | 节尖宽 | 锋长 | 比率 |
|---|---|---|---|---|---|---|---|
| 大连市甘井市区营城子岗上 M6 | 28.7 | 5.4 | 25.2 | 10.8 | 4.4 | 1.3 | 0.43 |
| 大连市甘井市区营城子岗上 M18 | 29.4 | 5.2 | 25.3 | 12.0 | 4.5 | 1.5 | 0.47 |
| 大连市甘井市区营城子岗上 M19 | 27.2 | 5.3 | 23.7 | 11.5 | 4.2 | 1.8 | 0.49 |
| 大连市甘井市区营城子楼上 M3 | 30.0 | 5.8 | 25.7 | 10.9 | 3.8 | 0.3 | 0.42 |
| 大连市甘井市区营城子楼上 M3 | 28.4 | 5.7 | 25.1 | 10.5 | 4.0 | 0.3 | 0.42 |
| 大连市甘井市区营城子楼上 M3 | (25.5) | 5.5 | (21.0) | 9.6 | 4.3 | — | 0.46 |
| 大连市甘井市区营城子楼上 M3 | (25.2) | 5.0 | 23.1 | 12.2 | 5.0 | 1.8 | 0.53 |
| 大连市甘井市区营城子双砣子 | 27.0 | 5.8 | 23.6 | 9.1 | 3.9 | 1.4 | 0.39 |
| 大连市甘井市区营城子镇后牧城驿 | 27.8 | 5.0 | 23.4 | 11.0 | 1.7 | 4.6 | 0.47 |
| 大连市甘井市区营城子镇黄咀子 | 26.2 | 5.4 | 22.2 | 9.6 | 4.4 | 0.8 | 0.43 |
| 大连市旅顺口区南山里刘家疃 | 31.6 | 5.7 | 27.5 | 13.1 | 4.8 | 0.3 | 0.48 |
| 大连市旅顺口区南山里刘家屯 | 27.9 | 5.2 | 24.4 | 11.6 | 4.3 | 0.0 | 0.48 |
| 大连市旅顺口区三涧堡镇蒋家村 | 26.8 | 5.7 | 22.8 | 11.3 | 4.8 | 2.1 | 0.50 |
| 大连市旅顺口区江西镇羊头洼 | (20.8) | 5.0 | (17.3) | — | — | — | 0.00 |
| 大连市旅顺口区江西镇小潘家村 | 28.7 | (5.0) | 24.7 | 10.5 | 4.4 | 2.1 | 0.43 |

注："—"表示部分缺损；"( )"表示数值不确定。另，本表根据本书所引用的部分文献所制，散见于各章节的页下注中，在此不赘述。

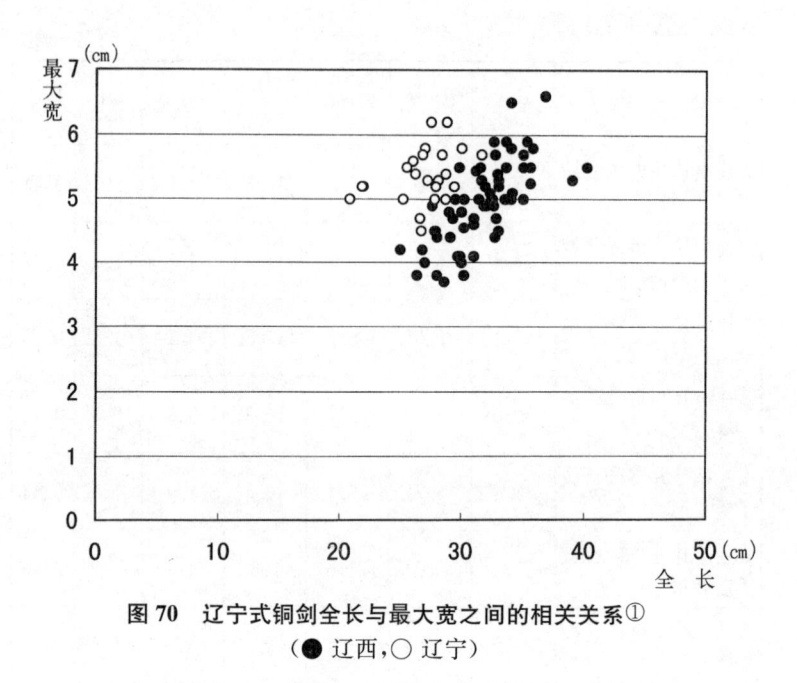

图 70　辽宁式铜剑全长与最大宽之间的相关关系①
（● 辽西，○ 辽宁）

靳枫毅以剑身长度为标准给辽宁式铜剑分类，把 30 厘米以下的短型当作辽东铜剑的特点。② 而林沄的分类标准稍显模糊，有必要检讨按出土地点归纳出来的地域性差异是否存在的问题。剑身大小不仅与长度相关，还与剑身最大宽度相关。图 70 是按铜剑全长与剑身最大宽的差异划分出来的辽西铜剑和辽东铜剑的长宽数据散点图。③ 从辽东和辽西铜剑大小规格看，很明显可分成两群。

这个结果在一定程度上肯定了靳枫毅把全长 30 厘米以上的铜剑作为辽西铜剑的看法，而铜剑全长与最大宽之比的相关关系

---

① 作者自绘。
② 靳枫毅：《论中国东北地区含曲刃青铜短剑的文化遗存》（上），《考古学报》1982 年第 4 期；靳枫毅：《论中国东北地区含曲刃青铜短剑的文化遗存》（下），《考古学报》1983 年第 1 期。
③ 锋稍残的铜剑都列入图 70 的散点分布图中。不过残缺严重的在表 19 中用 * 做了记号，不予分析。图 71 也是用同样的标准制作而成的，图 72 不含残缺的铜剑。

第六章　辽宁式铜剑文化圈及其社会

表明林沄的分类不妥。

如果细看辽东内部铜剑数据聚散情况，可以发现集中在散点图左边的是清原县大葫芦沟和门脸的铜剑，其余大部分是旅大地区的铜剑。看来辽东内部的铜剑中，旅大地区的和浑河流域的在造型方面有所不同。它当然反映了制作地点的不同。这种散点图也反映了徐光辉所划分的狭叶形和广叶形的差异。

接下来从铜剑大小以外的特征来看其地域性差异。这个特征就是前面提到的节尖的位置。辽西铜剑的节尖位于剑身中部上下，而辽东铜剑的节尖则靠近锋。为了客观地表现其位置差异，这里用数字来表示。把从锋到节尖的长度作为剑身前端长，图 71 是剑身前端长度与剑身长度的散点图，它反映了辽西和辽东铜剑的地域性差异。虽然辽西和辽东铜剑的数据有部分重叠，但是两者分组明显。按地域来分析表 19 和表 20 中剑身前端长度和剑身长度的比例时，就能够发现，要是用数字来说明的话，0.42 是辽西与辽东铜剑的分界线。散点图表明辽西铜剑剑身前端的长度和剑身长度一定程度上相关，呈线性分布。它恰好反映了辽西铜剑是按严格的规范制作而成的。与之不同的是，辽东铜剑的数据好像成组分布，剑身前端长度和剑身长度之间没有明显的相关关系，铜剑制作缺少规范。就规格化来看，如果对比一下辽西铜剑剑身最大宽与节尖宽之间的关系和辽东铜剑剑身最大宽与节尖宽之间的关系，就会发现两者之间的差异很明显。如图 72 所示，辽西铜剑剑身最大宽与节尖宽的数据呈有规律的直线性关系，而在辽东铜剑上看不到这种相关性。从制作者意图的角度看，辽西和辽东有明显的差异，辽西有完善的规范，辽东则缺少规范。

除了两个地区的铜剑形态上有差异，其他方面的特征也有所区别。辽西、辽东古式铜剑的特征如图 69 所示,脊以节尖为界分别挫磨,研磨止于节尖稍向下部位。节尖是具有通过扩大伤口增强杀伤力的功能,因此脊和节尖的位置非常高。因此无须在其下部挫磨出刃,因为脊上看不到挫磨痕迹。从Ⅱ式辽宁式铜剑段开始,随着节尖消失,脊也不用分开挫磨了。功能变化反映了铜剑刺得更深,为了在刃部下端磨出刃,铜剑从脊到锋都被挫磨了一遍。比较一下表 19 和表 20 就能够看出,就锋长而言,辽东铜剑锋长相对较短的铜剑比较多,这是其地域特征。Ⅱ式辽宁式铜剑段以后的铜剑的锋加长,它同样也是为了增加铜剑刺入深度而提高铜剑功效的措施,这种变化见于以辽东为中心的地区,正如下文所述的那样,辽西铜剑Ⅱ式阶段辽西铜剑数量急剧减少。

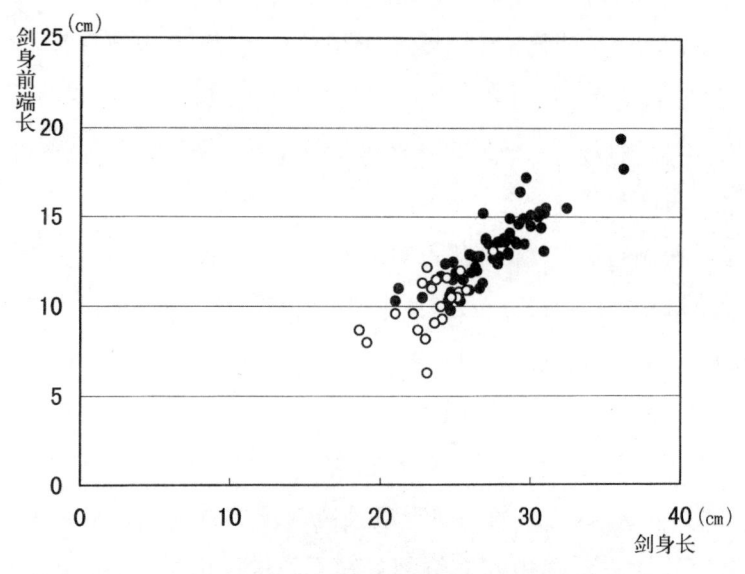

图 71　辽宁式铜剑剑身长与剑身前端长散点分布图①
（● 辽西,○ 辽东）

---

① 作者自绘。

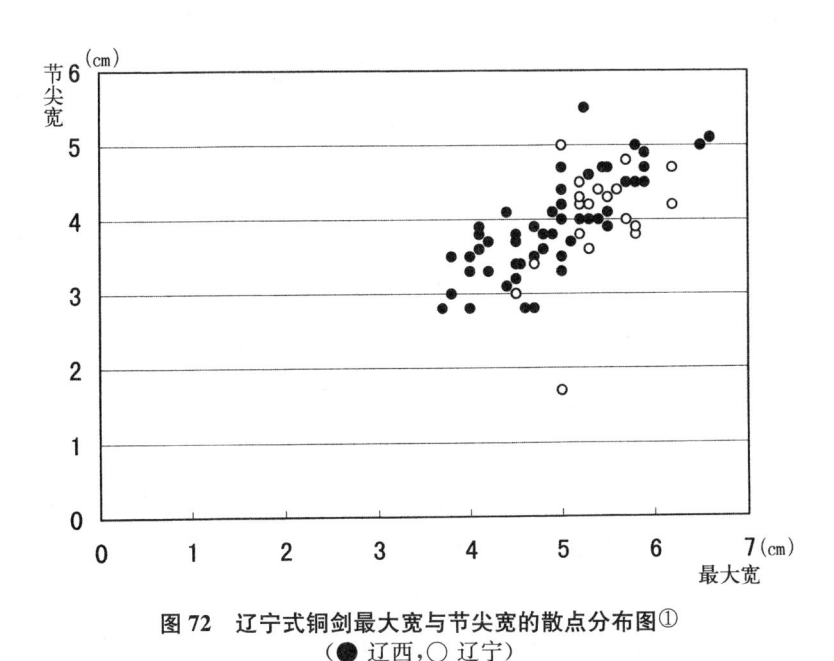

图 72　辽宁式铜剑最大宽与节尖宽的散点分布图[1]
（● 辽西,○ 辽宁）

下面讨论一个错综复杂的问题。辽西和尚沟 M6、M13、M17 和南山根东区石椁墓的铜剑中,有的挫磨部位延伸到脊下端。它是否为例外的现象,需要通过仔细地观察铜剑侧面形态来判断。节尖上可能看不到挫磨面的分界线,看到的可能是铸造时留下的看似挫磨面分界的棱线。矛式铜剑中古式铜剑的脊上有棱线,它是铸型时有意识地保留下来的。如此,辽西铜剑脊上的棱线不可视为新因素,它是古式辽宁式铜剑上的老传统。

林沄在其《中国东北系铜剑再论》一文中,细分了古式辽宁式铜剑（Ⅰ式辽宁式铜剑）,发现了原有的分类矛盾,所以他把从关到茎转折的形态定为标准,把圆角的称为古式,把折角的作为新

---

[1] 作者自绘。

式的特征。① 后者仅见于拙著所说的包括辽河下游地区在内的辽西,前者见于辽西和辽东。因此,后者的圆角特征与其说反映了时代早晚毋宁说反映了地域特征。

### 3 古式辽宁式铜剑的年代

上文讨论了辽宁式铜剑的地域性,从中可发现辽西铜剑制作有规范而辽东铜剑制作缺少规范。就两地铜剑制作阶段有无明确的组织比较结果看,它反映了辽宁式铜剑的地域特点。秋山进午在观察了辽东青铜短剑实物后指出,抚顺大甲邦后山青铜短剑铸造后未加挫磨,清原县大葫芦沟青铜短剑的铜质差而且铸造技术粗劣,是无法实用的宝物。② 这个看法与上述铜剑制作过程中有无组织的情况相吻合。辽东青铜短剑生产中的无组织表明,与其说是制作实用武器不如说是制作显示所有者权威的礼器。

到目前为止,关于辽宁式铜剑起源,有两个对立的说法:"辽西说"和"辽东说"。"辽东说"是根据辽宁式铜剑形态变化所作的进化论解释。与此相对,"辽西说"从秋山进午的初步考证开始直到现在,都是根据铜剑类型变化和剑柄与剑把饰类型变化为基础提出来的。靳枫毅根据铜剑并参考了其他青铜武器以及青铜礼器和青铜工具、青铜车马器等具有地域性特点的铜器组合的不同年代,认为辽西在较早阶段就开始生产青铜器。③ 因此,探讨青

---

① 林沄:《中国东北系铜剑再论》,苏秉琦主编:《考古学文化论集》(四),文物出版社,1997年。
② 秋山进午:《遼寧省東部地域の青銅器再論》,《東北アジアの考古学研究》,1995年。
③ 靳枫毅:《论中国东北地区含曲刃青铜短剑的文化遗存》(上),《考古学报》1982年第4期;靳枫毅:《论中国东北地区含曲刃青铜短剑的文化遗存》(下),《考古学报》1983年第1期。

铜短剑只研究剑身不妥。村上恭通最近提出应该把剑身、剑把和把头饰组合起来研究的思路。① 按从三者组合的分布情况,把三者齐备的地区作为青铜短剑的发源地,其组合在向周边传播时渐渐地变得不完整,因此要在大凌河流域寻找辽宁式铜剑起源。郭治中也提出过类似的看法。② 最近近藤乔一认为剑身与剑把合铸的青铜短剑是最早出现的,应该在努鲁儿虎山北麓即宁城地区寻找辽宁式铜剑的起源。③

探讨青铜器起源时,有学者提出可以把共存陶器编年为"辽东说"的依据。问题集中在双房 6 号石盖石棺墓出土的壶的年代。徐光辉把它定为尹家村下层 1 期,并根据早于它的双坨子 3 期文化的 $C_{14}$ 年代,推测该壶相当于公元前 11—公元前 10 世纪。④ 以 $C_{14}$ 年代为依据来比较相对年代的细微差别是个大难题。的确,从双坨子 3 期基本上相当于殷代后期(殷墟期)来看,这个 $C_{14}$ 年代是比较准确的。不过问题是其后续的尹家村下层 1 期年代跨度比较大。笔者把尹家村 1 期细分为上马石 A 区下层→上马石 A 区上层→上马石 BⅡ区⑤,问题是双房 6 号石盖石棺墓的壶定在尹家村下层 1 期中的哪个阶段。以各个小区陶器样式和层位关系为依据,笔者把该壶的时代定为春秋时期上马石

---

① 村上恭通:《遼寧式(東北系)銅剣の生成と変容》,《先史学考古学論究Ⅱ 熊本大学文学部考古学研究室創設 25 周年記念論文集》,1997 年。
② 郭治中著,宮本一夫译:《内蒙古東南部地区における近年の考古学上の発見と研究》,《九州考古学》第 71 号,1996 年。
③ 近藤乔一:《遼寧青銅短剣の起源について》,《日本中国考古学会会報》第 8 号,1997 年。
④ 徐光辉:《旅大地区新石器时代晚期至青铜时代文化遗存分期》,苏秉琦主编:《考古学文化论集》(四),文物出版社,1997 年。
⑤ 宮本一夫:《遼東半島周代併行土器の変遷—上馬石貝塚 A・BⅡ区を中心に—》,《考古学雑誌》第 76 卷第 4 号,1991 年。

A区上层。以砣头积石墓出土陶器细致分期为依据,从砣头积石墓的壶到双房6号墓的壶的演变过程看,它是该壶的源头①,徐光辉②、千叶基次③也持相同观点。不过与他们的看法不同的是,笔者认为砣头积石墓的新阶段仍然属于上马石A区下层。笔者的根据是,从类型学上讲,岗上墓下层晚于双坨子3期,相当于上马石A区下、上层,该阶段的圈足钵上施棒状纹的传统延续了下来。因此,砣头积石墓中有些墓的年代延续到上马石A区下层阶段。双房6号石盖石棺墓出土的典型器物盘口壶见于上马石A区下层,它属于笔者分类中的Ⅲ类壶。这类壶口沿上有纹样,与本溪洞穴墓中、后期的鼓颈壶相似④,其时代介于本溪洞穴墓中期和后期之间。从谱系方面讲,盘口的变化与双房6号墓石盖石棺墓的壶有关。此外,徐光辉根据口沿上的纹样把属于双坨子2期的上马石瓮棺的年代向后推到了上马石A区下层。

千叶基次按照共存陶器类型判断了辽宁式铜剑的相对年代。⑤ 虽然仅就辽东而言,他对砣头的断代与笔者的看法稍有不同,但是他关于陶器相对年代的判断与笔者的看法基本一致。在比较辽西和辽东时,因为朝阳十二台营子1号石椁与郑家洼子6512号墓的把头饰相似,因而把它的年代定得比较晚。郑家洼子位于辽河下游,从陶器样式看属于高台山类型,从殷代起与辽西有一定联系,但与辽东半岛和辽东内陆没有联系。将陶器组合表明

---

① [日]宫本一夫:《中国东北地区史前陶器的编年与地域性》,《辽海文物学刊》1995年第2期。
② 徐光辉:《旅大地区新石器时代晚期至青铜时代文化遗存分期》,苏秉琦主编:《考古学文化论集》(四),文物出版社,1997年。
③ 千叶基次:《遼東半島積石塚》,《青山考古》第6号,1988年。
④ 辽宁省文物考古研究所、本溪市博物馆编:《马城子——太子河上游洞穴遗存》,文物出版社,1994年。
⑤ 千叶基次:《古式の遼寧式銅劍—遼東青銅器文化考・2—》,《生產の考古学》,1997年。

一直有交流的辽西和辽河下游地域相互作用圈与属于其他地域圈的辽东放在一起讨论不妥。千叶参照辽东半岛的陶器类型变化判断辽宁式铜剑的相对年代,问题是从陶器看辽西和辽东的年代关系并未确定。截至此时,在确定了这些陶器类型的相对年代的基础上,根据砣头积石冢的铜镞、楼上墓的明刀钱等可以确定辽东半岛的绝对年代。根据某些陶器类型可以找到辽河下游和辽东半岛部分陶器类型的共存关系,不过无法像确定墓葬那样确定其绝对年代。应该说,利用与辽河下游墓葬共存的燕山以南的中原系统青铜彝器和戈以及镞等青铜武器的年代来推定它们的年代更为有效。

因为依靠辽西、辽河下游出土的中原系统青铜彝器就能够断代,所以依据随葬辽宁式铜剑的墓(表 21)可以得出以下结论:宁城小黑石沟属于西周后期,宁城南山根 M101 属于西周末期至春秋初期,宁城北山嘴 M7051 属于春秋前期,喀左南洞沟属于春秋后期。近藤乔一最近认为小黑石沟的青铜彝器属于西周后期到春秋前期[1],这是根据小黑石沟共存的彝、盉和匜的时代来确定的。从流的长度看,大型匜显然属于西周后期。不过小型匜的流的下面有中原看不到的环,所以它应该是地方产品。第四章已经讨论过从早于辽宁式铜剑的魏营子类型开始,当地已经开始生产青铜彝器,毫无疑问这个阶段存在本地生产的青铜彝器。因此这里探讨的造型特殊的罍和匜,显然是本地生产的青铜彝器。林巳奈夫把与该罍相似的天理参考馆藏的罍视为地方产品[2],与上述结论是一致的。这样看来,根据时代不详的本地生产的青铜器来推测它们的实际年代是有问题的,因为小黑石沟中共存的中原

---

[1] 近藤乔一:《遼寧青銅短劍の起源について》,《日本中国考古学会会報》第 8 号,1997 年。
[2] 林巳奈夫:《殷周時代青銅器の研究》,《殷周青銅器総覧一》,吉川弘文馆,1984 年。

表 21 辽西、辽东的墓葬结构

| 分区 | | 墓葬名 | 墓坑的大小($m^2$) | 墓葬结构 | 木棺的有无 | 随葬品 | | | | | | |
|---|---|---|---|---|---|---|---|---|---|---|---|---|
| | | | | | | 铜礼器 | 铜剑 | 武器(铜剑除外) | 铜镜 | 铜车马具 | 铜工具 | 铜装饰品 |
| 辽西 | 宁城地区 | 宁城南山根 M101 | 3.8×2.23 | 石椁墓 | ○ | ○ | ○ | ○ | ○ | ○ | ○ | ○ |
| | | 宁城南山根 M102 | 2.8×1.15 | 石椁墓 | ○ | × | × | ○ | × | ○ | ○ | ○ |
| | | 宁城南山根 M1 | 2.32×0.75 | 变形石椁墓 | × | × | × | × | × | × | ○ | ○ |
| | | 宁城南山根 M3 | 2.42×0.8 | 石椁墓 | ○ | × | × | × | × | × | ○ | ○ |
| | | 宁城南山根 M4 | 3.52×1.6 | 石椁墓 | ○ | × | × | × | × | × | × | × |
| | | 宁城南山根 M5 | 2.25×0.7 | 石椁墓 | × | × | × | × | × | × | × | × |
| | | 宁城南山根 M10 | 2.15×0.52 | 变形石椁墓 | ○ | × | × | × | × | × | × | × |
| | | 宁城南山根 M12 | 2.3×0.75 | 石椁墓 | ○ | ○ | ○ | ○ | × | ○ | × | ○ |
| | | 宁城县甸子乡小黑石沟 M7501 | (3.1)×2.3 | 石椁墓 | ? | ○ | ○ | ○ | × | ○ | ○ | × |
| | | 宁城县大城子公社瓦房中 M791 | — | 石椁墓 | ? | × | ○ | ○ | × | × | ○ | ○ |

220

续表

| 分区 | | 墓葬名 | 墓坑的大小(m²) | 墓葬结构 | 木棺的有无 | 随葬品 ||||||| 
|---|---|---|---|---|---|---|---|---|---|---|---|---|
| | | | | | | 铜礼器 | 铜剑 | 武器(铜剑除外) | 铜镜 | 铜车马具 | 铜工具 | 铜装饰品 |
| 辽西 | 宁城地区 | 宁城县甸子公社小黑石沟 M8061 | — | 石椁墓 | ? | × | ○ | ○ | × | ○ | × | ○ |
| | | 宁城县公里罕公社天巨泉 M7301 | — | 石椁墓 | ? | × | ○ | × | × | ○ | ○ | ○ |
| | | 宁城县梁家营子村 M8071 | 2×0.5 | 石椁墓 | ? | × | × | ○ | × | ○ | ○ | ○ |
| | | 宁城县孙家沟 M7371 | — | 石椁墓 | ? | × | ○ | × | × | × | ○ | × |
| | | 赤峰市夏家店 M11 | 2.49×0.91 | 变形石椁墓 | ○ | × | × | × | × | × | ○ | ○ |
| | | 赤峰市夏家店 M12 | ?×1.1 | 木椁墓 | ○ | × | × | × | × | × | ○ | × |
| | | 赤峰市夏家店 M14 | 2.05×0.87 | 石椁墓 | ○ | × | × | × | × | × | × | ○ |
| | | 赤峰市夏家店 M15 | ?×0.90 | 木椁墓 | ○ | × | × | × | × | × | ○ | ○ |
| | | 赤峰市夏家店 M17 | 2.30×0.93 | 变形石椁墓 | ○ | × | × | × | × | × | ○ | ○ |
| | 大凌河流域 | 建平县孤山子乡大拉罕沟村 M851 | — | 石椁墓 | ? | × | ○ | × | ○ | × | ○ | ○ |

221

续表

| 分区 | | 墓葬名 | 墓坑的大小($m^2$) | 墓葬结构 | 木棺的有无 | 随葬品 | | | | | |
|---|---|---|---|---|---|---|---|---|---|---|---|
| | | | | | | 铜礼器 | 铜剑 | 武器(铜剑除外) | 铜镜 | 铜车马具 | 铜工具 | 铜装饰品 |
| 辽西 | 大凌河流域 | 建平县榆树林市乡炮手营子村M881 | 2×0.9 | 石椁墓 | ○ | × | ○ | ○ | ○ | ○ | ○ | ○ |
| | | 建平县榆树林市乡栾家营子村M901 | 2.05×0.64 | 木棺墓 | ○ | × | ○ | × | × | × | ○ | ○ |
| | | 建平县喀喇沁镇水泉M8 | 1.93×0.76 | 变形石椁墓 | ○ | × | ○ | × | × | × | ○ | ○ |
| | | 喀左县南洞沟 | 2.9×2 | 石椁墓? | ? | ○ | ○ | × | × | ○ | × | × |
| | | 喀左县兴隆庄乡和尚沟M6 | — | 木棺墓 | ? | × | × | × | × | × | × | × |
| | | 喀左县兴隆庄乡和尚沟M10 | — | 变形石椁墓? | ○ | × | × | × | × | × | ○ | × |
| | | 喀左县兴隆庄乡和尚沟M12 | — | 木椁墓 | ? | × | × | × | × | × | ○ | × |
| | | 喀左县兴隆庄乡和尚沟M13 | — | 木椁墓 | ? | ○ | × | × | × | × | × | × |
| | | 喀左县兴隆庄乡和尚沟M15 | 2.57×0.7 | 木椁墓 | ? | × | × | × | × | × | ○ | × |

续表

第六章 辽宁式铜剑文化圈及其社会

| 分区 | | 墓葬名 | 墓坑的大小(m²) | 墓葬结构 | 木棺的有无 | 随葬品 | | | | | | |
|---|---|---|---|---|---|---|---|---|---|---|---|---|
| | | | | | | 铜礼器 | 铜剑 | 武器(铜剑除外) | 铜镜 | 铜车马具 | 铜工具 | 铜装饰品 |
| 辽西 | 大凌河流域 | 喀左县兴隆庄乡和尚沟M17 | 2.15×1.6 | 木椁墓 | ? | × | ○ | × | × | × | ○ | ○ |
| | | 喀左县兴隆庄乡和尚沟M22 | — | 土坑墓 | × | × | × | × | × | × | ○ | × |
| | | 喀左县老爷庙乡里木树营子 | — | ? | ? | × | ○ | ○ | × | × | × | ○ |
| | | 北票县三宝公社何家沟M7771 | 2.0×0.7 | 石椁墓 | × | × | ○ | × | × | × | × | × |
| | | 朝阳县十二台营子M1 | 1.8×1 | 石椁墓 | ○ | × | ○ | ○ | ○ | ○ | ○ | ○ |
| | | 朝阳县十二台营子M2 | 2.3×1 | 石椁墓 | ○ | × | ○ | ○ | ○ | ○ | ○ | × |
| | | 朝阳县十二台营子木头沟M1 | 2.0×0.6 | 石椁墓 | × | × | ○ | × | × | × | ○ | ○ |
| | | 朝阳县小波赤村 | 2.0×? | 石椁墓 | (○) | × | ○ | ○ | × | × | × | ○ |
| | | 阜新县化石戈公社胡头沟M2 | 半坏 | 石椁墓 | ○ | × | ○ | × | × | × | × | × |

223

续表

| 分区 | | 墓葬名 | 墓坑的大小(m²) | 墓葬结构 | 木棺的有无 | 随葬品 | | | | | | |
|---|---|---|---|---|---|---|---|---|---|---|---|---|
| | | | | | | 铜礼器 | 铜剑 | 武器(铜剑除外) | 铜镜 | 铜车马具 | 铜工具 | 铜装饰品 |
| 辽西 | 大凌河流域 | 阜新县化石戈公社胡头沟M4 | — | 土坑墓 | × | × | × | × | × | × | × | × |
| | | 阜新县化石戈公社胡头沟M5 | 半坏 | 木椁墓? | ○ | × | ○ | × | × | × | × | ○ |
| | | 锦西县乌金塘 | 2.2×0.7 | ? | ? | × | ○ | ○ | × | ○ | ○ | × |
| | 辽河下流域 | 沈阳市郑家洼子M6512 | 5×4 | 木椁墓 | ○ | × | ○ | ○ | × | ○ | ○ | ○ |
| | | 沈阳市郑家洼子M659 | 1.75×0.5 | 土坑墓 | × | × | × | × | × | × | × | × |
| 辽东 | 浑河、太子河流域 | 辽阳市二道河子M1 | 2.4×0.58 | 石棺墓 | × | × | ○ | × | ○ | × | ○ | × |
| | | 辽阳市二道河子M2 | 1.9×0.5 | 石棺墓 | × | × | ○ | × | × | × | ○ | × |
| | | 本溪市明山区高台子乡梁家村M1 | — | 石棺墓 | × | × | ○ | × | × | × | × | × |
| | | 抚顺市前甸公社大甲邦 | 2.3×1.3 | 石棺墓 | × | × | × | × | × | × | × | × |
| | | 抚顺市大伙房 | 2×0.8 | 石棺墓 | × | × | × | × | × | × | ○ | × |
| | | 新宾县大四平马架子 | 3×? | 石棺墓 | × | × | ○ | × | × | × | × | × |

续表

| 分区 | | 墓葬名 | 墓坑的大小(m²) | 墓葬结构 | 木棺的有无 | 随葬品 | | | | | | |
|---|---|---|---|---|---|---|---|---|---|---|---|---|
| | | | | | | 铜礼器 | 铜剑 | 武器(铜剑除外) | 铜镜 | 铜车马具 | 铜工具 | 铜装饰品 |
| 辽东 | 浑河、太子河流域 | 清原县土口子公社门脸 | 1.85×0.45 | 石棺墓 | × | × | ○ | × | × | × | ○ | × |
| | | 清原县土口子中学 | 1.8×0.8 | 石棺墓 | × | × | × | × | × | × | × | × |
| | | 清原县湾甸子公社小错草沟 | 2×0.6 | 石棺墓 | × | × | × | × | × | × | × | × |
| | | 清原县北三家公社李家卜 | 2.45×0.94 | 石棺墓 | × | × | × | × | × | × | × | × |
| | | 清原县北三家公社大芦沟 | — | 石棺墓 | × | × | ○ | ○ | × | × | × | × |
| | | 清原县夏家卜公社马家店 | 2×0.45 | 石棺墓 | × | × | × | × | × | × | × | × |

注:"○"表示有,"×"表示无。另,本表根据本书所引用的部分文献所制,散见于各章节的页下注中,在此不赘述。

系统青铜彝器的年代为西周后期,所以把小黑石沟的年代定为西周后期是可信的。这就是说,辽西的古式辽宁式铜剑（Ⅰ式辽宁式铜剑）延续到西周后期至春秋后期。随葬Ⅱ式辽宁式铜剑的凌源县三官甸中随葬的青铜鼎具有战国前期的特征,是古式辽宁式铜剑年代下限的旁证。

## 4 辽宁式铜剑的使用方法

讨论辽宁式铜剑起源时,村上恭通强调辽宁式铜剑是由剑身、剑把和把头饰三个部分构成的,不过几乎没有学者探讨过集合这三者为一体的辽宁式铜剑的使用方法。笔者根据剑把与剑身结合的方式来探讨这个问题。秋山进午曾把剑把分为Ⅰ式和Ⅱ式,Ⅰ式对应古式辽宁式铜剑,即使今天来看,这种观点也没有问题。那么,Ⅰ式剑把与古式辽宁式铜剑式是如何组合起来使用的？解决这个问题的关键是依靠剑把与剑身同铸的内蒙古宁城县小黑石沟石椁墓的资料。[①]

1997年春,马博物馆和东京国立博物馆联合举办的特展"大草原骑马民族——战国北方青铜器"[②]的展品中有小黑石沟石椁墓出土的辽宁式铜剑,并展示了实物。该墓出土了5件青铜短剑,其中3件是矛式青铜短剑,其余2件从剑身看属于辽宁式铜剑。这两件辽宁式铜剑的剑身与剑把都是同铸而成的,非常罕见（图73）。根据报告记载,其中有1件铜剑的柄端有扁圆形把头饰（加重器）,系焊接而成。报告说另有1件铜剑的把头饰已经脱落了。展览中看到的展品

---

[①] 项春松、李义:《宁城小黑石沟石椁墓调查清理报告》,《文物》1995年第5期。
[②] 東京国立博物館:《大草原の騎馬民族—中国北方の青銅器—》,1997年。

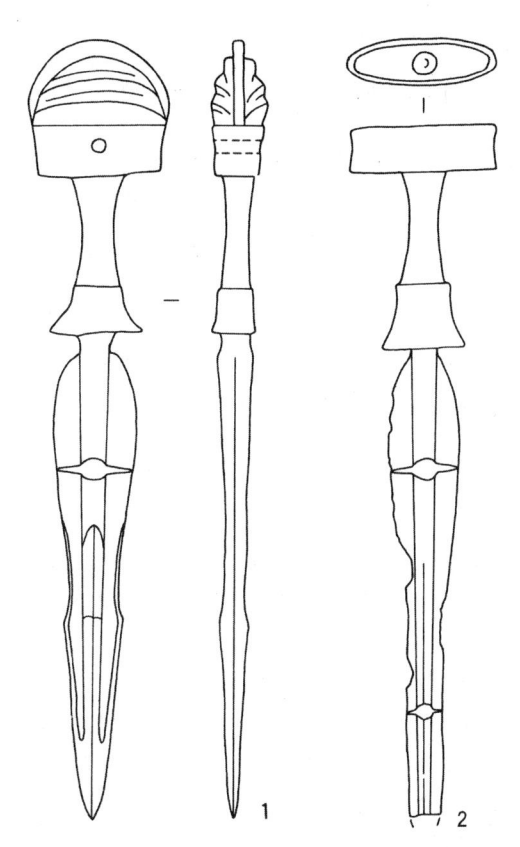

第六章　辽宁式铜剑文化圈及其社会

**图 73　宁城县小黑石沟石椁墓出土的铜剑①**
（对报告中的图稍作改动，比例约 1/4）

是辽宁式铜剑中的完整器（图 73：1）。笔者看完铜剑后发现了发掘报告中的图没有画出来的现象，即剑身的轴与剑柄的锷不是直角相接的，而是稍稍倾斜相接，与之对应的剑柄下方的结合部位也稍稍倾斜。遗憾的是另外 1 件辽宁式铜剑未展出（图 73：2）。不过按上面的思路去看发掘报告中的图，可发现剑柄锷与剑身也不

---

① 见宁城县文化馆、中国社会科学院研究生院考古系东北考古专业：《宁城县新发现的夏家店上层文化墓葬及其相关遗物的研究》，文物编辑委员会编：《文物资料丛刊》9，文物出版社，1985 年，图 22：1—2。

227

是直角相交，而是多少有些倾斜。直到1999年夏，笔者在宁城县博物馆参观时看到了正在展出的另一件辽宁式铜剑才确认了上述看法。这些短剑的剑身和剑把系同铸而成，因此剑身和剑把并不是因为焊接而变得倾斜的。这个现象可以解释为，在铸剑之初就有意识地按照某种规则让剑身和剑把呈非直角的倾斜状态合铸。

从这个角度看，重新审视本来就是分铸而成的辽宁式铜剑，令人惊讶的是发现了剑把与剑身结合部位稍稍倾斜的实例。碰到分铸的铜剑时，尽管无法像检视小黑石沟铜剑那样详细地观察这些分铸的铜剑，但是有必要关注剑柄手握部分与剑柄端部斜交的情况，即希望通过再次检讨T字形剑柄手握部分与剑柄是否呈直角相交。结果，两者之间并非直角相交。如图74所示，画一条与剑柄手握部分的中线垂直的直线，就能够看到手握部分端部与剑身是否斜交。

宁城县孙家沟7371号墓①、宁城县王营子②、宁城县天义附近③、北票市三宝何家沟7771号墓④、义县留龙沟乡张家窝铺村⑤、建平县孤山子房身大坝南山坡⑥、建平县二重家⑦、凌源县三官甸子

---

① 宁城县文化馆、中国社会科学院研究生院考古系东北考古专业：《宁城县新发现的夏家店上层文化墓葬及其相关遗物的研究》，文物编辑委员会编：《文物资料丛刊》9，文物出版社，1985年。

② 宁城县文化馆、中国社会科学院研究生院考古系东北考古专业：《宁城县新发现的夏家店上层文化墓葬及其相关遗物的研究》，文物编辑委员会编：《文物资料丛刊》9，文物出版社，1985年。

③ 宁城县文化馆、中国社会科学院研究生院考古系东北考古专业：《宁城县新发现的夏家店上层文化墓葬及其相关遗物的研究》，文物编辑委员会编：《文物资料丛刊》9，文物出版社，1985年。

④ 靳枫毅：《朝阳地区发现的剑柄端加重器及其相关遗物》，《考古》1983年第2期。

⑤ 义县文物管理所：《义县出土青铜短剑》，《辽海文物学刊》1993年第1期。

⑥ 建平县文化馆、朝阳地区博物馆：《辽宁建平县的青铜时代墓葬及相关遗物》，《考古》1983年第8期。

⑦ 建平县文化馆、朝阳地区博物馆：《辽宁建平县的青铜时代墓葬及相关遗物》，《考古》1983年第8期。

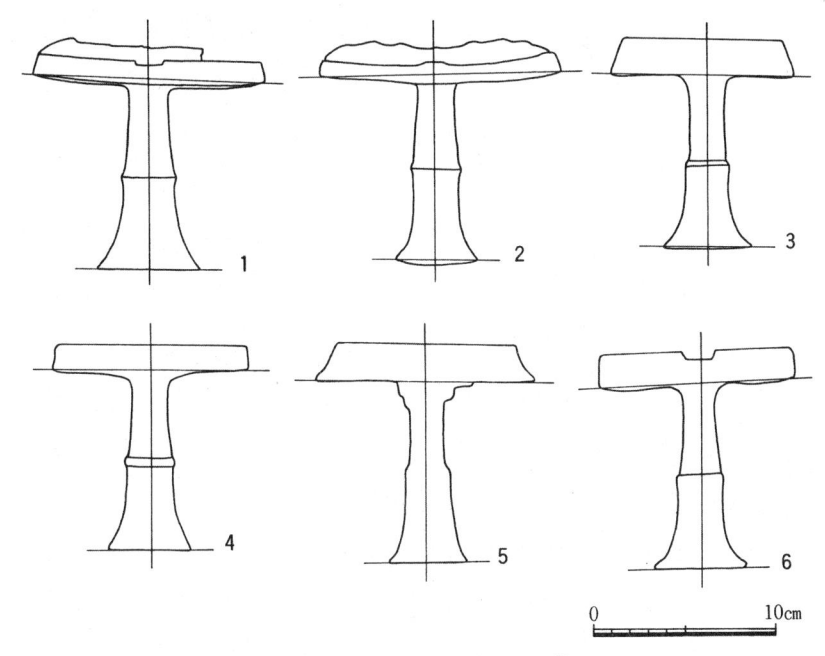

**图74 铜柄Ⅰ式的非对称性**①
（1：建平县弧山子房身大坝南山坡,2：义县留龙沟乡张家窝铺村，
3：北票市三宝何家沟 M7771,4：凌源县三官甸子何汤沟 M7401，
5：宁城县孙家沟 M7371,6：凌源县三官甸）

何汤沟 M7401②、凌源县三官甸③等铜剑的剑柄手握部分的端部都不是直角。其中大部分铜剑是Ⅰ式铜剑,斜交并非铸造技术水平低造成的。结合前面提到的小黑石沟的例子,可知剑柄手握端部与剑身

---

① 图74：1 见建平县文化馆、朝阳地区博物馆：《辽宁建平县的青铜时代墓葬及相关遗物》,《考古》1983 年第 8 期,图 12：1;图 74：2 见义县文物管理所：《义县出土青铜短剑》,《辽海文物学刊》1993 年第 1 期,图 74：1;图 74：3 见靳枫毅：《朝阳地区发现的剑柄端加重器及其相关遗物》,《考古》1983 年第 2 期,图 6;图 74：4 见靳枫毅：《朝阳地区发现的剑柄端加重器及其相关遗物》,《考古》1983 年第 2 期,图 7;图 74：5 见宁城县文化馆、中国社会科学院研究生院考古系东北考古专业：《宁城县新发现的夏家店上层文化墓葬及其相关遗物的研究》,文物编辑委员会编：《文物资料丛刊》9,文物出版社,1985 年,图 23;图 74：6 见辽宁省博物馆：《辽宁凌源县三官甸青铜短剑墓》,《考古》1985 年第 2 期,图 6：1。
② 靳枫毅：《朝阳地区发现的剑柄端加重器及其相关遗物》,《考古》1983 年第 2 期。
③ 辽宁省博物馆：《辽宁凌源县三官甸青铜短剑墓》,《考古》1985 年第 2 期。

斜交是有目的和有意识制作而成的。究其原因，正如小黑石沟同铸剑那样，它是按照最舒适的手握方式来确定剑柄端部与剑身之间的夹角（图75），也就是说剑身和剑柄是按照最自然的手握方式来确定夹角的。这样铜剑就必然有上下之别，刃部虽然是对称的，但是使用时铜剑有严格的上下之分，使用方式是固定的。这种情况下，因为辽宁式铜剑是用于刺杀的杀伤性武器，因此使用时握着铜剑的手腕从后向前刺入对方身体。这时，别名为加重器的把头饰正如其名字那样，有一定重量，使用铜剑时手腕从后向前刺杀，加重的把头饰能够在铜剑刺杀时增加离心力。正如剑身节尖使得断面增大，剑身直至节尖刺入对方体内使伤口扩大而造成致命伤。增加了离心力的刺杀有助于铜剑节尖刺入敌方体内，因此固定手握部位以及区分刃的上下都是为了获得致命杀伤力的措施。人们为追求武器功能而开始使用辽宁式铜剑。因此如果剑身、剑柄和把头饰不配套就无法发挥它作为武器的作用。剑柄除了铜质的，可能还有木质或骨质的，鉴于它们难以保存下来，因此只要发现剑身和把头饰，就可以断定它与剑身、剑柄和把头饰三件套具有相同的功能。从武器功能角度看，正如村上恭通所指出的那样，就这种三件套或两件套的分布中心而言，辽西尤其是大凌河流域和宁城地区是辽宁式铜剑的发源地的看法具有一定说服力。

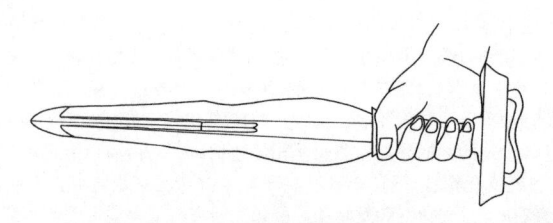

图75　辽宁式铜剑握柄示意图[1]

---

[1] 作者自绘。

正如秋山进午所厘清的那样，Ⅰ式铜柄到Ⅱ式铜柄的变化是，T字形柄的手握部分的后部逐渐内凹，铜柄上的纹样开始简化或者变成素面。这种形态变化非常明确而且容易理解。至于这种变化的意义，尚未见到有人探讨。从前述Ⅰ式铜剑手握方式的原理出发，那么铜柄后部内凹这种变化当是为了固定铜剑手握部位的措施。从这个角度可以看出，Ⅱ式铜柄后部左右不对称，柄上端左右也不对称，其中一侧稍长一点（图76）。手握部位后侧和柄后部不平行。实际上这是手握很舒适的铜柄造型。这种形态特征见诸小黑石沟的铜剑。这是使用时刃部上下位置确定后能够把手握方式固定下来的造型，是功能进化的结果。因此Ⅱ式铜柄不只是造型变化，功能也得到了强化。这是当时技术革新的成果。Ⅱ式铜柄有时与Ⅱ式辽宁式铜剑配套，Ⅱ式铜剑的特征是锋至节尖之间的脊被挫磨过，以及节尖消失。这是为了让剑刺得更深而更具有杀伤力的措施。在这种情况下，由于把头饰有一定的重量，在手握铜剑从后向前刺杀离心力比较大时，可依靠把头饰稳稳地握住铜剑。因此，Ⅱ式铜柄的变化与剑身变化同步，也是为了有效提高杀伤效率的改革。

　　这样看来，以上不仅解释了前面的铜剑生产规格，同时也提出了剑身和剑柄组合问题。虽然剑柄除了铜质可能还有木质或骨质等有机质的，但是它们没能保留下来，因此把头饰甚为关键。诚如村上恭通所指出的那样，这种组合绝大部分分布在大凌河流域，仅就铜柄看，Ⅰ式铜柄的分布限于大凌河流域为中心的地区，铜柄变成Ⅱ式后始见于辽东地区。例如，海城市大屯[①]、大连市

---

[①] 孙守道、徐秉琨：《辽宁寺儿堡等地青铜短剑与大伙房石棺墓》，《考古》1964年第6期。

甘井子区楼上1号墓①、大连市旅顺口区圣周墓②、长海县上马石3号墓③、传抚顺出土的京都大学的藏品④中,有把头饰的剑柄在辽东的数量非常有限,其造型在古式辽宁式铜剑(Ⅰ式)中算是新的类型。因此,从实用武器的功能看,辽西铜剑具有原本就有的实用功能但到辽东就没有了,具备实用功能的铜剑造型在比较晚的阶段才开始发生变化。从作为武器功能的角度看,辽东在辽宁式铜剑开始阶段主要是作为宝物使用的。

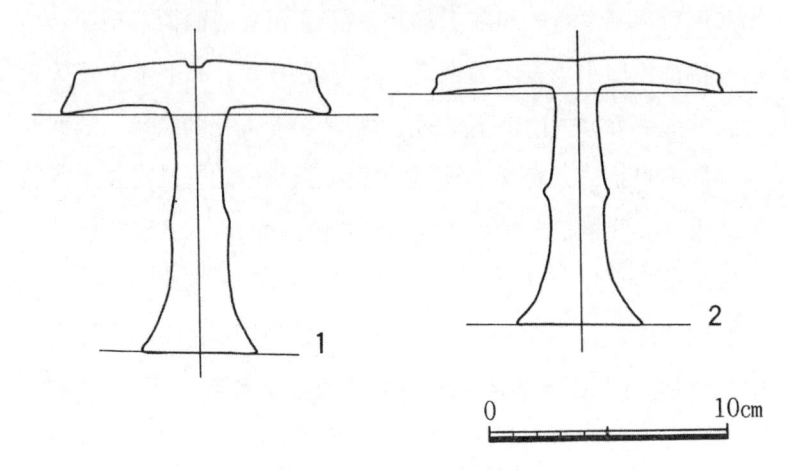

图76 铜柄Ⅰ式的非对称性⑤
(1:海城市大屯,2:北票市大板公社杨树沟)

---

① 旅顺博物馆:《旅顺口区后牧城驿战国墓清理》,《考古》1960年第8期。
② 东亚考古学会:《牧羊城——南满洲老铁山麓汉及汉以前遗迹——》,《东亚考古学科》第2册,1931年。
③ 旅顺博物馆、辽宁省博物馆:《辽宁长海县上马石青铜时代墓葬》,《考古》1982年第6期。
④ 京都大学文学部:《京都大学博物馆考古学资料目录 第3部》,1963年,考古学资料番号3518。
⑤ 图76:1见孙守道、徐秉琨:《辽宁寺儿堡等地青铜短剑与大伙房石棺墓》,《考古》1964年第6期,图2:2;图76:2见靳枫毅:《朝阳地区发现的剑柄端加重器及其相关遗物》,《考古》1983年第2期,图10:4。

## 5 从墓葬看社会结构

接下来根据这些地区对铜剑用途的需求不同,复原拥有铜剑的社会的面貌。几乎没有这个阶段的聚落资料,所以首先从能够比较好地反映社会等级的墓葬结构入手尝试复原地域社会。

作为尝试,把辽西分为辽宁式铜剑与矛式铜剑共存的宁城地区和辽宁式铜剑主要分布区的大凌河流域。把高台山文化阶段陶器组合和拥有与辽西相同的陶器组合的辽河下游放到辽西当中分析。在辽东,辽河下游是指按陶器组合不同所划分的石棺墓分布区浑河流域、大石盖墓分布区辽东半岛、积石冢分布区金州湾以南的辽东半岛南端。其中辽东半岛和辽东半岛南端的墓葬制度另文探讨[①],这里不再赘言。

**(a) 宁城地区**

这里的墓葬基本上是竖穴土坑墓,墓室结构大致分为以下三类。一是由石块堆砌而成的石室并将木棺置于其中的石椁墓,二是没有木棺而只有石块堆砌成类似石椁的石棺墓,三是竖穴土坑内只有木棺的木棺墓。此外,虽然是石椁墓,但没有砌成完整的石块且在木棺和墓坑之间可以看到部分石块的墓称为异形石椁墓。另外,还可分为貌似石棺墓但只用少量石块堆砌而成的不完整的异形石棺墓(图 77)。里面随葬品丰富,种类有青铜礼器、青铜武器、青铜工具、青铜马具和其他装饰品等,详细情况见

---

[①] 宫本一夫:《遼寧省大連市金州区王山頭積石塚考古測量調査》,《東北アジアの考古学研究》,同朋社出版,1995 年。

表21。如果把墓坑大小视为墓葬结构因素,那么就墓葬构造而言,比较清楚的石椁墓从随葬品组合来看,墓主的社会地位很高,其中墓坑大的石椁墓墓主的社会地位更高。石椁墓和异形石椁墓、木棺墓以及石棺、异形石棺结合墓的墓主明显属于不同社会阶层。

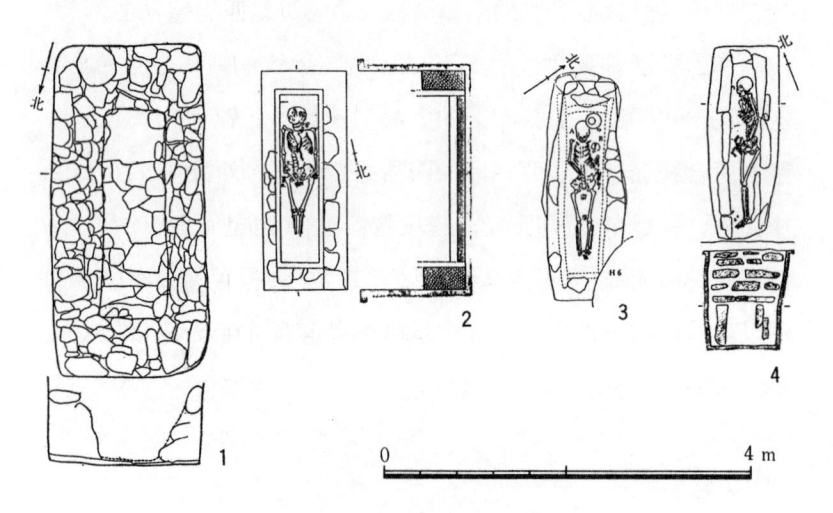

**图77　辽西的墓葬分类①**
(1:南山根 M4,2:夏家店 M17,3:夏家店 M11,4:南山根 M10)

#### (b) 大凌河流域

除石椁墓、异形石椁墓、石椁墓和木棺墓组合外,还有木椁墓和土坑墓组合。从随葬品和墓坑大小看,它们的等级从高到低依

---

① 图77:1见中国科学院考古研究所内蒙古工作队:《宁城南山根遗址发掘报告》,《考古学报》1975年第1期,图17;图77:2见中国科学院考古研究所内蒙古工作队:《赤峰药王庙、夏家店遗址试掘报告》,《考古学报》1974年第1期,图28;图77:3见中国科学院考古研究所内蒙古工作队:《赤峰药王庙、夏家店遗址试掘报告》,《考古学报》1974年第1期,图26;图77:4见中国科学院考古研究所内蒙古工作队:《宁城南山根遗址发掘报告》,《考古学报》1975年第1期,图16。

次为：石椁墓→异形石椁墓、木椁墓、木棺墓→石棺墓→土坑墓。这与在宁城地区墓葬中所看到的等级差异基本相同。不过木椁墓和以土坑墓为主的墓群只见于喀左县和尚沟墓地。和尚沟墓地的22座墓分布在4个地点，其中A区木椁墓M1的陶器上的绳纹与夏家店上层的不同，而与早于它的魏营子类型的陶器特征一致。大凌河流域发现了多座时代为殷后期到西周前期的青铜彝器窖藏，随葬青铜彝器的墓只有和尚沟M1一座。[1] 同时期的魏营子的墓是木椁墓，这个时期采用了中原风格墓制。离中原更近的与殷前期（二里岗期）同时期的北京平谷县刘家河[2]以及与西周中期同时期的北京市昌平白浮村[3]的墓也是木椁墓。木椁墓是以燕地为中介与中原文化交流的结果，它很可能来自中原。夏家店下层文化也发现了木椁墓，这是文化交流在此开花结出的硕果。和尚沟A区M1出土了相当于西周前期本地生产的青铜卣和青铜壶，从年代上看该墓的确属于魏营子类型阶段。但假设使用窖藏埋藏青铜彝器的人为魏营子类型阶段的话，那么窖藏中埋藏的青铜彝器的年代下限就是西周中期。[4] 宁城地区石椁墓出土的青铜彝器的年代上限与小黑石沟等相同，都属于西周后期，这就可以推测拥有辽宁式铜剑的阶段属于魏营子类型之后的西周后期。根据陶器类型判断，可以认为和尚沟墓群是夏家店上层文化阶段的墓群。它们位于B、C、D区，随葬品中包含辽宁式

---

[1] 辽宁省博物馆文物工作队：《辽宁朝阳魏营子西周墓和古遗址》，《考古》1977年第5期。
[2] 北京市文物管理处：《北京市平谷县发现商代墓葬》，《文物》1977年第11期。
[3] 北京市文物管理处：《北京地区的又一重要考古收获——昌平白浮西周木椁墓的新启示》，《考古》1976年第4期。
[4] 广川守：《大凌河流域の殷周青銅器》，《東北アジアの考古学研究》，同朋社出版，1995年。

铜剑。把包含魏营子类型墓的 A 区和它们放在一起时,可以发现从地理位置上看,这里的墓地好像混同一处。但是,考虑到该地区魏营子类型与夏家店上层文化存在时代的早晚,即 A 区与 B、C、D 区不在一处,B、C 区的间距为 110 米,C、D 区的间距为 125 米,它们基本上是等距分布的集团墓,和尚沟 B 区 M6 有木椁,还有壁龛,因此,从结构上看,它与夏家店下层文化的墓葬结构相同,推测其时代稍早。和尚沟墓地反映了该地区文化系统处在替换的微妙时期,夏家店下层等早期墓制和魏营子类型中所看到的中原式墓制对后续的夏家店上层文化的墓制产生了一定的影响。

根据前述辽宁式铜剑规格和功能,到辽西宁城地区、大凌河流域寻找辽宁式铜剑起源地,结果发现,辽宁式铜剑是以北京市白浮村等魏营子类型中的带脊铜剑和刀子等技术为基础的,在夏家店上层文化南下时于宁城地区、大凌河流域开发出来的新器物。西拉木楞河流域的夏家店上层文化很可能在辽宁式铜剑出现之前就开始制作矛式铜剑。这个看法也得到朱贵等人的肯定。[1] 研究辽宁式铜剑起源时,要注意的是殷后期到西周前期与之相似的河北省青龙抄道沟等地的带脊铜剑和弯柄铜刀。[2] 从柄弯曲程度看,使用时剑身是有上下之别的,它与辽宁式铜剑具有固定用法的思路相同。探讨辽宁式铜剑起源时要注意到使用方法与之相似的其他类型的铜剑。

根据随葬的青铜彝器,我们发现,在大凌河流域以喀左南洞沟和凌源县三官甸等为界,从春秋后期至战国前期阶段开始采用

---

[1] 朱贵:《试论曲刃青铜短剑的渊源》,《辽海文物学刊》1987 年第 2 期。
[2] 河北省文物局文物工作队:《河北青龙县抄道沟发现一批青铜器》,《考古》1962 年第 2 期。

了新的墓制。典型事例是五道沟子墓群。① M5 是石椁墓，其余 10 座墓或者是土坑墓或者是木棺墓或木椁墓。虽然随葬的首饰具有北方青铜器文化的因素，但是这些墓不随葬辽宁式铜剑，青铜武器已经被中原系的武器替代，燕的因素更加明显。墓主头向几乎统一向北，说明当时已经引进了不同于夏家店上层时期流行的墓坑为东西向的观念。前面根据随葬陶器讨论过燕文化的领地化问题②，但是领地化不限于燕昭王阶段，可能在此之前就已经出现了。五道沟子可能属于战国前半期，从这个阶段开始，大陵河流域与燕的关系变得很密切。在大凌河流域的凌源县三官甸③、喀左县老爷乡④、建平县⑤、阜新市紫都台⑥出土了少量Ⅱ式以后的辽宁式铜剑，与Ⅰ式辽宁式铜剑相比数量锐减，这反映了燕文化的扩张与辽宁式铜剑生产规制有关。

**(c) 辽河下游**

这个地区只在沈阳郑家洼子第 3 地点发现了墓葬，它们是春秋后期至战国前期阶段的比较晚的类型。M6512 的辽宁式铜剑是Ⅰ式铜剑中比较新的器物并与Ⅱ式铜剑共存。

郑家洼子第 3 地点分为南区大型木椁墓群和北区小型土坑

---

① 辽宁省文物考古研究所：《辽宁凌源县五道河子战国墓发掘简报》，《文物》1989 年第 2 期。
② 宫本一夫：《戦国時代燕国副葬土器考》，《愛媛大学人文学会創立十五周年記念論集》，1991 年。
③ 辽宁省博物馆：《辽宁凌源县三官甸青铜短剑墓》，《考古》1985 年第 2 期。
④ 刘大志、柴贵民：《喀左老爷庙乡青铜短剑墓》，《辽海文物学刊》1993 年第 2 期。
⑤ 建平县文化馆、朝阳地区博物馆：《辽宁建平县的青铜时代墓葬及相关遗物》，《考古》1983 年第 8 期。
⑥ 赵振生、纪兰：《辽宁阜新近年来出土一批青铜短剑及短剑加重器》，《考古》1994 年第 1 期。

墓群，这一等级差异在墓地的地貌上也有所反映。大型墓M6512随葬了青铜武器、青铜工具、青铜马具、青铜装饰品、石制装饰品、骨角器、陶器等，与宁城地区、大凌河流域相比，虽然缺少青铜彝器，但是其他类型的随葬品都有，墓主显然是首长级别的人物。墓坑边有牛骨等，有可能在此举行过北方民族中流行的墓祭。北区小型墓即土坑墓的随葬品只有骨剑、骨环和壶（陶器）等，部分也有牛腿骨，估计这里也举行过北方民族中流行的墓祭。墓群呈现出了北方民族文化因素，可见它们不是燕化阶段的墓。

(d) 浑河、太子河流域

第五章已经探讨过桌式石棚与石棺墓的关系，石棚分布在除辽河下游以外的辽东地区，随后浑河、太子河流域变成了石棺墓分布区（图67、68）。石棺墓中也有随葬辽宁式铜剑的，显然这些墓的时代为辽宁式铜剑阶段。如表21所示，该地区不见石椁墓、木椁或木棺墓。石棺墓是在石块堆砌的墓壁上加盖石而成的，几乎不见箱式石棺墓，其基本构造与辽西的类似。与宁城地区和大凌河流域一样，辽西石棺墓墓主的社会地位低于石椁墓、异形石椁墓、木椁墓和木棺墓的墓主，石椁墓绝不是高等级人物的墓。截至此时，辽宁式铜剑和石椁墓进入位于浑河、太子河流域这种山间地带的桌式石棚分布圈，让人感觉到新的文化像是扩大到了整个流域。虽然不打算把这个现象解释为辽西人入侵所致，不过新文化样式进入该地区时，该地区并未采用刺激他们的那些人所在地区的上层人物的墓葬结构，只吸收了那个社会的下层人物的墓葬结构，可见该地区的社会分层尚未发展到辽西那种程度。

下面把这些石椁墓与同时期辽东半岛的大石盖墓作个比较。该地区的大石盖墓下部构造分为箱式石棺、土坑和异形石棺墓三种,主要构造是箱式石棺和异形石棺。① 箱式石棺虽然有可能是从桌式石棚谱系发展而来的,但是不宜把异形石棺放到桌式石棚谱系当中。异形石棺墓很可能是浑河、太子河流域石棺墓的变异,而且在辽西流行的异形石棺墓很可能是其祖型。无论属于哪种情况,从它与辽西文化交流的角度就能够很好地理解这个现象。

## 6 社会结构与辽宁式铜剑

考察了墓葬结构之后就能够看清各地区社会发展阶段的差异。如表 21 所示,从墓葬的等级看,等级的分化程度从高到低依次是:宁城地区→大凌河流域→辽河下游→浑河、太子河流域。这个顺序说明社会发展存在差异。辽宁式铜剑的分布与上述不同地区社会成熟度密切相关,吸收辽宁式铜剑的方式各不相同,而且看不到它们与燕山以南的发达社会有联系。下面把这个变化过程作个小结。

从殷后期到西周前期,宁城地区、大凌河流域的魏营子类型在与燕交往中起到了主导作用。随着燕逐渐变弱,它与燕的关系遂变得冷淡,宁城地区、大凌河流域生产了显示其社会发展的独特的武器即西周后期的辽宁式铜剑。在殷后期至西周前期,辽河下游的有銎斧、青铜刀和青铜斧等已经进入大凌河流域,第四章已经分析过,它们可能是以青铜武器、工具为媒介保持政治上的联系。

---

① 宫本一夫:《中国東北地方の支石墓》,《東アジアにおける支石墓の総合的研究》[平成 6 年～8 年度科学研究費補助金(基盤研究)(A)(2)],1997 年。

不过在宁城地区、大凌河流域以东的辽东东部在这个阶段仍然处在孤立的状态,桌式石棚起到维护共同体的作用。在宁城地区、大凌河流域彰显北方文化样式的辽宁式铜剑出现之后,它超越了既有的辽河下游文化交流圈而上溯至浑河、太子河流域,扩大了它与辽西地区的文化交流。该地区形成了以辽宁式铜剑作为礼器的等级社会。辽宁式铜剑分布区扩大到辽东半岛和辽东半岛南端,从其造型能够看出它们是各自独立生产的。① 辽东的青铜器生产晚于辽西,始于辽宁式铜剑阶段。从铜剑功能和铸造等生产技术来判断,当初它更多的是被作为宝物使用的。规格不一的现象表明辽东内部各地自行生产铜剑,没有统管铜剑生产。换言之,辽东内部各个地区政权林立。大连市旅顺口区南山里郭家屯集中埋藏了 15 件铸造后未经挫磨的铜剑。② 这个现象表明,在辽东地区,辽宁式铜剑显然是被当作宝物和祭器使用的。另一方面,在辽东地区,直到战国前期、中期,Ⅱ式辽宁式铜剑才具备了武器的功能。这个阶段随着Ⅱ式剑柄的出现,铜剑的武器功能得到了加强。这个阶段辽西的大凌河流域除凌源三官甸、喀左老爷庙和建平、阜新出土了铜剑外,其余地方不见Ⅱ式辽宁式铜剑。这个阶段正如凌源五道河子墓地所反映的那样,燕文化样式进入了该地区。可见燕文化的扩张促使辽东铜剑真正朝着武器化方向发展,关于这个问题下一章将详细讨论。

Ⅲ式辽宁式铜剑相当于战国后期,这种技术革新在燕设置辽东郡使之变成燕的领地后,导致该地区与周边地区构成了敌对关系。燕的出现对周边地区而言起到了促进社会分层和地

---

① 宫本一夫:《東北アジアの青銅器文化》,《福岡からアジアへの4―弥生文化の道―》,西日本新聞社,1996 年。
② 森修:《南満州発見の漢代青銅遺物》,《考古学》第 8 巻第 7 号,1937 年。

区合并的作用,即为了应对军事紧张问题,各地改良、强化了自己特有的武器。

## 7　小结

本章不是按照简单的进化论发展所作的分析,而是以文化样式为基础进行分区,根据古式辽宁式铜剑出土地点来解读辽宁式铜剑造型的地域性。同时,根据辽宁式铜剑各部位量化属性之间的相关关系指出了铜剑造型方面的地域性以及产品规格的有无。通过考察,我们发现辽东铜剑生产缺少规格,与辽西相比,尚未确立有组织的生产体系,因此我们将古式辽宁式铜剑起源地锁定在宁城地区、大凌河流域为中心的辽西,并根据铜柄与剑身结合方式复原了铜剑的使用方法,探明了铜柄形态变化所起的作用。辽宁式铜剑朝着具备武器功能方向变化的事实佐证了辽宁式铜剑"辽西起源说"。通过对各个小区墓葬结构的分析,我们搞清楚了各地区的社会结构,以及各地区之间社会发展的差异,揭示了各地区对古式辽宁式铜剑需求的差异,也对该地区与燕山以南的燕文化的关系作了历史性说明。最后探讨一下文献记载中的部族名称问题。

关于这个问题有很多说法,虽然没有定说,但是可以从韩嘉谷最近发表的论文中获得很多启发。[①] 该文针对迄今为止把北京市延庆军都山墓地群看作山戎的观点,提出了疑义,认为军都山墓地群为白狄,辽西夏家店上层文化即山戎。限于篇幅不便详

---

[①] 韩嘉谷:《从军都山东周墓谈山戎、胡、东胡的考古学文化归属》,李逸友、魏坚主编:《内蒙古文物考古文集》第1辑,中国大百科全书出版社,1994年。

述其论据，根据文献记载，山戎位于大凌河流域的孤竹以北，常常袭扰燕。而攻破它的是春秋中期的齐桓公，让人们看到了这个时期山戎的强大。把它与本文所述的辽西社会结构相对照，可以发现以宁城地区为中心的辽西社会与这段历史记载吻合，上层人物的墓中所看到的中原系青铜器可能是与燕山以南地区交流或掠夺得到的。值得玩味的是，春秋以后文献记载中不见山戎，反而在文献中看到东胡的名字。这个现象尚未得到明确的解释，不过让人意外的是如果用本文所作的历史性解释，就很容易理解这个现象，即大凌河流域在战国前期、中期阶段已经受到燕的影响，即使被燕化，对燕来说它尚未构成军事威胁。反过来说，在这个阶段以辽东为中心的辽宁式铜剑变成了独特的武器，即Ⅱ式辽宁式铜剑以后，辽东走上了独特的发展道路，军事上与燕的关系比较紧张。因此，对燕山以南的燕而言，与之对抗的是辽河下游和辽东地区。东胡正是这些人。因此，战国后期燕昭王时期攻打东胡，燕的势力扩张到太子河流域的辽阳，并以此作为郡治。下一章探讨先秦时期的燕与辽西、辽东的社会关系。

# 第七章 战国的燕及其扩张

在前面分析琉璃河遗址时发现西周中期以后燕政权消失了，《史记·燕召公世家》从召公起至九世后的惠侯之间的谱系失载，西周后期以后才续上。此期间燕的考古学资料和文献资料都不详。西周后期的记载语焉不详，战国后半期以后才有详细的记载。与燕相关的比较完整的考古资料要到春秋后期以后才有。因此，西周中期到春秋中期的燕在文献和考古资料方面基本上是空白。燕国史的论文比较少①，这是文献史料非常有限的缘故。不过，通过探讨出土文物和遗址可以弥补文献的不足。近年中国学者发表了研究战国时代燕国陶明器分期②和燕下都③的论文，从此开始研究燕国。日本关于战国时代的地域研究成果颇丰，代表性成果有江村治树的铜戈④和出土文字研究⑤。笔者的研究以

---

① 日本学界关于春秋战国时期燕的专题论文只有以下2篇。相原俊二：《戦国基における燕の外交政策（燕国考　その1）》，《中国古代史研究》第2，1965年；相原俊二：《春秋期に至る燕の変遷（燕国考　その2）》，《中国古代史研究》第3，1969年。
② 贺勇：《试论燕国墓葬陶器分期》，《考古》1989年第7期。
③ 瓯燕：《试论燕下都城址的年代》，《考古》1988年第7期。
④ 江村治树：《春秋戦国時代の銅戈・戟の編年と銘文》，《東方学報》第52辑，1980年。
⑤ 江村治树：《戦国新出土文字資料概述》，《戦国時代出土文物の研究》，京都大学人文科学研究所，1985年。

战国时代的武器为研究,揭示了各国武器发展和特征①,从中可以看到燕国强势的王权。其中,反映王权的典型证据是王墓,但遗憾的是,燕国尚未发掘过可以明确断定为王的墓。尽管如此,只要推动墓葬研究,那么将有助于探明燕国权力结构。为此要从搞清楚墓葬年代入手展开研究,即首先必须立即进行陶器分期研究。本章将首先探讨陶明器分期及其特征,然后讨论铭文等资料,厘清战国时代燕国的社会结构,最后用考古资料追踪燕向北方扩张的轨迹。

## 1 燕国铜器分期

给陶明器分期时必须从有断代依据的墓开始。目前,同一个时代的文物中断代最可靠的文物是青铜彝器。下面探讨春秋后期的燕国铜器墓。

迄今已知东周燕国的铜器是春秋后期的铜器。河北省唐山市贾各庄 M18 及 M28②、北京市顺义区龙湾屯③、北京市通县中赵甫④、河北省易县燕下都 M31⑤ 等。按林巳奈夫的分期⑥,中赵甫的铜器属于春秋后期后半段,其余皆为春秋后期前半段。这是以公元前 453 年作为春秋与战国分界所作的铜器断代。按照这个分期,以上铜器的年代与笔者的铜器分期相同。不过为了使得分期更

---

① 宫本一夫:《七國武器考—戈・戟・矛を中心にして—》,《古史春秋》第 2 号,1985 年。
② 安志敏:《河北省唐山市贾各荘发掘报告》,《考古学报》1953 年第 Z1 期。
③ 程长新:《北京市顺义县龙湾屯出土一组战国青铜器》,《考古》1985 年第 8 期。
④ 程长新:《北京市通县中赵甫出土一组战国青铜器》,《考古》1985 年第 8 期。
⑤ 河北省文化局文物工作队:《1964—1965 年燕下都墓葬发掘报告》,《考古》1965 年第 1 期。
⑥ 林巳奈夫:《春秋戰國時代青銅器の研究—殷周青銅器総覧三—》,吉川弘文館,1989 年。

客观,这里用世纪表示铜器的年代。各遗址出土的铜器类型不尽相同,有的报告没有发表所有资料,因此要厘清燕国铜器及其谱系关系很不容易。这里首先按已经发表的资料来概观铜器谱系(图78)。

燕国铜器主要分三类。A型鼎,深腹、圆盖,整体为球形。根据盖上有无环形把手,把它分为无环形把手的AⅠ式(图78:1)和有环形把手的AⅡ式(图78:9)。AⅠ式,前6世纪后半—前5世纪前半的特点是深腹,正如燕下都西贯城村F9M14的鼎那样①,到前5世纪后半整体朝着扁圆化方向发展(图78:15)。这是已经掌握的始于前代的明显的形态变化,同时蟠螭纹开始退化,这个推断是可信的。B型鼎(图78:2),其特点是腹部比较浅、平沿带外翻钮的盖、耳外翻。C型鼎(图78:3),带有环状把手、盖与B型相似、腹部比较深。前5世纪前半的中赵甫出土了AⅠ式鼎(图78:8)、AⅡ式鼎(图78:9)、B型鼎(图78:10)和C型鼎(图78:11)。这个时期出现了AⅡ式鼎。出土AⅡ式鼎的河北省辽西县大黑汀M1②是这阶段的器物。根据B型鼎的形态特征,笔者把被林巳奈夫定为前6世纪后半的燕下都M31与中赵甫等的年代都向后推迟,定为前5世纪前半。改订其年代的依据首先是B型鼎的盖开始扁平化以及足部兽面纹退化。其他的如图79所示,纹样有变化。龙湾屯B型鼎腹部的C字形虺龙纹下面有菱形纹。同样的纹样见于燕下都M31腹部蟠螭纹下部。这种纹样是以菱形纹为单位的纹样连接起来的,各个纹样是独立的,龙湾屯的菱形纹连成一体,而燕下都M31的菱形纹则是分开的,从纹样来看具有退化的倾向。

---

① 河北省文物研究所编:《燕下都》,文物出版社,1996年。
② 顾铁山、郭景斌:《河北省迁西县大黑汀战国墓》,《文物》1996年第3期;唐山市文物管理所:《河北迁西县大黑汀战国墓出土铜器》,《文物》1992年第5期。

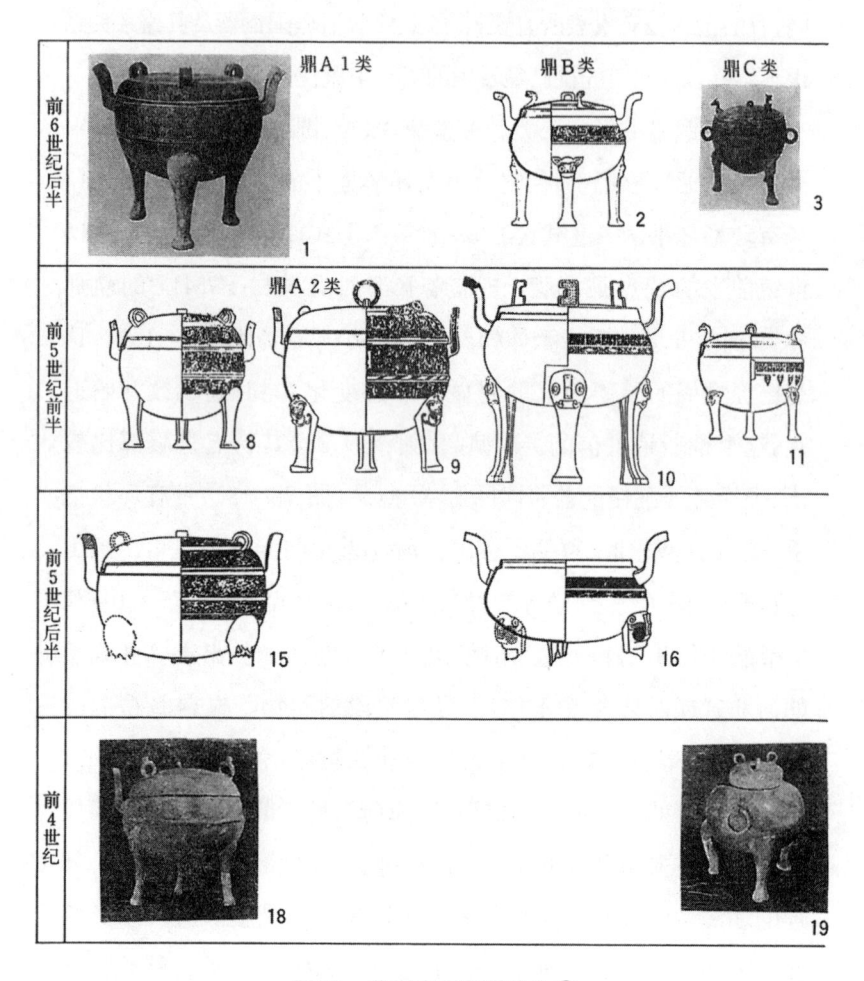

图 78　燕国青铜器的演变①

---

① 贾各庄 M18、M28 的图见安志敏:《河北省唐山市贾各庄发掘报告》,《考古学报》1953 年第 Z1 期;龙湾屯的图见程长新:《北京市顺义县龙湾屯出土一组战国青铜器》,《考古》1985 年第 8 期;燕下都 M31 的图见河北省文化局文物工作队:《1964—1965 年燕下都墓葬发掘报告》,《考古》1965 年第 1 期;燕下都西贯村 F9、燕下都朗井村许均院内采集的图见河北省文物研究所编:《燕下都》,文物出版社,1996 年;北京丰台区的图见张先得:《北京丰台区出土战国铜器》,《文物》1978 年第 3 期。

第七章 战国的燕及其扩张

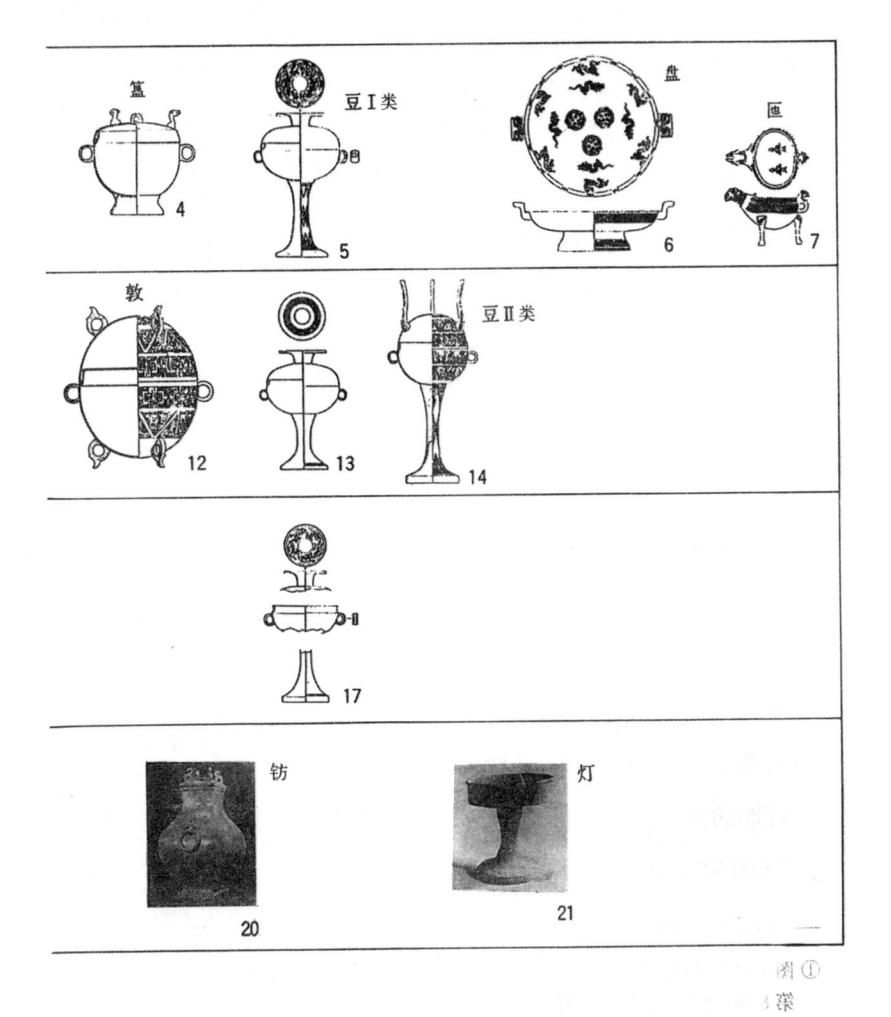

247

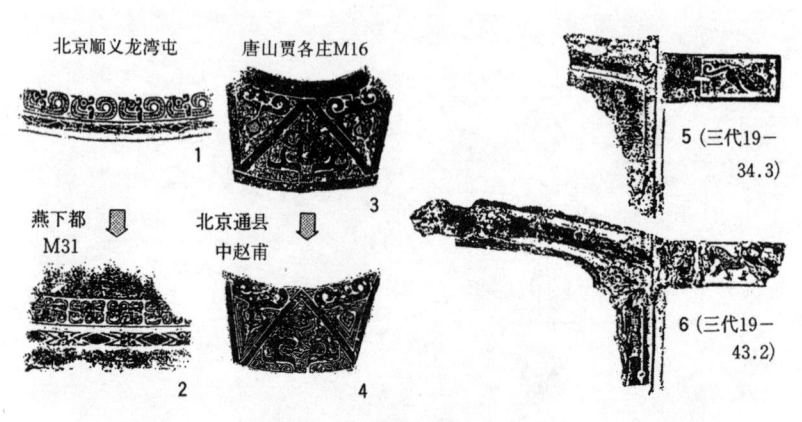

图 79　燕国青铜器的文样①

同样的情况也见诸铜豆。前6世纪后半的贾各庄 M18 和龙湾屯的豆(图78：5)，把长、把上有纹样而且豆盘外壁的耳环上也有纹样，可称为Ⅰ式。燕下都 M31 Ⅰ式豆(图78：13)把短而没有纹样、耳环上也没有纹样，与前6世纪后半的豆之间有明显的年代差。B型鼎中，纹样与燕下都31号墓相同的河北省三河县双村 M1 出土的鼎②是这个阶段的器物。在器形方面出土了与B型鼎时代特征相同鼎的河北省三河县大唐廻 M1③ 也是这个时期的墓。B型鼎的纹样正如燕下都郎井村许钧院内采集的鼎④(图78：16)上看到的那样，各个纹样是独立的，随后纹样连

---

① 图79：1见程长新：《北京市顺义县龙湾屯出土一组战国青铜器》，《考古》1985年第8期；图79：2见河北省文化局文物工作队：《1964—1965年燕下都墓葬发掘报告》，《考古》1965年第1期；图79：3见安志敏：《河北省唐山市贾各庄发掘报告》，《考古学报》1953年第Z1期；图79：4见程长新：《北京市通县中赵甫出土一组战国青铜器》，《考古》1985年第8期；图79：5、6见罗振玉编：《三代吉金文存》第19卷，1936年。
② 廊坊地区文物管理所、三河县文化馆：《河北三河大唐廻、双村战国墓》，《考古》1987年第4期。
③ 廊坊地区文物管理所、三河县文化馆：《河北三河大唐廻、双村战国墓》，《考古》1987年第4期。
④ 河北省文物研究所编：《燕下都》，文物出版社，1996年。

成一体而变得简单。腹部更加扁平，与燕下都西贯城村 F9M14 的 AⅠ式鼎相似，其时代为前 5 世纪后半。前 6 世纪后半的贾各庄 M18 和龙湾屯出土了具有燕地域特色的器形簋（图 78：4）。前 5 世纪前半的中赵甫出土了卵形敦（图 78：12）。卵形敦也见于贾各庄 M16。与这些敦同时期的中赵甫的豆的纹样如图 79 所示，前者明显退化成为后者。与贾各庄 M16 相同的纹样见诸大黑汀 M1 的豆。虽然大黑汀 M1 也有 AⅡ式鼎，把它与中赵甫的 AⅡ式鼎对比后发现前者器形比较圆，而后者底部和盖变得扁平。细审纹样后发现，大黑汀的主体纹样蟠螭纹的尾部上端翘起，口与伸出去的舌头明确分开，而中赵甫的尾部上端变成直线，口与舌头之间的分界模糊。在前 5 世纪前半，从大黑汀 M1 到中赵甫之间有明显的细微的早晚变化。贾各庄 M18 出土了龙、虎纹盘（图 78：6）、鸟形匜等燕国特有的铜器。中赵甫出土了盖上带 3 个柱状突起的豆，它是燕特有的器形。为了与Ⅰ型豆比较，可将它看作Ⅱ型豆，因为出现Ⅱ型豆也是 5 世纪前半的特征。

从以上燕国铜器分期看，贾各庄 M18、M28 与龙湾屯属于前 6 世纪后半段，大黑汀 1 号墓、中赵甫、燕下都 M31、双村 M1、大唐廻 M1 属于前 5 世纪前半段，燕下都西贯城村 F9M14 属于前 5 世纪后半段。赵化成把燕国铜器分成 3 个阶段。① 第 1 组、第 2 组青铜容器的年代基本上相当于这里说的前 6 世纪后半段到前 5 世纪前半段。最晚的第 3 组青铜容器属于战国前期（前 5 世纪后半段）。资料尚未发表的怀柔县城北墓，从 AⅡ型鼎形态特征看，很可能与前 5 世纪后半段的燕下都西贯城村 F9M14 属于同一个时期，从上述形态、纹样变化来看，燕下都 M31 和大唐廻 M1

---

① 赵化成：《东周燕代青铜容器的初步分析》，《考古与文物》1993 年第 2 期。

属于前5世纪后半段。几乎没有发现战国中期以后的铜器墓,不过北京市丰台区的墓①很可能属于战国中期以后的墓。它出土了A式鼎(图78:18)、钫(图78:20)、灯(图78:21)。此外,异形鼎(图78:19)可能是从C型发展而来的。从A式鼎的器形以及出土的钫、灯来看,可以把它定为前4世纪。

## 2 燕国陶明器分期

近年贺勇发表了燕国陶明器分期论文。② 他是根据器物的类型及其组合作了陶明器分期。笔者是在考察了燕国内部地域性之后确定各个地区墓葬的相对早晚的。具体做法是先确定共存资料最丰富的易县周围地区的相对早晚关系,然后据此确定整个地区陶器的分期。

首先考察燕下都所在的河北省易县周围的情况。以易县周仁村和燕下都的墓葬为对象,把根据铜器分期断代为前5世纪前半段的燕下都M31作为年代标准,除铜器外,该墓还出土了豆和尊形器。然后比较年代相对较早的周仁村M1和M2③,从鼎的形态看,M1的年代稍早,但是不会早于燕下都M31。M2除出土鼎外,还出土了壶、小口壶、带盖豆、盘、匜和尊形器。壶,腹部最大径位于腹中部,具有前4世纪前半段的特征。尊,与燕下都M31相比,肩部变窄而口沿变宽。根据铜器分期,燕下都西贯城村F9M14属于5世纪后半段。与铜器共存的陶器有鼎(图80:1)、壶(图80:2)、尊形器(图80:4)等。鼎整体呈圆形,是

---

① 张先得:《北京丰台区出土战国铜器》,《文物》1978年第3期。
② 贺勇:《试论燕国墓葬陶器分期》,《考古》1989年第7期。
③ 河北省文化局文物工作队:《燕下都外围发现战国墓葬群》,《文物》1965年第9期。

忠实模仿 A 式青铜鼎的仿铜鼎。壶的腹部最大径在腹部中央或略偏下部位,具有前 5 世纪后半段的特征。另外,燕下都内出土陶器数量比较多的墓有九女台墓区 M16[1]、M20[2],辛庄头墓群 M2[3],解村村东 M2[4] 等。其中,能够确定年代的是九女台墓区 M16 的鼎(图 80:24)。鼎的腹部下垂,其侧面与绝对年代为前 310 年的中山国厝墓[5]出土的陶鼎一致,因此可以推测九女台墓区 M16 的年代在前 4 世纪后半段或者前 4 世纪末。从样式来看,出土了圆形鼎和腹部最大径在腹部偏上部位的壶的解村村东 M2 的年代,介于燕下都西贯城村 F9M14 与九女台墓区 M16 之间。就鼎(图 80:5)而言,这三件鼎的侧面具有从球形向垂腹变化的趋势,颈部逐渐变长。Ⅱ式兽形把彩绘壶只见于解村村东 M2(图 80:8)和九女台墓区 M16(图 80:27),解村村东 M2 的Ⅱ式壶腹部的两条凸弦纹,到了九女台墓区 M16 的Ⅱ式壶上,便移到了腹部上方而腹部变圆。同样,两座墓中的簋,解村村东 M2 簋盖上有外翻莲瓣,而九女台墓区 M16 簋盖上的莲瓣退化消失,腹部鼓起变成球形。从燕下都西贯城村 F9M14(图 80:4)到九女台墓区 M16,尊形器有逐渐扁平化的趋势。从这些器物形态变化趋势来看,按年代早晚给这三者排序是可靠的。从形态变化过程看,把燕下都 M29 放在解村村东 M2 与九女台墓区 M16

---

[1] 河北省文化局文物工作队:《河北易县燕下都第十六号墓发掘》,《考古学报》1965 年第 2 期。
[2] 河北省文化局文物工作队:《1964—1965 年燕下都墓葬发掘报告》,《考古》1965 年第 1 期。
[3] 河北省文物研究所编:《燕下都》,文物出版社,1996 年。
[4] 河北省文物研究所编:《燕下都》,文物出版社,1996 年。
[5] 河北省文物管理处:《河北省平山县战国时期中山国墓葬发掘简报》,《文物》1979 年第 1 期;河北省文物研究所编:《厝墓—战国中山国国王之墓》,文物出版社,1996 年。

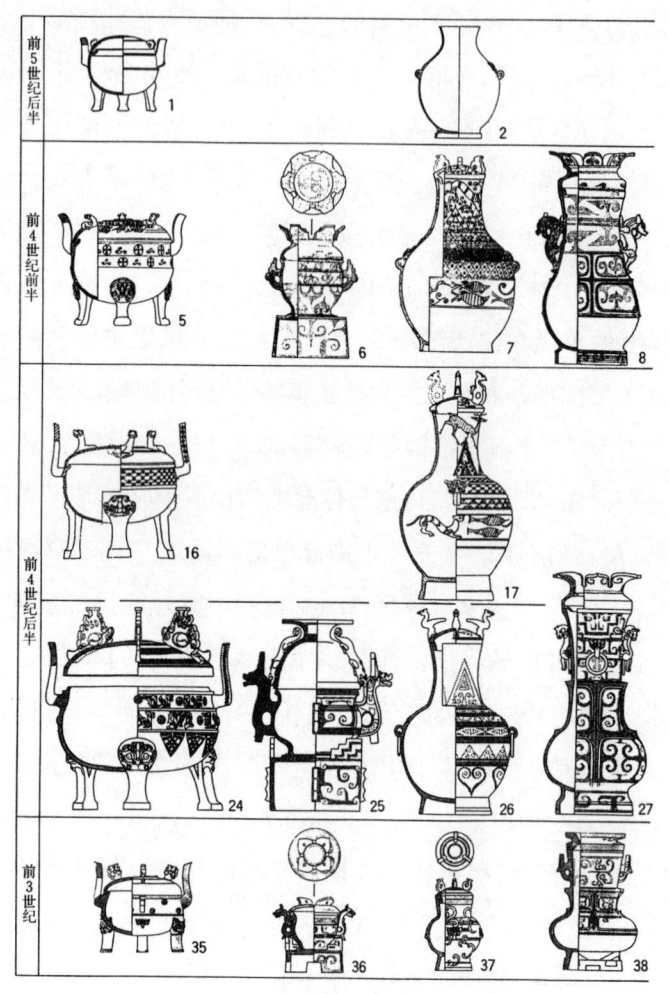

**图80　燕下都陶明器演变图**①

（1—4：西贯城村9号住居址14号墓，5—15：解村村东2号墓，16—23：燕下都29号墓，24—34：九女台墓区16号墓，35—42：辛庄头墓区2号墓；比例，24：1/20，32：1/32，其他1/16）

---

① 西贯城村9号居址M14、解村村东M2、辛庄头墓区M2的图见河北省文物研究所编：《燕下都》，文物出版社，1996年；燕下都M29的图见河北省文化局文物工作队：《1964—1965年燕下都墓葬发掘报告》，《考古》1965年第1期；九女台墓区M16的图见河北省文化局文物工作队：《河北易县燕下都第十六号墓发掘》，《考古学报》1965年第2期。

第七章 战国的燕及其扩张

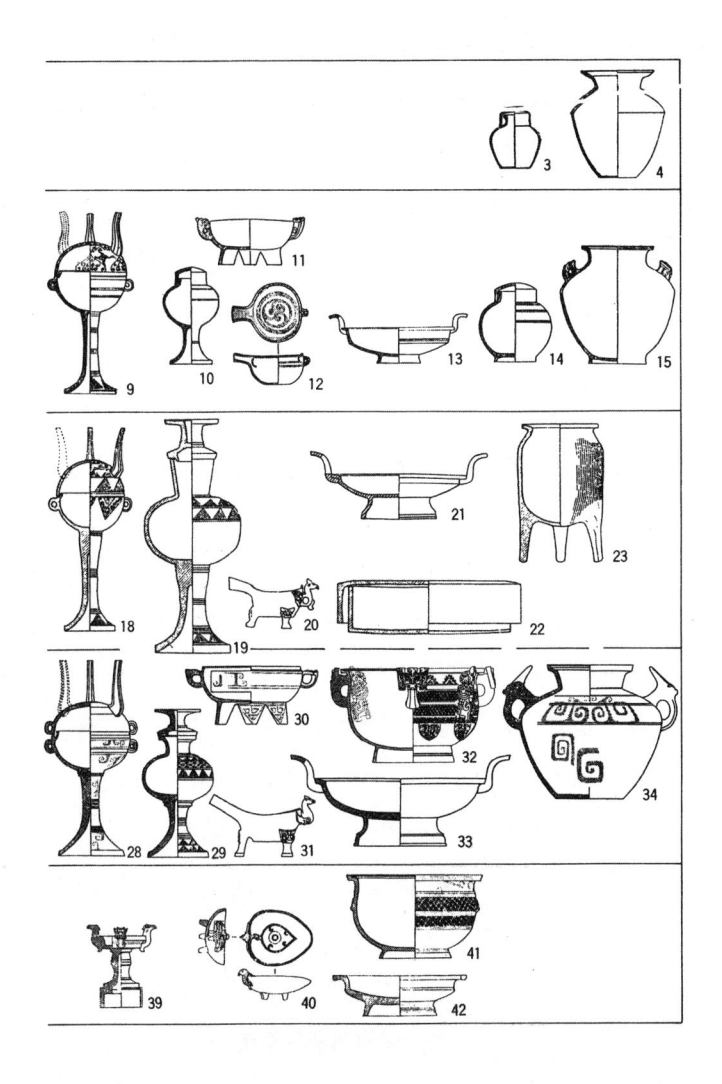

之间能够体现出的渐变过程。燕下都 M29 与九女台墓区 M16 之间的类型差异很小,年代更接近。前面根据中山国厝墓的绝对年代推测九女台墓区 M16 为前 4 世纪末,因此燕下都 M29、九女台墓区 M16 为前 4 世纪后半段。这个时期出现的盒(图 80:22)见于燕下都 M29,据此可以确定该墓的年代。解村村东 M2 自然可以定为前 4 世纪前半段。陶明器的风格与前面推断为前 4 世纪前半段的周仁村 M2 的相同。那么最后剩下的辛庄头墓区 M30 的鼎腹部下垂、壶的腹部呈球形。这些陶器特征表明它们属于九女台墓区 M16 同类陶器的退化形式。而鼎(图 80:35)与九女台墓区 M16 相比,足不外撇,子口不明显。Ⅰ式壶(图 80:37)和Ⅱ式壶都是球腹,是顺从前段同类器物变化趋势发展而来的。Ⅱ式壶腹部的凸弦纹与九女台墓区 M16 相比,间隔狭窄而凸起明显。两个壶整体造型都呈现出扁平化趋势,形态变化明显。如上所述,辛庄头墓区 M30 相对而言晚于九女台墓区 M16,属于前 3 世纪。两者在式上有多个空缺,推测辛庄头墓区 M30 接近 3 世纪后半段甚至属于 3 世纪后半段。以上讨论的燕下都墓葬的年代与石永士[1]以女台墓区 M16 为中心的分期有些不同。从上面式的变化过程看,笔者的看法无疑是正确的。

河北省唐山市贾各庄西区清理了 22 座战国墓[2],已经发表的资料可以检验分期。分期标准是贾各庄 M18。如上所述,它是前 6 世纪后半段的墓,共存陶器中的尊形器为丰肩。M16 的壶腹部最大径在腹部,共存的铜敦与北京市通州区中赵甫相同,该墓属于前 5 世纪前半段。M23 的壶虽然与燕下都 M29 的壶相

---

[1] 石永士:《初论燕下都大中型墓葬的分期——兼谈人头骨丛葬的年代及其性质》,《辽海文物学刊》1996 年第 2 期。
[2] 安志敏:《河北省唐山市贾各庄发掘报告》,《考古学报》1953 年第 Z1 期。

似，但是古味更浓，腹部最大径接近中部，该墓属于前4世纪前半段。这座墓还出土了属于一个时期的周仁村和燕下都西贯城村M19的小口壶相类似的陶器，它们可以佐证该墓的年代。M8虽然没有可以与M23对比的资料，但是随葬的鼎与M16的鼎相比有退化的倾向，因此可以把它放在M23与M16之间。M32的小型扁平化的鼎退化严重，当属战国后期即前3世纪。

北京市怀柔城北发掘了23座战国墓。① 与燕下都并存的燕国都城蓟位于北京市附近。怀柔城北M5、M25、M50和M56的陶明器值得重视。它们之间的早晚关系如下：M56→M50→M5。这是以壶为根据排的序，反映了有盖豆的退化过程。就鼎而言，将M56的与M5的对比后发现，后者的纹样有退化倾向。它佐证了上述墓之间的相对早晚关系。M25的年代无法通过共存的壶来判断，虽然不是很明显但是通过鼎的比较可以看出M25稍晚于M5。除豆以外，M5和M25缺少可供比较的资料。从M25的豆接近M50的豆来看，两者基本同时。从壶的年代来看，M56和M50相当于前4世纪后半段或与燕下都九女台墓区M16接近，推测它们的年代为前3世纪前半段。

北京周边的战国墓有北京市昌平区松园村M1、M2②和北京市昌平区半截塔村M5③等。松园村的墓随葬了像燕下都九女台墓区M16中彩绘陶器那样的陶器，彩绘陶壶、簋、匜和高柄小口壶等与燕下都墓区M16的相似，其年代为前4世纪后半段。半截塔村墓的陶明器种类少而难以准确地判断其年代，不过出土鬲的造型为前4世纪后半段或者稍晚一些。如果要说北京近郊

---

① 北京市文物工作队：《北京怀柔城北东周两汉墓葬》，《考古》1962年第5期。
② 苏天钧：《北京昌平区松园村战国墓葬发掘记略》，《文物》1959年第9期。
③ 北京市文物工作队：《北京昌平半截塔村东周和两汉墓》，《考古》1963年第3期。

的战国墓,首先应为天津市东郊的张贵庄。① 这里发掘了 33 座墓,从已经发表的资料看,可以断代的墓是 M3、M4 和 M10。从壶的造型看,M4 为前 4 世纪前段,M10 为前 3 世纪前半段,M3 为前 3 世纪后半段。② 河北省三河市大唐廻北淀 M3 是前 4 世纪后半段的陶器墓。

下面分析北京以北的燕国墓。前 5 世纪前半段的河北省迁西县大黑汀 M1 是典型的燕国墓,证实了春秋后期燕已经把领地扩张到滦河下游。大黑汀墓群中已经发掘了 6 座墓,其中大黑汀 M2 为前 5 世纪后半段,大黑汀 M4 为前 4 世纪后半段,大黑汀 M5 为前 3 世纪。张家口市到怀来和延庆一带在春秋至战国初期是北方民族狄的领地,属于战国后期燕设置的五郡中的上谷郡。已经发表的资料有前 4 世纪后半段的下花园区 M2 和 M3,以及属于前 3 世纪前半段的 M3。③ 由此可见,张家口一带在前 4 世纪后半段已经变成了燕的领地。河北省承德市滦河镇战国墓④位于渔阳郡。这里出土了与九女台墓区 M16 一样的彩绘陶器。彩绘陶器中有壶、有盖豆、簋、盘和匜等。有盖豆近似Ⅱ式铜豆并稍有退化倾向。壶也有类似情况,属于前 3 世纪前半段。从类型来看,它们具有介于九女台墓区 M16 与辛庄头墓区 M30 之间的特征。位于其西边的河北省抚宁区邴各庄出土了前 3 世纪的陶明器。⑤ 辽宁省喀左县大城子眉眼沟战国墓⑥位

---

① 云希正、韩嘉谷:《天津东郊张贵庄战国墓第二次发掘》,《考古》1965 年第 2 期。
② 廊坊地区文物管理所、三河县文化馆:《河北三河大唐廻、双村战国墓》,《考古》1987 年第 4 期。
③ 张家口市文管所、下花园区文教局:《张家口市下花园区发现的战国墓》,《考古》1988 年第 2 期。
④ 承德离宫博物馆:《承德市滦河镇的一座战国墓》,《考古》1961 年第 5 期。
⑤ 邸和顺、吴环露:《河北省抚宁县邴各庄出土战国遗物》,《考古》1995 年第 8 期。
⑥ 朝阳地区博物馆、喀左县文化馆:《辽宁喀左大城子眉眼沟战国墓》,《考古》1985 年第 1 期。

于北右平郡。眉眼沟出土了鼎、壶、豆、盘和匜。壶、豆的年代为战国后期后半段,鼎和匜具有本地特色。北边的赤峰市红山区战国墓①随葬的陶器形态与眉眼沟的相似,其年代大致为前3世纪。东部的辽宁省沈阳市南市区战国墓②位于辽东郡,出土了鼎、壶、盘和匜。因发表的资料过于简略而无法断代,不过从盘和匜看,它们大致属于前4世纪后半段到前3世纪前半段。

下面归纳一下上述战国燕的陶器分期(图80)。鼎的变化是腹部逐渐下垂,腹底部逐渐平底化。尤其是燕下都九女台墓区M16的鼎腹部下垂的侧视图与前310年中山国厝墓出土的陶鼎的造型一致,是把九女台墓区M16定为前4世纪末的证据。随后的鼎盖上的把手与足退化严重。壶的变化是,腹最大径从前4世纪前半段在腹部中央或偏上部位到前4世纪后半段逐渐提升至肩部,之后腹下部内收明显而且纹样有退化趋势。从前4世纪后半段开始出现了动物造型的刻纹。高柄小口壶在前4世纪前半时以球状盖为主(图80:10),到了前4世纪后半段时盖变成了子口。把燕下都M29的鼎盖(图80:19)与九女台墓区M16的鼎盖(图80:29)比较后可知,后者外翻不如前者,具有退化倾向。从前5世纪前半段到前4世纪后半段,尊形器的肩部由丰肩变为耸肩,口沿明显变高。

## 3 燕国陶明器的特色及其意义

这里将概述林巳奈夫说的燕礼仪用的特殊陶明器。③ 这些陶明器见诸燕下都九女台墓区M16和辛庄头墓区M30,部分陶明器

---

① 张松柏:《赤峰市红山区战国墓清理简报》,《内蒙古文物考古》1996年第C1期。
② 金殿士:《沈阳市南市区发现战国墓》,《文物》1959年第4期。
③ 林巳奈夫:《〈周禮〉の六尊六彝と考古遺物》,《東方學報》第52册,1980年。

见诸解村村东 M2 和燕下都 M29，以及松园村、滦河镇等。燕下都 M16 有边长 30 米的封土，位于燕下都九女台墓区，可能是燕贵族的墓。同样，辛庄头墓区 M30 虽然不在特定的墓区，但是它位于燕下都，从封土看也可能是贵族墓。为了确定这些墓主的社会地位，如表 22 所示，按照早晚顺序以及墓坑大小和已知的随葬品找出它们之间的关系。春秋后期到战国前期的前 6 世纪前半段到前 5 世纪后半段的墓虽然随葬青铜彝器，但是墓坑不大。进入前 4 世纪战国中期后，带有封土的大型墓和没有封土的小型墓之间等级分化严重。比较大的墓随葬下面将要叙述的特殊陶明器和红彩绘陶器，这种墓的规模和随葬品组合很可能反映了墓主生前的社会地位。

特殊陶明器见于前 4 世纪前半段的解村村东 M2，从燕下都九女台墓区 M16 阶段才开始普遍随葬这类陶器。特殊陶明器是指扁足方鼎（图 81：1）、尊（图 81：2）、簋（图 81：3）、壶（图 81：4）、鉴（图 81：5）、罍（图 81：6）、甬钟（图 81：7）、豆（图 81：8）、盘（图 81：9）、匜（图 81：10）。其中扁足方鼎、尊、簋是模仿西周前期彝器制作的仿铜陶器，壶、鉴、罍、甬钟、豆、盘和匜是模仿前 6 世纪后半段至前 5 世纪前半段青铜彝器制作的仿铜陶器。林巳奈夫对前者作过分析。正如林氏所指出的那样，河南省辉县琉璃阁 M60[①] 的壶是前 6 世纪后半段春秋后期模仿西周后期的壶制作而成的。可以说这个阶段各个国家广泛地仿制了复古青铜彝器。燕下都九女台墓区 M16 模仿西周前期青铜彝器制作的仿铜陶器上附加了春秋后期的纹样，是认祖归宗至春秋后期，憧憬西周礼仪而模仿西周青铜彝器制作成的。因此，燕下都九女台墓区 M16 等前 4 世纪后半段的墓随葬的这些特殊陶明器可能是前

---

① 郭宝钧：《山彪镇与琉璃阁》，科学出版社，1959 年。

## 表22 战国墓葬规模与随葬品的关系

| 墓葬品 | 墓坑 长度(m) | 宽度(m) | 深度(m) | 面积(m²) | 随葬品 青铜彝器 | 其他青铜器 | 特殊随葬陶器 | 随葬陶器 | 玉、石器 | 时期 | 备考 |
|---|---|---|---|---|---|---|---|---|---|---|---|
| 贾各庄 M18 | 5.0 | 4.2 | 1.44 | 21.0 | ○ | ○ | × | ○ | ○ | 前6世纪后半 | |
| 贾各庄 M28 | 3.8 | 3.1 | 1.26 | 11.8 | ○ | ○ | × | ○ | ○ | 前6世纪后半 | 被破坏 |
| 燕下都 M31 | 2.96 | 2.66 | 1.2 | 7.9 | ○ | ○ | × | ○ | × | 前5世纪前半 | 被破坏 |
| 大唐廻 M1 | 2.5 | 1.4 | 1.7 | 3.5 | ○ | ○ | × | ○ | × | 前5世纪前半 | 被破坏 |
| 西贯城村 M8 | 2.0～2.50 | 1.0～2.0 | 0.3～1.25 | 2.0～5.0 | × | × | × | ○ | × | 前5世纪前半 | 被破坏 |
| 贾各庄 M16 | 2.94 | 1.54 | 2.2 | 4.5 | ○ | ○ | × | ○ | ○ | 前5世纪前半 | |
| 周仁村 M1 | 2.6 | 1.28 | 1.0 | 3.3 | × | × | × | ○ | × | 前5世纪前半 | |
| 西贯城村 M14 | 3.0～3.9 | 2.0～2.25 | 1.0～1.7 | 6.0～8.8 | ○ | ○ | × | ○ | × | 前5世纪后半 | — |
| 贾各庄 M8 | 3.34 | 2.74 | 0.9 | 9.2 | × | ○ | × | × | × | 前5世纪后半 | |
| 北京丰台区 | 2.4 | — | — | — | ○ | × | × | × | × | 前5世纪 | 被破坏 |
| 周仁村 M2 | 3.9 | 2.8 | 1.5 | 10.9 | × | ○ | × | ○ | × | 前4世纪前半 | |
| 西贯城村 M18 | 3.0～3.9 | 1.85～2.5 | 1.0～1.7 | 5.6～9.8 | × | × | × | ○ | × | 前4世纪前半 | |

第七章 战国的燕及其扩张

259

续表

| 塞葬品 | 墓坑 长度(m) | 宽度(m) | 深度(m) | 面积(m²) | 随葬品 青铜彝器 | 其他青铜器 | 特殊随葬陶器 | 随葬陶器 | 玉、石器 | 时期 | 备考 |
|---|---|---|---|---|---|---|---|---|---|---|---|
| 解村村东 M2 | 7.0 | 5.5 | 2.1 | 38.5 | × | ○ | ○ | ○ | ○ | 前4世纪前半 | 被盗掘 |
| 怀柔城北 M56 | 3.4 | 3.3 | 7.0 | 11.2 | × | ○ | × | ○ | × | 前4世纪前半 | |
| 怀柔城北 M50 | 3.8 | 2.46 | 5.31 | 9.3 | × | × | × | ○ | × | 前4世纪前半 | |
| 贾各庄 M23 | 3.16 | 2.1 | 1.62 | 6.6 | × | ○ | × | ○ | ○ | 前4世纪前半 | |
| 松园村 M1 | 5.0 | 3.0 | — | 15.0 | × | × | ○ | ○ | ○ | 前4世纪后半 | 被盗掘 |
| 燕下都 M29 | 4.54 | 3.02 | 4.9 | 13.7 | × | ○ | × | ○ | ○ | 前4世纪后半 | |
| 西贯城村 M13 | 2.3 | 1.15 | 0.75 | 2.6 | × | × | × | ○ | × | 前4世纪后半 | 被盗掘 |
| 燕下都 M16 | 10.4 | 7.7 | 7.6 | 80.1 | × | × | × | ○ | ○ | 前4世纪后半 | 被破坏 |
| 大唐廻北淀 M3 | 3.4 | 2.5 | 2.6 | 8.5 | × | ○ | ○ | ○ | × | 前4世纪后半 | 被盗掘 |
| 辛庄头 M30 | 12 | 9.5 | — | 114.0 | × | × | × | ○ | ○ | 前3世纪 | |
| 怀柔城北 M5 | 3.27 | 2.0 | 5.5 | 6.5 | × | × | × | ○ | × | 前3世纪 | |
| 怀柔城北 M25 | 3.12 | 2.04 | 4.6 | 6.4 | × | ○ | × | ○ | × | 前3世纪 | |

续表

| 墓葬品 | 墓坑 长度(m) | 宽度(m) | 深度(m) | 面积(m²) | 随葬品 青铜葬器 | 其他青铜器 | 特殊随葬陶器 | 随葬陶器 | 玉、石器 | 时期 | 备考 |
|---|---|---|---|---|---|---|---|---|---|---|---|
| 贾各庄 M32 | 2.95 | 1.8 | 1.59 | 5.3 | × | × | × | ○ | ○ | 前3世纪 | |
| 承德滦河镇 | 残1.7 | 残1.3 | 残1.3 | — | × | × | ○ | ○ | × | 前3世纪 | 被破坏 |
| 眉眼沟 | 3.25 | 1.58 | 3.43 | 5.1 | × | × | × | ○ | ○ | 前3世纪 | |
| 王子坟山 M9020 | 2.6 | 1.0 | 2.6 | 2.6 | × | ○ | × | ○ | × | 前3世纪 | |
| 沈阳南市区 | 残2.2 | 残1.5 | 残1.1 | — | × | × | × | ○ | × | 前3世纪 | 被破坏 |
| 赤峰红山区 | 3.4 | 1.7 | 1.9 | 5.8 | × | × | × | ○ | × | 前3世纪 | |

261

4世纪后半段模仿春秋后期青铜彝器的仿铜陶器。这个推论可以从同时期出现了模仿春秋后期的壶、罍、鉴和甬钟等陶明器得到证明。春秋后期作为燕特有铜器的Ⅱ式豆青铜器、虺龙纹、虎纹盘、带鸟首形把手的匜在这个阶段突然再次出现，是复辟前4世纪后半段春秋后期礼制的迹象。它们只见于承担这个重任的燕下都M29和M16等统治阶层，不见于贾各庄和怀柔城北等普通战国墓。可以想象，这是燕的贵族们在前4世纪后半段为了复辟包括燕特有器类在内的西周祭礼以及要求举行春秋后期复原的西周祭礼。当时是否实际上仍然维护血统另当别论，但燕是唯一继承了西周初期诸侯谱系的诸侯国，并且清醒地认识到与周同是姬姓国家。换言之，这是表现燕的意识形态的民族主义的做法。前6世纪后半段燕的铜器的特殊性在多个方面有所体现，值得关注的是，前4世纪后半段突然涌现出来这种复古风潮并固定下来的情况。按《史记·燕召公世家》，这个时期燕侯始称王，燕国的诸侯机构齐备，强大的王权处于正在确立的阶段。下面将讨论体现燕王权的武器铭文。

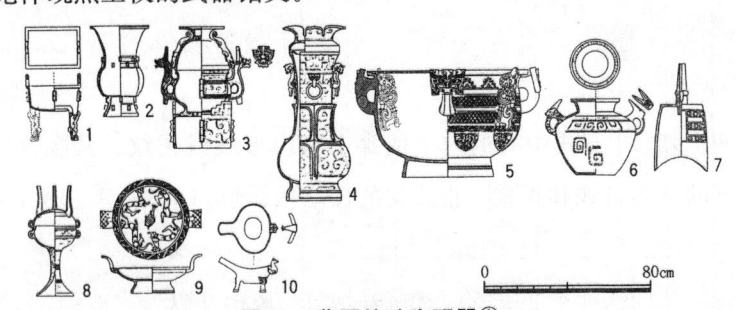

**图81 燕国特殊陶明器**[①]
（1—8、10：燕下都M16，9：燕下都M29；1—2：比例1/8，其他比例1/32）

---

[①] 图81：1—8、10的图见河北省文化局文物工作队：《河北易县燕下都第十六号墓发掘》，《考古学报》1965年第2期；图81：9的图见河北省文化局文物工作队：《1964—1965年燕下都墓葬发掘报告》，《考古》1965年第1期。

## 4 燕的兵制

　　冠以郾侯或郾王名的燕国青铜武器上的铭文由王名、职务名和器名构成。李学勤根据简略的铭文内容认为战国后期文献中的燕王是铭文中的郾王。① 这是根据著录中所载铭文内容所作的推测。1973年在燕下都武阳台村23号作坊遗迹中发现的丰富的燕王武器②为铭文中郾王的排序提供了依据，而据此所作的推测则与李学勤的有些说法不同。为此需要先对有铭文的戈、矛和铍进行形态分类，然后把铭文中所见器名或职务名与铭文铜器对应起来，再根据铭文的字形差异排序，最后把它们与文献上所见王名对照，以便在此基础上进一步厘清战国后期燕国武器的特征、铭文所见燕国兵制的特点。武器形态分类如图82所示，王名、职务名和器名与类型的对应关系如表83所示。

　　首先，分析戈的类型与器名的对应关系。器名有鍨、鍨鉘、鋘、鋸。自铭鋘的戈有阑而无上阑，内下端有缺，是为Ⅰ式。自铭鍨鉘的戈援上有血槽，还有上阑，胡上有波状刺，是为Ⅱ式戈，其中有4个刺的为Ⅱa式。自铭鍨的戈属于Ⅱ式，其特征是胡上有两个刺。Ⅱb式中有的内上的穿上有山形纹或虎纹。其次自铭鋸的戈为Ⅲ式和Ⅳ式。Ⅲ式戈的援略呈弧形，1个刺，有上阑，从阑到援呈山形凸起，内的下缘有刃。Ⅳ式与Ⅲ式类似而无阑，其特征是内侧面稍稍倾斜。Ⅳ式按大小，明显可以分为两群，全长27厘米左右的为Ⅳa式，全长25厘米左右的为Ⅳb式。Ⅰ式是

---

① 李学勤：《战国题铭概述》（上），《文物》1959年第7期。
② 河北省文物研究所编：《燕下都》，文物出版社，1996年；河北省文物管理处：《燕下都第23号遗址出土一批铜戈》，《文物》1982年第8期。

鈚,Ⅱ式是鎩鈚或鎩,Ⅲ、Ⅳ式是锯。还有1件自铭鈚,造型与Ⅳ式一样都缺阑等,不过它有2个刺,内缺下端而无刃,是为Ⅴ式。Ⅰ式和Ⅴ式同名,造型方面都是内缺下端,两者之间的关系不详。另外,燕下都武阳台村23号作坊遗迹出土了具有Ⅲ式和Ⅳb式特征的戈,但是它没有刺,背面有铭文,可惜被磨损而无法识读,这个资料无法利用。

其次,分析职务名与器物类型的对应关系。李学勤认为职务名指的是燕王侍卫徒御的名字[1],而林巳奈夫认为它们是军队名称[2]。不过,这些名称如下文所述是整个战国后期始终与特定器型相对应的名称。因此,它们很可能是指包括侍卫徒御和军队名称在内的燕兵制方面的官名。下面讨论职务名。职务名中的巾萃和冕萃的读法从李学勤和郑绍宗[3],巨攻和攻的读法从林巳奈夫[4]。

Ⅰ式的职务名是右军或帀萃,Ⅱ式的职务名是巾萃,而王萃、行议、御司马等与戈没有明确的对应关系。Ⅲ式的职务名是职王代巾萃或职王代冕萃,没有固定写法,但是其他的王名后面都是冕萃。Ⅳa式的职务名是巨攻,Ⅳb式的职务名是攻,各个王的名称不变。如上所述,虽然Ⅰ、Ⅱ的职务名不固定,但是Ⅲ、Ⅳa、Ⅳb式几乎都与一定的职务名对应。

矛的情况如何?器名可读为釳或刘,不过根据器名所判断的器形与职务名没有固定的对应关系。虽然职务名有左军、冕萃、

---

[1] 李学勤:《战国题铭概述》(上),《文物》1959年第7期。
[2] 林巳奈夫:《中国殷周时代の武器》,京都大学人文科学所,1972年。
[3] 李学勤、郑绍宗:《论河北近年出土的战国有铭青铜器》,中国古文字研究会等编:《古文字研究》第7辑,中华书局,1982年。
[4] 林巳奈夫:《中国殷周时代の武器》,京都大学人文科学所,1972年。

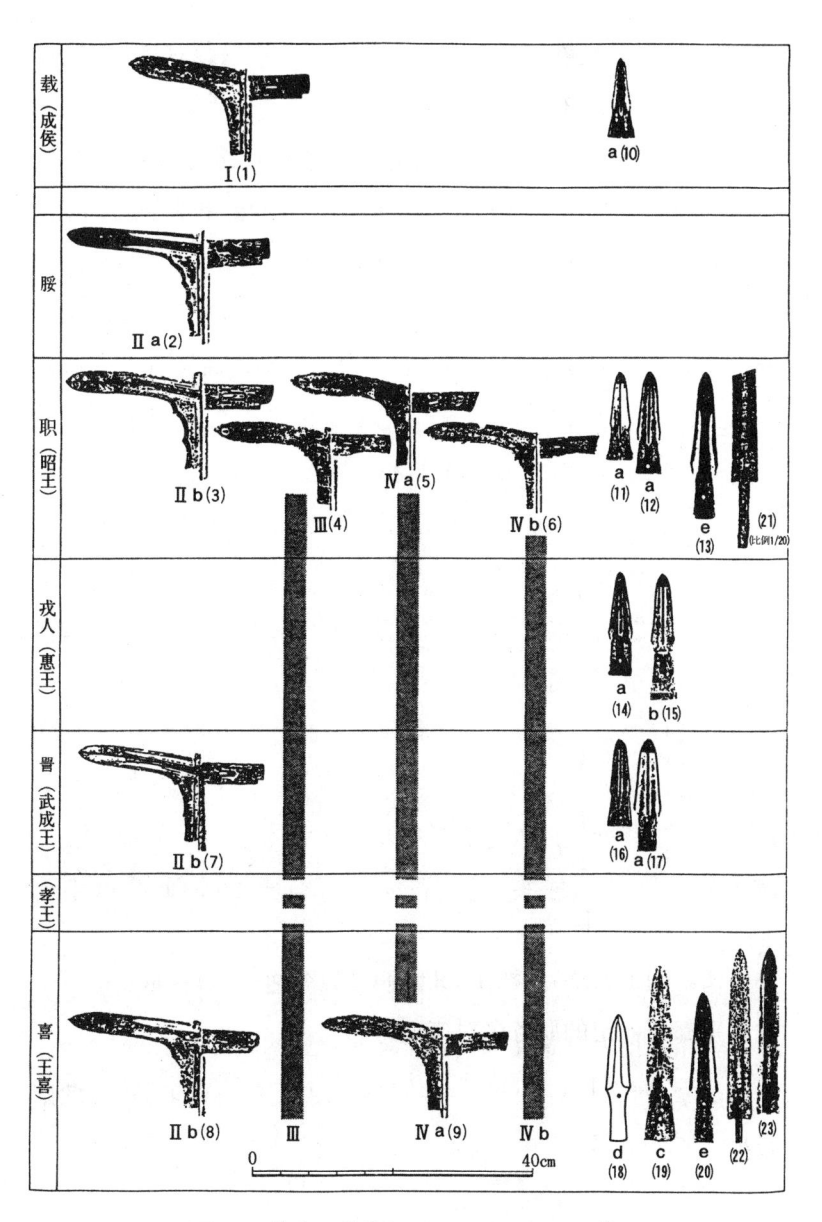

图 82 燕出土的战国时代的武器演变图①
（比例 1/10）

---

① 参见表 23。

巨孜、孜、黄卒、百执御等，但矛的类型与职务名很难准确对应。矛身有脊、脊两侧有血槽、横断面为菱形的 a 式矛上有职务名冕萃、巨孜、孜等，Ⅲ、Ⅳa、Ⅳb 式戈上也有这些职务名，矛很可能与Ⅲ、Ⅳa、Ⅳb 式戈组合起来作为戟使用，因此它们的职务名相同。

接下来分析铍的情况。器名为王职代的铭文是锗剑和者鈌，它可能是剑。器型明确的铍拥有长方形茎的扁平剑身，显然是铍。有些稍大一些的铍可能是剑，不过因为战国后期看不到这种造型的剑，所以它应该还是铍。关于器物名称采纳李学勤的说法。① 王翰章认为只有剑一种名称。② 这样看来，就王职代的铍而言，如表 23 所示，把武踔者的者读作旅，武踔旅是职务名。这样一来喜王代铍上的踔旅就是职务名，《三代吉金文存》20－45－2 中的旅就是职务名，让人感觉到没有踔字也被视为职务名就很不合理。这里采纳李学勤的说法，王喜代铍的者鈌为器名。即使相同的铍只要是王喜代的器物都称为者鈌。职务名方面，王职代写作武踔，王喜代只写踔，由此可知职务名的称呼发生了变化。这样看来，就踔而言，器名很可能因为时代早晚不同而称呼不同。铍当中，有的茎比较短，它们可能是折断所致，因此没有细分类型。

燕王（侯）铭中，经过比对，比较可靠的王名有载、职和喜。

郭沫若提出Ⅰ式戈和 a 式矛铭文所见的𨛜与载是同一个人，即燕成侯（前 358—前 330 年）③。这个说法是可信的，燕侯载即成侯。

---

① 李学勤：《战国题铭概述》（上），《文物》1959 年第 7 期。
② 王翰章：《燕王职剑考释》，《考古与文物》1983 年第 2 期。
③ 郭沫若：《释𨛜》，《金文丛考》，人民出版社，1954 年。

### 表23　郾王(侯)铭内容一览表

| 器种 | 型式 | 王(侯)名 | 职 | 铭文 | 器名 | 出土地点及其他 | 序号 | 〔图82〕 | 文献名 |
|---|---|---|---|---|---|---|---|---|---|
| 戈 | I | 郾侯载 | 乍 | 右军 | 鋘 |  | 1 | | 周存6-19-2 |
| | I | | 乍 | 巾萃 | | 燕下都 | | | 考古1962-1 |
| | IIa | 郾侯朕 | 乍 | 巾萃 | 脍鋘 | | 2 | | 三代19-50-1，小校10-46-1 |
| | IIb' | 郾侯职 | 乍 | 御司马 | | 辽宁省北票县东宫营子 | 3 | | 考古1973-4 |
| | IIb | 郾王职 | 乍 | 王萃 | | | | | 三代19-42-2 |
| | IIb | 郾侯职 | 乍 | 王萃 | | | | | 石窟下46 |
| | IIb | 郾□职 | | | | 燕下都21∶57 | | | 燕下都 |
| | III | 郾侯 | 乍 | 巾萃 | 脍 | 河北省满城县 | | | 河北省出土文物选集139 |
| | III | 郾王 | 为 | 〃 | 鋸脍 | 燕下都23-59 | 4 | | 文物1982-8 |
| | 〃 | 〃 | 〃 | 〃 | 〃 | 〃-2 | | | 〃 |
| | 〃 | | | 晃萃 | | 燕下都23-1，其他3点 | | | 河北省出土文物选集137 |
| | 〃 | | | 〃 | | 河北省容城县 | | | 三代20-15-2 |
| | III' | 郾王职 | 乍 | 晃萃 | 脍 | 燕下都21∶96 | | | 燕下都 |
| | IVa | 郾王职 | 乍 | 巨攻 | 脍 | 燕下都23-33，其他5点 | 5 | | 文物1982-2 |
| | IVb | 〃 | 〃 | 〃 | 〃 | 燕下都23-32，其他17点 | 6 | | 〃 |
| | IVb | 〃 | | | | | | | 三代20-16-1 |
| | III | 郾王戎人 | 乍 | 晃萃 | 脍 | 燕下都23-64 | | | 文物1982-8 |
| | III | 郾王戎人 | 乍 | 晃萃 | | 〃 21∶77 | | | 燕下都 |
| | IVa | 郾王戎人 | 乍 | 巨攻 | 脍 | 〃 23-38，其他1点 | | | 文物1982-8 |
| | IVb | 郾王戎人 | 乍 | 〃 | 脍 | 〃 -35，其他30点 | | | 〃 |
| | IIb | 郾王喜 | 为 | 行议 | 鋸 | | | | 陶斋续2-21 |
| | IIb | 郾王喜 | 为 | (行)□ | 鋸 | | | | 三代19-50-2，小校10-53-2 |
| | III | 郾王喜 | 为 | 晃萃 | 脍鋸 | 燕下都23-56 | 7 | | 文物1982-8 |
| | 〃 | | 乍 | 〃 | 鋸 | 〃 23-108，其他5点 | | | 〃 |
| | IVa | | 〃 | 巨攻 | 鋸 | 〃 23-75，其他1点 | | | 〃 |
| | IVb | | 为 | 〃 | | 〃 23-47 | | | 〃 |
| | IVb' | | | | 鋸 | 〃 23-22，其他7点 | | | 〃 |
| | V | | | 行义自乍司马 | 鋘 | 〃 -55 | | | 〃 |
| | IIc | 郾王喜 | 为 | 御司马 | 鋸 | 燕下都23-58 | 8 | | 文物1982-8 |
| | IIb | 〃 | | | | 燕下都 | | | 考古1962-1 |
| | III | 郾王喜 | 为 | 晃萃 | 鋸 | 燕下都23-69，其他3点 | | | 文物1982-8 |
| | IVa | 郾王喜 | 为 | □ | □ | | 9 | | 三代20-18-1 |
| | IVa | 〃 | □ | 巨攻 | □ | | | | 三代20-18-2，小校10-43-2 |
| | IVb | 〃 | 为 | 攻 | 脍 | 燕下都23-91，其他3点 | | | 文物1982-8 |
| 矛 | a | 郾侯载 | 乍 | 左军 | | | 10 | | 三代20-36-2 |
| | a | 郾王职 | □ | 晃巨攻 | (栓) | | 12 | | 小校10-74-1 |
| | 〃 | 〃 | 〃 | 攻 | □金 | | 11 | | 三代20-37-2，小校10-73-2 |
| | 〃 | 〃 | | 攻 | 〃 | | | | 三代20-38-1 |
| | 〃 | | | 黄(萃) | (栓) | | | | 小校10-73-1 |
| | e | (职) | | | | | 13 | | 小校10-73-1，三代20-38-1 |
| | a | 郾王戎人 | 乍 | 巨攻 | □金 | | 14 | | 三代20-37-1，小校10-74-1 |
| | a | 〃 | | | | | | | 三代20-36-1 |
| | b | 〃 | 乍 | (百执御) | (栓) | | 15 | | 三代20-37-1 |
| | a | 郾王喜 | 为 | □ | (鉈) | | 16 | | 三代20-38-2 |
| | a | 〃 | (为) | □ | 攻 | | | | 河北省出土文物选集138 |
| | a | 〃 | 乍 | (巨攻) | (鉶) | | 17 | | 三代20-38-2 |
| | c | 郾王喜 | (为) | □ | (利) | | 19 | | 三代20-36-2 |
| | d | 〃 | 〃 | □ | 检(鉈) | | 18 | | 河北省出土文物选集141 |
| | e | 〃 | □ | □ | □ | | 20 | | 小校10-73-2，周存6-81 |
| 鈹 | | 郾王职 | 乍 | 武襗 | 鋘剑 | | | | 录遗595 |
| | | 郾王职 | 乍 | 武襗 | 剑 | 陕西省洛川县 | 21 | | 考古与文物1983-2 |
| | | 郾王喜 | 为 | 襗 | 者鈇 | | 22 | | 三代20-44-2 |
| | | 〃 | 为 | 〃 | 〃 | | | | 三代20-44-2 |
| | | 〃 | 为 | 〃 | 〃 | | | | 小校10-98-2 |
| | | 〃 | 为 | 襗 | 者(鈇) | | | | 河北省出土文物选集140 |
| | | 〃 | (为) | 〃 | 者鈇 | | 23 | | 三代20-45-1，小校10-98-1 |
| | | 〃 | 为 | | 者鈇 | | | | 三代20-45-2，小校10-98-2 |

注：型式与王名不详者不录，"(　)"代表不确定的器物。

关于燕侯载有两种说法。一说是昭王（前312—前279年）①，一说是昭王之前的公子职（前313—前312年）②。后者援引《史记·燕召公世家》等文献"二年而燕人立太子平，是为燕昭王"，认为职不是昭王。前者关于太子平的记载相当混乱，他们援引的《史记·赵世家》和《竹书纪年》中有"王召公子职于韩，立以为燕王"的记载，所以提出职为昭王的观点。杨宽认为《史记》把公子职误写为太子平，支持前一种说法。③ 关于后一种说法，昭王之前的公子职在位仅2年。但是，带有王职铭的武器数量非常多而且山东也出土了此种武器，与昭王代伐齐的史实一致，这就说明前一种说法即把职当作昭王代的看法是可靠的。

喜，即文献记载中的王喜无误，没有疑问。

除此以外的王名如何？这里根据铭文用字习惯和字形演变，排出王的前后顺序，然后按顺序把他们与王名载公、昭王、王喜比对，据此把文献中所载的王名排序。这样就可以通过铭文搞清楚燕王武器的年代及其在战国史中的地位。

着眼点之一是称为郾侯还是称为郾王。在比对的王名中，年代最早的是载（成侯），称为燕侯。根据《史记·燕召公世家》，易王以王为号。载早于他，与记载相符。至于职，有2件称侯，大多数称王。此外称侯的有郾侯朕。朕很可能是职之前的燕侯。冠以朕的器物是Ⅱa式戈。它与职务名为巾萃的王职的戈相同，其名称是名为鐱鉌的载侯Ⅰ式戈上所看到的鉌与王职以后Ⅱ式戈所见鐱的折中式器物名称。据此可以推测，郾侯朕早于王职，王名的顺序是载、鐱、职。

---

① 王翰章：《燕王职剑考释》，《考古与文物》1983年第2期。
② 张震泽：《燕王职戈考释》，《考古》1973年第4期。
③ 杨宽：《战国史》，上海人民出版社，1955年。

接下来看看用字习惯。燕王武器名多写为郾王（侯）……是……的……作。有的用"为"取代"作"。关于"为"的解释，燕下都发掘报告，把它识读为"造"①，王翰章把它读为"作"②。从字形看它与"为"最接近，这里采纳李学勤的说法。③ 这个"为"，在戈中有王职铭的戈只有1件，其他的都是王喜，王喜的器物上也有。关于王喜，所有器物上都有"为"字。矛和铍中，铍中写有"为"铭的当中只有1件写王职，其他都写王喜。笔者排出来这个相对顺序之后，石永士也提出相同的看法。

接下来看看器名的字形。矛的器名是釱。这个字有"釱"与"䥺"两种不同写法。"䥺"是王职，王戎人上都可以有。王职中只有1件写"釱"。王喜及能够确认为王喜的矛上只有"釱"。同样是戈，器名为鍨和锯的，"金"字旁有的在左边有的在右边。燕下都23号等遗迹中的拓片没有发表而无法对比，不过带王职、王戎人的铭文中，"金"几乎都是左偏旁。而石永士根据字形把职务名"冦"分为两种，发掘报告认为字形差异是反映年代早晚的指标之一④，青铜戈的资料尚未全部发表，只发表了一部分资料，所以此说难以验证。这里就字形多少有一些差异的"冦"字展开讨论。

比较用字习惯和字形时，大家都知道职、戎人组与喜、喜组的铭文。比较职与戎人，因为戎人没有侯的称号，所以他是晚于职的新王。至于喜、喜，喜相当于王喜，燕最后的王，喜早于喜。因此，职以后的王的相对顺序是职、戎人、喜和喜。其他王中知道名

---

① 河北省文物研究所编：《燕下都》，文物出版社，1996年；河北省文物管理处：《燕下都第23号遗址出土一批铜戈》，《文物》1982年第8期。
② 王翰章：《燕王职剑考释》，《考古与文物》1983年第2期。
③ 李学勤：《战国题铭概述》（上），《文物》1959年第7期。
④ 石永士：《郾王铜兵器研究》，中国考古学会编：《中国考古学会第四次年会论文集》，文物出版社，1985年。

字的叫号骰①,事实上那些王的名字能否辨识不得而知,也就没有判断王名相对顺序的线索。至于职务名为冕萃的"冕",因为在各个王中其字形不同,所以字形方面找不到反映相对顺序的线索。

迄今已知的燕王的相对顺序如下：载、朡、职、嚣、喜。能够对应的王名有：载为成侯、职为昭王、喜为王喜。因此朡对应的是易王或王噌,假如从易王代开始称王,那么称侯的朡很可能就是易王。昭王职与王喜的喜之间是惠王、武成王和孝王,按嚣的顺序,中间的戎人相当于王名。孝王在位仅二年,那么嚣很可能就是孝王之前的惠王、武成王。这种比对出来的王名,与石永士②和发掘报告的看法相同。虽然它与江村治树③和沈融④的看法不同,但是从上面排序的证据看,这种比对是可信的。

如果像这样从燕王(侯)武器梳理燕王的变迁,那么下述内容就容易理解。

铭文与文献能够对应起来的燕侯中最早的是成侯。与这个时期职务名对应的是燕特有的币萃,以及三晋也知晓的右军、左军。正如在《史记·赵世家》武灵王二十一年(前305年)所看到的那样,几乎同一时期的赵的兵制中就有右军、左军和中军。推测燕也是在这个时期建立了与赵相同的兵制。Ⅰ式戈的阑与在秦大良造鞅戈用的阑一样是前4世纪后半段开始出现并流行于七国的特征之一。

职即昭王,或者在稍早阶段,燕设立了特有的兵制。例如Ⅲ

---

① 中国历史博物馆考古组：《燕下都城址调查报告》,《考古》1962年第1期。
② 李学勤：《战国题铭概述》(上),《文物》1959年第7期。
③ 江村治树：《戦国新出土文字资料概述》,《戦国時代出土文物の研究》,京都大学人文科学研究所,1985年。
④ 沈融：《燕兵器铭文格式,内容及其相关问题》,《考古与文物》1994年第3期。

式戈的王职代有币萃和冕萃两个名字,后来合二为一变为冕萃,王职代确立了固定的职务名、器名。燕独特的武器类型多样化始于这个时期。它正像燕开始称王那样,与殷实的国力相辅相成。昭王是被齐攻伐后在赵的支持下使燕中兴的王。昭王代反过来攻齐,燕将秦开在造阳到襄平之间修筑了长城,在上谷以下设置了五个郡。在燕国力再次强盛和充实时期,燕称王的同时也确立了燕国的兵制。冕萃、巨攻、攻三个职务名从昭王到王喜延续了近百年,与职务名对应的武器在整个时期都能够准确地区分出来。推测带有血槽和多刺的优于其他戈的Ⅱ式戈与地位高于御司马等的三个职务名对应,从中可以窥视到与这些职务名对应的武器是昭王以后中央掌控常备军这种强有力的燕国兵制的一角。因此拥有铍的武跸或跸的职务名是燕王侍卫的说法①未必不对。这个时期所看到的御司马或行议这类职务名不见于文献记载。掌握兵权的司马是赵、齐和楚皆有的官制,御司马也是燕采用的官制之一。李学勤认为行议是仪仗队的名称。② 冠以个人名字的燕国武器数量不多,它们属于战国后期,不过并非所有这类武器都属于战国后期。武器的造型更接近于三晋的武器,没有表现出燕的特点。铭文中的将军、乘马大夫、右贯府这些官职属于战国时期的哪个阶段不详,不过都是燕既有的官制。江村治树认为它们是铸造者或责任人的名字,除了燕王督造系统,燕国各个官府可能还有督造系统。③ 沈融根据这些青铜武器的器形和铭文

---

① 李学勤、郑绍宗:《论河北近年出土的战国有铭青铜器》,中国古文字研究会等编:《古文字研究》第7辑,中华书局,1982年。
② 李学勤:《战国题铭概述》(上),《文物》1959年第7期。
③ 江村治树:《戦国新出土文字資料概述》,《戦国時代出土文物の研究》,京都大学人文科学研究所,1985年。

复原了以步兵为中心的军队结构。① 这里探讨的武器即使是以步兵为中心的军队装备，出土的铭文青铜戈数量也不足 100 件，所以与其说它是常备军的象征不如说它是仪仗队或者直属于王的常备军的象征。

如上所述，从武器铭文可以看到前 4 世纪后半段的成侯代时期出现了带有侯名的监造者名字的武器铭文，可见中央集权机构开始萌芽。昭王以后的前 3 世纪，近 100 年间，职制与武器造型严格对应，武器造型没有变化。从某种意义上说，武器造型不变是一种异常的物质文化，它展示了强大王权下与常备军相似的仪仗队的面貌。事实上，战国后期燕下都 M44 出土了大量铁兵器②，说明了武器向铁器化过渡的情况。

上面讨论武器铭文时没有利用著录中的铜戈资料。这是因为武器铭识读难度大，数量少而且真假难辨。如图 79：5、6 所示③，如"燕□巾□□"，又如"用造右□"。两者都属于本文分类中的Ⅱb式戈，其特征是"内"上有虎形纹样。该铭文中的"巾"如果读为巾，那么巾□就是职务名，参考其他实例，器物时代只能是易王或昭王代。后者的铭文格式在昭王以后定型化的铜戈铭文中已经看不到了。而"造"字与惠王以后常用的"为"的字形不同。因此，这些铜戈很可能是易王和昭王等前 4 世纪末抑或是更早阶段的武器。应该注意的是这些铜戈的"内"上的纹样，即两种戈上都有铸造的虎纹。前 4 世纪后半段，燕随葬的陶壶和陶盘上常见这种虎纹。它们都是具有时代特征的纹样。事实上，有王职即昭王铭文的Ⅱb式戈上就有虎纹。包括这件Ⅱb式戈在内的Ⅱ式戈

---

① 沈融：《燕兵器铭文格式、内容及其相关问题》，《考古与文物》1994 年第 3 期。
② 河北省文物管理处：《河北易县燕下都 44 号墓发掘报告》，《考古》1975 年第 4 期。
③ 罗振玉编：《三代吉金文存》第 19 卷，1936 年。

是御司马等燕军制中地位最高的人使用的武器。这种虎纹见于前6世纪后半段的青铜盘内壁,因此这里的虎纹是前4世纪的复古纹样。从纹样造型看,喜王代的Ⅱb式戈上的虎纹仅存轮廓。这种纹样不仅见诸铜戈而且见诸陶明器甚至燕下都16号车马坑出土的漆器上①,它是前4世纪后半段普遍使用的纹样。诚如前面所指出的那样,它是从燕复古礼仪中产生的文化,是确立王权的同时谋求燕的独特个性的结果,即从某种意义上讲,这种虎纹是被尊崇为燕的象征性纹样。值得关注的是,它是燕展示民族主义的标志。因此,在开始称王的易王前后,燕尊崇复古礼仪是确立王权的摇篮期在社会文化方面的反映,如陶明器和铜戈那样,只有特定阶层即贵族阶层等统治阶级才重视这些礼仪。

## 5 陶明器所见战国的燕

根据陶明器分期确定相对年代的墓见表24。上段是随葬品以青铜器为主的墓葬,下段是随葬品以陶明器为主的墓。铜器墓集中在春秋后期,陶器墓集中在战国后半期。它反映了随葬品从铜器向陶器转变的时代风尚,当然还有燕王墓没有被发掘过的缘故。不见战国前半段的墓是因为作为国都的蓟及其周边基本上没有做过考古调查。可供研究的资料只有战国中期以后才正式开发的燕下都周边的墓,这也是不见战国前半段墓的原因之一。事实上,近年调查过的北京市房山区窦店古城②,从考古学上确认了其第一期城墙的时代为春秋后期至战国前期,根据《太平寰

---

① 河北省文物研究所:《河北易县燕下都第16号墓车马坑》,《考古》1985年第1期。
② 北京市文物研究所拒马河考古队:《北京市窦店古城调查与试掘报告》,《考古》1992年第8期。

宇记》"在燕为中郡,汉为良乡县属涿郡"的记载,推测它就是燕中都。窦店古城及其周边调查少,因此战国前半期的墓葬资料也少。下面归纳一下根据陶明器演变反映的燕国史的一角,以此作为小结。

表 24 燕国墓葬分期方案

| | 前500年前 | 前500—前400年 | 前400—前300年 | 前300—前200年 |
|---|---|---|---|---|
| 青铜器墓 | 贾各庄M18<br>贾各庄M28<br>龙湾屯 | 大黑汀M1<br>燕下都M31<br>中赵甫<br>双村M1 大唐廻M1 | 西贯城村M14 | 北京丰台区 |
| 陶器墓 | 贾各庄M16 贾各庄M8 | 周仁村M1<br>西贯城村M8<br>大黑汀M2 | 周仁村M2 燕下都M29<br>西贯城村M18 西贯城村M13<br>解村村东M2 燕下都M16<br>松园村<br>怀柔城北M56、M50<br>贾各庄M23<br>张贵庄M4<br>下花园区M1、M2<br>大黑汀M4 | 辛庄头M30<br>怀柔城北M5、M25<br>贾各庄M32<br>张贵庄M10 张贵庄M3<br>下花园区M3<br>大黑汀M5<br>邴各庄<br>承德溧河镇 眉眼沟<br>沈阳南市区 赤峰红山区 |

燕是从西周初期延续至战国末期的诸侯国。春秋时期,燕国力羸弱,备受燕山以北的山戎侵扰,国土频遭蹂躏。[①] 随着山戎衰弱,春秋后期燕国力逐渐得到恢复,其独特个性也表现在青铜器上。虽然战国前期资料不足,但是陶明器的变化留下了痕迹。燕的陶明器具有与六国不同的地域特色,出现了尊形器,普遍随葬小口壶,直到战国后期还随葬鬲。特别是鬲反映了燕在生活方式方面非常保守。壶上的篦划纹是燕的特色,以动物纹样为主。这种篦划纹在战国后期十分流行。这个时期,统治阶层的墓突然随葬模仿西周前期和春秋后期青铜彝器的仿铜陶器。西周时期的仿铜陶器于春秋后期在包括中原在内的中国全境复兴。前4世纪后半段突然出现的返祖现象表现为,仿制受到春秋后期影响

---

① 根据《史记·燕召公世家》"庄公二十七年,山戎来侵我,齐桓公救燕,遂北伐山戎而还"等记载可知,春秋时代山戎对燕而言颇具威胁。

的西周前期的青铜彝器，仿制春秋后期的普通铜器及具有燕特色的铜器。它们始见于战国中期，在战国中期后半段成为流行于燕统治阶层墓中的随葬品，并一直延续至战国后期。它意味着新的祭礼的出现，反映了燕国统治阶层对春秋后期甚至西周前期祭礼的憧憬。正像孔子等新一代思想家辈出那样，春秋后期倡导恢复周礼。燕国在前4世纪后半段再次模仿那个时期的风尚显然是异常的复古行为。这个时期燕国逐步整顿王权，正如我们从铸币中所看到的那样，与战国中期六国相比，燕的国家权力更强大。[①]其国家权力是以王权为背景的，从这个时期开始愈发明显。以此为背景，燕国开始尊崇复古礼仪并建立了王权国家。燕的自信来自它与周一样是姬姓传统诸侯国。血统实际上有没有延续下来另当别论，但它与周同为姬姓，所以有必要通过复古祭礼来表示其行为是正当的。它在王权国家即将成立时，提出了自己的行为是正当的主张。燕国贵族重视这种祭礼，所以燕国的政权可能是以血缘为背景的王权。它是建立强有力王权的必要条件。武器铭文中看到的以王权为背景的国家体制在前4世纪末到前3世纪初的昭王时已经形成。可以想见，在昭王代阶段，因处在齐、赵、燕三国军事要冲而备受重视的燕下都就已经开始被筹建了。

## 6 燕领地的扩张

根据《史记·匈奴列传》[②]，燕国秦开伐东胡并使之向北退却

---

[①] 江村治树：《戦国新出土文字资料概述》，《戦国時代出土文物の研究》，京都大学人文科学研究所，1985年。
[②]《史记·匈奴列传·第五十》载："其后燕有贤将秦开，为质于胡，胡甚信之。归而袭破走东胡，东胡却千余里。与荆轲刺秦王秦舞阳者，开之孙也。燕亦筑长城，自造阳至襄平。置上谷、渔阳、右北平、辽东郡以拒胡。"

275

千余里,在造阳至襄平一线修筑了长城,并在上谷下面设置了五个郡。实际上这是赵武灵王击破北方的林胡、楼烦之后的事情,其中秦开的孙子秦舞阳是与荆轲一起试图刺杀始皇帝的人。一般认为,从这个年代关系来看,在上谷下面设置五郡时,是燕国力恢复和充实的昭王时期。但是燕对北方的经营是否如文献所载,需要审慎分析。正如在河北省迁西县发现的大黑汀 M1 那样,从燕国墓分布来看,燕国的领地在前 5 世纪前半段就已经到达了滦河下游。位于上谷郡内的河北省张家口一带如河北省怀来北辛堡 M1、M2① 的木椁上放置马、牛、羊(犬、豚)等牺牲的习俗表明,它与燕国墓明显不同。随葬的铜器是北方式铜剑,表明这些墓与北京市延庆军都山墓地② 等一样都是狄的墓。共存的青铜容器有鼎、壶、缶和鉴等,符合燕及其周边地区(山西省北部等)的地域特点。从鼎来看,这些墓的年代为前 5 世纪前半段。至少在这个阶段,该地区仍然处在狄的统治之下,从随葬品可以看出狄与燕等关系密切。同样是张家口一带,前述花园区 M1、M2 的年代为前 4 世纪后半段。因此根据上述文献推测,很可能在前 300 年前后,燕国在向北方扩张之前,就开始觊觎北方的领土。这样看来,有必要对辽西范围内的战国墓进行分析。

河北省滦平县虎什哈炮台山③和辽宁省凌源县五道河子④发现了战国墓地。发掘报告指出炮台山墓地是山戎的墓,大部分墓

---

① 河北省文化局文物工作队:《河北怀来北辛堡战国墓》,《考古》1966 年第 5 期。
② 北京市文物研究所山戎文化考古队:《北京延庆军都山东周山戎部落墓地发掘纪略》,《文物》1989 年第 8 期。
③ 河北省文物研究所、承德地区文化局、滦平县文物管理所:《滦平县虎什哈炮台山山戎墓地的发现》,文物编辑委员会编:《文物资料丛刊》7,文物出版社,1983 年。
④ 辽宁省文物考古研究所:《辽宁凌源县五道河子战国墓发掘简报》,《文物》1989 年第 2 期。

中北方式青铜器文化因素已经很稀少了。其特点是北京市延庆县军都山墓地看不到北方式青铜短剑。属于北方的因素是 M28 等填土中埋犬和牛头，不过这不是普遍现象，而是已经形式化了的埋葬礼仪。其中包含铜剑和带钩等燕山以南的地域文化因素，且是主体因素。特别是随葬品中的豆，它是完完全全来自燕山以南的文化因素。勉强保留下来的三翼铜镞、铜铃、铜泡等北方青铜器文化已经名存实亡了。铜泡上装饰绳纹等表明它们已经中原化了。目前已经公布了资料的 M28 随葬的敦具有前 5 世纪前半段的特征，M6 和 M28 随葬的陶豆具有战国前半段的特征。如上所述，炮台山墓地只有零星的北方青铜器文化特色，大部分墓的埋葬方式具有燕山以南的特色。可以看出它已经从与燕有关到被燕同化的方向发展。这里把它称为燕化。

　　五道河子墓地也发现了上述情况。在已经发掘的 11 座墓中只有 1 座石椁墓，是为本地特色，其余都是土坑墓或木椁墓。墓主为女性的 M7 中的铜泡等铜装饰品具有浓厚的北方青铜器文化因素。M10 中的铜泡和铜马牌饰等装饰品也具有浓厚的北方青铜器文化因素。但是在其他墓中，铜戈和铜剑等武器则具有燕山以南的特色，是这里原来没有的辽宁式铜剑文化。铜戈的内以及 M1 等的长援戈是前 5 世纪前半段中赵甫等已经出现的器物。同样是 M1 的铜铃有蟠螭纹但是严重变形，很可能是为了与燕山以南地区联系而采用的纹样。M8 只有 1 件能够纳入辽宁式铜剑范畴的剑，剑身下端残，与 II 式辽宁式铜剑相近。该地区的凌源三官甸出土了 II 式辽宁式铜剑，共存的其他器物则表明其年代为战国前期即前 5 世纪后半段。所以，五道河子墓地的墓葬年代接近三官甸，很可能属于战国前半期。除 M8 以外，其他墓中看不到可能属于辽宁式铜剑的器物，甚至其他武器也不都是继承本地谱系而来,也有一些可能是来自燕山以南即通过与燕联系而得到的。从 M8 中有继承燕谱系的主要武器来看,五道河子墓地受燕的影响相当大。很难直接根据这种关系说它们是附属关系,但可以想见,没有随葬继承本地谱系的武器而随葬继承了燕山以南谱系的武器表明它与燕在政治上有着友好关系。战国前半期五道河子墓地所在的大凌河流域即使与燕没有直接的领地关系,也与燕有着密切的联系,朝着被燕同化的方向发展,即燕化现象清晰可见。

战国后期,喀左大城子眉眼沟、赤峰市松山区[①]、朝阳王子坟山墓[②]、沈阳市南市区战国墓、辽阳徐往子[③]等墓地发现了与燕国相同的随葬品和墓葬结构,证明了历史记载所说的这些地域为燕领地的事实。例如凌源安杖子发掘中发现了战国都市遗迹。[④]可能是辽东郡治所在地的平襄的辽阳徐往子战国墓地的随葬品是属于战国后期燕的器物,不具有本地特色。这个现象可能表明当时有一些燕人已经在新领地殖民了。辽西地区成为燕的领地后,被纳入统治制度当中,从陶文中的"酉城都王氏鉢""阳安都王氏鉢""白庚都王氏鉢"[⑤]等铭文中可以窥见燕统治形式的一角。酉城、阳安和白庚是地名,即城邑。关于都,黄盛璋认为它们是与三晋或秦的县相对应的政治组织,是以都市为单位的行政单位。[⑥] 因此,它们是都市单位中自立倾向比较强烈的机构。如果

---

[①] 张松柏:《赤峰市红山区战国墓清理简报》,《内蒙古文物考古》1996 年第 C1 期。
[②] 辽宁省文物考古研究所、朝阳市博物馆:《朝阳王子坟山群 1987、1990 年度考古发掘的主要收获》,《文物》1997 年第 11 期。
[③] 资料尚未发表,笔者在辽阳市博物馆看到的实物。
[④] 辽宁省文物考古研究所:《辽宁凌源安杖子古城址发掘报告》,《考古学报》1996 年第 2 期。
[⑤] 徐秉琨:《辽宁发现战国陶铭四种考略》,《辽海文物学刊》1992 年第 2 期。
[⑥] 黄盛璋:《所谓"夏虚都"三玺与夏都问题》,《中原文物》1980 年第 3 期。

王氏是王族的话,那么这种地域管理与其说是中央集权的官僚组织毋宁说它可能是构成王权的血缘政治。设置上谷到辽东的五郡以后,"襄平"等布线率先在新领地被铸造,这一点从布钱铭文所用的地名可知。而且,这个地名不是以郡为单位,而是以都市为单位,与上述都市具有很强自主性的情形是一致的。

如上所述,战国前期,燕向北扩张领地,并首先到达大凌河流域以西地区,这里的墓葬特点便反映了被燕化的事实。在这一阶段,像截至当时的辽宁式铜剑文化那样与燕相对抗的势力进一步受燕文化影响,表现出与燕国的融合和被同化的现象。可以想象,这是以政治友好关系或贸易友好关系为背景的文化融合阶段。经历了北方政权不对其构成直接军事威胁的阶段后,燕在北方地区扩张领地。部分扩张始于战国中期,正式扩张到辽东郡则如文献记载的那样到了战国后期。通过调查燕国境即燕长城,我们可以看到新领地的范围。[①] 截至当时,新领地的管理与其说是融合型,不如说是照搬燕统治机构和组织以及经济形态,它如实地反映了战国时代的领地管理方式。这种新领地的管理形式与燕山以南的显示强有力王权的管理形态不同,很可能是以王族等为中心来管理个别都市,尚未建立起秦那样的中央集权下的地方管理体系。

---

① 李庆发:《辽西地区燕秦长城调查报告》,《辽海文物学刊》1991年第2期。

# 第八章　田齐政权

战国后期,齐称东帝,秦称西帝,齐、秦剧烈对抗,成为七雄中的两巨头。学界关于积蓄了巨大势力的齐的研究成果寥若晨星。专题研究只有太田幸男的田齐三部曲①和杨宽的论文②,数量极少,且近年只出版了关于齐国的概论性著作③。因此,关于田齐的权利基础及结构等很多问题尚不清楚。本章在考古学视野下以出土文物为中心探讨这些问题。研究方法上,主要利用青铜器所见文字资料即金文,对其进行分期排序,检讨其内容并根据内容推断田齐的权利基础及结构,为目前文献史学的推论补充证据。齐还有很多陶文资料,其中有些关于枡即计量器的内容与金文相同。根据陶文可以推测田齐如何统管征税单位即税务管理的具体方法,进一步讨论田齐权利结构。已知反映王权的遗存有两种,一种是表示王权的王陵,另一种是都城的规模。因为找不到准确把握年代和有关遗迹的发掘情况和发掘报告,所以只能关注反映建筑规模的替代品——瓦当。换言之,本章是利用文字、

---

① 太田幸男:《斉の田氏について》,《歷史学研究》第350,1969年;太田幸男:《田斉の成立》,《中国古代史研究》第4;太田幸男:《田斉の崩壊》,《史海》第21、22合并,1975年。
② 杨宽:《论战国时代齐国复辟的历史教训》,《历史研究》1975年第2期。
③ 王阁森、唐致卿主编:《齐国史》,山东人民出版社,1992年。

王陵和都城等三方面资料从考古学上复原田齐。

## 1 从金文看田齐

田齐即带有陈氏名字的金文有超过18条。它们几乎都不是出土遗物,而是采集品或传世品。经判断,它们不是玩具或伪刻,因此可以用于研究。金文释读基本上以《商周青铜器铭文选四》①为准,兼顾其他的看法。下面分析图83—85的拓片与释文。

首先,陈氏铭文中时代最早的是陈喜壶。陈喜是《左传》哀公六年(前489年)中出现的陈僖子,即陈乞,也是《史记》中的田乞。这里要回答的问题是"再立事岁"是什么意思。有关田齐的金文文献中经常有"立事岁",它是齐特有的表述形式。关于这种表述形式有各种各样的解释。马承源认为这是齐特有的纪年。② 李学勤认为立事指铜器监造者。③《商周青铜器铭文选四》把它解读为执政第二年。④ "立事岁"铭文还见诸田齐铜器铭文中铭文2、铭文3、铭文5。"立事岁"铭文除了见诸陈氏铜器,也在春秋时期的其他铜器上有所体现,如铭文12、铭文13。铭文12的开头就是"国差立事岁",国差是《左传》成公二年(前589年)出现的国佐(宾媚人),齐侯的家臣。还有一条金文,即铭文13中"公孙窖立事岁"。"窖"是"竈"的异体字,公孙窖即公孙竈,是《左传》襄公

237

---

① 马承源主编:《商周青铜器铭文选四》,文物出版社,1990年。
② 马承源:《陈喜壶》,《文物》1961年第2期。
③ 李学勤:《战国题铭概述》(上),《文物》1959年第7期。
④ 邱隆、邱光明等编的《中国度量衡图集》(山田庆儿、浅原达郎译,美铃书房,1985年)中也把"立事岁"解释为"某某执政之年"。

281

二十八年(前545年)中的子雅。子雅是惠公的孙子,参加了齐景公三年(前583年)推翻庆封的政变。看了这几条铭文后,可以发现有"立事岁"铭文铜器的人不是齐侯那样的公,而是家臣。正如下面所论证的那样,田齐铜器上的"立事岁"只见于田氏作为齐侯被周室认可前的铜器上,即身份低于齐侯的人才用"立事岁"。那么把齐侯铜器上看不到的"立事岁"释读为齐特有的年号就不妥了。剩下的解释即为督造者和表示执政。就像后面将会讨论的那样,"立事岁"不仅见诸铜器还见诸陶器,而且它们都只见于"釜""豆"这类计量器的陶文中。因此,如果把"立事"解释为督造者,那么就可以把"立事岁"解释为监督制作计量器的时间(岁)。或者可像《商周青铜器铭文选四》那样解释为掌职任事。的确,这两种解释的意思很接近,如果把"立事岁"解释为就任某个官职的时间,那么该官员就是负责督造工作。这里把"立事岁"解释为掌职任事。掌职任事的立事,官职地位相当高。正像《史记·田敬仲完世家》所记载的那样,"田常成子与监止俱为左右相,相简公"。田常成为宰相的相。金文中没有见过相当于田常的铭文,"立事"意为相当于相的高官执政。陈喜壶的"再立事岁"可以解释为田乞再次执政那年。它像铭文14、铭文15那样,记载了陈逆的故事,在分析"立事"特点时可做参考。陈逆是《左传》哀公十四年(前481年)"子我夕,陈逆杀人,逢之遂执以入"中的陈逆,即田常杀简公时的助手。这是为了纪念田常阶段的陈氏而制作的器物。铭文中不见"立事岁"。与陈逆同时的田常是相,因为陈逆不是相,所以铭文中没有"立事岁"。从这一点来看,"立事"可以解释为就任相那样的高官。

第八章 田齐政权

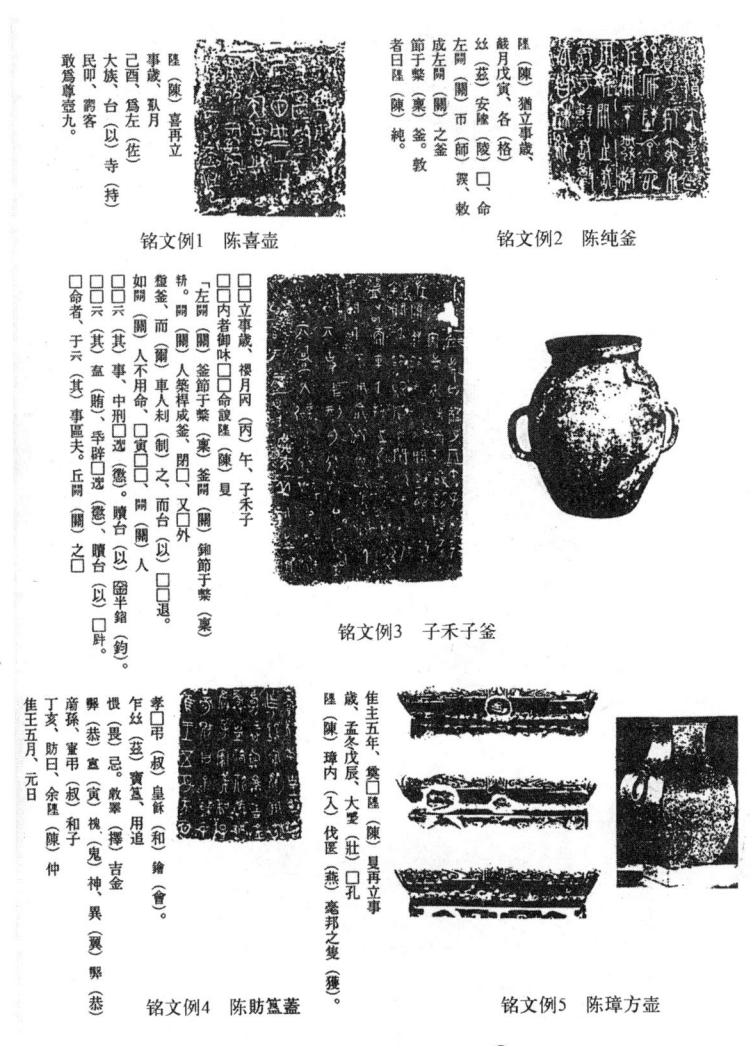

铭文例1 陈喜壶　　　　　　　铭文例2 陈纯釜

铭文例3 子禾子釜

铭文例4 陈肪簋盖　　　　　　铭文例5 陈璋方壶

图83　田齐的金文(1)①

---

① 铭文例1见马承源:《陈喜壶》,《文物》1961年第2期,第45页;铭文例2见马承源主编:《商周青铜器铭文选四》,文物出版社,1960年,第551页;铭文例3见邱隆、邱光明等编:《中国度量衡图集》,1985年,第77—79页;铭文例4见马承源主编:《商周青铜器铭文选四》,文物出版社,1960年,第580页;铭文例5见马承源主编:《商周青铜器铭文选四》,文物出版社,1960年,分类746(图)。

283

中国古代北疆史的考古学研究

铭文例6 十年陈侯午敦

铭文例7 十四年陈侯午敦

铭文例8 十四年陈侯午敦

铭文例9 陈侯因𦎫敦

铭文例10 陈侯因𦎫戈

铭文例11 陈侯因𦎫戈

铭文例12 国差𦉢

**图84 田齐的金文(2)**[①]

---

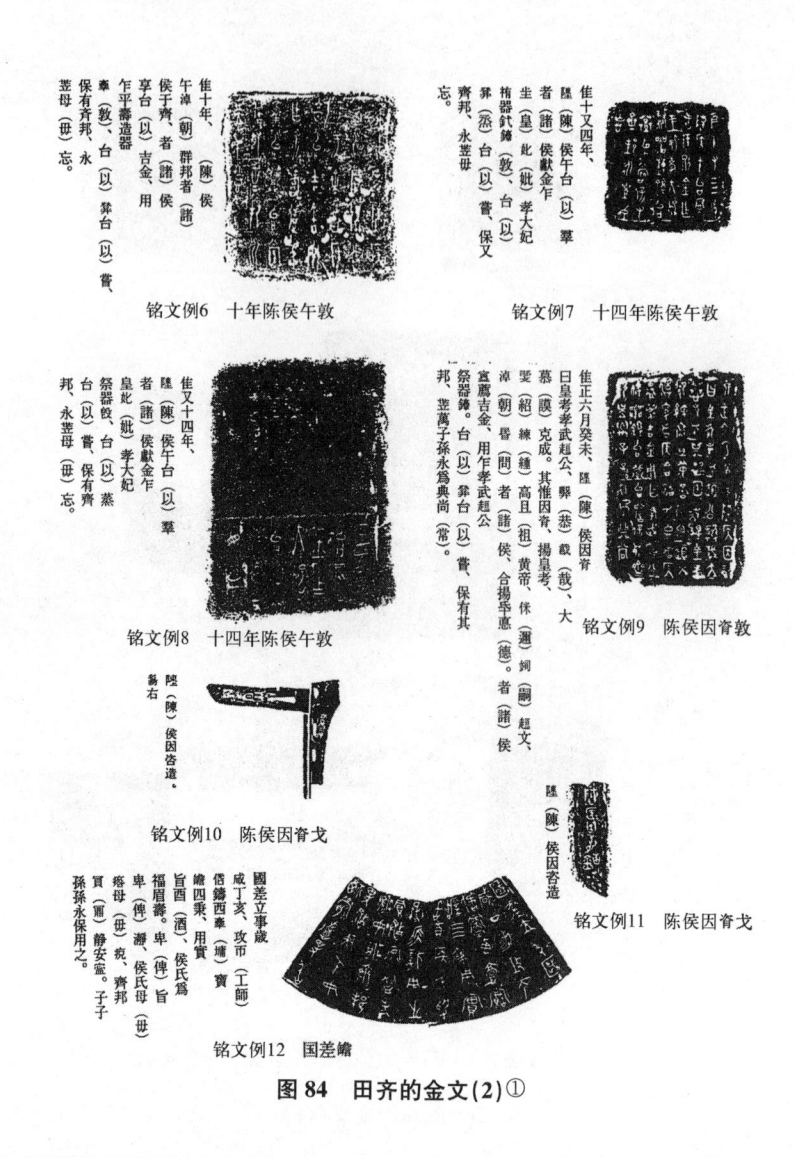

[①] 铭文例6见中国社会科学院考古研究所编:《殷周金文》第9册,中华书局,1988年,第271页;铭文例7见马承源主编:《商周青铜器铭文选四》,文物出版社,1960年,第559页;铭文例8见郭沫若编著:《两周金文辞大系图录考释》下卷,中国科学出版社,1957年,第280页;铭文例9见马承源主编:《商周青铜器铭文选四》,文物出版社,1960年,第561页;铭文例10见罗振玉编:《三代吉金文存》,1936年,20-13;铭文例11见罗振玉编:《三代吉金文存》,1936年,20-13;铭文例12见马承源主编:《商周青铜器铭文选四》,文物出版社,1960年,第537页。

第八章 田齐政权

铭文例13 公孙灶（竈）壶

铭文例14 陈逆簠

铭文例15 陈逆簋

铭文例16 陈曼簠

铭文例17 禾簋

铭文例18 左关鉶

铭文例19 右里枡

铭文例20 右里枡

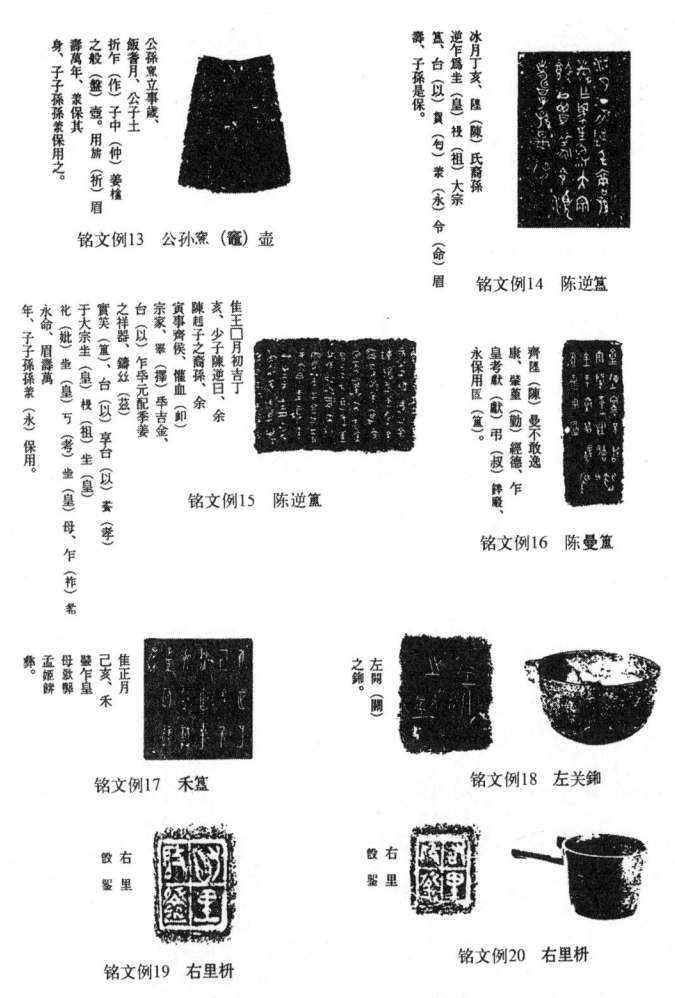

图85 田齐的金文(3)[①]

---

[①] 铭文例13见马承源主编：《商周青铜器铭文选四》，文物出版社，1960年，第551页；铭文例14见马承源主编：《商周青铜器铭文选四》，文物出版社，1960年，第553页；铭文例15见马承源主编：《商周青铜器铭文选四》，文物出版社，1960年，第552页；铭文例16见马承源主编：《商周青铜器铭文选四》，文物出版社，1960年，第557页；铭文例17见马承源主编：《商周青铜器铭文选四》，文物出版社，1960年，第553页；铭文例18见邱隆、邱光明等编：《中国度量衡图集》，1985年，第83页；铭文例19见邱隆、邱光明等编：《中国度量衡图集》，1985年，第101页；铭文例20见邱隆、邱光明等编：《中国度量衡图集》，1985年，第101页。

285

齐桓公十四年(前672年)，陈厉公子完逃到齐，田齐的陈氏最初被任命为技工头子的工正。铭文1中田乞虽然只是齐的大夫，但是具有扳倒齐卿国氏和高氏并能够拥立悼公的势力。《史记·田敬仲完世家》载："其收赋税於民以小斗受，其(廪)民以大斗，行阴德於民，而景公弗止。"它常被用来说明田齐实行了厚德政策，而陈氏无疑参与了征税。

下面列举的铭文2和铭文3是与征税有关的计量器枓的铭文。郭沫若认为铭文2中的"安陵"是灵山卫古名①，而《商周青铜器铭文选四》则认为它是《史记·田敬仲完世家》中齐宣公四十三年(前413年)"明年，伐鲁，葛及安陵"中的安陵。这里采纳后一种说法。因此"立事"者陈犹即田白。这条铭文中值得关注的是，正如"敕成左官之釜节於禀釜。敕者曰陈纯"所记载的那样，田齐在占领地安陵制定了计量单位釜，并让陈氏家族的纯来管理。这种制定管理占领地政策的征税单位，并让陈氏家族来管理的做法是田齐的基本统治形式。即陈氏首先亲自掌握了征税权，并有意识地利用血亲进行管理。铭文3中的"立事"的人名不详，一般认为子禾子是田和。因为禾与和，古音相同，所以文献中常见把田和称为和子。而且禾还见诸铭文17，与田和对应。铭文3中有"左关釜节於禀釜，关鍴节於禀䉕"，它说的是以左关釜的值作为标准，以关鍴的值作为禀䉕的标准，可见釜和䉕是标准的计量单位。与此相关而常被引用的文献是《左传·昭公三年》，书中载："齐旧四量，豆、区、釜、钟。四升为豆，各自其四，以登於釜。釜十则钟。陈氏三量皆登一焉，钟乃大矣。"②关于其中的"陈氏

---

① 郭沫若编著：《两周金文辞大系图录考释》，科学出版社，1957年。
② 李学勤：《东周与秦代文明》，文物出版社，1984年。

三量皆登一焉，钟乃大矣”有多种解释，按李学勤的说法，4升为1豆，5豆为1区，5区为1釜，10釜为1钟，这是陈氏修改齐原来的容积单位后制定的新的计量方式。铭文3基本上可以解读为陈氏统一了枡即统一了征税单位，掌握了征税权。铭文3的年代属于陈氏统治的哪个阶段不明确，如果把“子禾子”解释为子田和①，那么这条铭文的年代就落在田白即陈犹“立事”的阶段。另外，《史记·索隐》载，“按纪年齐宣公十五年，田庄子卒，明年立田悼子，悼子卒，乃次立田和，是庄子后悼子，盖立年无几，所以作系本及史记者，不得录也”，又根据《竹书纪年》，可知田白（庄子）和田和之间是田悼子。虽然子禾子釜铭文中最先出现的陈某无法释读，假如不是陈犹的话，那么就是田和的父亲田某，对应的可能是田悼子。无论如何，结合铭文2分析，在田白（陈犹）的阶段，陈氏统一了计量单位并掌握了征税权。从铭文3看，最迟在田和阶段，田氏确实统一了计量单位并掌握了征税权。这样，统一了征税单位并统管了征税这个事实表明中央集权发挥了作用。关于枡的青铜器，除了陈纯釜和子禾子釜，还有两件，即铭文18左关鉌，以及铭文19、铭文20中“右里𢁥”铭的铜枡。②

铭文3出现的人名陈旻在铭文5中作为“立事”者出现，“陈旻再立事岁”。关于这条铭文有四种解释。按年代早晚依次介绍如下，最早的是张政烺的说法。③ 田旻读为田得，田得是田常（成子）的幺弟田惠子，“隹主五年”或者是周元王五年（前471年），或

---

① 拙著把它解释为子的禾子。据孙敬明《齐国陶文分期刍议》（中国古文字研究会等编：《古文字研究》第19辑，中华书局，1992年）介绍，包括子禾子在内的子某子的称呼见诸金文、陶文和玺文，是具有齐国特色的称呼。

② 邱隆、邱光明等编：《中国度量衡图集》，美铃书房，1985年。

③ 张政烺：《平陵事陶考证》，《史学论丛》2，国立北京大学潜社，1935年。

者是周定王五年（前464年）。因为《商周青铜器铭文选四》铭文3的子禾子釜中有陈曼，他与子禾子即田和年代相近，所以张政烺认为陈曼是陈午（田午），铭文内容即指《史记·田敬仲完世家》齐桓公五年（前681年）"齐因兵袭燕国，取桑丘"。不过陈梦家认为这条铭文指的是《史记·田敬仲完世家》齐宣王五年（前314年）伐燕。① 郭沫若把这条铭文中的"主五年"读作"王五年"，认为它是指《史记》齐襄公五年（前693年）田单驱逐燕的事。② 不过这条铭文不是铸造的而是后刻的。从纹样看铭文5的青铜器很可能是燕国铜器。铭文说的是燕国铜器被当作战利品带回齐国的事，主要内容被刻在铜器上。从器形来看，这件青铜器的年代属于前4世纪前半段，这样首先可以排除张政烺的说法。剩下的三种说法中，可以看铭文内容记录的是哪个阶段伐燕了。田和的子禾子釜的铭文中有陈曼，因此关于他是与田和同时期人的说法最合理，笔者赞同《商周青铜器铭文选四》的说法，即把陈曼看作田午。如表25所示，如果把他看作潜王或襄王，则年代相差太大。此外，还发现了带有陈曼的曼铭文的戈。若按林巳奈夫的说法，我们就能够读通"曼立事岁"。③ 他与铭文5中的陈璋方壶的曼是同一个人。这样一来，曼就是陈曼即田午。继田午之后，威王也有像铭文11那样铸有自己名字的戈，也许是这个时期的特征。

这里要回答的问题是铭文4。铭文中的陈贻是"𦭓叔和子"，

---

① 陈梦家：《六国纪年表》，《燕京学报》第34号，燕京大学哈佛燕京学社出版，1948年。
② 郭沫若：《金文丛考》，人民出版社，1954年。
③ 林巳奈夫：《銘文によって絶対年代の知られる春秋戦国時代の青銅器》，《中国殷周時代の武器》，京都大学人文科学研究所，1975年。

即田和的孩子。《史记·田敬仲完世家》中关于田和孩子的记载表明田和之后立田午。《史记·索隐》照抄《竹书纪年》的说法，"齐康公五年，田侯午生。二十二年，田侯剡立。后十年，齐田午弑其君及孺子喜而为公"。《春秋后传》有"田午弑田侯及其喜孺子而兼齐，是为桓侯"的记载。田侯之后田剡立，之后田午杀田剡而成为桓侯。假如这个记事是正确的，那么按金文3中的陈禾、铭文4中的陈𢻼、铭文5中的陈㝬的顺序排列，则他们分别与文献中的田和、田剡、田午对应，没有矛盾。这样一来，可见《史记·田敬仲完世家》的记载有误。平势隆郎以《竹书纪年》为基础对《史记》年表作了订正[①]，这又一次证明了《竹书纪年》的记载是正确的。

田和当政时期，齐侯被周室认可，田齐开始变得名副其实，"立事岁"铭文只见于截至陈㝬即田午时期。取代它的铭文格式"陈侯……"始于田午时期。铭文6—8属于田午时期。这些铭文中有陈侯午，虽然它与铭文3、铭文5中陈㝬的表述方法不同，不过正像在《索隐》中看到的那样，把没有掌握实权阶段的田剡时期的田午写作陈㝬，推翻田剡后的田午写作陈午，这样就没有矛盾了。铭文6—8说的是把各国诸侯聚集起来并迫使他们贡献用于制作敦和簋的青铜，虽然此事不见于文献，但是反映了田齐霸权的发展。

铭文9—11是陈侯因𬥻的铜器，陈因𬥻即陈因齐。𬥻与齐字同音，从铭9文中陈因𬥻继承桓公（田午）文德的记载来看，因𬥻无疑就是因齐。铭文9与田和铭文内容相同，表明了陈因齐将诸侯聚集起来并强迫他们认可自己继承桓公地位的事实，还让诸侯

---

① 平势隆郎：《戦国紀年再構成に関する試論》，《史学雑誌》第101编第8号，1992年。

们贡献青铜用于制造铜器。这条铭文的内容与《史记·田敬仲完世家》齐威王二十六年(前330年)"于是齐最强,自称为王,以令天下"的记载一样,如铭文9所述,田齐已经变成了能够让诸侯聚集起来的强国了。

关于田齐的铭文,还有涉及陈曼的铭文16。

以上面列举的金文内容为基础,再把田齐的成立经过归纳如下。表25列举了金文中陈氏的相对年代和与之对应的文献中的名称。从铭文中得出的陈氏的相对年代顺序如下:陈喜→陈犹→陈禾→陈肪→陈脀、陈午→陈因脀。如上所述,陈喜即田乞以仁政而闻名,而仁政的背后是他在特定地区掌握了征税权。铭文"立事"可以解释为就任征税等财政管理即相当于相的官职并履行职责。因此在陈氏权利并不大的春秋时期,齐国由国差和公孙"立事"。田常时期,陈逆的名字虽见诸铭文却不"立事",这是因为当时掌权的是田常。表25罗列了《史记》中的相关记载。田常阶段,田常推翻了姜齐的悼公,立了简公和平公,将二者变成傀儡政权,实际掌握了齐国的国家权力。正如文献所载,"割齐自安平以东至琅琊,自为封邑。封邑大于平公所食",田常所占领地大于平公,成就了以下克上的局面。大夫级的田氏夺取了姜齐的权利,意味着新时代的到来。之后的田盘如文献所载,"襄子使其兄弟宗人尽为都邑大夫",依靠宗亲管理。它是以父系大家庭为基础的方式实施管理,铭文2中,陈犹(田白)的领地政策清楚地表明,田氏在掌权的初期阶段,利用族人和宗亲管理。陈犹(田白)、陈禾(田和)时期制定了统管征税单位的计量器和中央集权体制。因为田氏独占了征税权,所以巩固了其权力基础,完成了以下克上。正是财政基础的确立成为田齐当政的基础。

### 表 25　田齐的年谱

| 姜齐 | | 田齐 | | 史记·田敬仲完世家 | 陈氏名 |
|---|---|---|---|---|---|
| 547 | 景公 | | 田乞(僖子) | 其收赋税于民以小斗受之,其[廪]予民以大斗,行阴德于民,而景公弗禁。 | 陈喜 |
| 488 | 悼公 | | | | |
| | 悼公 | 485 | 田常(成子) | 田常成子与监止俱为左右相,相简公。割齐自安平以东至琅邪,自为封邑。封邑大于平公之所食。 | |
| 484 | 简公 | | | | |
| 480 | 平公 | | | | |
| | 平公 | | 田盘(襄子) | | |
| 455 | 宣公 | | | 襄子使其兄弟宗人尽为都邑大夫。 | |
| | 宣公 | | 田白(庄子) | | 陈犹 |
| | | | [田悼子] | 412 | 明年,伐鲁,葛及安陵。 | |
| | 宣公 | | 田和(太公) | | 陈禾 |
| 404 | 康公 | | | 太公乃迁康公于海上,食一城以奉其先祀。 | |
| | | | | 386 | 田和立为齐侯,列于周室,纪元年。 | |
| | 康公 | | [田剡] | | 陈贷 |
| | | 384 | 田午(桓公) | 380 | 齐因起兵袭燕国,取桑丘。 | 陈旻、陈午 |
| | 康公 | 378 | 田因齐(威王) | 379 | 是岁,故齐康公卒。绝无后,奉邑皆入田氏。 | 陈因脊 |
| | | | | 353 | 于是齐最强,自称为王,以令天下。 | |
| | | 342 | 田辟强(宣王) | | | |
| | | 323 | 田地(湣王) | 288 | 三十六年,王为东帝,秦昭王为西帝。 | |
| | | 283 | 田法章(襄王) | | | |
| | | 264 | 田建 | | | |

## 2 检讨陶文

江村治树把陶文分成三种。① 第一种是长方形印,第二种是像"豆里某"那样表示制陶者的籍贯,第三种是只有陶工名字的一字印。大多数陶文是陶量即陶质计量器枡上的字。这里要检讨的是带"立事"字样的第一种陶文。笔者特意把这些陶文与前面检讨过的金文中的"立事"铭做了比较。

"立事"铭陶文见表 26 和图 86。陶文释读基本上从高明说。除陶文 12 和陶文 20 外,其他所有的陶文皆采自高明的《古陶文汇编》。② 另外据孙敬明说,周进的《季木藏陶》中有陶文"闉门,陈赍叁立事,左里毁亳区""华门,陈棱叁立事,左里毁亳豆"。③ 因为看不到这些拓片,所以这里不予讨论。这些陶文与陶文 3 相似。"立事"铭陶器几乎都不是发掘品,据传其中大半出自临淄。尽管无法排除其中可能有赝品,但这些陶文具有比较高的研究价值,所以对它们进行分析。"立事"铭末尾有表示齐特有的容积单位"釜""豆"字样,这些容器相当于枡。陶文 12 出自滕城④,不过没有"釜"或"豆"等表示容积单位的字样,该陶器本身就是陶量即陶枡。因此,"立事"铭陶容器并不都是枡。正如金文 2、金文 3 说的那样,征税单位的枡实际上指陶枡。

---

① 江村治树:《戦国文字資料概述》,《戦国時代出土文物の研究》,京都大学人文科学研究所,1985 年。
② 高明编著:《古陶文汇编》,中华书局,1990 年。
③ 孙敬明:《齐陶新探》,中国古文字研究会等编:《古文字研究》第 14 辑,中华书局,1986 年。
④ 中国社会科学院考古研究所山东队、滕县博物馆:《山东滕县古遗址调查简报》,《考古》1980 年第 1 期。

### 表26 "立事"铭陶文及"陈旻"铭陶文总汇

| 1 | 陈楠三立事岁右廪釜 | A | 13 | 閒陈□□立事左里毁亳豆 | B |
|---|---|---|---|---|---|
| 2 | 陈楠立事□□ | A | 14 | 王孙陈棱立事岁左里毁亳 | B |
| 3 | 陈闋立事岁安邑亳釜 | A | 15 | 陈向立事岁□之王釜 | C |
| 4 | 陈道立事左釜 | A | | | |
| 5 | 陈□立事岁平陵廪釜 | A | | | |
| 6 | 平陵陈导立事岁□□ | B | | | |
| 7 | 陈旻立事岁 | B | 16 | 陈旻三尊昜 | A |
| 8 | 立事岁 | B | 17 | 旻□尊昜 | A |
| 9 | 陈□□事岁□釜 | B | 18 | □□陈旻 | B |
| 10 | □□立□岁□□亳豆 | B | 19 | 平陵陈旻□□王釜 | B |
| 11 | 陈苍立事岁 | B | 20 | 瘖都陈旻再左里毁亳豆 | B |
| 12 | 陈膺立事岁 | B | 21 | □向陈旻□左里毁亳豆 | B |

注：A表示青铜印文类；B表示玺类；C表示刻文。

这些陶文中只有1条陶文中有陈氏的名字，即陈旻，其余陶文不见与金文相同的陈氏名字。陶文7中的陈旻与金文3子禾子中的陈旻的字体相同，当是同一个人。前面检讨金文时指出陈旻就是田午。陶文16—21只见陈旻不见"立事"。① 与陶文19内容相同的铭文共有2条。这里以铭文陈旻为标准，检讨陶文。检讨金文时就已经指出过，张政烺认为陶文中的陈旻与子禾子釜和陈璋方壶中的陈旻系同一人，它们当读作陈得，与《左传》哀公十四年（前481年）杜注陈惠子是同一个人。② 陈惠子得即田常的兄弟，不过在检讨金文例时已经指出这个说法不对。同样，孙敬明也把陈

---

① 陶文20是关野雄在发掘中获得的采集品，参见关野雄：《齐都临淄の調查》，《中国考古学研究》，东京大学出版会，1956年。
② 张政烺：《平陵瞪导立事陶攷證》，《史学论丛》2，北京大学潜社，1935年。

旻读作陈得。① 旻是目下加又或寸构成,不能读得。陈旻就是田午。

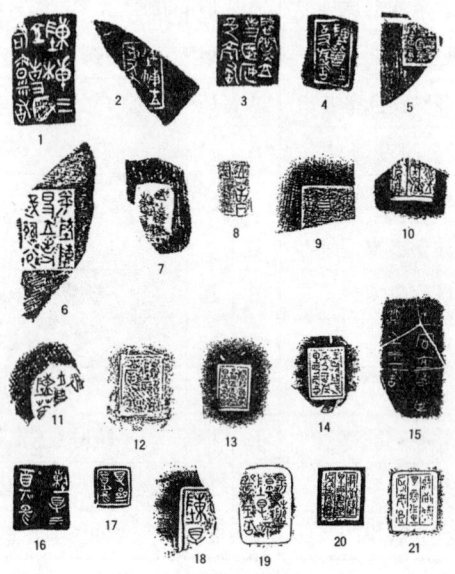

图 86　田齐的"立事"铭陶文与"陈旻"铭陶文②

---

① 孙敬明:《齐陶新探》,中国古文字研究会等编:《古文字研究》第 14 辑,中华书局,1986 年。
② 1 见高明编著:《古陶文汇编》,中华书局,1990 年,第 41 页;2 见高明编著:《古陶文汇编》,中华书局,1990 年,第 41 页;3 见高明编著:《古陶文汇编》,中华书局,1990 年,第 41 页;4 见高明编著:《古陶文汇编》,中华书局,1990 年,第 41 页;5 见高明编著:《古陶文汇编》,中华书局,1990 年,第 52 页;6 见高明编著:《古陶文汇编》,中华书局,1990 年,第 47 页;7 见高明编著:《古陶文汇编》,中华书局,1990 年,第 50 页;8 见高明编著:《古陶文汇编》,中华书局,1990 年,第 50 页;9 见高明编著:《古陶文汇编》,中华书局,1990 年,第 50 页;10 见高明编著:《古陶文汇编》,中华书局,1990 年,第 54 页;11 见高明编著:《古陶文汇编》,中华书局,1990 年,第 53 页;12 见中国社会科学院考古研究所山东队、滕县博物馆:《山东滕县古遗址调查简报》,《考古》1980 年第 1 期,第 38 页,图 7∶3;13 见高明编著:《古陶文汇编》,中华书局,1990 年,第 51 页;14 见高明编著:《古陶文汇编》,中华书局,1990 年,第 45 页;15 见高明编著:《古陶文汇编》,中华书局,1990 年,第 42 页;16 见高明编著:《古陶文汇编》,中华书局,1990 年,第 47 页;17 见高明编著:《古陶文汇编》,中华书局,1990 年,第 47 页;18 见高明编著:《古陶文汇编》,中华书局,1990 年,第 48 页;19 见高明编著:《古陶文汇编》,中华书局,1990 年,第 48 页;20 见高明编著:《古陶文汇编》,中华书局,1990 年,第 49 页;21 见《中国考古》,第 266 页,第 33 图。

陶文有铜器类印文与玺印类印文两种。如图 86 所示，阴文是铜器类印文，阳文是玺印类印文。前者的字是凹下去的，所以盖在陶器上的印章的字应该是凸的。后者陶文好像整体呈方形下凹，印上的字是阴文，因此印在陶器上的字是阳文。那么，这两种陶文是同时的还是有先有后的？笔者认为两者有先有后。从铜器的印文类型所分类的那样来看，这种陶文风格与铜器类印文相同，大概是用与制作铜器铭文相同的想法制作而成的。像汉代大部分封泥用的印玺一样，只要在玺印上刻出字，玺印就做好了，制作十分方便。前面说的铜器类印文用的印，如果要在印面上刻出阳文是很麻烦的。从治印由繁到简的趋势看，铜印文向玺印文的转变就很容易理解了。铜器类印文与铜器铭文的制作方法相同，玺印类印文与封泥上的印文的制作方法相同，像官印那样只要把印按下即可，如果是这样的话，那么两种印文必定有先有后。据此观察，发现图 86 中的陶文 6—12 都是玺印类印文，却与陶文 1—5 铜器类印文的字体非常相似。即便它们都是玺印类印文，陶文 13、14、19—21 与陶文 6—12 相比，字的线条纤细，很像汉代封泥上的字体。因此，随着铜器类印文向玺印类印文变化，印文字体也有变化。

　　陶文 1—5 是铜器类印文。带陈某名字的印文有五个类型。除了陶文 2 无法判断，其余都是表示枡即釜的单位。玺印类陶文中可见陈旻。它就是前面说过的用于检讨陶文的标准陶文。检讨子禾子釜时发现陈旻就是田午。如果说前面的铜器类印文与玺印类印文出现时间有早晚的话，那么陶文中的铜器类印文就是早于田午阶段的陈氏。实际上如陶文 16—17 那样，铜器类印文的陶文中有不带"立事"的陈旻，可以解释为在从铜器类印文向玺印类印文转变的过渡期两者共存。陶文 6 有能够读为陈得的印文，它与上述陈旻字形不同。不过无法确定陈得是否为田常的兄弟陈惠子得,所以不采纳此说。属于玺印类陶文的陶文14是"王孙陈棱",意为王的孙子陈棱。不过"王"字不见于前面的金文。如果相信《史记》的记载,那么威王之后田齐始称王,王的孙子就是威王以后的人,与玺印类陶文在田午之后才出现的推测一致。陶文19是田午的陈旻后面有"王釜"字样。这个好像有些矛盾,不过从金文中田午权力进展来看,田午时期已经出现了王。张政烺认为王釜读为主釜,家量即公量。① 这样看来,陈旻后面有王釜字样就没有任何问题。铭文中出现"王"的陶文15中出现了刻文。这是非常罕见的,缺少对比资料。按照前面的推测,他就是威王以后的人。唐兰认为陶文中的陈向是田常。② 向与尚同音,把陈尚当作田常,缺少确切证据,不从此说。滕城出土的陶文14也是玺印类陶文。滕城在前295年宋灭亡后变成了齐的领地,如果该陶量是此后制作的,那么它就是前3世纪的器物,是推断玺印类是田午之后的陶文的证据之一。

如上所述,陶文从铜器类向玺印类转变过程中"立事"铭陶文延续时间要比金文"立事"铭文延续的时间长。陶文中除陈旻之外,与金文陈氏皆不相同,令人生疑。从陶文内容看,"右禀釜""左釜""安邑亳釜"和"平陵禀釜"等是表示右禀和平陵禀、安邑亳和左等特定的仓库和特定地区机构的枓。陶文13、14、20、21中有"左里毁亳豆"和"左里毁亳"等字。孙敬明考证过毁③,认为毁相当于轨字,援引《国语·齐语》"管子于是制国,五家为轨,轨为之长,十轨为里,里有司,四里为连,连为之长,十连为乡,乡有良人焉,以为军令"等文献,指出毁是里的下级组织。齐的地方组织

---

① 张政烺:《平陵事陶考证》,《史学论丛》2,国立北京大学潜社,1935年。
② 唐兰:《陈常訇釜考》,《国学季刊》第5卷第1号,1935年。
③ 孙敬明:《齐陶新探》,中国古文字研究会等编:《古文字研究》第14辑,中华书局,1986年。

是由邑、里、毁构成的,"立事"的陈氏是这些机构或地方机构的长官,或者担任这类官职。但若果真如此,那这种"立事"就不是全国性组织的"立事"而是管理下级组织机构的"立事",与金文中掌握全国性管理权的"立事"不同。因此,陶文中陈氏与金文中陈氏不一致的情况便会出现。在各种各样机构中掌握管理权的都是陈氏,从这个方面来看,田齐是依赖宗亲的家族式管理。如果前面对陶文的分期是正确的,那么可以说它是威王以后沿用这种管理方式的原因,即威王以后在比较发达的官僚制度当中还残存着浓厚的依赖血缘关系的宗亲管理因素。① 前面检讨金文时已经指出,在中央集权的田齐权力机构中,邑这个单位可能具有很强的独立性。

## 3 齐的王陵

据传,田齐的王陵是距齐故城东南 11.5 千米的二王冢(图 87)和四王冢(图 88)。春秋时代姜齐的冢位于齐故城内和周边地区,但是田齐的王陵集中分布在远离都城的奥津城。王陵周边发现了大量好像是贵族墓的中型墓,应该是统治阶层的固定墓地。把王陵放在都城外或者都城附近的做法,与把王陵集中在特定地点的做法是见诸七雄各国的普遍现象,意味着战国时代王权已经确立且备受重视。② 王陵的共同特征是墓上有封土而且规模巨大,与春秋时期的墓制有很大的不同,它体现了权力的集中。

---

① 太田幸男:《斉の田氏について》,《歴史学研究》第 350,1969 年;太田幸男:《田斉の成立》,《中国古代史研究》第 4;太田幸男:《田斉の崩壊》,《史海》第 21、22 合并,1975 年。
② 町田章:《中国古代における下級墓葬について(1)(2)》,《史泉》第 26、27、28 号,1963 年;秋山进午:《中国における王陵の成立と都城》,《考古学論考》,平凡社,1982 年。

二王冢和四王冢未经正式调查发掘。张学海对王陵作过研究。① 这里根据他的看法作进一步分析。四王冢和二王冢的规模见表27和图89：1—2。王陵的基本形态是平面呈方形的台基,台基上有圆形封土。方形台基规模很大,显示了与王陵相符的威严。二王冢和四王冢相距约1千米。四王冢分别位于东西长700米的范围内,是从西向东依次在低地上建造的坟丘。第1冢与第2冢相距45米,第2冢和第3冢方形台基的南边相连。第3冢与第4冢相距63米。第1冢到第3冢位于丘陵的顶部,第4冢建于人工堆筑而成的斜坡上,因为丘陵从第1冢所在位置向第4冢所在位置倾斜,推测当时建造王陵的次序是从第1冢开始建造直到第4冢。第1、3、4冢的北侧有建在小方形台基上的带圆形封土的墓,它们可能是陪葬的夫人墓。二王冢建于四王冢东北约1千米的土丘上,在南北长约190米、东西长约320米的两层方形台基上。它们共用下面的方形台基,上层的方形台基上有圆形封土。二王冢北侧东西105米、南北向110米的方形台基上建有两座带封土的墓。

**图87 二王冢远景②**

---

① 张学海：《田齐六陵考》，《文物》1984年第9期。
② 作者拍摄。

**图 88　四王冢远景①**

**表 27　四王冢、二王冢的规模**

单位：米

| 坟丘名 | 四王冢 | | | | 二王冢 | | |
| --- | --- | --- | --- | --- | --- | --- | --- |
| | 第1冢 | 第2冢 | 第3冢 | 第4冢 | 台基 | 西冢 | 东冢 |
| 台基(东西) | 155 | 138 | 145 | 155 | 320 | 190 | ? |
| 台基(南北) | 245 | ? | ? | 245 | 190 | ? | ? |
| 封土高 | 8 | ? | ? | ? | | 12 | ? |

　　《水经注》有"淄水又东径四豪冢北，水南山下，有四冢，方基圆坟，咸高七尺，东西直列，是田氏四王冢也"的记载。自古以来就有四王冢是田齐王陵的说法。张学海根据四王冢布局推断出王陵的先后关系，认为第 1 冢是威王，第 2 冢是宣王，第 3 冢是湣王，第 4 冢是襄王，最后的王田建被秦击破后逃到国外而无王陵。关于二王冢，很多文献说它们是春秋时期的齐桓公和齐景公的墓。不过春秋时期不见方形台基上带封土的坟丘墓。张学海推测，文献上说的齐桓公的墓实际上是田齐的桓公即田午的墓，后

---

① 作者拍摄。

人把田齐的桓公（田午）与姜齐的桓公（桓公）搞混了。即二王冢中的一个冢是田午的墓，这个看法很正确。如在金文例6—8中所看到的那样，如果在田午有权召集诸侯并强迫他们贡献青铜彝器的阶段建造与齐权力相符的坟丘墓即王陵，人们会理所当然地认为二王冢中的一个冢就是田午的墓。问题是二王冢中的另一个冢是谁的。张学海援引《齐乘》等文献，认为田齐最早的公即田和（太公）的墓是位于益都县普通店的坟丘墓，二王冢中的另一冢是《史记·田敬仲完世家》失载的田和与田午之间的田剡的墓。此说是否恰当另当别论，田和之后的前4世纪前半段有一个趋势，即在距离都市不远处建造二王冢和四王冢那样的方形台基上带封土的坟丘墓即王陵，那么这个阶段出现了象征王权的王陵区和王陵则是顺理成章的现象。

　　田齐的王陵未经调查发掘，其内部构造不详。通过与齐的大型墓比较，可知齐的墓具有明显的地域特色。这里概览一下春秋后期到战国时期大型墓的内部构造。从随葬陶器可知山东临淄郎家庄1号墓①是前5世纪后半段的战国墓。其特点是有封土、中央为椁室、周围有殉葬坑、南边有墓道（图89：3）。墓坑平面为甲字形。椁室四周堆砌大石块是其特色。山东常清县岗辛②战国中期即前4世纪前半段的大型墓，封土是墓室和墓道构成的平面呈甲字形墓坑（图89：4），墓室内有堆砌的大石块保护椁室。最近在四王冢等所在的齐王陵区西北部发现了一座大型墓③，它也是用石头围着椁室、二层台上有殉葬坑以及放置车马

---

① 山东省博物馆：《临淄郎家庄一号东周殉人墓》，《考古学报》1977年第1期。
② 山东省博物馆、长清县文化馆：《山东长清岗辛战国墓》，《考古》1980年第4期。
③ 关野雄：《斉都臨淄の調査》，《中国考古学研究》，东京大学出版会，1956年。

第八章 田齐政权

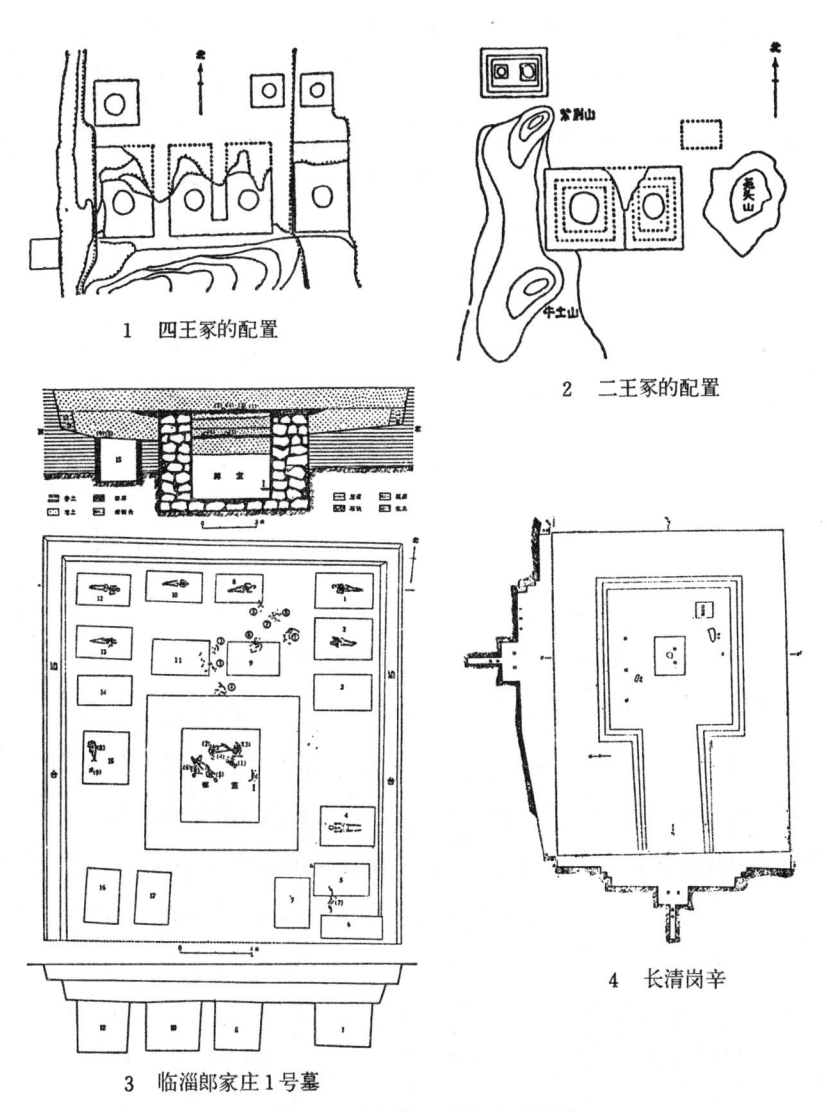

1　四王冢的配置

2　二王冢的配置

3　临淄郎家庄1号墓

4　长清岗辛

图89　田齐的王陵与大型墓①

---

① 1见张学海:《田齐六陵考》,《文物》1984年第9期,第20页,图2;2见张学海:《田齐六陵考》,《文物》1984年第9期,第20页,图3;3见山东省博物馆:《临淄郎家庄一号东周殉人墓》,《考古学报》1977年第1期,第75页,图3;4见山东省博物馆、长清县文化馆:《山东长清岗辛战国墓》,《考古》1980年第4期,第325页,图1。

的墓室,墓坑平面呈甲字形。① 随葬陶器有七鼎六簋,举行过某种丧葬仪式。整个田齐阶段的墓葬构造特征是,用堆砌的大石块保护椁室,有与墓道组合起来的平面呈甲字形的墓坑。根据张学海的研究,大型墓不仅有如上特点,而且除了南面有墓道,北面还有墓道,墓坑平面为亚字形。这种构造虽然与相邻的鲁国完全不同,但是赵王陵的周窑 1 号墓②和中山国厝墓③也是这样。这是普遍流行于华北的墓葬构造,但是齐地的要早于其他地区。中山国厝墓也是王陵,因此田齐王陵的内部构造很可能与此基本相同。

## 4　齐瓦当纹样

齐都城临淄内城和外城相连,外城东壁长约 5 千米,是一座巨型都城。④ 其中心建筑可能是内城的桓公台,这个说法是否正确不得而知,何况从春秋时代到战国时代尤其是姜齐到田齐的都城及建筑物是如何变化的完全不清楚。要说战国时代的建筑,就是台榭建筑。⑤ 在高达数米的巨大台基上建造雄壮的建筑,屋面铺瓦。其中,作为考古资料最引人注目的是瓦当。齐半瓦当非常

---

① 张学海:《论四十年来山东先秦考古的基本收获》,《岱海考古》第 1 辑,山东大学出版社,1989 年。
② 河北省文管处、邯郸地区文保所、邯郸市文保所:《河北邯郸赵王陵》,《考古》1982 年第 6 期。
③ 河北省文物管理处:《河北省平山县战国时期中山国墓葬发掘简报》,《文物》1979 年第 1 期。
④ 山东省文物管理处:《山东临淄齐故城试掘简报》,《考古》1961 年第 6 期;群力:《临淄齐国故城勘探纪要》,《文物》1972 年第 5 期。
⑤ 关野雄:《臺榭考—中国古代の高臺建築について—》,《中国考古学研究》,东京大学出版会,1956 年。

有名。根据关野雄的调查结果，可知它们是田齐时期的瓦当。这里关注的是作为权力象征的台榭建筑的一部分，笔者将探讨瓦当开始年代及其与田齐的关系，揭示田齐权力构造的冰山一角。

关野雄和李发林对齐瓦当作过系统的研究。① 关野以战前踏查资料为基础，梳理了瓦当的类型变化过程并推测了它们的年代。李发林以战后的发掘资料和采集资料为基础，梳理了瓦当纹样变化基本过程。这里以李发林的瓦当纹样分类为基础，以层位关系为依据，推断瓦当类型变化过程，厘清瓦当纹样演变，判断其年代。

关野雄把齐瓦当分为写实纹样和象征纹样，写实纹样即李发林所谓的树木双兽纹和树木双骑纹。象征纹样分为树木卷云乳钉纹、树木箭头卷云乳钉纹、树木卷云箭头文等。关野雄的1—3类象征纹样相当于李发林的树木卷云乳钉纹和树木箭头卷云箭头纹。推测纹样是从树木卷云乳钉纹向树木箭头卷云纹箭头纹变化的。要说发掘中所揭示的地层中共存遗物，那么要数1958年临淄西关农场探方101第3层（春秋时代）出土的素面半瓦当。1976年发掘桓公台时在接近生土的第6层出土了素面半瓦当和树木双兽纹瓦当。在它上面的第5层即战国时代地层出土了树木双兽纹、树木双兽三角纹、树木卷云乳钉纹、树木卷云纹等半瓦当，还出土了树木圆圈乳钉纹、单马云纹、云草乳钉三叶瓣纹、辐条乳钉三角卷云纹、圆方格网三角卷云纹等圆瓦当。属于西汉的第4层出土了树木箭头纹、树木箭头卷云纹、树木箭头卷云乳钉纹、树木乳钉纹、树木卷云纹、卷云内向连弧纹、卷云扁日字纹等半瓦当，以及卷

---

① 关野雄：《半瓦等當の研究》，岩波书店，1952年；李发林：《齐故城瓦当》，文物出版社，1990年。

云乳钉纹为中心的圆瓦当。属于东汉的地层即第3层出土了卷云纹、卷云乳钉纹、卷云半圆方格网纹等半瓦当,瓦当以卷云乳钉纹圆瓦当为主,新出土了"吉羊宜官""千秋万岁""万岁未央"等文字瓦当。临淄桓公台发掘出土的瓦当纹样与层位关系见表28。

表28 临淄桓公台出土瓦当的层位关系

| 层位 | 半瓦当 | 圆瓦当 |
| --- | --- | --- |
| 6层 | 素面,树木双兽纹 | |
| 5层(战国) | 树木双兽纹,树木双兽三角纹,树木卷云乳丁纹,树木卷云纹 | 树木圆卷乳丁纹,单马云纹,云草乳丁三叶弁纹,辐条乳丁三角卷云纹,圆方格纲三角卷云纹 |
| 4层(前汉) | 树木箭头纹,树木箭头卷云纹,树木箭头卷云乳丁纹,树木乳丁纹,树木卷云纹,卷云内向连弧纹,卷云扁日字纹 | 卷云乳丁纹,圆方格纲卷云乳丁纹,云草乳丁三叶弁纹,卷云乳丁三角纹,卷云扁日字形纹,箭头双钩卷云纹,树木箭头乳丁曲线纹,树木卷云乳丁纹,树木箭头乳丁卷云纹,树木双骑纹 |
| 3层(后汉) | 卷云纹,卷云乳丁纹,卷云半圆方格纲纹 | 卷云乳丁纹,圆方格纲卷云乳丁纹,云草乳丁三叶弁纹,卷云乳丁三角纹,"吉羊宜官""千秋万岁""万岁未央" |

从层位关系看,最早出现的是素面半瓦当,其年代进入春秋时代。随后出现的是树木双兽纹,无法根据层位判断其年代。将第6层和第5层进行比较,可知树木双兽纹与树木卷云乳钉纹中前者早。这就是关野雄所谓的写实纹样的时代相对早于抽象纹样的缘由。就第5层和第4层的叠压关系而言,树木卷云乳钉纹明显早于树木箭头纹。从第5层开始,除半瓦当外,开始出现圆瓦当,如圆瓦当中出现了把半瓦当中的树木圆圈乳钉纹面对面配置成为的圆瓦当。第4层即西汉地层中发现了树木双骑纹与树

木箭头纹合并起来的圆瓦当。前面已经说过,树木箭头纹是晚于树木乳钉纹地层出土的新阶段纹样,与新阶段纹样共存的是树木双骑纹,因此树木双骑纹也是新阶段的纹样。写实纹样系统中,树木双骑纹晚于树木双兽纹,图 90 用拓片展示了各阶段出现的瓦当纹样,Ⅰ阶段是素面半瓦当,Ⅱ阶段是树木双兽纹半瓦当,Ⅲ阶段是树木卷云乳钉纹半瓦当与树木圆卷云乳钉纹圆瓦当,Ⅳ阶段是树木双骑纹半瓦当、树木箭头纹半瓦当及其组合而成的圆瓦当。

接下来讨论各个阶段的年代问题。首先讨论树木双骑纹的年代,树木双骑纹的特征是描绘了骑马纹,它是解决年代问题的关键。一般认为,在中国,骑马习惯始于赵武灵王阶段。其实际年代难说,可能在前 3000 年前后。从铜镜边缘造型看,描绘骑马图像的据传洛阳金村出土的金银错狩猎纹铜镜的年代为前 2 世纪前叶。[1] 战国前半段尚未出现树木双骑纹,它是前 3 世纪以后的战国后半段才出现的瓦当纹样。西汉长陵邑内发现了齐瓦当[2],瓦当上有树木箭头乳钉纹、树木双兽纹、树木卷云乳钉文。据文献记载,西汉高祖九年(前 198 年),齐、楚的大族即昭氏、屈氏、景氏、怀氏和田氏五姓被迁至关中,长陵邑发现了他们带去的齐瓦当。因此,可以确定这些瓦当是战国末期制作的。这样看来,Ⅳ阶段的树木双骑纹和树木箭头纹的年代为前 3 世纪,或者前 3 世纪后半段开始制作的。早于树木双骑纹的Ⅱ阶段的树木双兽纹即使是战国时期也不会很早,无疑它是前 4 世纪以后出现的。

---

[1] 宫本一夫:《戦国鏡の編年》,《古代文化》第 42 卷第 46 号,1996 年。
[2] 刘庆柱、李毓芳(来村多加史译):《前漢皇帝陵の研究》,学生社,1991 年。

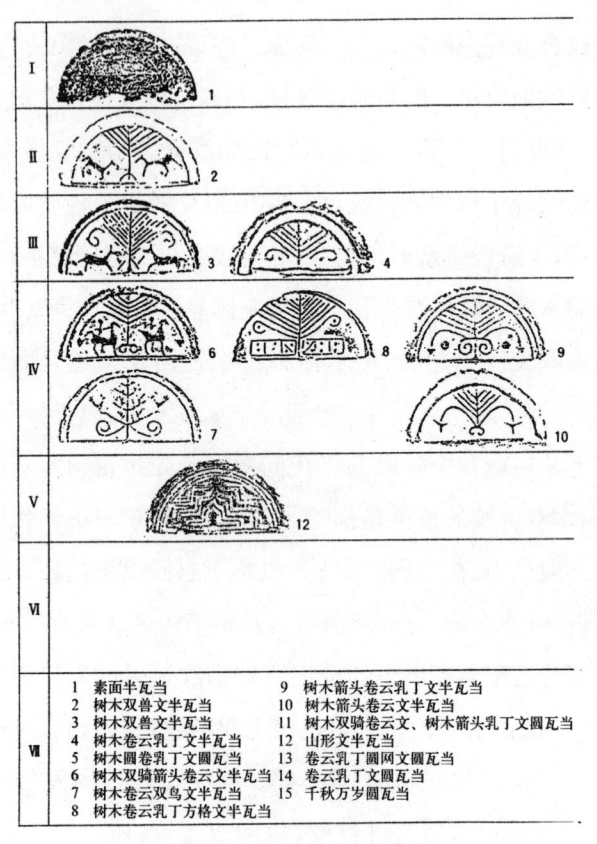

| 层位 | 图案 |
|---|---|
| I | 1 素面半瓦当 |
| II | 2 树木双兽文半瓦当 |
| III | 3 树木双兽文半瓦当; 4 树木卷云乳丁文半瓦当 |
| IV | 6 树木双骑箭头卷云文半瓦当; 7 树木卷云双鸟文半瓦当; 8 树木卷云乳丁方格文半瓦当; 9 树木箭头卷云乳丁文半瓦当; 10 树木箭头卷云文半瓦当 |
| V | 12 山形文半瓦当 |
| VI | |
| VII | 1 素面半瓦当　9 树木箭头卷云乳丁文半瓦当<br>2 树木双兽文半瓦当　10 树木箭头卷云文半瓦当<br>3 树木双兽文半瓦当　11 树木双骑箭头卷云文、树木箭头乳丁文圆瓦当<br>4 树木卷云乳丁文半瓦当　12 山形文半瓦当<br>5 树木圆卷乳丁文圆瓦当　13 卷云乳丁文圆网文圆瓦当<br>6 树木双骑箭头卷云文半瓦当　14 卷云乳丁文圆瓦当<br>7 树木卷云双鸟文半瓦当　15 千秋万岁圆瓦当<br>8 树木卷云乳丁方格文半瓦当 |

**图 90　田齐的瓦当纹样**①

---

① 1 见李发林：《齐故城瓦当》，文物出版社，1990 年，第 20 页，图 1；2 见李发林：《齐故城瓦当》，文物出版社，1990 年，第 21 页，图 2；3 见李发林：《齐故城瓦当》，文物出版社，1990 年，第 31 页，图 18；4 见李发林：《齐故城瓦当》，文物出版社，1990 年，第 63 页，图 67；5 见李发林：《齐故城瓦当》，文物出版社，1990 年，第 116 页，图 141；6 见李发林：《齐故城瓦当》，文物出版社，1990 年，第 40 页，图 32；7 见李发林：《齐故城瓦当》，文物出版社，1990 年，第 45 页，图 39；8 见李发林：《齐故城瓦当》，文物出版社，1990 年，第 68 页，图 75；9 见李发林：《齐故城瓦当》，文物出版社，1990 年，第 80 页，图 92；10 见李发林：《齐故城瓦当》，文物出版社，1990 年，第 73 页，图 82；11 见李发林：《齐故城瓦当》，文物出版社，1990 年，第 114 页，图 139；12 见李发林：《齐故城瓦当》，文物出版社，1990 年，第 102 页，图 125；13 见李发林：《齐故城瓦当》，文物出版社，1990 年，第 138 页，图 163；14 见李发林：《齐故城瓦当》，文物出版社，1990 年，第 143 页，图 169；15 见李发林：《齐故城瓦当》，文物出版社，1990 年，第 164 页，图 190。

第八章 田齐政权

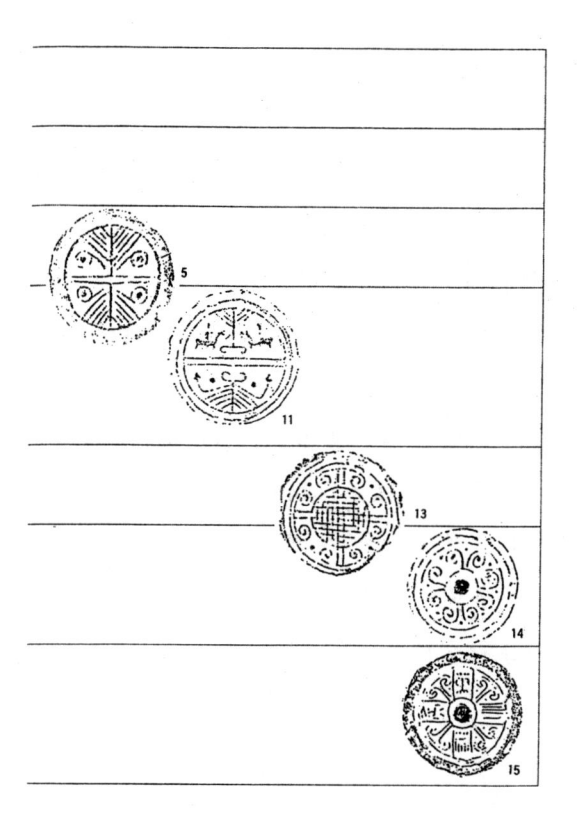

如果把Ⅳ阶段定在前3世纪后半段,那么考虑到瓦当纹样出现的连续性变化,可以把Ⅲ阶段定在前3世纪前半段,把Ⅱ阶段定在前4世纪后半段。除素面纹半瓦当以外,大部分瓦当纹样都可以纳入前4世纪后半以后的战国后半期范围内。即便认为素面半瓦当在春秋时代已经出现,但是像树木双兽纹那样写实纹样的瓦当直到前4世纪才出现,就像关野雄推测的那样,它们是田齐出现之后才制作的瓦当。齐的大部分战国式半瓦当是在战国后半期以后开发的,这个阶段装饰性瓦当很发达。它可能是与大规模建筑同时出现的,推测威王以后齐都城建筑变得更加雄伟。图90中的Ⅴ阶段是统一六国后的秦,Ⅵ阶段是西汉时期,Ⅶ阶段是东汉时期。这些内容与本章无关,故不详述,Ⅴ阶段即图90：12—13瓦当上看不到Ⅳ阶段之前的瓦当纹样谱系是因为它与秦瓦当纹样类似。①

## 5　根据文物复原田齐

前面以金文、陶文、王陵和瓦当纹样为基础,研究了田齐。首先根据金文内容复原了田齐推翻姜齐、掌握齐国实权的过程。文献中把金文中出现的田齐都当作陈氏,陈氏的相对序列与文献中的陈氏之间的对应关系如表25所示。由此可知,《史记》中没有记载而《竹书纪年》有记载的田剡是存在的。同样关于田悼子,《竹书纪年》有记载而《史记》中没有记载。最近,平势隆郎认为宣王与湣王是同一个人,不过至今找不到宣王是湣宣王的证据。②

---

① 陕西省考古研究所秦汉研究室编:《新编秦汉瓦当图录》,三秦出版社,1987年。
② 平势隆郎:《戦国紀年再構成に関する試論》,《史学雑誌》第101編第8号,1992年。

《史记》与《竹书纪年》在绝对年代方面存在矛盾。尤其是宣王以后的绝对年代矛盾很明显,迄今为止有很多研究,否定了表25根据《史记·六国年表》确定的绝对年代。

春秋时代的姜齐,像国差、公孙灶那样的卿和公族人物就任"立事",担任地位仅次于相的重要官职,处理国政。进入春秋后期的田齐时期,田氏开始就任"立事",掌握国政实权。这个时期,身份只是大夫的田氏却握有推翻作为卿的国差和高氏并拥立公的权力。这个权力基础就是《史记·田敬仲完世家》所谓的仁政,即掌握了征税权。可以想见"立事"是掌握征税权的官职即类似相的官职。陈犹和陈禾阶段他们统管枡即征税计量器,田氏由此掌握了征税权。田氏的权力基础之一是掌握了财政权。不难想象,这个阶段田氏掌握了财政即管理财务的权力,统管齐国征税单位恰好说明了田氏实行了一元化财政管理即中央集权管理。从青铜武器铭文看,其中有以战国时代前半段为中心的以都邑为单位的铭文,可见武器是以都邑为单位管理的。① 若果真如此,那么齐很可能原来就是按都邑为单位管理的。陈犹和陈禾阶段,如铭文2、铭文3中统管征税单位的文字可以解释为,原来以都邑为单位的财务管理改为统管全国的中央集权管理。因此,在中央集权体制下,于陈禾即田和阶段,田氏名副其实地推翻了姜齐,获得周室的认可,实现了以下克上。田氏权利的另一个基础是铭文2陈纯釜和《史记·田敬仲完世家》所说的利用宗亲逐步扩大管理的过程。田氏的权利基础是利用宗族管理,是基于父系家长制的管理形态。陶文分析与金文分析的结论初看有矛盾,不过田午以后邑的独立性很强,尚未建成完善的中央集权官僚体制。这

---

① 宫本一夫:《七國武器考—戈·戟·矛—》,《古史春秋》第2号,朋友书店,1985年。

些邑也由田氏宗亲管理，促使中央集权的王权进一步确立。

田齐以后，同其他列国相比，它变成了强国。铭文6—8中指出田午召集诸侯并强迫诸侯贡献青铜制作铜器，可见田齐的势力变得非常强大。这种内容的铭文一直到威王以后还能够看到，直至田齐自己称王阶段为止。因此，这个阶段不再需要"立事"了，没有必要表明自己是像相那样的家臣。就陶文而言，如果把管理齐的基层组织的邑当作"立事"，那么在田齐完全掌握了权力以后，田氏家族作为邑的领导实施管理，世袭制的父系家长制延续了下来。正像太田幸男所说的那样，父系家长的官僚机构得以完善。① 换句话说，它意味着王权已经确立。

田齐在田午以后建造王陵，特别是威王以后有计划地在某地持续建造王陵的规制起到了作用，是对王权的认可。这些王陵和田氏贵族墓集中在都城以外的某地与田齐确实到达王权巅峰有关。战国后半期齐瓦当纹样的发展意味着都城建筑的发展。《战国策》说"临淄之中七万户，臣窃度之，下户三男，三七二十一万，不待发于远县，而临淄之卒，固已二十一万矣，临淄甚富而实，其民无不吹竽鼓琴，击筑弹琴，斗鸡走犬，六博蹋鞠，临淄之途，车毂击，人肩摩，连衽成帐，举袂成幕，挥汗如雨，家敦而富，志高扬"，诚如苏秦对宣王所说的那样，齐都临淄的繁荣体现在建筑物的典雅和都城的发展方面，结论就是它反映了田齐确立了王权和社会的富裕程度。王权的确立促使货币统一。截至当时的齐都和各城邑制作的刀钱"即墨之大化""安阳之大化"衍生了前378年开国记年货币"齐造邦䢍大化"，其后，威王、宣王铸造了统一货币

---

① 太田幸男：《斉の田氏について》，《歴史学研究》第350，1969年；太田幸男：《田斉の成立》，《中国古代史研究》第4；太田幸男：《田斉の崩壊》，《史海》第21、22合并，1975年。

"齐法化"。①

  田齐运用中央集权管理山东这个富裕粮仓里的谷物,以王为中心统管征税,并使社会得以发展。它采用以宗族为中心的父系家长制管理社会。威王以后,通过录用新人强化官僚机构,如陶文所说它实行以父系家长制为根基的宗族管理。这种管理形式使得与秦对峙的东部帝国没有像秦那样确立起郡县制和官僚体制。由于父系家长制的宗亲管理没有使齐变成真正的中央集权的官僚国家,所以齐最终被秦所灭。

---

① 汪庆正编:《中国历代货币大系·先秦货币》,上海人民出版社,1985年。

# 第九章 鄂尔多斯青铜器文化的消亡

中国北疆地区的青铜器文化被称为鄂尔多斯青铜器文化。鄂尔多斯高原的青铜器文化是中国北方青铜器文化的代名词,但它未必是涵盖整个中国北方地区的同一支文化。鄂尔多斯青铜器文化曾被称为绥远青铜器文化,因为与欧亚北方草原地区的青铜器文化有关而备受关注。高浜秀的论文①详细地叙述了鄂尔多斯青铜器文化研究史,这里不再赘言。总之,鄂尔多斯青铜器文化这个名词使用起来很方便,如果把它作为中国北方系青铜器文化总称的话则有必要再检讨。事实上,近年来,研究北方民族青铜器文化的学者已经注意到其地域性,他们根据青铜器特征和组合所作的分区研究有很大的进展。② 此外,以墓葬特征为标准的文化分区研究也有了进展。因此,西周后半期可以看到北方式铜剑和被称为径路刀的同铸式青铜短剑展现出了明显的地域性特征。此前以铜剑、有銎斧和刀子为代表的具有殷代到西周特色的青铜器文化见诸甘肃到辽宁的广大区域。这里要讨论的是整齐划一的北方青铜器文化阶段之后出现地域性的阶段,即西周后

---

① 高浜秀:《中国北方系青銅器の研究》,(平成7～9年度文部省科学研究費補助金・基盤研究B),1997年。
② 郭素新、田广金:《源远流长的北方民族青铜文化》,中国青铜器全集编辑委员会编:《中国青铜器全集》第15卷,文物出版社,1995年。

半期以后中国北方地区青铜器文化地域性越发显著的阶段。秋山进午曾分析过这个阶段鄂尔多斯高原上的匈奴墓。① 笔者试图通过分区初步探讨各地区北方青铜器文化的变迁。

## 1 青铜文化的地域性特征

北方青铜器文化现在被分成三个地区。这三个地区从西向东分别是,甘肃东部到宁夏南部的陇山地区,从鄂尔多斯高原到包括陕西北部地区在内的内蒙古中南部地区以及燕山山脉一带。拙著将对内蒙古中南部地区到燕山山脉一带进行分析,其中重要的墓地分布情况如图91所示。就内蒙古中南部而言,岱海周围与从包头附近到鄂尔多斯高原之间墓葬分布明显不同。根据新石器时代陶器样式,将这两个地区进一步分区,以便探讨不同地区之间的地域性差异。总之,除了不在研究范围之列的陇山地区,其他两个地区都是研究对象,笔者将从分析青铜器和墓葬构造、等级结构入手,复原各个小区内的社会变迁。涉及不在详细研究范围中的陇山地区的有关方面时,仅把它作为参考而稍作分析。

在长城地带发展起来的青铜器文化在内蒙古中南部以西的地区没有生产青铜彝器,却生产了大量武器、工具以及车马具。燕山地区不仅有青铜彝器,还有北方式青铜武器、工具,可见两地差异很大。墓葬构造方面,宁夏南部的陇山地区以竖穴偏洞墓为特征,而内蒙古中南部到燕山地区流行竖穴土坑墓,两地墓葬结构不一样。青铜器组合方面,内蒙古中南部与陇山地区的相似;墓葬构造方面,内蒙古中南部与燕山地区的相似。把青铜器组合

---

① 秋山进午:《内蒙古高原の匈奴墓葬》,《富山大学人文学部纪要》第4号,1980年。

313

与墓葬结构结合起来,可以看到陇山地区、内蒙古中南部地区和燕山地区存在明显的地域性差异。这种地域性差异导致了社会集团差异。有人认为地区与文献中的古代部族一一对应,如陇山地区为西戎[1],内蒙古中南部地区为狄[2],燕山地区为山戎[3]。现在已经确认了内蒙古中南部地区到燕山一带的青铜器是春秋以后阶段的,要说与殷后期具有传承关系的铜器只有西周的扁桃。下面按地区分析青铜器的内涵。

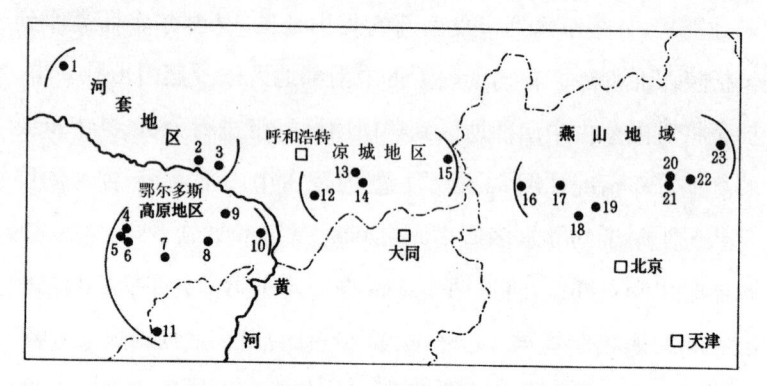

**图 91　主要的鄂尔多斯青铜器文化墓地[4]**

## 2　内蒙古中南部的青铜器墓葬

正如小田木治太郎分析墓葬结构时所指出的那样[5],把墓地

---

[1] 罗丰:《以陇山为中心甘宁地区春秋战国时期北方青铜文化的发现与研究》,《内蒙古文物考古》1993 年第 1、2 期。

[2] 郭素新、田广金:《源远流长的北方民族青铜文化》,中国青铜器全集编辑委员会编:《中国青铜器全集》第 15 卷,文物出版社,1995 年。

[3] 靳枫毅:《军都山山戎文化墓地葬制与主要器物特征》,《辽海文物学刊》1991 年第 1 期。

[4] 作者自绘。

[5] 小田木治太郎:《中国北方"青铜文化"の墓—战国时代前後の内蒙古中南部および宁夏周边》,《宗教と考古学》,勉诚社,1997 年。

第九章　鄂尔多斯青铜器文化的消亡

分布与地理分区结合起来,内蒙古中南部地区的确可以分为凉城地区、河套平原地区和鄂尔多斯高原地区三个地区。它们与田广金所分的毛庆沟类型、西固类型、桃红巴拉类型几乎一致。① 该地区出土的青铜器没有做过分期,表29列举了各个墓地的墓葬资料,目的是展示各地青铜器组合。从表中可知,内蒙古中南部地区没有青铜礼器,只有青铜武器、工具、车马具和金饰品。

这种青铜器组合与拥有青铜礼器的燕山地区不同。如果大家注意到内蒙古中南部地区的青铜器组合,就会发现凉城地区只有极少的衔而几乎没有车马具,也没有竿头饰等立体兽形饰和金银制兽形饰等金银制品。从青铜器组合看,内蒙古中南部地区的凉城与其他地区之间的地域性差异很明显。当然,在利用青铜器共存资料梳理好遗物之间相对早晚关系的基础上,还必须探讨青铜器组合中器类多少的含义。在内蒙古中南部地区,墓葬结构和随葬品保存良好,并形成由多座墓葬组成的墓地群的是凉城地区。水野清一、江上波夫②,秋山进午③,田广金、郭素新④等对青铜器作了详细的类型学研究。他们利用青铜器类型学开展的研究展示了各类青铜器造型变化趋势,但是皆缺少证据。利用共存遗物检验青铜器早晚关系时,应该关注到陶明器分期。本文将在探讨陶明器分期以及与之共存的青铜器类型变化的基础上对墓葬进行分期,然后以墓葬分期为基础分析整个墓地群的丧葬问题。

---

① 田广金:《中国北方系青铜文化和类型的初步研究》,《考古学文化论丛》(四),文物出版社,1997年。
② 水野清一、江上波夫:《綏遠青銅器》,《内蒙古・長城地带》,《東方考古学叢刊》乙种第1册,1935年。
③ 秋山进午:《内蒙古高原の匈奴墓葬》,《富山大学人文学部紀要》第4号,1980年。
④ 田广金、郭素新编著:《鄂尔多斯式青铜器》,文物出版社,1986年。

表29 鄂尔多斯青铜器主要墓地的随葬品组合

| 地区 | \ | 鄂尔多斯地区 | | | | | | | | | 河套地区 | | | 凉城地区 | | | | | 燕山地域 | | | | | |
|---|---|---|---|---|---|---|---|---|---|---|---|---|---|---|---|---|---|---|---|---|---|---|---|---|
| | 墓地名 随葬品 | 桃红色拉 | 公苏垞 | 西沟畔M3 | 玉隆太 | 速机沟 | 石灰沟 | 西沟畔M2 | 阿鲁柴登 | 纳林高兔 | 呼鲁斯太 | 水洞沟门 | 西园 | 范家窑子 | 崞县窑子 | 毛庆沟 | 饮牛沟 | 沟里头 | 小白阳 | 北辛堡 | 军都山 | 梨树沟门 | 葫子沟 | 骆驼梁 |
| 青铜器 武器 | 短剑 | ○ | ○ | ○ | | | | | | | ○ | | | | | ○ | | | ○ | ○ | | ○ | ○ | ○ |
| | 鹤嘴 | ○ | ○ | | ○ | | | | | | | | | | | ○ | | | ○ | | | | | |
| | 其他 | ○ | ○ | ○ | ○ | | ○ | | | | | | | | | ○ | | | ○ | ○ | | | | |
| 工具 | | ○ | ○ | ○ | ○ | | | | | | | ○ | ○ | | | | ○ | ○ | | | | ○ | ○ | ○ |
| 马具 | 马面 | | | | | ○ | | | | | | | | | | ○ | | | | ○ | ○ | | | |
| | 衔 | | | | ○ | ○ | ○ | | | | ○ | ○ | ○ | | ○ | ○ | | | | ○ | | | | |
| | 其他 | | | | ○ | | | | | | | | | | | | | | | ○ | | | | |
| 车具 | 车轴头 | | | | ○ | ○ | | | | | | ○ | ○ | | ○ | ○ | | | | ○ | ○ | | | |
| | 铃 | | | | ○ | ○ | ○ | ○ | | | | | | | | | | | | ○ | ○ | | | |
| | 其他 | | | | | | | ○ | | | | ○ | | | | | | | | ○ | | | | |
| 立体兽形饰 | | | | | | | | | | | | ○ | | | | | | | | | | | | |

316

续表

| 地区 | | 鄂尔多斯地区 | | | | | | | | | 河套地区 | | | 凉城地区 | | | | | 燕山地域 | | | | | |
|---|---|---|---|---|---|---|---|---|---|---|---|---|---|---|---|---|---|---|---|---|---|---|---|---|
| | 墓地名<br>随葬品 | 桃红色拉 | 公苏托 | 西沟畔M3 | 玉隆太 | 速机沟 | 石灰沟 | 西沟畔M2 | 阿鲁柴登 | 纳林高兔 | 呼鲁斯太 | 水洞沟门 | 西园 | 范家窑子 | 崞县窑子 | 毛庆沟 | 饮牛沟 | 沟里头 | 小白阳 | 北辛堡 | 军都山 | 梨树沟门 | 喷子沟 | 骆驼梁 |
| 青铜器 | 长方形饰板 | ○ | | | | | | | | | | | | | | | | | | | | | | |
| | 虎形牌饰 | | ○ | | | | | | | | | | | | | ○ | | | | | ○ | | ○ | |
| | 金饰件 | ○ | ○ | ○ | | | | | | | | | | | | | | | | | ○ | | ○ | |
| | 鸟形铰具 | | | ○ | ○ | | | ○ | | | | | | | | | | | ○ | ○ | | ○ | | |
| | 带钩 | | | | | | | | | | | | | | | | | | ○ | ○ | ○ | ○ | | |
| | 铜礼器 | | | | | | | | | | | | | | | | | | | | | | | ○ |
| 铁器<br>武器 | 短剑 | | | | | | | | | ○ | | | | | | ○ | ○ | | | | | | | |
| | 鹤嘴 | | | | | | | ○ | ○ | | | | | | | | | | | | | | | |
| | 其他 | | | | | ○ | ○ | ○ | ○ | | | | | | | | | | | | | | | |
| 马具 | | | | | ○ | | | | ○ | ○ | | | | | | | | | | | | | | |
| 金银制品 | | ○ | | | | | | | | | | | | | | | | | | ○ | | | | |

续表

| 地区 | 墓地名 随葬品 | 玉石头饰 | 石制品 | 骨角器 | 土器 |
|---|---|---|---|---|---|
| 鄂尔多斯地区 | 桃红色拉 | ○ | | | ○ |
| | 公苏垞 | ○ | ○ | | |
| | 西沟畔M3 | ○ | | | ○ |
| | 玉隆太 | ○ | | ○ | |
| | 速机沟 | | | | |
| | 石灰沟 | | | | |
| | 西沟畔M2 | | | | ○ |
| | 阿鲁柴登 | ○ | | | |
| | 纳林高兔 | | | | |
| 河套地区 | 呼鲁斯太 | ○ | | | |
| | 水洞沟门 | | | | |
| | 西园 | ○ | | ○ | |
| 凉城地区 | 范家窑子 | | | | |
| | 崞县窑子 | ○ | ○ | ○ | |
| | 毛庆沟 | ○ | ○ | ○ | |
| | 饮牛沟 | ○ | ○ | | |
| | 沟里头 | ○ | ○ | | |
| 燕山地域 | 小白阳 | | ○ | ○ | |
| | 北辛堡 | | ○ | ○ | |
| | 军都山 | | | | ○ |
| | 梨树沟门 | ○ | ○ | ○ | ○ |
| | 葫子沟 | | | ○ | |
| | 骆驼梁 | ○ | | ○ | |

## (a) 凉城地区

凉城地区内,彼此相距不远的崞县窑子墓地①、毛庆沟墓地②、饮牛沟墓地③集中分布在此。根据是否随葬铁器推测,这些墓地的相对年代从早到晚依次为:不出铁器的崞县窑子墓地→出土青铜器和铁器的毛庆沟墓地→随葬品以铁器为主的饮牛沟墓地。下面按这个年代顺序,从崞县窑子墓地开始分析随葬品。

从地理上看,内蒙古凉城崞县窑子墓地距离毛庆沟墓地比较近,两个墓地属于同一个集团。随葬青铜器组合中有类似腰带上铰具的器物,以牌形饰、管状饰、连珠形饰等金服饰以及耳环、手镯等首饰为主,只有一把刀子。青铜器组合与毛庆沟墓地的青铜器组合相似。

按陶器类型差异,该墓地分三个阶段,为了对其验证,我们用青铜饰品来检验墓地分期。鸟头纹样以中间为界两边对称分布。按纹样主题不同,它分两个类型。A型是嘴上有竖线的鸟头纹,脑后羽毛卷曲在头侧,图92:1为A1式。B型是以圆圈为轴两边对称分布的,鸟头纹的嘴上没有纹样、嘴似内卷,图92:6为B1式。B型中鸟头脑后尚存内卷羽毛但嘴与头部分离呈S形,若到了鸟头纹已经完全被遗忘阶段的纹样则为B2式(图92:13)。这种鸟头纹铜饰件上的纹样明显退化,是分期的好材料。接下来通过比较与鸟头纹铜饰件共存的陶器类型来讨论陶器类

---

① 内蒙古文物考古研究所:《凉城崞县窑子沟墓地》,《考古学报》1989年第1期。
② 内蒙古文物工作队:《毛庆沟墓地》,田广金、郭素新编著:《鄂尔多斯式青铜器》,文物出版社,1986年。
③ 内蒙古自治区文物工作队:《凉城饮牛沟墓葬清理简报》,《内蒙古文物考古》第3期,1984年。

型变化方向与这类铜饰件变化是否矛盾(图93)。在与A1型鸟头纹饰铜饰件和B1型鸟头纹铜饰件共存的陶器中,与A1型阶段的陶罐(图93:1)相比,B1型阶段的陶罐(图93:4)的最大径从腹下部上升到腹中部。把与B1型铜饰件和B2型铜饰件共存的陶器对比后发现,与B2型铜饰件共存的陶器(图92:14)的腹部最大径进一步上升,已至腹上部。这件陶器为拍印绳纹的灰陶器,与此前的素面红褐陶完全不同。绳纹灰陶罐腹最大径皆在腹上部。陶器造型变化方向与陶器焙烧和成形技法不同有明显的相关关系。这里以腹部最大径的位置为标准,把腹部最大径在腹下部的称为1式,把腹部最大径在腹中部的称为2式,把腹部最大径在腹中部偏上的称为3式,把腹部最大径在腹上部的称为4式。把素面红陶、红褐陶称为A型,把绳纹灰褐陶、灰陶称为B型。把双耳罐的双耳在口沿上的称为a式,把双耳在颈部的称为b式,把无耳的称为c式。图93汇总了上述各种类型陶器的组合。Ⅰ—Ⅳ型表示早晚关系,A、B表示陶器制法不同,a—c式表示器形的式。这样综合起来看,陶器类型变化的顺序依次是:素面双耳红陶、红褐陶罐→素面红陶、红褐陶罐→灰褐陶、灰陶罐。按这个变化次序,笔者把它们分成3个阶段,对应墓地群变化的Ⅰ、Ⅱ、Ⅲ期。从结果来看,它与发掘报告所分的3个阶段相同,不过细分的话则不同,下面按上述陶器分期和笔者划分的分期标准讨论墓地群。

从崞县窑子墓地调查发掘报告的墓葬平面图看,按墓葬聚散程度差异,墓地可以分为普遍被认可的四群(图95)。Ⅰ群的中央有环绕的排水管,部分墓葬因此遭到破坏。Ⅳ群的中间墓葬稀疏,当是被自然河道破坏所致,原本应更密集。以上面的陶器分期为基础给这些墓群分期(表30)。从早到晚依次是:Ⅰ→Ⅱ→

Ⅲ、Ⅳ。Ⅲ群和Ⅳ群中，Ⅲ群内的Ⅱ期墓葬的比率比较高，Ⅲ群的年代相对早一些。这样看来，这些墓群中墓葬数量随时代变化而变化。它很可能是以世代为单位变化的。那么这些墓群的结构具有什么意义？可以通过讨论前面提及的随葬品特别是青铜器组合与墓坑大小之间的对应关系来回答这个问题。如表30所示，墓坑大小用墓坑面积来表示。因为评估青铜器需要关注的是器类组合而非青铜器数量，下面分析青铜器器类组合与墓坑面积之间的相关关系。

如表30所示，虽然两者之间并不完全对应，但是相关关系还是比较明显的。从随葬品组合的多少与造墓投入劳动力多少之间的对应关系看，可以推测墓主在集团内部地位的高低。因此，若发现了崞县窑子墓地内存在等级差异，再将这种分析方法用到各个墓群当中，便能够发现各个墓群内部同样存在等级差异。假如把随葬铰具的墓当作Ⅰ等墓，那么不随葬铰具而随葬铜饰件的墓就是Ⅱ等墓。不随葬青铜器的是地位最低的Ⅲ等墓。如图95所示，从墓葬分布图上可以看到Ⅰ、Ⅱ等的高等级墓位于各墓群中间。因此，各个世代集团是由集团中心人物或中心家庭以及地位低于他们的人构成的，各个集团墓持续了很多世代。不过这种等级分化没有出现王墓那样的统治者，只看见小集团领导那样的人物。随葬牺牲与否与集团内部等级分化没有必然联系。让人感兴趣的是，作为牺牲的兽不仅包括饲养的动物还包括赤鹿等野生动物。只有男性墓随葬了赤鹿，推测这与狩猎活动有关，即随葬赤鹿可能与墓主生前的职业有关。因此，随葬牺牲是采用了与反映集团内部等级差异不同的丧葬仪式。

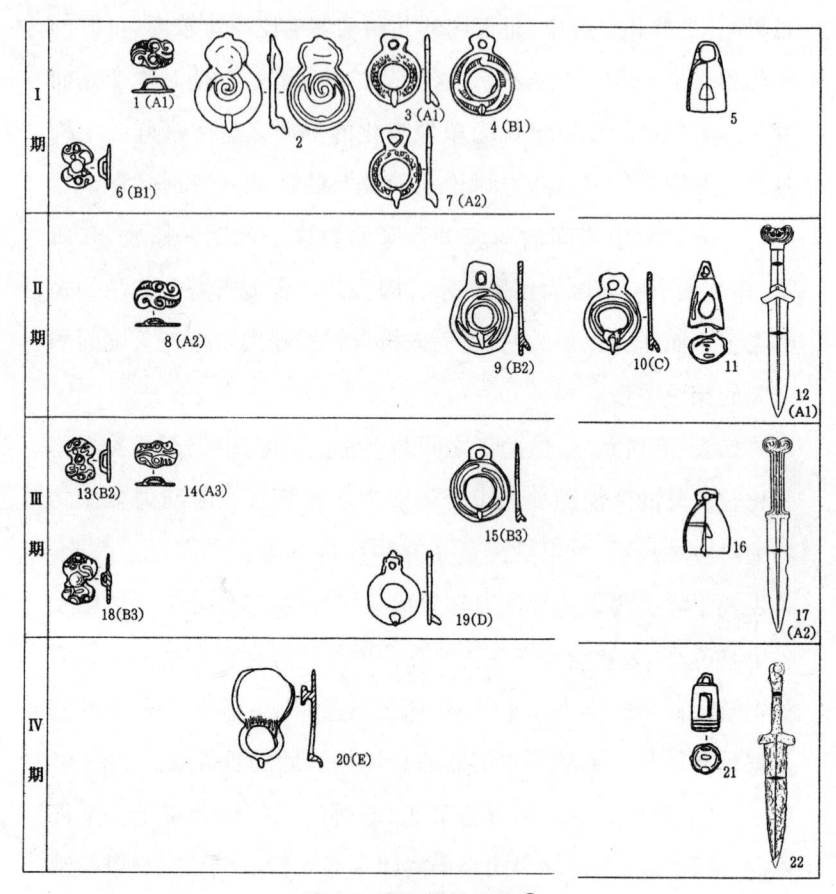

**图 92　青铜器的演变**①

（1：崞县窑子 M2,2：崞县窑子 M3,3：崞县窑子 M31,4：桃红巴拉 M1,5：崞县窑子 M3,6：崞县窑子 M5,7：崞县窑子 M5,8：毛庆沟 M47,9：毛庆沟 M45,10：毛庆沟 M59,11：毛庆沟 M62,12：毛庆沟 M59,13：崞县窑子 M1,14：毛庆沟 M9,15：毛庆沟 M9,16：毛庆沟 M62,17：毛庆沟 M60,18：毛庆沟 M17,19：毛庆沟 M12,20：毛庆沟 M11,21：毛庆沟 M39,22：毛庆沟 M29；1、3、5—11、13—16、18—21：比例 3/10,12、17、22：比例 3/20,4：比例不详）

---

① 崞县窑子的图见内蒙古文物考古研究所：《凉城崞县窑子沟墓地》，《考古学报》1989 年第 1 期；桃红巴拉的图见田广金：《桃红巴拉的匈奴墓》，《考古学报》1976 年第 1 期；毛庆沟的图，根据内蒙古文物工作队：《毛庆沟墓地》，田广金、郭素新编著：《鄂尔多斯式青铜器》，文物出版社，1986 年中的图改绘。

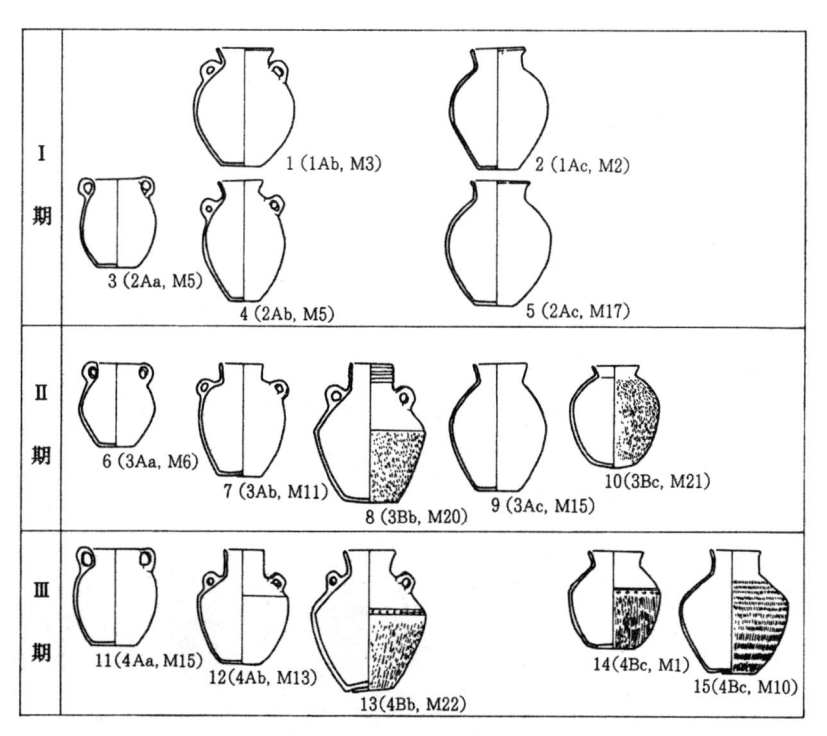

第九章　鄂尔多斯青铜器文化的消亡

**图 93　崞县窑子墓地的陶器分期**①
（比例 1/16）

---

① 根据内蒙古文物考古研究所：《凉城崞县窑子沟墓地》，《考古学报》1989 年第 1 期中的图改绘。

323

中国古代北疆史的考古学研究

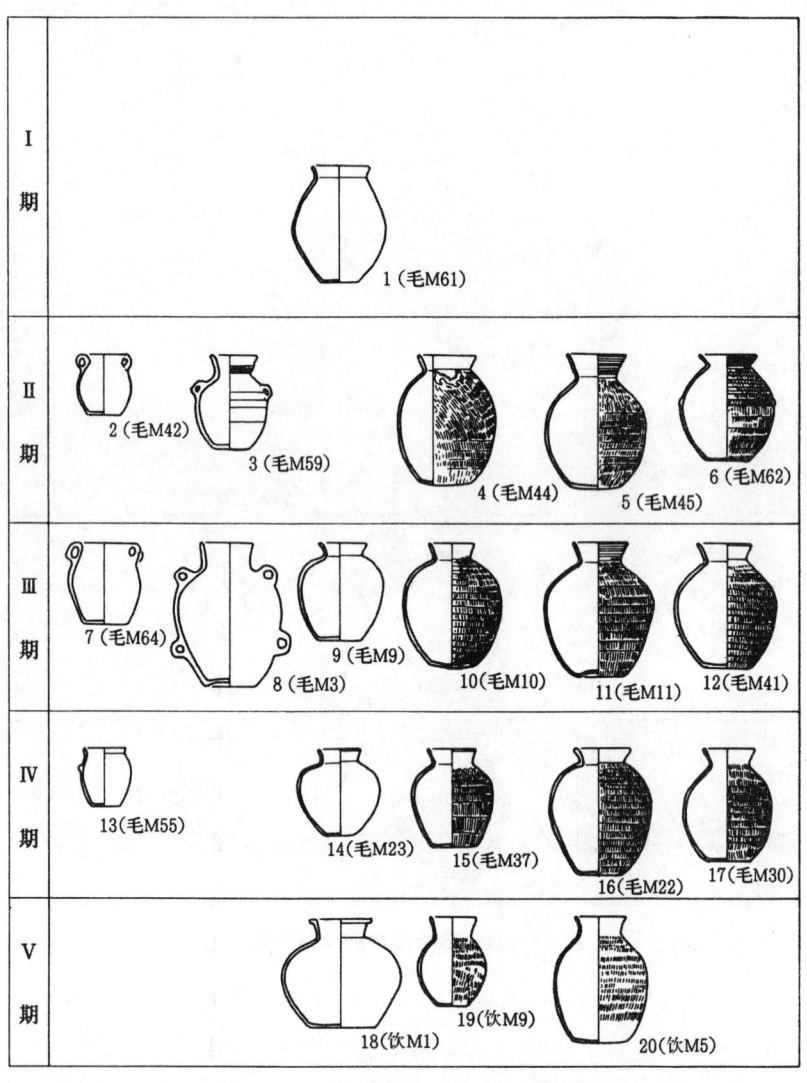

**图94 毛庆沟、饮牛沟墓地的陶器分期**①
（比例1/16）

---

① 根据文献中的图改绘，参考内蒙古文物工作队：《毛庆沟墓地》，田广金、郭素新编著：《鄂尔多斯式青铜器》，文物出版社，1986年；内蒙古自治区文物工作队：《凉城饮牛沟墓葬清理简报》，《内蒙古文物考古》1984年第3期。

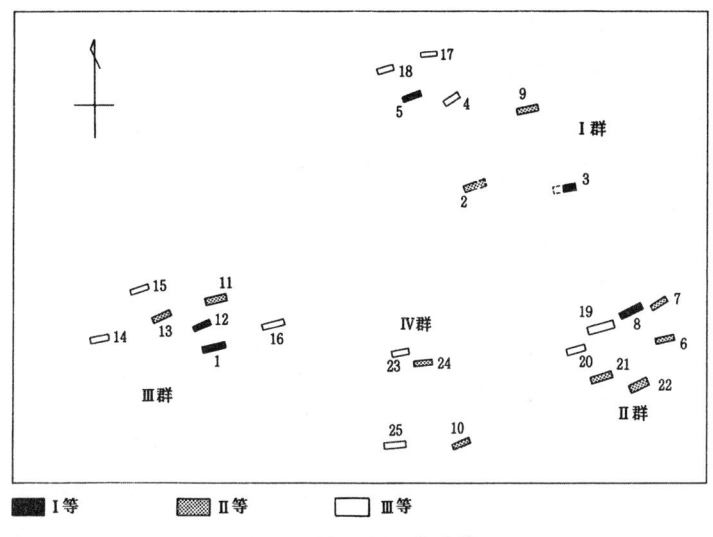

图 95　崞县窑子墓地①

　　田广金、郭素新在分析了内蒙古凉城县毛庆沟墓地群之后，把毛庆沟墓地群分为 4 个阶段。② 这里再次讨论墓葬分期，然后确立该墓地的分期。墓葬分期的依据是随葬陶器的分期及与各式青铜器类型的组合，其结果是可信的。首先看陶器，它可以分为绳纹泥质灰陶与几乎为素面的泥质灰陶。这两类陶器腹部最大径都是从腹部中间朝着腹上半部移动致使肩部外鼓的方向变化的。相对年代早于毛庆沟墓地的崞县窑子墓地以双耳罐为主，但毛庆沟墓地基本看不到这类罐。崞县窑子沟墓地有红陶和红褐陶，毛庆沟墓地只有灰陶和灰褐陶，可见陶器的焙烧温度升高了，制陶技术有了发展。从陶器发展趋势看，毛庆沟墓地要比崞县窑子沟墓地晚。随葬的青铜器如何？鸟头纹饰品分 A 型和 B

---

① 根据内蒙古文物考古研究所：《凉城崞县窑子沟墓地》，《考古学报》1989 年第 1 期中的图改绘。
② 内蒙古文物工作队：《毛庆沟墓地》，田广金、郭素新编著：《鄂尔多斯式青铜器》，文物出版社，1986 年。

型。纹样比崞县窑子沟墓地 B2 式鸟头纹铜饰品简化,而且鸟嘴和后脑羽毛蜷曲变成了意义不详的纹样,是为 B3 式(图92：18)。虽然毛庆沟墓地也出土了 A 式鸟头纹铜饰件,但是与崞县窑子沟 A1 式相比,它是嘴和脑后稍稍退化而成为 A2 式(图 92：8),纹样进一步退化就变成了鸟纹形象全无的 A3 式(图 92：14)。毛庆沟墓地中占主体的双鸟纹饰牌不见于崞县窑子沟墓地,佐证了上面所说的相对年代早晚的判断。如果加上带钩和铜剑,再来看青铜器组合则会发现如表 31 所示毛庆沟墓地的铰具与带钩不共存。铰具与装饰腰带的其他金属饰件共存,而带钩不共存。从类型学上讲,毛庆沟的铰具比崞县窑子沟的要晚,不仅佐证了前面所说的两个墓地的相对早晚关系,还发现了铰具很有可能变为带钩,即首饰发生了变化。因此,相对而言,年代晚于毛庆沟墓地的饮牛沟墓地不出土铰具而只出土带钩表明上面有关首饰演变的推测是正确的。

  这里有必要对毛庆沟墓地进行分期。对墓地进行分期时必须遵守前述对崞县窑子沟墓地与毛庆沟墓地作对比时所归纳出来的陶器类型变化法则。把两个墓地联系起来的陶器有素面双耳罐、腹部贴塑凸弦纹的绳纹罐等(图 94)。虽然崞县窑子沟只有一件与Ⅰ期同时的腹最大径在腹部中央或下半部的陶器,但其余主要陶器是Ⅱ、Ⅲ期的。Ⅱ期的腹最大径在腹中部而且底部直径大于Ⅰ期的陶器。Ⅱ期之后出现的Ⅲ期陶器与前一个阶段的相比,口沿外翻明显,腹部最大径在腹上部。与上述类型变化对照后发现,毛庆沟墓地出土了晚于Ⅲ期的陶器,其腹部最大径上移到腹上部变成了肩部,而且底径大于前一个阶段的陶器,整个陶器变为直筒型,这里把这个阶段称为Ⅳ期。进入Ⅳ期后,带把手的陶器不见了,把手退化为纹样(图 94：13)。与素面陶器

表 30　崞县窑子墓地的墓葬信息一览表

| 墓葬编号 | | 墓坑长(m) | 墓坑宽(m) | 墓坑面积(m²) | 工具 | 铰具 | 金饰件 | 铜泡 | 耳环、环、铃 | 石制品 | 骨制品 | 陶器 | 陶器分期 |
|---|---|---|---|---|---|---|---|---|---|---|---|---|---|
| Ⅰ群 | 2 | 1.4 | 0.7 | 0.98 | | | ○ | | ○ | ○ | ○ | ○ | Ⅰ |
| | 3 | 1.5 | 0.75 | 1.13 | | ○ | | ○ | ○ | | | ○ | Ⅰ |
| | 4 | 1.7 | 0.65 | 1.11 | | | | | | ○ | | | |
| | 5 | 2.0 | 0.75 | 1.50 | | ○ | ○ | ○ | | ○ | | ○ | Ⅰ |
| | 9 | 2.25 | 0.65 | 1.46 | | | ○ | ○ | ○ | | | ○ | Ⅰ |
| | 17 | 1.85 | 0.45 | 0.83 | | | | | | | | ○ | Ⅰ |
| | 18 | 1.7 | 0.7 | 1.19 | | | | | | ○ | ○ | | |
| Ⅱ群 | 6 | 2.0 | 0.6 | 1.20 | | | ○ | ○ | ○ | | | ○ | Ⅱ |
| | 7 | 1.85 | 0.62 | 1.15 | ○ | ○ | ○ | | | ○ | | ○ | Ⅱ |
| | 8 | 2.5 | 0.7 | 1.75 | | | | ○ | | | | ○ | Ⅱ |
| | 19 | 2.7 | 0.97 | 2.62 | | | ○ | | ○ | ○ | ○ | ○ | Ⅱ |
| | 20 | 2.0 | 0.5 | 1.00 | | | | | | | | ○ | Ⅱ |
| | 21 | 2.3 | 0.7 | 1.61 | | | ○ | | ○ | ○ | | ○ | Ⅱ |
| | 22 | 2.1 | 0.9 | 1.89 | | | | | | | | ○ | Ⅲ |

续表

| 墓葬番号 | | 墓坑长(m) | 墓坑宽(m) | 墓坑面积(m²) | 工具 | 铰具 | 金饰件 | 铜泡 | 耳环、环、铃 | 石制品 | 骨制品 | 陶器 | 陶器分期 |
|---|---|---|---|---|---|---|---|---|---|---|---|---|---|
| Ⅲ群 | 1 | 2.5 | 0.7 | 1.75 | | ○ | ○ | | ○ | | ○ | ○ | Ⅲ |
| | 11 | 2.3 | 0.65 | 1.50 | ○ | | ○ | | ○ | | | ○ | Ⅱ |
| | 12 | 1.8 | 0.6 | 1.08 | | ○ | | ○ | ○ | | ○ | ○ | Ⅲ |
| | 13 | 2.05 | 0.5 | 1.03 | | | ○ | | | | ○ | ○ | Ⅲ |
| | 14 | 2.1 | 0.5 | 1.05 | | | | | | ○ | ○ | ○ | Ⅱ |
| | 15 | 2.0 | 0.48 | 0.96 | | | | | | | | ○ | Ⅲ |
| | 16 | 2.2 | 0.65 | 1.43 | | | | | | | | ○ | Ⅱ |
| Ⅳ群 | 10 | 1.95 | 0.6 | 1.17 | | | ○ | | | | | ○ | Ⅲ |
| | 23 | 1.8 | 0.7 | 1.26 | | | ○ | ○ | | ○ | ○ | ○ | Ⅲ |
| | 24 | 2.0 | 0.6 | 1.20 | | | | | | | | ○ | Ⅱ |
| | 25 | 2.25 | 0.7 | 1.58 | | | | | | | | ○ | Ⅲ |

第九章　鄂尔多斯青铜器文化的消亡

表31　毛庆沟墓地的墓葬信息一览表

| 墓葬 | | 墓坑长(m) | 墓坑宽(m) | 墓坑面积(m$^2$) | 头向 | 短剑 | 其他武器 | 铰具 | 带钩 | 长方形饰板 | 鸟形饰金器 | 其他饰件 | 铜泡 | 耳环、环、铃 | 陶器 | 陶器分期 |
|---|---|---|---|---|---|---|---|---|---|---|---|---|---|---|---|---|
| Ⅰ群 | M42 | 2.2 | 0.8 | 1.76 | E | | | | | | | | | | ○ | Ⅱ |
| | M43 | 2.6 | 1.1 | 3.08 | E | | | ○ | | | | | ○ | | ○ | Ⅱ |
| | M44 | 2.1 | 1.3 | 2.73 | E | | | | | | ○ | | ○ | | ○ | Ⅱ |
| | M45 | 2.35 | 0.95 | 2.23 | E | ○ | | ○ | | | ○ | | ○ | | ○ | Ⅱ |
| | M46 | 2.2 | 1.0 | 2.20 | E | ○ | | ○ | | ○ | | | ○ | ○ | | Ⅱ或Ⅲ |
| | M55 | 1.9 | 0.6 | 1.14 | E | | | | | | | ○ | | | | |
| | M56 | 2.4 | 1.0 | 2.40 | E | | | | | | | | | | | |
| | M59 | 2.05 | 1.0 | 2.05 | E | ○ | 铜镞 | ○ | | | ○ | | ○ | ○ | ○ | Ⅱ |
| | M60 | 2.8 | 0.9 | 2.52 | E | ○ | 铜镞 | | | | ○ | | ○ | ○ | ○ | Ⅲ |
| | M61 | 2.1 | 0.73 | 1.53 | E | | | | | | | ○ | ○ | ○ | ○ | Ⅰ |
| | M62 | 1.9 | 0.9 | 1.71 | E | | | ○ | | | | | ○ | ○ | ○ | Ⅱ |
| | M63 | 2.17 | 0.95 | 2.06 | E | | | | | | ○、铁 | | ○ | ○ | ○ | Ⅱ |
| | M65 | 2.0 | 0.75 | 1.50 | E | | | | | | | | ○ | ○ | ○ | Ⅱ |

329

续表

| 墓葬 | | 墓坑长 (m) | 墓坑宽 (m) | 墓坑面积 (m²) | 头向 | 短剑 | 其他武器 | 铰具 | 带钩 | 长方形饰板 | 鸟形饰金器 | 其他饰件 | 铜泡 | 耳环、环、铃 | 陶器 | 陶器分期 |
|---|---|---|---|---|---|---|---|---|---|---|---|---|---|---|---|---|
| Ⅰ群 | M66 | 2.1 | 0.9 | 1.89 | E | | | | | | | ○ | | | | |
| | M70 | 2.4 | 0.9 | 2.16 | E | ○ | 铜镞 | | | | ○ | | ○ | | | |
| | M4 | 2.5 | 1.3 | 3.25 | E | | | | ○ | | | | | | | |
| | M16 | 2.5 | 1.1 | 2.75 | E | | | | | | | | | | | |
| | M47 | 2.4 | 1.1 | 2.64 | E | | | ○ | | | ○ | | ○ | | | |
| 2a群 | M48 | 2.0 | 0.8 | 1.60 | E | | | | | | | | | | | |
| | M57 | | | | E | | | | | | | ○ | | | ○ | ? |
| | M58 | 2.4 | 0.8 | 1.92 | E | ○ | 戈 | | ○ | | ○ | ○ | ○ | ○ | ○ | Ⅳ |
| | M71 | 1.7 | 0.75 | 1.28 | E | | | | | | | | | | | |
| 2b群 | M2 | 2.7 | 1.0 | 2.70 | E | | | | | | ○ | ○ | ○ | | ○ | Ⅲ |
| | M3 | 2.16 | 0.85 | 1.84 | E | | | | | ○ | | ○ | ○ | | ○ | Ⅱ或Ⅲ |
| | M5 | 2.5 | 1.0 | 2.50 | E | | | | | | ○ | ○ | ○ | | ○ | |
| | M6 | 2.75 | 1.0 | 2.75 | E | 铁 | | ○ | | | ○ | ○ | ○ | | ○ | Ⅲ或Ⅳ |

续表

| 墓葬 | | 墓坑长(m) | 墓坑宽(m) | 墓坑面积(m²) | 头向 | 短剑 | 其他武器 | 铰具 | 带钩 | 长方形饰板 | 鸟形饰金器 | 其他饰件 | 铜泡 | 耳环、环、铃 | 陶器 | 陶器分期 |
|---|---|---|---|---|---|---|---|---|---|---|---|---|---|---|---|---|
| 2b群 | M7 | 2.65 | 0.85 | 2.25 | E | | | | | | | | ○ | | | |
| | M8 | 2.6 | 0.7 | 1.82 | E | | | | | | ○ | | ○ | | | |
| | M9 | 2.6 | 1.2 | 3.12 | E | | | ○ | | | ○,铁 | | ○ | | ○ | Ⅲ |
| | M10 | 2.35 | 0.63 | 1.48 | E | | | | | | ○ | ○ | ○ | | | |
| | M11 | 2.4 | 0.75 | 1.80 | E | | | ○ | | | | ○ | | | ○ | Ⅲ |
| | M12 | 2.2 | 0.8 | 1.76 | E | | | ○ | | | ○ | | ○ | | | |
| | M14 | 2.4 | 1.2 | 2.88 | E | | | | | | ○ | | | | | |
| | M17 | 2.5 | 1.1 | 2.75 | E | | | | | | ○ | | ○ | | ○ | Ⅲ |
| | M41 | 2.3 | 1.07 | 2.46 | E | | | | | | | | ○ | | ○ | Ⅱ或Ⅲ |
| | M68 | 2.4 | 0.9 | 2.16 | E | | | | | | ○ | | | | | |
| | M73 | 2.6 | 1.0 | 2.60 | E | | 铜镞 | | | ○ | ○ | | | | ○ | Ⅲ或Ⅳ |
| | M74 | 2.1 | 0.8 | 1.68 | E | | | | | | ○ | | | | ○ | Ⅲ或Ⅳ |
| | M75 | 2.25 | 1.1 | 2.48 | E | | | | | | | | | | | |

331

续表

| 墓葬 | | 墓坑长 (m) | 墓坑宽 (m) | 墓坑面积 (m²) | 头向 | 短剑 | 其他武器 | 铰具 | 带钩 | 长方形饰板 | 鸟形饰金器 | 其他饰件 | 铜泡 | 耳环、环、铃 | 陶器 | 陶器分期 |
|---|---|---|---|---|---|---|---|---|---|---|---|---|---|---|---|---|
| 2b群 | M78 | 2.3 | 1.1 | 2.53 | E | | | | | | | | | | | |
| | M79 | 2.1 | 1.0 | 2.10 | E | | | | | | | | | | | |
| | M80 | 2.3 | 1.1 | 2.53 | E | | | | | | | | | | | |
| | M18 | 2.45 | 1.3 | 3.19 | 铁 | 铁 | | | | | 铁 | ○ | | | ○ | Ⅳ |
| | M22 | 2.25 | 0.9 | 2.03 | E | | | | | | ○ | | | | ○ | Ⅳ |
| | M23 | 2.3 | 1.28 | 2.94 | E | | | | | | 铁 | | ○ | | | |
| | M26 | 1.9 | 1.9 | 3.61 | E | | | | | | | | | | | |
| 2c群 | M27 | 2.55 | 1.1 | 2.81 | E | 铁 | 矛、铁刀 | | | | | | | | | |
| | M29 | 2.35 | 1.25 | 2.94 | E | | | | | 铁 | 铁 | | ○ | | ○ | Ⅳ |
| | M30 | 1.8 | 0.85 | 1.53 | E | | | | | 铁 | 铁 | | | | ○ | Ⅳ |
| | M31 | 2.3 | 0.95 | 2.19 | E | | | | | 铁 | ○、铁 | | | | ○ | ? |
| | M33 | 1.9 | 0.8 | 1.52 | E | | | | | | 铁 | | | | ○ | Ⅲ或Ⅳ |
| | M34 | 1.6 | 0.75 | 1.20 | E | | | | | | | | | | ○ | Ⅲ |

续表

| 墓葬 | | 墓坑长(m) | 墓坑宽(m) | 墓坑面积(m²) | 头向 | 短剑 | 其他武器 | 铰具 | 带钩 | 长方形饰板 | 鸟形饰金器 | 其他饰件 | 铜泡 | 耳环、环、铃 | 陶器 | 陶器分期 |
|---|---|---|---|---|---|---|---|---|---|---|---|---|---|---|---|---|
| 2c群 | M35 | 2.2 | 1.2 | 2.64 | E | | | | | | 铁 | | | | ○ | Ⅳ |
| | M36 | 2.6 | 2.4 | 6.24 | W | | | | | | | | | | | |
| | M37 | 1.85 | 0.96 | 1.78 | E | | | | | | ○ | | | | ○ | Ⅳ |
| | M38 | 2.55 | 1.05 | 2.68 | E | 铁 | 铁 | | | 铁 | 铁 | | | | ○ | Ⅲ或Ⅳ |
| | M54 | 1.9 | 0.8 | 1.52 | E | | | | | | | | | | | |
| | M64 | 1.5 | 0.75 | 1.13 | E | | | | | | | | ○ | | ○ | Ⅲ |
| | M69 | 1.4 | 0.6 | 0.84 | E | | | | | | | | | | ○ | Ⅳ |
| | M72 | 1.75 | 0.75 | 1.31 | E | | | | | | ○ | | | | | |
| | M77 | | | | | | | | | | | | | | | |
| 3a群 | M1 | 2.0 | 0.76 | 1.52 | N | | | | ○ | | | | | | ○ | Ⅲ |
| | M15 | 2.5 | 1.3 | 3.25 | N | | | | 铁 | | | | | | | |
| | M19 | 2.5 | 0.7 | 1.75 | N | | | | | | | | | | | |
| | M20 | 3.0 | 1.5 | 4.50 | N | | | | ○ | | | | | | | |

333

续表

| 墓葬 | | 墓坑长 (m) | 墓坑宽 (m) | 墓坑面积 (m²) | 头向 | 短剑 | 其他武器 | 铰具 | 带钩 | 长方形饰板 | 鸟形饰金器 | 其他饰件 | 铜泡 | 耳环、环、铃 | 陶器 | 陶器分期 |
|---|---|---|---|---|---|---|---|---|---|---|---|---|---|---|---|---|
| 3a群 | M21 | 1.9 | 0.9 | 1.71 | N | | | | ○ | | | | | | | |
| | M32 | 2.1 | 0.8 | 1.68 | E | | | | 铁 | | | | | | | |
| | M39 | 2.36 | 1.35 | 3.19 | E | | | | 铁 | | | | | | ○ | ? |
| | M49 | 2.25 | 0.9 | 2.03 | E | | | | ○ | | | | | | | |
| | M76 | 2.5 | 1.1 | 2.75 | N | | | | ○ | | | | | | | |
| | M24 | 2.6 | 1.2 | 3.12 | N | | | | ○ | | | | | | | |
| | M25 | 3.0 | 1.6 | 4.80 | N | | | | | | | | | | | |
| | M28 | 2.35 | 0.9 | 2.12 | N | | | | | | | | | | | |
| | M40 | 2.1 | 1.3 | 2.73 | N | | | | | | | | | | | |
| 3b群 | M50 | 2.0 | 0.65 | 1.30 | E | | | | ○ | | | | | | | |
| | M52 | 2.0 | 0.7 | 1.40 | N | | | | ○ | | | | | | | |
| | M53 | 2.0 | 0.6 | 1.20 | E | | | | | | | | | | | |
| | M67 | 1.95 | 0.7 | 1.37 | E | | | | ○ | | | | | | | |
| | M81 | 3.2 | 1.8 | 5.76 | N | | | | | | | | | | | |

相比,绳纹陶器比较精致。这里把陶器分期中的Ⅰ、Ⅱ期称为毛庆沟第1阶段,把Ⅲ、Ⅳ期称为毛庆沟第2阶段。

笔者的"毛庆沟陶器分期说"与田广金、郭素新的"四段说"不同。为了检验本文的分期,需要考察与陶器共存的青铜器。首先考察前述铰具与带钩的关系,铰具见诸毛庆沟第1阶段和第2阶段,带钩多见于毛庆沟第2阶段或者不与陶器共存。毛庆沟第1阶段的铰具类型与崞县窑子沟墓地的不同。把崞县窑子沟的连珠纹鸟形铰具称为 A 式,把重圈连珠纹的称为 AⅠ式(图92:3),把连珠纹从重圈的变为单圈的称为 AⅡ式(图92:7),毛庆沟的鸟形铰具以涡纹和圆圈纹为特征,圆圈纹是以鄂尔多斯高原桃红巴拉2号墓的为祖型(图92:4)。① 如果把它称为 B1 式,那么毛庆沟的涡纹鸟形铰具的尾部挂钩由三角形变成方形、主体纹样也变成涡纹,它就变成了由 B1 式退化而成的 B2 式(图92:9)。B2 式与毛庆沟第1阶段(陶器分期)共存。B2 的涡纹退化成3道弧形纹,变成了 B3 式。它相当于毛庆沟第2阶段(陶器Ⅲ期)。如果把圆圈纹鸟形铰具称为 C 式,那么它应该相当于毛庆沟第1阶段(陶器Ⅱ)。毛庆沟墓地出土了与崞县窑子沟墓地陶器Ⅲ期共存的素面鸟形铰具(图92:19),是为 D 式,素面铰具是从 B3 式发展而来的,这样就不存在矛盾了。鸟头纹样铜饰品中,B3 式(图92:18)、A3 式(图92:14)都相当于毛庆沟第2阶段(陶器Ⅲ期),与陶器分期完全没有矛盾,表明陶器分期是正确的。与陶器第Ⅳ期共存的铰具和截至当时的鸟形铰具不同,挂在皮带上的部分由原来的环形构件变为与带钩相同的凸起构件。这里把它称为 E 式鸟形铰具(图92:20)。如果以陶器分期为依据来

---

① 田广金:《桃红巴拉的匈奴墓》,《考古学报》1976年第1期。

考察青铜铃,就会发现崞县窑子沟墓地与毛庆沟墓地的铃由钮与铃身分界模糊(图92∶5、11)变为分界明确的造型(图92∶16、21)。与它们共存的铜剑中,陶器Ⅱ期出现了柄端装饰双鸟纹的A1式铜剑(图92∶12)。陶器Ⅲ期中,铜剑变为装饰双涡纹的A2式铜剑(图92∶17)。陶器Ⅳ期则出土了仿铜铁剑(图92∶22)。

　　根据上述年代关系考察毛庆沟墓葬分布,可以发现第1阶段的墓集中在丘陵斜坡上部,第2阶段的墓集中在坡面比较平缓的丘陵下部。因为发掘报告没有公布所有陶器,所以无法根据随葬陶器分期来考察所有墓葬。此外还有一些不随葬陶器的墓,相对而言年代较晚。其他的墓中,随葬铰具的墓与随葬带钩的墓绝对不共存于同一个时期。其分布情况是,随葬铰具的墓位于丘陵上部,随葬带钩的墓集中在丘陵下部,两者的分布区域明显不同(图96)。就铰具而言,崞县窑子沟墓地的铰具早于毛庆沟墓地的铰具,崞县窑子沟墓地没有发现带钩,无疑铰具年代相对较早,带钩相对较晚。如果注意到铜剑分布的话,就会发现如图96所示,青铜短剑集中随葬在丘陵斜坡上部,除M58随葬青铜短剑外,丘陵下部只随葬铁短剑。因此,从大的方面来说,早期的墓地位于丘陵斜坡上部,晚期的墓地转移到丘陵下部。宏观地看墓地群,第1阶段的墓葬和第2阶段的墓葬被现代沟分成两个部分,第1阶段的墓地集中在从沟到西北方向的丘陵上部,第2阶段的墓地位于从沟到东南的大片丘陵缓坡上。问题是第2阶段墓地分布区能否按时代早晚细分。就墓葬结构来说,明显不同的因素是墓主头向。崞县窑子沟墓地和毛庆沟第1阶段位于丘陵斜坡上部的墓都是头向东的墓,而第2阶段位于丘陵下部的墓是头向北的墓。头向北的墓不随葬陶器,除了带钩几乎别无其他随葬品。它们都位于丘陵下部,相对年代较晚。假如把头向北的墓视为第3

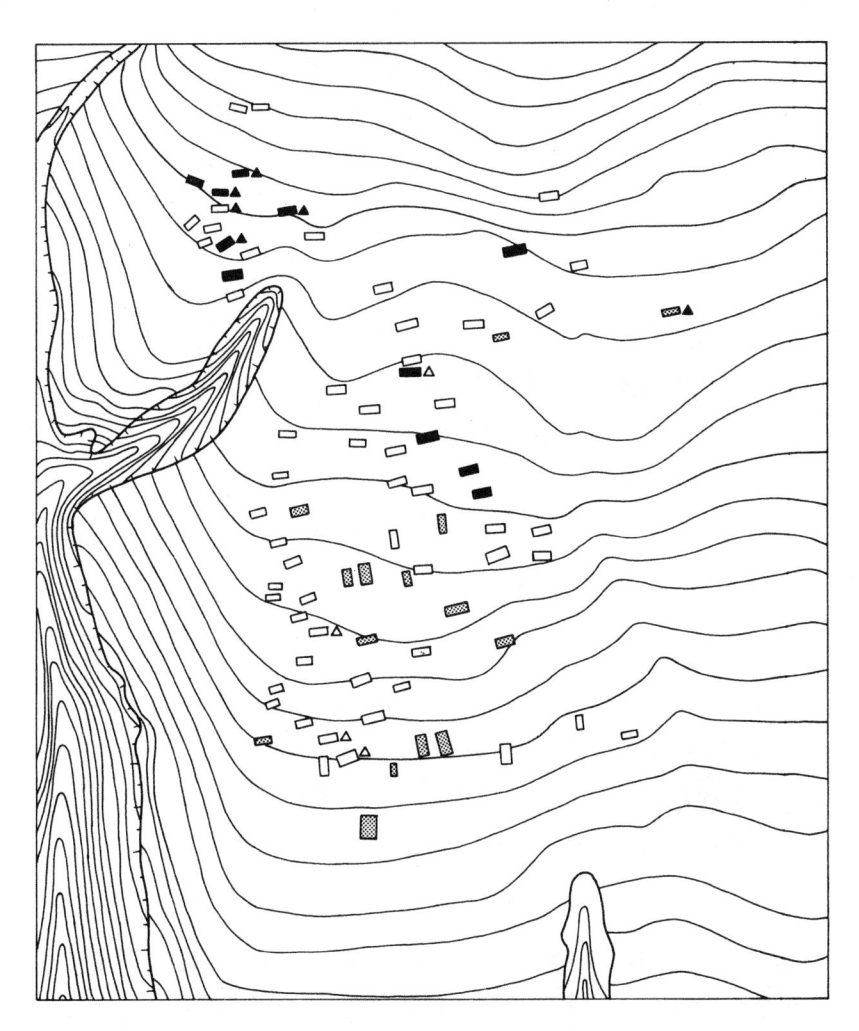

第九章　鄂尔多斯青铜器文化的消亡

**图 96　毛庆沟墓地随葬品的差异**①
（■ 铰具，▨ 带钩，▲ 铜剑，△ 铁剑）

---

① 根据内蒙古文物工作队：《毛庆沟墓地》，田广金、郭素新编著：《鄂尔多斯式青铜器》，文物出版社，1986 年中的图改绘。

*337*

阶段,那么这些墓葬可以细分为一组位于丘陵下部中间而另一组位于丘陵下部尾端。头向北的墓与头向东的墓相比,墓坑面积大,墓葬造型不同。判断这两种墓是否共存是个难题。头向北的墓随葬了与头向东的墓相同类型的带钩,因此这两类墓的时代相同。认为第3阶段头向北的墓与多座头向东的墓同时并存的看法并无不妥。

体质人类学性别鉴定结果表明,第1阶段位于丘陵上部的墓的墓主几乎都是男性,墓主性别失衡(图97)。第2、3阶段位于丘陵下部的墓的墓主中男性和女性数量相同,应该是集团内部普通成员的墓地。儿童墓集中分布在丘陵下部墓地的西端,表明儿童墓与成人墓分区埋葬。

排除掉性别差异和年龄分段的因素,第3阶段出现了新的丧葬观念,毛庆沟第1、2阶段的随葬品包括武器、铰具、首饰、陶器组合,武器、首饰、陶器组合,铰具、首饰、陶器组合,首饰、陶器组合,首饰,陶器等几种类型。随葬品组合意味着社会分层(表31)。相对而言,社会分层与墓坑面积大小相对应,它与等级相呼应。等级结构如图98所示,武器、铰具、首饰、陶器或武器、首饰、陶器为第Ⅰ等级,铰具、首饰、陶器为第Ⅱ等级,第Ⅱ阶层除铰具以外还有反映社会地位较高的虎形饰金属器,它也是第Ⅱ等级的标志。在随葬首饰、陶器阶层中,还随葬鸟形饰金属器的为第Ⅲ等级。其余的为第Ⅳ等级。这些墓的分布如图98所示,丘陵斜坡上部第1阶段位于墓地中心的墓几乎都是第Ⅰ等级的墓,周围是第Ⅱ、Ⅲ等级的墓,反映了集团内部的等级关系。第2阶段,如果分布在中心的是第Ⅰ等级的墓,那么该墓群可以分为三个小群。从丘陵上部往下看,假设分别为2a群、2b群、2c群,那么2a

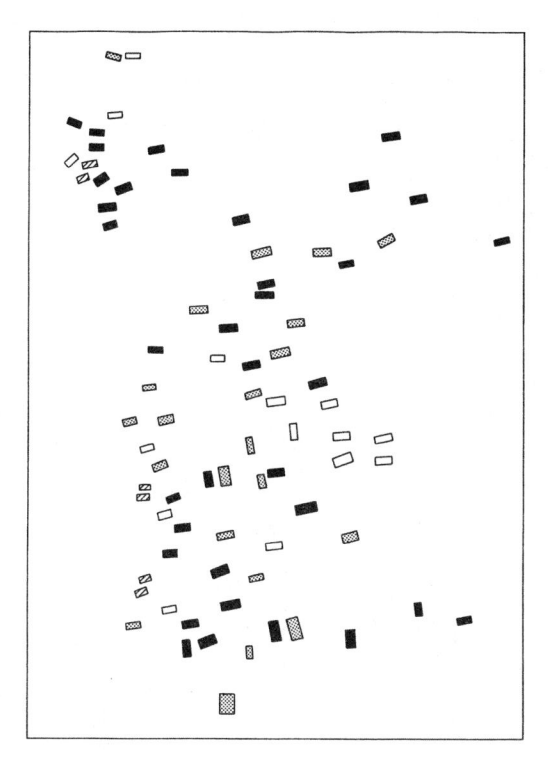

**图 97　毛庆沟墓地的男女构成**①
（■ 男性墓，▦ 女性墓，▨ 儿童墓）

群墓葬数量少,把它看作一个集团可能有问题,但看作反映社会结构的集团则没有问题。如表 31 所示,根据共存陶器分期,这些墓群的早晚关系如下:1 群→2b→2a、2c。第 2 阶段之后的第 3 阶段的墓分为位于丘陵上部的 3a 群和位于丘陵下部的 3b 群。3a 群中包括头向东的墓,比几乎没有头向东墓的 3b 群要早。3b 群中的 M25 有棺椁,是首次出现的新情况。从随葬带钩看,3b 群中头向东的 M67 随葬官印,这是较晚阶段的特征。如果与前述凉城地区随葬陶器分期对照,这个墓群的相对早晚关系如下:1

---

① 作者自绘。

群为Ⅱ期,2b群为Ⅲ期,2a群、2c群为Ⅳ期。如崞县窑子沟墓地一样,这种等级关系很可能是通过其他的规范被归入丧葬礼仪当中。从对应关系来看,随葬品多寡与有无牺牲无关。

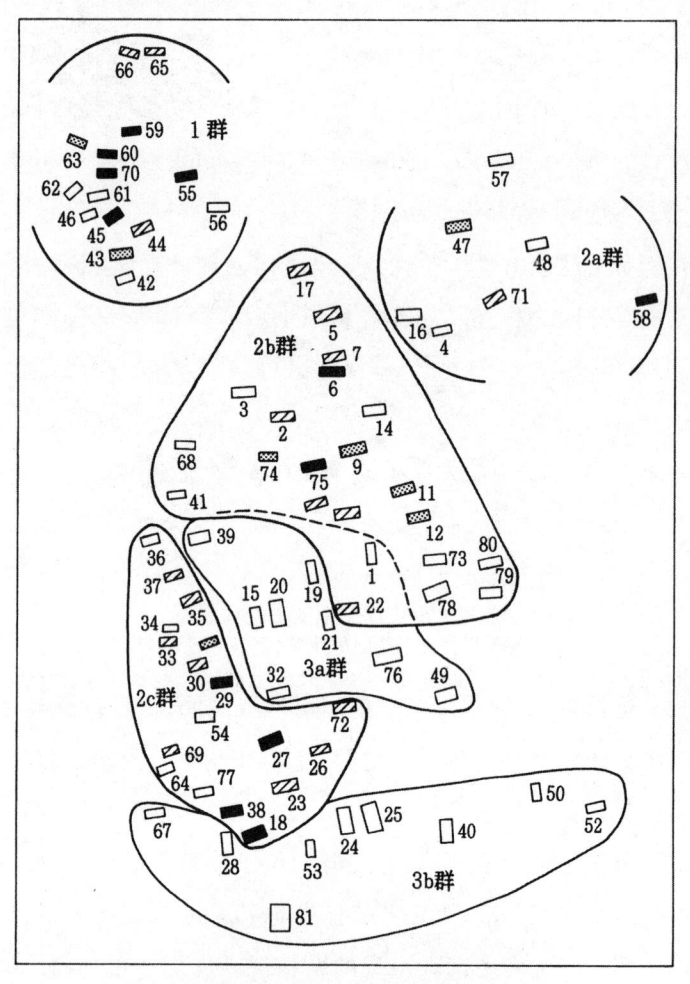

图 98　毛庆沟墓地的墓葬布局①
（■ Ⅰ等级,▨ Ⅱ等级,▨ Ⅲ等级,□ Ⅳ等级）

---

① 作者自绘。

第九章　鄂尔多斯青铜器文化的消亡

可以根据共存遗物来推断这两个阶段的绝对年代。田广金、郭素新推测毛庆沟 2a 群中 58 号墓出土的青铜戈为春秋前期,不过从援开始变圆而不再是三角形尖来看,显然它不是春秋前期的器物。① 与援相对的内比较长,表明它是战国中期以后的器物。需要关注的是,戈下阑的钥匙形把手不见于中原的戈,它很可能是地方产品。胡上的穿呈不规则形、内上有两个穿等都是中原戈所没有的特征,更增添了它是地方产品的可能性。此外 M58 还出土了带钩,带钩为与前述毛庆沟第 3 阶段不同的鸟形带钩。这种带钩是下述燕山地区春秋后期至战国前期已经出现的早于毛庆沟第 3 阶段的器物。2a 群中 M4 的带钩与此相同,属于战国前半期。从这里出土了中原型青铜戈来看,毛庆沟墓地的带钩是它与赵交往的结果。② 因此,其年代不会很早。毛庆沟 M58 的罐属于陶器Ⅳ期,即根据前述青铜戈的年代推断,陶器Ⅳ为战国中期。毛庆沟第 1 阶段的鸟头触角型短剑,从下述河北省怀来县北辛堡 M1③ 的同类器来看,属于春秋后期后半段。因此,陶器Ⅱ期为春秋后期半段,陶器Ⅳ期为战国中期,介于二者之间的陶器Ⅲ期为战国前期。内蒙古和林格尔范家窑子④的一群青铜器很可能是同一个单位出土的。环饰纹样与鸟形铰具 B3 式相同,它由三道凹弧线构成。青铜短剑柄端部为双鸟纹退化而成的双环形,属于 A2 式。因此范家窑子的青铜器的时代是相当于陶器Ⅲ期。范家窑子的铜器与中原系统的铜戈共存。该戈的特征是援上刃与内上缘的分界处稍稍凸起。具有该特征的青铜戈见诸春

---

① 宫本一夫:《七國武器考—戈・戟・矛—》,《古史春秋》第 2 号,1985 年。
② 王仁湘:《带钩概论》,《考古学报》1985 年第 3 期。
③ 河北省文化局文物工作队:《河北怀来北辛堡战国墓》,《考古》1966 年第 5 期。
④ 李逸友:《内蒙古和林格尔县出土的铜器》,《文物》1959 年第 6 期。

秋后期后半段的河北省易县燕下都 M31[①]、战国前期的山西省长治市分水岭 M126[②]、战国中期末的河北省平山县中山国 M1[③]等，是具有燕、赵、中山等华北北缘地域特色的铜戈。因此，它是与这个地区文化接触后被带到范家窑子带来的。范家窑子铜戈的特征是像战国前、中期那样有长胡，与把陶器Ⅲ期定为战国前期的看法不矛盾。不随葬陶器而只随葬带钩的毛庆沟第 3 阶段很可能晚于毛庆沟第 2 阶段（陶器Ⅲ、Ⅳ期），与接下来要分析的饮牛沟的文化内涵相近，很可能相当于战国后期。毛庆沟 3a、3b 群出土的带钩从类型学上看属于战国后期。前面提到的毛庆沟第 3 阶段 M67 的官印可能是赵的官印，当与赵武灵王时期的北伐有关。这也是把该阶段定为战国后期的依据。虽然缺少判断陶器Ⅰ期年代的证据，但是根据燕山地区出土了青铜礼器的军都山墓地来推测，它相当于春秋中期至春秋后期前半段。

  毛庆沟第 3 阶段，按时间早晚看，墓葬整体布局变化可能是墓葬从斜坡上部向斜坡下部移动，即 3a 群向 3b 群移动。还应该注意的是，毛庆沟 3b 群墓主的头向几乎都是朝北的，且墓葬几乎都是沿着同一条等高线从东往西排列。它与毛庆沟第 1、2 阶段或者 3a 墓群所看到的墓群沿斜坡分布完全不同，反映了新的丧葬观念。从头向北和头向东的墓葬数量占比来看，毛庆沟 3b 墓群与 3a 墓群相比，以头向北的墓为主，之后头向北的墓日益增多。

---

[①] 河北省文化局文物工作队:《1964—1965 年燕下都墓葬发掘报告》，《考古》1965 年第 1 期。
[②] 边成修:《山西长治分水岭 126 号墓发掘简报》，《文物》1972 年第 4 期。
[③] 河北省文物研究所编:《厝墓—战国中山国国王之墓》，文物出版社，1996 年。

## 第九章　鄂尔多斯青铜器文化的消亡

内蒙古凉城县饮牛沟墓地,位于毛庆沟墓地东仅2千米处,很容易让人联想到它与毛庆沟墓地有着某种联系。该墓地的随葬品中,青铜器只见带钩,其余是铁器和骨器。意味深长的是随葬品中几乎不见陶器。仅有的陶器是腹部最大径在腹上部的大平底陶器,与Ⅳ期的绳纹罐相比,时代略晚。饮牛沟M1随葬的陶器为素面,口沿造型特征显示它是汉化陶器。这类陶器是年代晚于Ⅳ期的Ⅴ期陶器(图94)。饮牛沟墓葬是从毛庆沟墓地发展而来的,随葬陶器有非明器化倾向。青铜武器和首饰消失以及青铜器仅存带钩,墓主头向朝北为主和有棺椁等毛庆沟第2阶段所没有的埋葬习俗表明,该阶段明显晚于毛庆沟Ⅳ期。随葬习俗的巨大变化当与对外关系变化有关。

饮牛沟墓群中除M15外,其他墓几乎都是沿着同一高度东西向排列的。如图99所示,头向东的墓随葬陶器和剑等铁器,与毛庆沟2a、2c墓群的特点类似。头向北的墓有棺椁而随葬品几乎只有带钩。头向东的M9的带钩与头向北的墓的铜带钩是同一个时期的器物,都属于战国后期,头向北的墓和头向东的墓同时并存。从陶器分期来看,毛庆沟2a、2c墓群属于陶器Ⅴ期。饮牛沟M9中有的只见于毛庆沟2a、2c墓群中作为牺牲的头骨,这个现象表明两者年代接近。假设毛庆沟2b墓群扩大后分裂成为2a、2c群的话,那么从墓群布局看该墓地中的各墓群的早晚关系为2c墓群→3a墓群→3b墓群,呈现出连续性变化。2a墓群集团有可能进一步分出不同的村落,从而形成了新集团即饮牛沟。毛庆沟3a、3b墓群的带钩和饮牛沟的带钩都属于战国后期,毛庆沟第3阶段与饮牛沟是同时并存的两个集团墓。

343

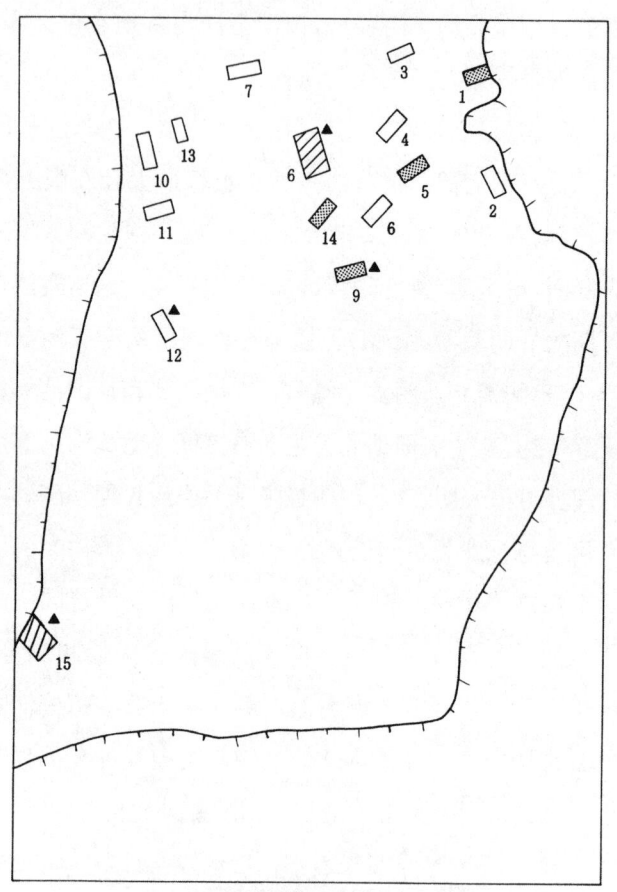

**图 99　饮牛沟墓地**①
（▨ 陶器，▨ 棺椁，▲ 带钩）

　　1997年中日开展合作发掘，确认了饮牛沟墓地的范围。② 详细资料尚未发表，不过它与崞县窑子沟和毛庆沟不同。此前墓坑上部没有埋葬牺牲，而此时在棺椁之间或者棺内随葬动物，这表

---

① 根据内蒙古自治区文物工作队：《凉城饮牛沟墓葬清理简报》，《内蒙古文物考古》1984年第3期改绘。
② 小田木治太郎：《飲水溝墓地第2次調査略報—平成7～9年度》，《遊牧騎馬民族文化お生成と発展過程の考古学的研究》[平成7～9年度文部省科学研究補助金（国際学術研究）報告書]，1998年。

明该地出现了新的丧葬仪式。为了把随葬动物与牺牲区分开来，这里仅称随葬动物，包括猪和羊等。这些随葬动物主要是肩胛骨等，与当时以头为主的牺牲不同，表明丧葬观念的不同。这种新的丧葬礼仪、带钩等汉服的饰物明显意味着汉化。埋葬设施也几乎变为棺椁。从这些方面看，饮牛沟墓地显然比毛庆沟 3a、3b 墓群晚。有必要从它与赵的关系角度来看这里的墓葬结构和埋葬方式的变化。饮牛沟出土的带钩和铁斧造型表明这些墓葬是战国后期的墓，因此饮牛沟墓地的年代可以定为战国后期。这个年代与《史记》等文献中记载的赵武灵王北伐年代一致。赵长城在这个时期延伸到呼和浩特北郊[1]，赵在这个阶段大肆向北扩张领土，墓葬变化很可能反映了这里被汉化的现象。正如毛庆沟墓地体质人类学分析结果那样[2]，头向北的墓和头向东的墓绝非人种差异，也绝非赵的殖民者在此营建的墓。这种变化是以汉化为基础的埋葬习俗的变化。这种变化是渐变，毛庆沟墓地 3a 墓群的布局不同于 3b 墓群的布局，头向北的墓的数量不断增加。饮牛沟尚存老的葬法，采用老葬法的墓的年代很可能与毛庆沟墓地 3a 墓群同时。大概在毛庆沟 2a、2c 阶段，集团扩大后导致村落分化，属于毛庆沟 2a 墓群系统的集团始于饮牛沟墓地形成阶段。从 1997 年合作发掘成果看，其后续发掘数量与毛庆沟 3b 群不同，饮牛沟汉化更甚。这个可以用饮牛沟墓地末期晚于毛庆沟 3b 群来解释。

(b) 鄂尔多斯高原、河套地区

鄂尔多斯高原与河套地区隔着黄河，属于两个地区，但是二

---

[1] 朝克：《呼和浩特地区长城遗存》，《内蒙古文物考古》1994 年第 2 期。
[2] 潘其凤：《毛庆沟墓葬人骨的研究》，田广金、郭素新编著：《鄂尔多斯式青铜器》，文物出版社，1986 年。

者的对比资料较为缺乏,所以笔者将两个地区一并叙述。

因为这里是沙漠地带,考古发现与其说是有组织调查的成果,毋宁说是偶然发现的成果。又因为可用于比较的资料非常有限,所以很难以墓地群为对象详细分析墓葬构造。其中,桃红巴拉①、西沟畔②、西园墓地③是可供比较的资料。从 3 个墓地的随葬品看(表 29),作为凉城地区分期标准之一的铰具的有无可以做墓葬分期的标准器。西沟畔 M1、M2 与 M3 的随葬品组合差异很大,M1、M2 与 M3 相距 2 千米,M3 属于另一个墓地,年代不同很正常。这样看来,出土铰具的桃红巴拉墓地群与西沟畔 M3 和铰具与带钩共存的西园墓地、以剑等铁器为主的西沟畔 M2 之间存在相对早晚关系。这里从铰具类型入手分析,看看把它们分出早晚是否恰当。正如分析凉城地区时所发现的那样(图 92),桃红巴拉 M1 与 M2、M6 的鸟形铰具的纹样具有退化倾向。M2、M6 的铰具与凉城地区陶器Ⅱ期的毛庆沟第 1 阶段的毛庆沟 M45 的鸟形铰具一样(图 92∶9)。桃红巴拉 M1 的铰具(图 92∶4)的纹样比它早,铰具的挂钩像鸟尾,相当于凉城地区陶器Ⅰ期。至于桃红巴拉 M1 与 M2、M6 的年代关系,则从 M1 与 M6 随葬的兽头形铜饰的纹样造型的不同可以看出。与 M1 相比,M6 的铰具的兽头纹明显退化。西沟畔 M3 的铰具与桃红巴拉 M2 的铰具相同,都是装饰了同一类涡纹的鸟形铰具,因此它与桃红巴拉 M2 属于同一时期。西园 M4 的素面鸟形铰的退化甚于桃红巴拉 M2 的铰具,与凉城地区陶器Ⅲ期的崞县窑子沟 M12 的鸟

---

① 田广金:《桃红巴拉的匈奴墓》,《考古学报》1976 年第 1 期。
② 伊克昭盟文物工作站、内蒙古文物工作队:《西沟畔匈奴墓》,《文物》1980 年第7期。
③ 内蒙古文物考古研究所、包头市文物管理处:《包头西园春秋墓地》,《内蒙古文物考古》1991 年第 1 期。

形铰具(图92：19)相同。凉城地区陶器Ⅰ期新阶段的崞县窑子M5的A2式鸟形铰具(图92：7)与同类型的鸟形铰具见于准格尔旗玉隆太。① 玉隆太出土了相当于凉城地区陶器Ⅳ期的E型鸟形铰具。除铰具外,玉隆太的铁器已经普及,这个趋势肇始于凉城地区陶器Ⅳ期,且这个断代是可信的,因为A2型鸟形铰具是传世品。上面用陶器分期检验了铰具类型变化并以此为基础确立了本地区墓葬的相对年代关系,这些墓葬从早到晚依次是：桃红巴拉M1→桃红巴拉M2、M6及西沟畔M3→西园M4→玉隆太。这四个阶段与凉城地区陶器Ⅰ至Ⅳ期相当。令人感兴趣的是,代表鄂尔多斯高原、河套地区青铜器特色的竿头饰在内的立体兽形饰相当于上述分期中的哪个阶段。立体兽形饰见诸玉隆太,这种具有该地区特色的青铜器从这个阶段开始出现,其年代相当于凉城地区Ⅳ期,即战国中期。集中出土了立体兽形饰的内蒙古准格尔旗速机沟②和内蒙古伊金霍洛旗石灰沟③等不随葬铰具。这种铰具在战国中期以后逐渐消失,凉城地区也有这种趋势。接下来就是年代问题,出土了战国后期带有刻纹的银节约和金牌饰的西沟畔M2④相当于战国后期。金牌饰和银牌饰备受欢迎,从这个阶段开始被大量制作,它与汉化显著的凉城地区陶器Ⅴ阶段的有很大差异。与汉化的凉城地区不同的是,本地区在发挥地域特色的同时展示了独特的发展道路,换言之这是匈奴文化绽开的花朵。它与被田广金认为的属于鄂尔多斯高原青铜器

---

① 内蒙古博物馆、内蒙古文物工作队:《内蒙古准格尔旗玉隆太的匈奴墓》,《考古》1977年第2期。
② 盖山林:《内蒙古自治区准格尔旗速机沟出土一批铜器》,《文物》1965年第2期。
③ 伊克昭盟文物工作站:《伊金霍洛旗石灰沟发现的鄂尔多斯式文物》,《内蒙古文物考古》1992年第Z1期。
④ 伊克昭盟文物工作站、内蒙古文物工作队:《西沟畔匈奴墓》,《文物》1980年第7期。

文化的白狄文化在战国后期发展成为匈奴文化绽放花朵的观点一致。① 这种立体兽形饰和金、银牌饰是代表上层统治者的礼器。内蒙古伊克昭盟阿鲁柴登墓②和陕西省神木市那林高兔墓③属于这个阶段。

## 3 燕山地区的青铜器墓

让人感到意外的是，学界近年才认识到燕山地区的地域特色。这始于对北京市延庆区军都山墓地④的发掘，并在发掘中确认它们是山戎的墓。供奉牺牲和青铜短剑、青铜首饰是北方民族特色，是与以辽宁式铜剑为特色的辽西之间的重要差异。与内蒙古中南部地区相比较，燕山地区与中原地区关系密切，燕山一带墓葬发掘成果表明从较早阶段开始，这些墓就随葬燕系青铜彝器。如表 29 所示，从共存遗物中可以看到燕山地区随葬的青铜器组合与内蒙古中南部地区最大的差异在于有无青铜彝器、青铜容器。这里看不到鄂尔多斯高原地区最有特色的竿头饰等立体兽形饰，只看得到具有该地区特色的虎形牌饰。

接下来探讨燕山墓地群的年代。遗憾的是军都山墓地群的详细资料尚未发表，只得以其他墓地群为对象探讨其年代。可以断代的资料只有河北省怀来县北辛堡 M1。⑤ 该墓随葬的青铜彝

---

① 田广金：《中国北方系青铜文化和类型的初步研究》，《考古学文化论丛》（四），文物出版社，1997 年。
② 田广金、郭素新：《内蒙古阿鲁柴登发现的匈奴遗物》，《考古》1980 年第 4 期。
③ 戴应新、孙嘉祥：《陕西神木县出土匈奴文物》，《文物》1983 年第 12 期。
④ 北京市文物研究所山戎文化考古队：《北京延庆军都山东周山戎部落墓地发掘纪略》，《文物》1989 年第 8 期。
⑤ 河北省文化局文物工作队：《河北怀来北辛堡战国墓》，《考古》1966 年第 5 期。

第九章　鄂尔多斯青铜器文化的消亡

器中鼎和壶具有春秋后期后半段的特征。尤其是鼎最具燕的特色,从战国燕的鼎的分期看①,它属于前5世纪前半段。因此与其共存的青铜短剑的年代也落在这个范围内。椁外陪葬棺出土的造型特殊的青铜短剑上拥有燕山地区特色的因素,这里暂称之为燕山系青铜短剑。其他陪葬棺出土的把手端部无圆形环、刃部斜收的钱币形刀子也是这个时期的器物。随葬带脊的北方式青铜短剑的河北省隆华三道营骆驼梁M8②和河北省滦县蒩子沟M18③早于北辛堡。前5世纪后半段的燕山系青铜短剑是河北省滦平县梨树沟门M15④出土的。梨树沟门M15的年代为战国前期。除此以外,梨树沟门墓地还发现了约30座墓。供奉牛、狗、马等牺牲,以及死者覆面习俗与军都山墓地的特征相同,充分地展示了燕山地区墓地特色。遗憾的是,发掘报告没有公布随葬品组合而无法展开分析,只知该墓地年代为战国前期。

现已公布的燕山地区墓地群发掘报告中详细地报道了墓葬品的报告只有河北省张家口市宣化区小白阳墓地。⑤该墓地群分布在斜坡上的3块旱地上,估计它们原来是连在一起的旱地。如图100所示,该墓地不同地块上的墓葬疏密不一,据此把它们分成4群。从墓葬的随葬品组合看,青铜器类型的有以下几种:短剑和铜镞是武器,刀子、斧、锛、凿和锥等是工具,带钩、马形、虎形等饰件和铜泡等是装饰品,有的还有耳环等。其他的随葬品有

---

① 宫本一夫:《戦国时代燕国副葬土器考》,《愛媛大学人文学会創立十五周年記念論集》,1991年。
② 郑绍宗:《中国北方青铜短剑的分期及形制研究》,《文物》1984年第2期。
③ 郑绍宗:《中国北方青铜短剑的分期及形制研究》,《文物》1984年第2期。
④ 马清鹏:《河北省滦平县梨树沟门山戎墓地清理简报》,《考古与文物》1995年第5期。
⑤ 张家口市文物事业管理所、宣化县文化馆:《河北宣化县小白阳墓地发掘报告》,《文物》1987年第5期。

骨镞、骨珠等骨制品和石珠饰或铁矿石等。上述青铜器组合显示了随葬品组合差异很大，下面具体考察。青铜器以外的随葬品的数量与青铜器组合的差异所反映的差异相对应。如表32所示，各个墓群的青铜器组合明显不同。武器、刀子、工具和装饰品组合为A等，刀子、工具和首饰组合为B等，只有装饰品的为C等，不随葬青铜器的为D等。A等分为有作为武器的短剑和铜镞的A1等、只有铜镞的A2等，B等分为有刀子和工具的B1等、只有刀子而无其他工具的B2等，C等分为有铜泡或耳环以外装饰品的C1等和没有金属饰件而只有铜泡或耳环的C2等。因此青铜器组合中器类组合由多到少依次为：A1等→A2等→B1等→B2等→C1等→C2等→D等。如表32所示，随葬品组合的差异表明至少随葬品组合中器类最齐全的A1等与墓坑面积大小相对应，甚至与陪葬木棺相对应，随葬青铜器组合中器类多少很可能与等级差异相对应。因此，相对而言，C等和D等与面积小的墓坑相对应。

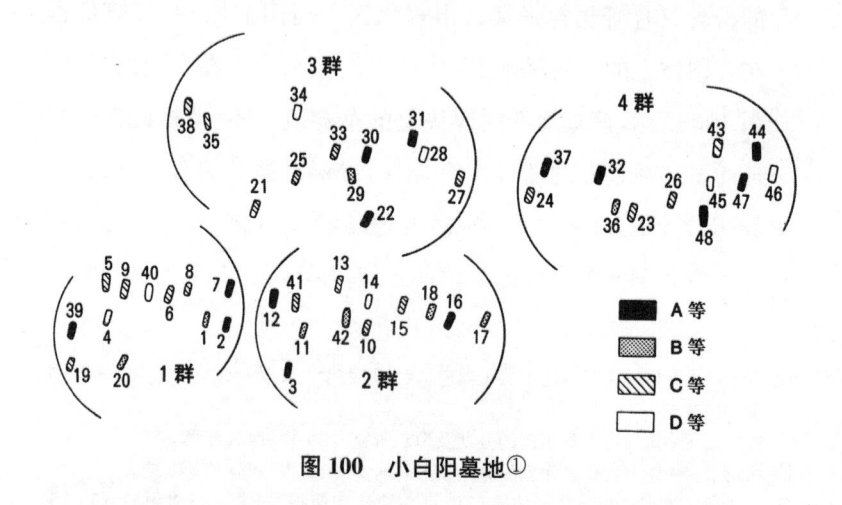

图100　小白阳墓地①

---

① 根据张家口市文物事业管理所、宣化县文化馆：《河北宣化县小白阳墓地发掘报告》，《文物》1987年第5期中的图改绘。

表 32 小白阳墓地的墓葬信息一览表

| 墓葬编号 | 墓坑长(m) | 墓坑宽(m) | 墓坑面积(m²) | 木棺 | 短剑 | 铜镞 | 刀子 | 工具 | 带钩 | 装饰金器 | 铜泡 | 耳环 | 等级 |
|---|---|---|---|---|---|---|---|---|---|---|---|---|---|
| M1 | 1.9 | 0.6 | 1.14 | | | | ○ | | | | | | B |
| M2 | 1.83 | 0.55 | 1.01 | | | 3 | | ○ | | ○ | ○ | 1 | A |
| M4 | 1.8 | 0.54 | 0.97 | | | | | | | | | | D |
| M5 | 1.95 | 0.9 | 1.76 | | | | | | | ○ | ○ | 1 | C |
| M6 | 1.85 | 0.77 | 1.42 | | | 1 | | | | ○ | ○ | 3 | C |
| M7 | 1.8 | 0.6 | 1.08 | | | | | | | ○ | ○ | 1 | A |
| M8 | 1.34 | 0.5 | 0.67 | | | | | | | ○ | ○ | 1 | C |
| M9 | 1.86 | 0.62 | 1.15 | | | | | | | ○ | ○ | 1 | C |
| M19 | 1.9 | 0.75 | 1.43 | | | | | | ○ | ○ | ○ | | C |
| M20 | 2.0 | 0.82 | 1.64 | | | | ○ | ○ | ○ | ○ | ○ | 1 | B |
| M39 | 1.9 | 0.7 | 1.33 | | ○ | 1 | ○ | | | | | 1 | A |
| M40 | 2.0 | 0.8 | 1.60 | | | | | | | | | | D |
| M3 | 1.8 | 0.7 | 1.26 | | | 1 | ○ | ○ | | | ○ | 1 | A |

1群: M1–M40
2群: M3

续表

| 墓葬编号 | 墓坑长 (m) | 墓坑宽 (m) | 墓坑面积 (m²) | 木椁 | 短剑 | 铜镞 | 刀子 | 工具 | 带钩 | 装饰金器 | 铜泡 | 耳环 | 等级 |
|---|---|---|---|---|---|---|---|---|---|---|---|---|---|
| M10 | 1.9 | 0.6 | 1.14 | | | | | | | | ○ | 1 | C |
| M11 | 1.95 | 0.63 | 1.23 | | | | ○ | | | ○ | ○ | 1 | B |
| M12 | 2.05 | 0.7 | 1.44 | | ○ | 7 | ○ | ○ | | ○ | ○ | 1 | A |
| M13 | 1.7 | 0.7 | 1.19 | | | | | | | ○ | | 1 | C |
| M14 | | | | | | | | | | | | | D |
| M15 | 1.93 | 0.63 | 1.22 | | | | | | | | | | C |
| M16 | 1.84 | 0.6 | 1.10 | | ○ | 1 | ○ | ○ | | ○ | ○ | | A |
| M17 | 1.8 | 0.67 | 1.21 | | | | ○ | ○ | | | ○ | | B |
| M18 | 1.9 | 0.7 | 1.33 | | | | | ○ | | ○ | | 1 | B |
| M41 | 2.1 | 0.73 | 1.53 | | | | ○ | ○ | | ○ | ○ | | C |
| M42 | 2.3 | 0.8 | 1.84 | ○ | | | ○ | ○ | | ○ | ○ | | B |
| M21 | 1.85 | 0.7 | 1.30 | | | | | | | ○ | ○ | | C |
| M22 | 1.85 | 0.66 | 1.22 | | ○ | 2 | ○ | ○ | | | ○ | 1 | A |

2群: M10–M42
3群: M21–M22

续表

| 墓葬编号 | | 墓坑长 (m) | 墓坑宽 (m) | 墓坑面积 (m²) | 木棺 | 短剑 | 铜镞 | 刀子 | 工具 | 带钩 | 装饰金器 | 铜泡 | 耳环 | 等级 |
|---|---|---|---|---|---|---|---|---|---|---|---|---|---|---|
| 3群 | M25 | 1.96 | 0.76 | 1.49 | | | | | | | | ○ | 4 | C |
| | M27 | 1.84 | 0.73 | 1.34 | | | | | | | | ○ | 1 | C |
| | M28 | | | | | | | | | | | | | D |
| | M29 | 1.85 | 0.6 | 1.11 | | | | | | | | ○ | 1 | B |
| | M30 | 2.1 | 0.7 | 1.47 | | ○ | 10 | | | | | ○ | | A |
| | M31 | 2.2 | 1.0 | 2.20 | ○ | ○ | 6 | ○ | ○ | ○ | ○ | | | A |
| | M33 | 2.1 | 0.6 | 1.26 | | | | ○ | ○ | | ○ | ○ | 2 | C |
| | M34 | 1.8 | 0.67 | 1.21 | | | | | | | | | | D |
| | M35 | 2.1 | 0.9 | 1.89 | | | | | | | ○ | ○ | 2 | C |
| | M38 | 1.9 | 0.85 | 1.62 | | | | | | | ○ | ○ | 1 | C |
| 4群 | M23 | 1.85 | 0.8 | 1.48 | | | | | | | | ○ | | C |
| | M24 | 1.8 | 0.66 | 1.19 | | | | | | | | ○ | | C |
| | M26 | 2.1 | 0.7 | 1.47 | | | | | | | | ○ | | C |

353

续表

| 墓葬编号 | 墓坑长(m) | 墓坑宽(m) | 墓坑面积(m²) | 木棺 | 短剑 | 铜镞 | 刀子 | 工具 | 带钩 | 装饰金器 | 铜泡 | 耳环 | 等级 |
|---|---|---|---|---|---|---|---|---|---|---|---|---|---|
| M32 | 2.05 | 0.75 | 1.54 | ○ | ○ | 1 | ○ | ○ | | ○ | ○ | | A |
| M36 | 1.9 | 0.54 | 1.03 | | | | ○ | ○ | | ○ | ○ | 1 | B |
| M37 | 1.94 | 0.8 | 1.55 | ○ | ○ | 15 | ○ | ○ | | | ○ | | A |
| M43 | 1.9 | 0.8 | 1.52 | ○ | | | | | | | | 2 | C |
| M44 | 2.5 | 0.9 | 2.25 | | ○ | 2 | ○ | | | ○ | ○ | 2 | A |
| M45 | | | | | | | | | | | | | D |
| M46 | 1.9 | 0.65 | 1.24 | | | 1 | ○ | | | | | | D |
| M47 | 2.0 | 0.77 | 1.54 | | | 1 | | | | | | | A |
| M48 | 2.3 | 0.74 | 1.70 | ○ | ○ | 1 | | ○ | | | ○ | | A |

4 群

第九章　鄂尔多斯青铜器文化的消亡

　　接下来分析各个墓群中存在的等级差异。这种差异在根据视觉印象对墓葬分布所划分的墓群中有所体现。如图101所示，根据各墓群墓坑面积统计数据制作的箱式图比较结果表明，相对而言墓坑面积由大到小依次为4群、3群、2群和1群。按照这个顺序，4个墓群中随葬青铜器组合器类最齐全的等级最高的A1等墓的绝对数量逐渐减少。接下来需考虑如何解释墓群之间的相对差异。首先必须解决这些墓群之间是否存在年代早晚的问题。为了详细地比较这些墓群的年代早晚，就要以墓群为单位比较随葬陶器的相对早晚。不过问题在于，并非所有墓葬的陶明器都已经公开发表且对陶器做过类型研究。因此，只得以发掘报告中已经公布了所有陶明器的墓群为单位进行分析。为此先把深腹钵形罐和造型特殊的钵形容器搁置一旁，在比较长颈壶形罐和普通罐时发现它们的造型存在细微差异，但是这些差异在各个墓群中并不是反映时代的早晚。罐的腹部最大径都在腹中部，各个墓群的情况都一样。例如3群M38出土的罐与1群中M9的罐造型非常相似。腹中部下方稍稍内收的造型特殊的罐中，4群M37的罐与2群M16、M18的罐造型很接近。窄沿外翻的长身罐中，3群M30、2群M3、1群M5的罐造型相似。这些墓群的陶明器都相似，说明这些墓群属于同一个时期。至于考察这些墓葬的具体年代，仅能以随葬的青铜短剑为线索。小白阳墓地1群M39出土的青铜短剑与前述年代明了的怀来北辛堡M1陪葬坑出土的青铜短剑相同，因此，小白阳墓地的年代为前5世纪前半段的春秋后期。

　　若果真如此，那么同时期墓群之间的相对差异反映了墓群之间存在等级差异。毫无疑问，一个墓群内部也存在等级差异，属于不同等级的集团内部也存在等级差异。4群在集团中的地位

*355*

最高,以下依次是 3 群、2 群、1 群。假设随葬武器、工具铜器的 A 等为男性,那么仅随葬装饰品的 C 等为女性,这两者在各个墓群中没有大的变化。因此各墓群都是由人数相同的男女构成的,墓群很可能代表了家族。这样看来,墓主为男性的 A 等墓从墓坑面积看等级也是最高的,属于以男性为中心的家族。各个家族内部也存在等级差异。随葬牛和马等牺牲尤其是随葬头骨的墓都是等级最高的 A1 等墓,而随葬牛腿骨等则未必与高等级墓完全对应。随葬牺牲的墓中,牺牲除了反映墓主的社会地位可能还有其他的象征意义。

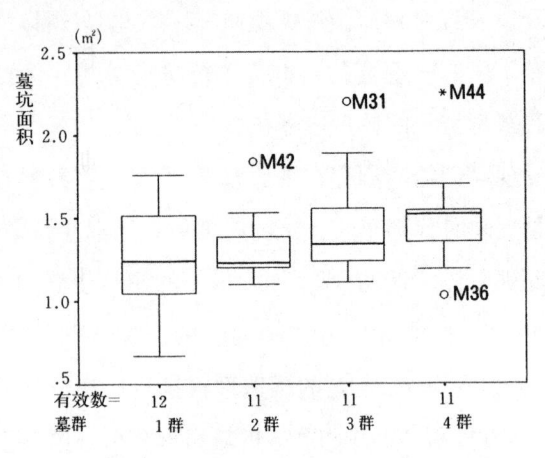

图 101 小白阳墓地墓群单位的面积比较①

## 4 墓葬变迁所见地域扩张

已经做过墓葬分析的地区是与辽西、辽东辽宁式铜剑文化圈不同的北方青铜器文化分布区。这些地区的墓葬拥有辽宁式铜

---

① 作者自绘。

剑文化中看不到的埋葬牺牲的丧葬礼仪。本文没有检讨的陇山地区即甘宁地区形成了属于内蒙古中南部地区到燕山地区的青铜器文化。尽管没有青铜容器,但是立体兽形饰和车马器很发达,这展示了该地区与内蒙古中南部地区特别是鄂尔多斯高原、河套地区相似的文化面貌。就墓葬结构和特征而言,甘宁地区的竖穴偏洞墓发达,竖穴土坑墓呈现了与内蒙古中南部地区、燕山地区不同的面貌。河套地区的西园墓地只有少量竖穴偏洞墓,可以推断这是它与甘宁地区文化交流的结果。就青铜器文化来看,尤其是从代表其内涵的青铜短剑的类型来看,甘宁地区到燕山地区展示了相同的青铜器文化特色。不过从墓葬构造和青铜器的器类组合来看,甘宁地区和燕山地区显然可以进一步分区。根据青铜器中马具和立体兽形饰的有无以及战国后期以后发展道路的差异,内蒙古中南部可以细分为鄂尔多斯高原、河套地区与凉城地区。一般认为甘宁地区的中心相当于文献记载中的西戎。燕山地区则相当于山戎。[①] 近年的研究否定了"山戎说"而认为它是白狄。[②] 一般认为内蒙古中南部相当于狄。从春秋末期到战国,该地区被称为狄,后来改称林胡和楼烦。以南流的黄河为界,分布在从陕西省北部到鄂尔多斯高原的人被称为林胡,分布在山西省北部的人被称为楼烦。从文化面貌来看,内蒙古中南部地区可以分为鄂尔多斯高原、河套地区与凉城地区。其文化分区如下:鄂尔多斯高原地区相当于林胡,凉城地区相当于楼烦。

---

① 靳枫毅:《军都山山戎文化墓地葬制与主要器物特征》,《辽海文物学刊》1991年第1期;北京市文物研究所山戎文化考古队:《北京延庆军都山东周山戎部落墓地发掘纪略》,《文物》1989年第8期。
② 韩嘉谷:《从军都山东周墓探山戎、胡、东胡的考古学文化归属》,李逸友、魏坚主编:《内蒙古文物考古文集》第1辑,中国大百科全书出版社,1994年。

《史记·匈奴列传》载:"赵武灵王亦变胡俗,习骑射,北破林胡,楼烦。筑长城。自代并阴山下,至高阙为塞。而置云中,雁门,代郡。"这说的是赵武灵王击退了北方的林胡和楼烦,设置了云中郡、雁门郡和代郡。《史记·赵世家》载:"二十六年,复攻中山,攘地北至燕、代,西至云中、九原。"这讲的是赵的领地在赵武灵王时期到达云中、九原。雁门郡相当于这里说的凉城地区,云中、九原相当于河套地区。至少相当于楼烦的凉城地区的毛庆沟墓地第3阶段和饮牛沟墓地的墓葬构造的变化与上述赵向北方扩张的事实一致。当然,墓葬的变化绝不可以理解为民族的更替,而应该理解为赵的领地扩大之后楼烦人改变了原来的丧葬习俗所致。

笔者通过墓葬分析,梳理了各个地区墓葬的时代变迁,探究了墓地所代表的集团。在此基础上,进一步分析了发掘过集团墓地的凉城地区的崞县窑子墓地、毛庆沟墓地、饮牛沟墓地及燕山地带的小白阳墓地,并弄清楚了凉城地区春秋至战国后期墓地变迁和墓葬群的变迁过程。虽然在各个时期的墓葬群中可以看到随葬品组合及数量多少,但是与之对应的墓葬规模的差异不详。根据随葬品组合差异,可以发现崞县窑子墓地、毛庆沟墓地第3、4阶段存在等级差异,不过也有像毛庆沟墓地第1等墓那样,只有男性才随葬武器,它是以男性为中心的家族。在这些墓地中同时期不同集团之间没有等级差异。在内蒙古中南部,河套地区的西园墓地中墓葬之间的等级差异并不大。虽然与其他墓葬的关系不详而难以论证,不过可以推测与凉城地区相比,原先随葬发达的金银器和立体兽形饰墓的鄂尔多斯高原在战国后期以后出现的随葬车马器和金银器的墓可能是首领的墓,秩序井然的等级社会正稳步向前发展。在春秋后期的燕山地区小白阳墓地阶段,集团之间存在等级差异。这个阶段,出现了如北辛堡M1那样有殉人的王一级首领的墓。燕山地区社会等级在春秋后期有了很大发展，它是在与邻近的燕的交往中受到刺激后发展起来的。事实上，北辛堡 M1 的青铜彝器是燕的器物，是在与燕的交往中得到的。从随葬的青铜彝器和陶器看，河北省滦平县虎什哈炮台山 M6 为战国前期的墓室[①]，墓葬构造和随葬品几乎都燕化了[②]。从这个视角看，燕山地区地方政权的社会分层急速发展，它是在燕的影响下出现的。

如上所述，以与春秋后期燕文化接触为基础，社会急速发展的燕山地区很快就在燕的社会及文化影响下被合并起来了。内蒙古中南部地区，在战国后期凉城地区虽然受到赵的社会及文化影响，但是鄂尔多斯高原地区社会分层稳步发展。在战国中期以后，鄂尔多斯高原地区出现的立体兽形饰基本上不具备实用功能，仅成为体现社会等级的礼器。战国后期大量出现的金银饰品是比这种礼器更发达的物品。这些物品反映出该地区等级秩序逐渐建立起来了。因此，从现象上看，这种社会发展方向与西汉初期单于所建立的匈奴游牧国家有关。假设鄂尔多斯青铜器文化以铜铸式青铜短剑为代表，那么在青铜短剑被铁质武器、工具所取代的战国中期，鄂尔多斯青铜器文化便走向了消亡。江上波夫曾把匈奴文化分为 4 期[③]，其第 2 期与这个时期相当，其第 1 期与这里所说的鄂尔多斯青铜器文化相当。鄂尔多斯青铜器文化的消亡意味着铁器文化的到来，尽管如此，青铜饰品依然流传

---

① 河北省文物研究所、承德地区文化局、滦平县文物管理所：《滦平县虎什哈炮台山戎墓地的发掘》，文物编辑委员会编：《文物资料丛刊》7，文物出版社，1983 年。
② 宫本一夫：《戦国時代燕国副葬土器考》，《愛媛大学人文学会創立十五周年記念論集》，1991 年。
③ 江上波夫：《ユウラシア古代北方文化—匈奴文化論考—》，全国書房，1948 年。

了下来,金银饰品变得越来越精致。金银饰品更多地体现了它作为反映社会秩序的礼器的功能。反映北方民族特有秩序的金银饰品最兴盛的阶段恰好处在匈奴文化社会出现了多重等级的阶段,而这个时期也恰好出现了集结北方诸多部族的匈奴游牧国家。①

---

① 泽田勋:《匈奴—古代遊牧国家の興亡》,东方书房,1996年。

# 第十章 重构中国古代北疆史

## 1 认识历史的方法

学界出现了批判马克思亚细亚生产方式的概念并要求根据考古学事实和历史事实探索新史学理论的动向。之所以批判这个概念,是因为它是时代的产物,带有一定的地域性理解。[1] 维特沃格尔的灌溉模式建立古代国家的理论中也有类似的批评。这种灌溉模式认为,正是大规模水利建设促使国家和文明出现,并推测在这个过程中集中了官僚权力,从理论上产生了东亚专制主义。维特沃格尔以亚洲前近代政治体制为前提提出的东亚专制主义观点与马克思的亚细亚生产方式存在关联,遗憾的是大规模水利建设促使国家和文明产生的考古学或历史事实却始于战国,要论证该理论无疑是困难的。在此,倒不如把森本和男所肯定的文明多元发展论当作自觉理论[2],这样便能肯定亚细亚生产方式和东亚专制主义概念。近年来有一种观点认为,若从文献学

---

[1] 都出比吕志:《古典学說の批判と展望》,《日本農耕社会の成立過程》,岩波书店,1989年。[Kathleen D. Morison, "States of Theory and States of Asia: Regional Perspectives on States in Asia", In *Asian Perspectives* 33(2):183-196,1994.]
[2] 森本和男:《灌溉モデル》,《国家の形成》,三一书房,1996年。

角度梳理马克思亚细亚生产方式概念,寻求其合理性,那么亚细亚生产方式与中国殷代到春秋的社会完全一致。① 批判当时"欧洲中心论"观念对马克思的影响有可能导致对马克思原有概念的误解。能否从文献学角度检验亚细亚生产方式概念先搁置一旁,笔者认为无论如何在亚洲有可能找到与世界其他地区不同的人类发展法则。

笔者认为要从考古学地域论中找出各个地区的发展法则和地域主体,就要对它们进行比较。世界上有各式各样的地区,具有各种各样的地域性及其历史。比较并讨论各个地区时的层次应有所区别,如不能直接把日本地域现象与欧洲作比较,而要对包括日本在内的从地理、历史文化看属于同一个区域的东亚内部各个地区进行比较讨论,然后比较讨论东亚板块与欧洲板块。进行地域比较时必须把比较层次标准化。对地域板块内的地区进行比较时,要探明该地区人类史的法则,把这个法则运用到与世界上其他板块的比较之中。这种看法可能会引发新考古学对相对论的批评,所以张光直提出重视各个地域法则然后探讨世界法则的观点是合理的。② 总之,应当在比较了低一级地域板块内部的各个地区之后,从中提炼出具有共性的发展观,然后把地域板块相对化,从中提炼出相同的法则,并在这个理论框架中合理地评说马克思亚细亚生产方式,建立起新的地区性人类史法则。③ 站在这个立场上,就能够超越被认为是植根于亚洲这个世界上固

---

① Li Jun, *Chinese Civilization in the Making*, 1776 – 221BC, Macmillan Press, 1996.
② Helke Ferrie, "A Conversation with K. C. Chang", In *Current Anthropology* 36 (2), 1995, pp. 307 – 325.
③ 宫本一夫:《欧米における近年の中国考古学研究と日本における中国考古学研究》,《日本中国考古学会会报》第9号,1999年。

有地区的东亚专制主义和亚细亚生产方式的概念,笔者相信一定能够看到其中隐秘的新天地。

## 2　中国古代北疆史的发展

笔者已经论证过,在中国北方史前时期,开始农耕并把农耕作为生业之一的经济体所在的地区,与符合欧洲中石器时代概念的以石叶为主要工具从事狩猎、采集活动的地区之间的分界线就在北纬43°。① 从事农耕的地区与从事狩猎、采集的地区的差异多半在于生态系统的不同,且这两种经济体系频繁交往的踪迹在考古资料中很难被找到。虽然中国东北的农耕社会也经历过使用石叶的阶段,但是它只反映了石器技术传统在延续中逐步衰退的现象,狩猎活动只是生业的组成部分。说到石器技术系统,在狩猎采集地区通过押剥进行两面加工的尖状器的确发展出了打制石镞,中国东北、内蒙古中南部在新石器时代也逐步在使用打制石镞。虽然这种石器技术有可能是通过某种人际关系传播来的,但是它未必是不同经济体系之间频繁交往如进行贸易等的结果。它可能是在相似的生态系统基础上顺理成章地发展起来的技术。要是这样,那么农耕地区与狩猎、采集地区这两种不同的封闭世界就是同时共存的。

在这个意义上讲,新石器时代末期长城地带的农耕社会发展出来的畜牧农耕社会经济就具有深远的意义。这种向畜牧农耕社会的转变,是因为气候的变化,特别是气候干燥、森林减少、生

---

① 宫本一夫:《中國東北地方の早期新石器時代の石器群》,《歷史學と考古學》(高井悌三郎先生喜寿記念論集),真阳社,1988年。

态系统变化而带来的改变。从现象上看,已经转变为高度依赖羊和牛等畜牧业的社会。而且,畜牧农耕社会与为了逐水草而需要季节性迁移的游牧型社会不同,它以农耕为基础,增加了畜牧生产经济。从农耕社会中发展出来的畜牧农耕社会形成了以不同经济体系为基础的互不相同的社会,与农耕社会保持着紧密的联系。其一,对农耕社会而言,畜牧农耕社会的畜牧活动提供了家畜,反过来说农耕社会生产出来的剩余收获物是畜牧农耕社会所需要的。与农耕社会接壤的畜牧农耕社会是在相同的基础上发展而来的新经济社会,对农耕社会而言是直接的对抗势力,或者说是文化接触地带。农耕社会恰好处在初期国家形成阶段,为了强化作为国家领导人王的权力[1],也为了经济掠夺,必须与相邻的异文化社会为敌并与之对抗。

这里要探讨的异文化地区是指从内蒙古中南部到辽西、辽东的广大地区。这些地区的社会所处的新石器时代,因为地貌和生态系统的不同而呈现出不同的发展趋势,大致情况见第一章。内蒙古中南部与辽西、辽东这两个地区系统迥异的地域圈之间的文化交流始于仰韶文化后期,正是这种地区之间的交流成为塑造北方青铜器文化共性的源泉。正如第三章详细地论述内蒙古中南部时所指出的那样,在中原初期国家形成时期的二里头文化到二里岗上层文化期间,内蒙古中南部的农耕社会地区开始与中原联系。而辽西内部的主要势力通过模仿中原的祭祀礼仪强化了自己在地域社会内的权威,出现了在集团内部占据重要政治地位的氏族。同样的情况见诸内蒙古中南部的朱开沟第5阶段[2],利用

---

[1] Gideon Shelach, "The Qiang and the Question of Human Sacrifice in the Late Shang Period", In *Asian Perspectives* 35(1), 1996, pp. 1–26.
[2] 内蒙古文物考古研究所:《内蒙古朱开沟遗址》,《考古学报》1988年第3期。

中原式簋和青铜戈来显摆自己与中原的关系,位居集团高层。不过需要注意的是,这种地域内部的政治关系不同于内蒙古中南部,因为辽西与中原没有直接联系。它们与中原之间的文化接触方式不同,在下一个阶段即殷墟期,它们与中原的接触方式更不一样。

殷墟时期,内蒙古中南部到陕西北部、山西北部与殷是敌对关系,这在甲骨文中有明确的记载。岛邦男在推断方国地理位置时也指出过这一点。[①] 该地区拥有的构成中国北方地域特色的青铜武器、工具可能起源于本地。该地区虽然拥有与殷势力相同的青铜彝器,但是青铜器组合中缺鬲以及青铜彝器制作粗糙等特征表明它们很可能是本地产品,其青铜器生产无疑与殷势力的生产完全不同。与殷对抗的独特青铜器文化说明它与初期国家的殷王朝一样,是北方地区出现的邑制国家。事实上,陕西省清涧县李家崖遗址[②]发现的平地上建造的带城墙的城寨是邑制国家的特征。因此,与殷势力交战等军事冲突是促使北方地区形成独特青铜器文化的原动力,即与北方地区的摩擦对殷王朝的社会发展作出了贡献。正如张光直所说的那样[③],殷王朝的社会组织,包括殷墟在内的殷直接统治的地区与其周边以及与之结盟的邑制国家并非铁板一块,它们共同构成了以殷墟为中心的网络。正像位于殷及与之对抗的方国之间的山西省灵石县旌介村商墓[④]那样,它是与双方都保持联系的

---

① 岛邦男:《殷墟卜辞研究》,1985年。
② 张映文、吕智荣:《陕西清涧县李家崖古城址发掘简报》,《考古与文物》1988年第1期。
③ Chang Kwang-Chih, *Shang Civilization*, Yale University press, 1980.
④ 山西省考古研究所、灵石县文化局:《山西灵石旌介村商墓》,《文物》1986年第11期。

邑制国家。

殷和与之对抗的北方区域之间的紧张关系促成了各种青铜器文化的发展,那具有北方青铜器文化特色的青铜武器、工具的发展过程究竟如何?赋有北方青铜器文化特征的青铜器包括有銎斧、兽首剑、铃首剑和刀子等。正如第三章所论述的那样,铜剑和铜刀子是以中国北方地区新石器时代广泛流行的镶嵌石叶的剑和刀子为祖型发展起来的。高浜秀概述过铜剑研究史[1],这里不再赘述。不过,他虽然对铜剑作了类型分析但没有探讨各个类型的谱系。下面将梳理铜剑从早到晚的谱系。铜剑,既有两侧镶嵌石叶的、以石刃骨柄刀为祖型的、刃部左右对称的铜剑,又有与刀子类似的兽首剑、铃首剑。从随后的铜剑谱系看,它们是很重要的两大类铜剑。假如把它们分为 A 型和 B 型,那么 A 型剑从谱系上看与基本分布于内蒙古中南部到燕山一带的北方式铜剑相同。它是高浜秀所分类的 F 类、G 类[2],这里按其分布地点称之为鄂尔多斯式铜剑,即图 102 中的 D 式。鄂尔多斯式铜剑见于欧亚大陆北部,其祖型和发展谱系有待今后探讨。A 型剑是浑铸而成的,这是其特征。本书不涉及 A 型剑,它与从宁夏南部到甘肃东部及其以南的云南等中国西南的青铜短剑属于同一个系统。近年被视为秦式短铜的短剑也属于该系统[3],相当于高浜秀分类中的 D 类、E 类。

---

[1] 高浜秀:《オルドス青銅短剣の型式分類》,《東京国立博物館紀要》第 18 号,1983 年。
[2] 高浜秀:《オルドス青銅短剣の型式分類》,《東京国立博物館紀要》第 18 号,1983 年。以下高浜秀的分类皆据此。
[3] 张天恩:《再论秦式短剑》,《考古》1995 年第 9 期。

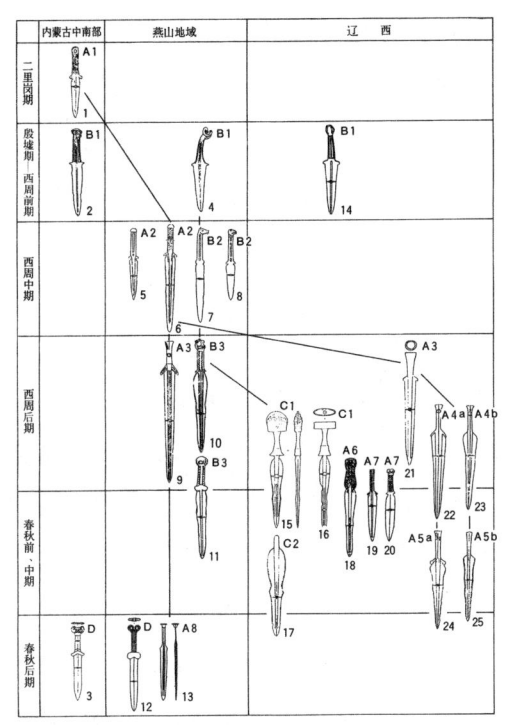

**图 102　北方式青铜剑的演变谱系**①

（1：朱开沟，2：林遮峪，3：毛庆沟 M59，4：抄道沟，5—8：白浮 M3，9：骆驼梁 M5，10：下甸子，11：骆驼梁 M2，12—13：北辛堡 M1，14：水泉，15—16：小黑石沟，17、24—25：山湾子，18—20：南山根 M101，21：新地，22—23：大泡子；比例 1/16）

图 102 按地区绘制了铜剑谱系。与二里岗上层文化同时期

---

① 1 见内蒙古文物考古研究所：《内蒙古朱开沟遗址》，《考古学报》1988 年第 3 期；2、4 见林沄：《商文化青铜器与北方地区青铜器关系之再研究》，苏秉琦主编：《考古学文化论集》（一），文物出版社，1987 年；3 内蒙古文物工作队：《毛庆沟墓地》，田广金、郭素新编著：《鄂尔多斯式青铜器》，文物出版社，1986 年；5—8 见北京市文物管理处：《北京地区的又一重要考古收获——昌平白浮西周木椁墓的新启示》，《考古》1976 年第 4 期；9—11、19—20 见郑绍宗：《中国北方青铜短剑的分期及形成研究》，《文物》1984 年第 2 期；12—13 见河北省文化局文物工作队：《河北怀来北辛堡战国墓》，《考古》1966 年第 5 期；15—16 见宫本一夫：《古式遼寧式銅劍の地域性とその社会》，《史渊》第 135 辑，1998 年；17、21、24—25 见邵国田：《内蒙古敖汉旗发现的青铜器及有关遗物》，《北方文物》1993 年第 1 期；22—23 见贾鸿恩：《翁牛特旗大泡子青铜短剑墓》，《文物》1984 年第 2 期。

367

的朱开沟第 5 阶段出现了 A 型剑即 A1 式(图 102：1)。A1 式剑,到西周中期柄变成了中空柄,柄与剑身之间凸起的锷发达,成为剑身带脊的 A2 式(图 102：5—6)。A2 式在功能上分化为大、小两个类型。西周后期的 A2 式剑柄完全空洞化,变成了矛形的 A3 式(图 102：9、21)。A3 式剑恰巧是在辽西北部发展成为矛式剑的祖型。辽西的 A3 式剑中,凸起的锷只存其形的是 A4a 式(图 102：22),凸起的锷全部消失的是 A4b 式(图 102：23),两式剑同时并存。这些剑受到辽宁式铜剑剑身形态的影响,剑身演变为琵琶形,变成了 A5a 式(图 102：24)和 A5b 式(图 102：25)。从 A4 式剑到 A5 式剑反映了原来被当作矛式剑的铜剑的演变过程。① 正如陶宗冶所推断的那样②,燕山地区春秋后期可以看到继承了 A3 谱系的河北省怀来县北辛堡 M1 的 A8 式剑(图102：13)③。这是凸起的锷仅存外形的矛式柄变形后的造型。A8 式剑是带有从春秋后期到战国前期燕山地区特色的铜剑,是不见凸起锷痕迹的铜剑。它在第九章中被称为燕山系青铜短剑。A8 式剑还见诸河北省宣化县小白阳 M32、M39④,河北省滦平县梨树沟门 M15、M33⑤。北辛堡 M1 墓主随葬了鄂尔多斯 D 式铜剑(图 102：12),殉葬者随葬了 A8 式剑。A8 式剑

---

① 靳枫毅:《论中国东北地区含曲刃青铜短剑的文化遗存》(上),《考古学报》1982 年第 4 期;靳枫毅:《论中国东北地区含曲刃青铜短剑的文化遗存》(下),《考古学报》1983 年第 1 期。文章中所指的是 A 型曲刃銎柄式青铜短剑。
② 陶宗冶:《銎柄直刃青铜短剑及相关遗存初步分析》,河北省文物研究所编:《环渤海考古国际学术讨论会论文集》,知识出版社,1996 年。
③ 河北省文化局文物工作队:《河北怀来北辛堡战国墓》,《考古》1966 年第 5 期。
④ 张家口市文物事业管理所、宣化县文化馆:《河北宣化县小白阳墓地发掘报告》,《文物》1987 年第 5 期。
⑤ 马清鹏:《河北省滦平县梨树沟门山戎墓地清理简报》,《考古与文物》1995 年第 5 期。

可能是有意识地表明墓主出生地的铜剑,它比较深刻地反映了燕山地区本地传统,表明墓主的出生地与殉葬者的出生地不同。

在辽西,从殷墟期到西周初期一直有铃首剑(图102:14),大概可以判断它属于与西周晚期已经很完善的辽宁式铜剑不同的谱系。辽宁式铜剑的分布有地域性差异,柄与剑身分铸的古辽宁式铜剑分布在大凌河流域,别称琵琶形短剑。它分布于宁城一带,继承了A型短剑谱系的A6、A7式短剑也分布于这一地带。它们都是以浑铸为特色。A6式的柄上有两个面对面的虎纹(图102:18),剑身与辽宁式铜剑相同,相当于高浜秀分类中的E类。仅有很少的A7式(图102:19—20)有凸起的锷,有些实心柄的柄端有孔。它继承了A2式剑中小型剑的谱系,相当于高浜秀分类中的E类。分布在从大凌河流域到宁城的古式辽宁式铜剑如第六章所述,剑身分上下,根据手握剑柄的方式可以对其进行确定。这种铜剑的祖型是这里所谓的B型剑即兽首剑、铃首剑。辽宁式铜剑在剑身凸起和研磨方面花了功夫,不过铜剑的握法和确定剑身上下的方法显然是继承了B型短剑的谱系,它是继承了B型剑的传统独自开发出来的古式辽宁式铜剑。在燕山地区可以看到从殷后期到春秋前期B型剑的谱系。殷后期至西周前期的B1式剑(图102:4)到西周中期变成了与A2式剑类似的有凸起锷的B2式剑(图102:7—8)。在这个阶段它与A2式一样,大、小型铜剑配套使用。到了西周后期至春秋前期,凸起的锷消失,变成了适合手握的锷。柄是反映B型剑特征的稍稍弯曲的曲柄,可将带有此特征的剑称为B3式剑(图102:10—11)。古式辽宁式铜剑的谱系要到B3式剑上去找。普通的古式辽宁式铜剑的剑身与剑柄分铸而成。把B3式剑与古式辽宁式铜剑串联起来的中间环节是小黑石沟石椁墓①出土的浑铸古式辽宁式铜剑(图 102：15—16)。把浑铸的古式辽宁式铜剑称为 C1 式,把剑身与柄分铸的典型的古式辽宁式铜剑称为 C2 式。

辽西大凌河流域到宁城地区拥有古式辽宁式铜剑,如第六章所述。根据近年的发掘资料,笔者对以宁城地区为中心的墓葬做了分析,结果表明该地区社会进化的程度超出了想象。复原其等级结构时,需要指明随葬品的等级差异与墓葬构造差异以及上层人物的墓中随葬的青铜彝器相关。例如,小黑石沟石椁墓随葬了铭文铜簋,其铭文为"许季姜作尊簋其万年子子孙孙永宝用",发掘报告把"季姜"解读为嫁到许国的女子。② 许是周初分封到河南省许县一带的诸侯国,该铭文与许国有关。③ 离辽西比较远,很难想象它是直接通过关系从周得到的。《春秋左传》僖公十年(前 650 年),"夏,齐侯,许男伐北戎"。假如这个北戎是杨伯峻所说的山戎④,那么就像后面将要论证的那样,这个山戎位于辽西的辽宁式铜剑文化圈,伐山戎的不仅有齐,还有许。因此与其把出土许国铜器看作偶然现象,毋宁把它们视为因为有这一层关系而直接通过诸如掠夺等文化接触得到的包括战利品在内的物品。从殷后期到西周前期不存在把燕等国的青铜彝器带到辽西这种授受礼物的政治关系。在内蒙古通辽市托鲁特旗林河矿区附近出土了这个时期带有同样铭文的青铜彝器。⑤ 发掘报告认为该遗迹是窖藏,青铜器包括 1 件簋、1 件簠、3 件连珠纹青铜饰件和

---

① 项春松、李义:《宁城小黑石沟石椁墓调查清理报告》,《文物》1995 年第 5 期。
② 项春松、李义:《宁城小黑石沟石椁墓调查清理报告》,《文物》1995 年第 5 期。
③ 徐少华:《许国铜器及其历史地理研究》,《江汉考古》1994 年第 3 期。
④ 杨伯峻注:《春秋左传注》,中华书局,1981 年。
⑤ 张柏忠:《霍林河矿区附近发现的西周铜器》,《内蒙古文物考古》1982 年第 2 期。

3件青铜圈。不过,因为出土了青铜饰件,所以该遗迹很可能是墓葬而非窖藏。铭文铜器是簋,铭文内容是"井(邢)姜大宰它铸其宝殷子子孙孙永宝用享"。发掘报告认为它是为嫁到邢的姜姓女子作的簋,并认为姜姓女子可能是齐国人。无论她是否为前述的"季姜",姜姓女子都是作器者。如果该女子与齐有关,那么这件铜器可能是辽西与齐发生冲突时掠夺来的,抑或是直接与邢发生冲突并通过其他方式获得的。总之,它不像是西周前半期之前被当作礼器的铜器。随葬的青铜彝器中,小黑石沟石椁墓出土的小型匜的流的下方带有中原地区匜上看不到的环,再加上铜为红褐色,这些都表明它具有本地特色,很可能是本地制作的铜器。小黑石沟墓的随葬品中有夏家店上层文化特有的鬲、六联豆等青铜容器,还有1件鼎、2件簋、1件罍、1件尊、1件盉、1件壶、1件大型匜、6件小型匜等青铜彝器。该组合在西周晚期阶段的铜器组合中是很特别的,尤其是这个阶段罍和尊在中原已经消失了。尊可能是传世品,而罍很可能是本地制作的。因此除了带有铭文等内容的中原青铜器,大部分青铜彝器都是本地生产的,包括当地特有的青铜鬲和六联豆等。这种青铜彝器和容器显然与中原礼制不同,它们是当地维护社会秩序的必需品,即与燕山以南周的领地以诸如冲突等形式交往受到刺激后而生产的用于维护当地社会秩序的必需品。青铜彝器的相似性可以用殷后期李家崖文化青铜彝器与商的青铜彝器类似的现象来解释。正如第九章详细论述过的那样,在与周接触的地区的墓葬当中,从燕山到张家口一带的北方系青铜文化墓都随葬一定数量的青铜彝器。社会进化到一定程度后,以王为中心、等级制度化的古代地域国家开始形成,在这一阶段,与周王朝接触的双方互相影响对方。因为北方先秦时期的地域国家为了表示等级秩序而需要青铜彝器,

371

同时,周的领地可能忌惮北方的威胁而学习骑马术。笔者把北方地区这个阶段自己开发武器的政体称为部族国家社会。辽东的社会进化在时间上晚于辽西。在辽西,作为青铜器生产和政体标志的礼器体系始见于西周前半期,而这个时期的辽东仍然处在以石棚为标志且以血缘关系为基础的共同体阶段。辽西在西周后期至春秋时期建立了部族国家,与此同时,辽东通过仿制辽宁式铜剑开始建立起礼器体系,并在政治上进行合并。在战国前半期,辽西因为战国燕文化影响力加强而被燕化,辽东为了应对燕的军事威胁也强化了武器生产,政体与社会进化得到发展。

可以说,长城地带诞生了以地域为单位的古代政治集团即部族国家社会。从下面将要探讨的有关北方民族蹂躏周领地的记载中可以看到这种社会背景的军事实力,它们绝非处于文化上的低级阶段。战国时期,周王朝领地内的诸侯国在不断发展并逐渐建成领地国家的阶段,将领地扩张到北方地区。就本书所涉及的地区来说,燕扩张到了辽西、辽东,赵扩张到了内蒙古中南部。正如根据文献资料所推断的那样,扩张并非是一时行为而是阶段性行为,第七章和第九章已经详细地论述过这个问题。关于战国时期领地国家的制度发展及其局限性,本书以隔着环渤海与北方地区对峙的齐为对象,在第八章中进行详细讨论。其中,几乎看不到二者之间的接触。因为在领地国家陆上相连的情况下,领土是相邻政权之间要解决的首要问题。不同于容易扩张领地的情况,史前时期原本就是文化交流场所的海域便相当于领地,成了再好不过的屏障。

## 3 文献史料与考古学解读

把古文献中所看到的族名与考古资料比对是过去区域考古

学研究的一个重要课题,备受学界重视。不过像上面探讨考古学问题时用社会进化解释那样,研究考古学文化的族属在学术上并无多大意义。但是,就历史认识而言,有必要把物质文化与后代史官为了历代王朝正当化所作的文献记载进行比对。正如以往指出的那样,文献记载绝非可以随意用来解读考古学,反过来也一样。下面开始讨论用于比较民族名称的基本文献。以下是基本文献。

1 《史记》卷110《匈奴列传》:"唐虞以上有山戎、猃狁、荤粥,居于北蛮,随畜牧而转移。"
山戎:《正义》左传庄三十年"齐人伐山戎",杜预云"山戎,北戎,无终三名也"。
《括地志》云"幽州渔阳县,本北戎无终子国"。
荤粥:《集解》晋灼云"尧时曰荤粥,周曰猃狁,秦曰匈奴"。

2 《史记》卷110《匈奴列传》:"是后六十有五年,而山戎越燕而伐齐,齐釐公与战于齐郊。其后四十四年,而山戎伐燕。燕告急于齐,齐桓公北伐山戎,山戎走。其后二十有余年,而戎狄至洛邑,伐周襄王,襄王奔于郑之汜邑。"
山戎:《索隐》服虔云"山戎盖今鲜卑"。按胡广云"鲜卑,东胡别种"。又应奉云"秦筑长城,徒役之士亡出塞外,依鲜卑山,因以为号"。

3 《史记》卷110《匈奴列传》:"而晋北有林胡,楼烦之戎,燕北有东胡,山戎。各分散居溪谷,自有君长;往往而聚者,百有余戎,然莫能相一。"
林胡:《索隐》如淳云"林胡即儋林,为李牧所灭也"。《正义·括地志》云"朔州,春秋时北地也。如淳云即儋林也,为李牧灭"。
楼烦:《索隐》地理志楼烦,县名,属雁门。应劭云"故楼烦胡地也"。《正义·括地志》云"岚州,楼烦胡地也。风俗通云故楼烦胡地也"。
山戎:《集解·汉书音义》曰"乌丸,或云鲜卑"。《索隐》服虔云"东胡,乌丸之先,后为鲜卑。在匈奴东,故曰东胡"。

4 《史记》卷110《匈奴列传》:"而赵武灵王亦变俗胡服,习骑射,北破林胡、楼烦。筑长城,自代并阴山下,至高阙为塞。而置云中、雁门、代郡。其后燕有贤将秦开,为质于胡,胡甚信之。归而袭破走东胡,东胡却千余里。与荆轲刺秦王秦舞阳者,开之孙也。燕亦筑长城,自造阳至襄平。置上谷、渔阳、右北平、辽西、辽东郡以拒胡。当是之时,冠带战国七,而三国边于匈奴。其后赵将李牧时,匈奴不敢入赵边。后秦灭六国,而始皇帝使蒙恬将十万之众北击胡,悉收河南地。"

5 《史记》卷110《匈奴列传》:"当是之时,东胡强而月氏盛。"

6 《史记》卷5《秦本纪》:"成公元年,梁伯、芮伯来朝。齐桓公伐山戎,次于孤竹。"

孤竹:《正义·括地志》云:"孤竹故城,在平州卢龙县南十二里,殷时诸侯竹国也。"

7 《管子》卷7《大匡》第18:"狄人伐,桓公告诸侯曰:请救伐。诸侯许诺……北州侯莫来,桓公遇南州侯于召陵,曰:狄为无道,犯天子令,以伐小国。以天子之故,敬天之命,令以救伐。北州侯莫至,上不听天子令,下无礼诸侯,寡人请诛于北州之侯。诸侯许诺。桓公乃北伐令支,下凫之山,斩孤竹,遇山戎。"

8 《春秋左传》庄公三十年条"齐人伐山戎":"冬,遇于鲁济,谋山戎也,以其病燕故也。"

9 《春秋谷梁传》卷6庄公三十一年条:"桓外无诸侯之变,内无国事,越千里之险,北伐山戎,为燕辟地。"

10 《春秋左传》僖公九年条:"宰孔先归,遇晋侯曰:可无会也。齐侯不务德而勤远略,故北伐山戎,南伐楚,西为此会也。"

11 《管子》卷8《小匡》第20:"中救晋公,禽狄王,败胡貉,破屠何,而骑寇始服。北伐山戎,制冷支,斩孤竹,而九夷始听。海滨诸侯莫不来服……北至于孤竹、山戎、秽貉……"

12 《国语》卷6《齐语》:"遂北伐山戎,刜令支,斩孤竹而南归,海滨诸侯,莫敢不来服。与诸侯饰牲为载,以约誓于上下庶神,与诸侯戮力同心,西征攘白狄之地,至于西河……"

13　《管子》卷16《封禅》第50:"寡人北伐山戎,过孤竹。"

14　《史记》卷4《周本纪》:"伯夷,叔齐在孤竹,闻西伯善养老,盍往归之。"孤竹:《集解》应劭云"在辽西令支"。

15　《孟子·万章章句下》:"伯夷目不视恶色……当纣之时,居北海之滨,以待天下之清也。"

16　《汉书》卷28《地理志》:"辽西郡,秦置……令支,有孤竹城。莽曰令氏亭。"

17　《通典》卷178《州郡》8:"营州,殷时为孤竹国地。春秋时,地属山戎。战国时属燕。"

18　《辽史·地理志三》:"兴中府。本霸州彰武军,节度。古孤竹国。汉柳城县地。慕容皝以柳城之北,龙山之南,福德之地,乃筑龙城,构宫庙,改柳城为龙城县,遂迁都,号曰和龙宫。"

19　《史记》卷110《匈奴列传》:"当是之时,秦、晋为强国。晋文公攘戎翟,居于河西圁、洛之间,号曰赤翟、白翟。"
河西圁、洛:《集解》徐广曰"圁在西河,音银。洛在上郡,冯翊间"。
　　《正义·括地志》云"白土故城在盐州、白池东北三百九十里"。又云"近延州、绥州、银州,本春秋时白狄所居,七国属魏,后入秦,秦置三十六郡"。洛,漆、沮也。

20　《史记》卷43《赵世家》晋顷公二十五年条:"翟犬者,代之先也。"

21　《左传》昭公十二年条:"晋荀吴伪会齐师者,假道于鲜虞,遂入昔阳。秋八月壬午,灭肥,以肥子绵皋归。"杜预注"鲜虞,白狄别种,在中山新市县"。肥,白狄也。

22　《史记》卷43《赵世家》武灵王十九年条:"春正月,大朝信宫……今中山在我腹心,北有燕,东有胡,西有林胡、楼烦、秦、韩之边,而无强兵之救,是亡社稷,奈何。"

23　《史记》卷43《赵世家》武灵王二十年条:"王略中山地,至宁葭,西略胡地,至榆中。林胡王献马。"

24 《史记》卷43《赵世家》武灵王二十六年条:"复攻中山,攘地北至燕、代,西至云中、九原。"

25 《史记》卷43《赵世家》幽缪王迁三年条:"秦攻赤丽、宜安,李牧率师与战肥下,却之。"

肥:《正义·括地志》云"肥累故城在恒州稿城县西七里,春秋时肥子国,白狄别种也"。

26 《史记》卷34《燕召公世家》庄公二十七年条:"山戎来侵我,齐桓公救燕,遂北伐山戎而还。"

27 《史记》卷129《货殖列传》:"夫燕亦勃、碣之间一都会也。南通齐、赵,东北边胡。上谷至辽东,地踔远,人民稀,数被寇,大与赵、代俗相类,而民雕捍少虑,有鱼盐枣栗之饶。北邻乌桓、夫馀,东绾秽貉、朝鲜、真番之利。"

秽貉:《索隐》"东绾秽貊"。

28 《史记》卷110《匈奴列传》:"诸左方王将居东方,直上谷以往者,东接秽貉、朝鲜,右方王将居西方,直上郡以西,接月氏、氐、羌,而单于之庭直代、云中,各有分地,逐水草移徙。"

分析这些文献记载时要注意,同一系统的民族或者同一种文化在不同时期其名称可能不同。例如,像文献1的《集解》的注释中所看到的那样,尧时的荤粥,周时称猃狁,秦时称匈奴。实际上匈奴的记载见诸《史记·匈奴列传》,如文献4,它是战国后期赵武灵王以后才出现的,此前不用匈奴这个名词。这里提出的问题是,在确定族属时争论最激烈的是山戎。对此学界有两种看法,一种看法认为山戎是北京市延庆县军都山墓地等燕山地区战国墓[1],另一种看法认为山戎是以辽西宁城为一带中心的夏家店上

---

[1] 北京市文物研究所山戎文化考古队:《北京延庆军都军山周山戎部落墓地发掘纪略》,《文物》1989年第8期。

层文化。按前一种说法,夏家店上层等辽宁式铜剑文化就是东胡。这样就出现了山戎和东胡的族属问题。如前所述,同一个民族的名称早晚不同,两者之间有某种联系。如果燕山地区是山戎,辽西以西的辽宁式铜剑文化是东胡,那么这两个民族必须见诸同时代的文献。文献3《史记·匈奴列传》说春秋以后才出现山戎和东胡的名称。就具体的历史记载来说,正如下面将要谈到的那样,山戎这个名字见诸春秋时期,而东胡与匈奴一样见诸战国后期的赵武灵王以后的文献(文献4、22)。东胡和匈奴都是在比较晚的阶段才活跃的民族的名称。

山戎,正如文献2《史记·匈奴列传》所记载的那样,前704年伐燕并与齐交战。前660年山戎再次伐燕,燕请齐助阵,齐桓公击退山戎。与之相同的内容即齐桓公伐山戎的记载还见诸《史记·秦本纪》(文献6)、《管子》(文献7)、《春秋左传》(文献8、10)、《春秋谷梁传》(文献9)、《国语》(文献12)和《史记·燕召公世家》(文献26)。因此,这些文献记载是正确的,齐以援助领地被山戎蹂躏的燕的方式攻打山戎的记载是可信的。文献记录了齐桓公作为霸主的雄姿,从中可以看到这个阶段山戎在政治上和军事上对周的诸侯国构成了威胁,其社会发展程度值得肯定。根据这些记载探讨山戎的社会组织不现实,不过从中可以看出山戎很可能已经建成了能够与周的诸侯国对抗的社会组织。

问题是山戎的位置。山戎的位置,从齐来看,在孤竹的北边,详见文献6、7、13。孤竹,正如《史记·周本纪》记载的那样,是后来被孔子视为圣贤的殷末伯夷、叔齐的出生地。从文献上看孤竹的位置是下面两个地点中的一个。一个是辽西令支(文献14、16),另一个是营州柳城(文献17、18)。令支在今河北省迁安附近。如果柳城是孤竹,那么根据文献18,它就是汉置柳城县所在地,也是辽兴中府所在地,现辽宁省朝阳附近。事实上,朝阳十二台营子遗址出土了可读为柳城的铭文瓦。① 这两种说法中,就文献记载的时间看,"令支说"比较早;柳城见诸《通典》和《辽史》等文献,时代比较晚。这样看来,"令支说"的可信度比较高。从文献 15 来看,令支的地理位置也对。无论哪种说法是事实,孤竹都位于滦河下游乃至大凌河流域范围内,山戎位于滦河下游以北乃至大凌河流域以北地区。总之,春秋时期的山戎位于今辽西地区,认为山戎在燕山地区的说法无法令人信服。

在匈奴出现之前,鄂尔多斯地区的名字值得讨论。犬戎因与申侯一起刺杀周幽王而闻名于世,得到秦襄公帮助的周平王迁都洛阳从此进入东周,此时来自北方民族的威胁也变得很大。毫无疑问,此前周建立时它与北方民族的抗争见诸文献记载。总之,东周以及春秋时期,帮助周平王即位的秦与世代为诸侯的晋的势力之强大见诸文献 19。根据文献 19,晋文公令戎翟居住在圁与洛之间。根据文献 19 的注释,春秋时代白狄居住在这个地区。白翟、赤翟与白狄相同,白狄是居住在晋以北的北方民族。狄,在春秋中期,其势力南下见诸《春秋左传》。关于它的主要记载如下:

《春秋左传》庄公三十二年(前 661 年)条"狄伐邢"。

《春秋左传》闵公元年(前 661 年)条"狄人伐邢"。

《春秋左传》闵公二年(前 660 年)条"十有二月,狄人卫"。

《春秋左传》僖公八年(前 652 年)条"夏,狄伐晋"。

《春秋左传》僖公十年(前 650 年)条"狄灭温,温子奔卫"。

---

① 徐秉琨:《辽宁发现战国陶铭四种考略》,《辽海文物学刊》1992 年第 2 期。

《春秋左传》僖公十六年(前644年)条"秋,狄侵晋,取狐,厨,受铎,涉汾及昆都,因晋败也"。

《春秋左传》僖公十八年(前642年)条"冬,邢人,狄人伐卫"。

《春秋左传》僖公二十四年(前636年)条"夏,狄伐郑"。

《春秋左传》僖公三十年(前630年)条"夏,狄侵齐"。

《春秋左传》僖公三十三年(前627年)条"狄侵齐,因晋丧也"。"狄伐晋,及箕。八月戊子,晋侯败狄于箕。"

《春秋左传》文公十年(前617年)条"冬,狄侵宋"。

《春秋左传》文公十一年(前616年)条"狄侵齐"。

《春秋左传》宣公三年(前606年)条"秋,赤狄侵齐"。

《春秋左传》宣公四年(前605年)条"赤狄侵齐"。

《春秋左传》宣公六年(前603年)条"秋,赤狄伐晋,围怀及邢丘"。

《春秋左传》宣公七年(前602年)条"赤狄侵晋,取向阴之禾"。

《春秋左传》宣公八年(前601年)条"晋师,白狄伐秦"。

《春秋左传》宣公十五年(前594年)条"六月癸卯,晋师灭赤狄潞氏,以潞子婴儿归"。

《春秋左传》成公十二年(前579年)条"秋,晋人败狄于交刚"。

按《春秋左传》,前7世纪,狄频繁地袭扰中原势力,到了前6世纪则反过来,晋击退了狄。按杨伯峻的注释①,文献中的地名"箕"即山西省蒲县,"怀"是河南省武涉县,"邢丘"是河南省温县,

---

① 杨伯峻注:《春秋左传注》,中华书局,1981年。

"赤狄潞氏"是山西省潞城县，"交刚"是山西省隰县。狄与中原势力交战的地方是太行山南麓，他们的领地几乎与殷墟期北方势力分布地区重合。虽然考古学资料未必能够清楚地反映狄的强势，但它反映了狄这个政体的历史背景，即春秋后半期在内蒙古中南部和燕山地区生根开花创造出了独特的青铜器文化。

根据文献 22 和文献 3，赵或晋的北边为林胡和楼烦。根据战国后期的文献（文献 4、23、24），林胡和楼烦曾被赵武灵王征伐过。因此应该把林胡和楼烦视为白狄系统的民族。作为白狄别名的林胡是在楼烦之后出现的。如文献 3 所载，林胡和楼烦分别位于黄河西侧的鄂尔多斯高原和黄河东侧的内蒙古中南部。正如第九章分析考古资料时所论述的那样，它正好与根据北方式青铜器文化的诸多因素从文化上把内蒙古中南部地区划分成的鄂尔多斯高原、河套地区与凉城地区一致，即鄂尔多斯高原、河套地区属于林胡，凉城地区属于楼烦。把考古研究成果与历史记载对比后可知，北方式青铜器所在地陇山地区，鄂尔多斯高原、河套地区，凉城地区，燕山地区的先民都是白狄系民族。虽然从埋葬习俗和青铜器等随葬品特征来看，各个地区都有自己的特色，但它们是可以合并起来的大的文化，其代表性因素是被称为浑铸式径路刀的鄂尔多斯式铜剑（图 102：3、12）。至少在战国时代把陇山看作义渠，把鄂尔多斯高原、河套地区看作林胡，把凉城地区看作楼烦的居所是没有问题的，问题则是燕山地区的民族怎么称呼。战国时期夹在赵和燕之间的小国是中山国，按文献 21 的注释，它该称为鲜虞，是白狄的一支。正像在文献 21、25 的注释中所看到的那样，春秋时期的肥也属于白狄系民族。春秋时期赵的东北边还有代，它是文献 20 中的翟即白狄系民族。根据上述考古学文化方面的相似性，结合代和中山的事例，推测燕山地区是

第十章　重构中国古代北疆史

白狄系民族的分布区。在《春秋左传》中看到的前7世纪狄的部分活动与军都山墓地等燕山地区有关。问题是为什么战国时代生活在燕山地区的这些民族的名称没有在文献中保留下来？笔者的看法是，如第六章和第七章所证明的那样，这是因为随着战国前期向战国中期推移，燕山地区到辽西地区逐渐燕化，该地区不是它们与燕对抗的主战场，因此没有必要记载这些地区的民族的名字。

　　接下来必须在把目光转向东胡。如上所述，东胡的名字见诸战国后半段的文献。至少在文献4和文献22中关于战国后期赵武灵王以后的记载里看不到山戎而只能看到东胡。按文献5，东胡在西汉初期与西边的月氏都是兴旺的民族，如文献3《索隐》注释所说的那样，它位于匈奴的东边。正像已经从考古学上论证过的那样，如果说它位于秦朝出现的名叫匈奴的民族的东边，那么它就是位于燕领地外残存的辽宁式铜剑文化圈。正如第六章中论证过的那样，战国时代的辽宁式铜剑即Ⅱ式辽宁式铜剑在辽东和吉长地区等燕领地外部边缘地带发展起来了。它随着燕领地的扩张在该地区引起军事对抗并进一步导致领地边缘地区在政治上合并。因此，东胡在战国时代没有被燕化也没有成为燕的领地。同时，把时代为战国前期的辽宁省沈阳郑家洼子墓地中所看到的辽河下游以东、以北，以及战国后期所设置的辽东郡辽阳一带以北、以东的辽宁式铜剑文化圈称为东胡是最贴切的。[①] 如果这个解释成立，那么前文在春秋时代以辽西为根据地的山戎就分布在古式辽宁式铜剑分布地区，即宁城地区和大凌河流域。正如

---

[①] 沈阳故宫博物馆、沈阳市文物管理办公室：《沈阳郑家洼子的两座青铜时代墓葬》，《考古学报》1975年第1期。

第六章详述过的那样,就社会分层发展来看,宁城地区很可能是其中心,仅就这一点而言,可知孤竹位于大凌河流域,其背后是山戎。总之,把在辽西看到的武器化的古式辽宁式铜剑文化看作山戎的观点是有道理的。墓葬分析中所看到的社会分层是已经建立了能够与各诸侯国对抗的社会组织的反映。

　　文献 27《索隐》中的秽貉即秽貊的事迹见诸文献 28 等西汉文献当中。在西汉以前的文献中,貊见诸《诗经·大雅·韩奕》、秽见诸《逸周书》和《吕氏春秋》。①《逸周书》收录了战国末至汉代的文献,但关于成书于战国末的《吕氏春秋》是否一定记载先秦时期的历史是有争议的。《诗经》中的貊是否与西汉以后的一致也有争议。文献 11 中虽然也有秽貊,不过《管子》是战国至秦汉各个学派学说集成,而春秋时代秽貊这个名字是否出现并不确定。总之,文献 27 是关于西汉初期燕国周边的事迹,文献 28 是关于冒顿单于即位后的事迹,所以它被认为是西汉初期的文献。这个阶段燕的领地是继承了战国后期燕的领地,燕之东是指辽东郡以东地区,即辽阳一带以东地区。濊,从冈崎敬说②,指以朝鲜半岛东北部为聚居点的人,也指辽东以东的地名。这里要关注的是秽貊这个名称见诸西汉初期一事。文献 28《史记·匈奴列传》表明,从时间上看,先秦时代还没有使用秽貊这个名称。因此,秽貊也是战国后期辽东郡设置之后或者被汉王朝领地化之后在辽东以东地区自立的地方政权。它在与燕和汉王朝领地化之间的军事对立中,完成了社会进化。这个阶段的朝鲜半岛,独立自主地生产了作为武器的细型铜剑。

---

① 王建新:《貊人与濊人》,《東北アジアの青銅器文化》,同成社,1999 年。
② 冈崎敬:《"夫租濊君"銀印をめぐる諸問題》,《朝鮮学報》第 46 辑,1968 年。

如上所述，从时间早晚看，文献记载中出现的族名是继承了
对相同文化系统的人的不同称呼，时代不同，族名也不同。这是
作者以中原为中心的农耕社会方面的问题，可以说是被作者的地
理观和民族观左右，而不是北方民族的问题。因此在利用考古资
料探讨中国古代北疆历史发展进程中出现族名变更的问题是可
以理解的。

## 4　小结

本书所说的中国北疆是指从内蒙古中南部到辽西、辽东的地
区，至于同样与长城地带相连的宁夏到甘肃东部及陕西西北部，
属于中国西北边疆地区。笔者在研究中原到中国北疆时首先从
考古资料分析入手，从农耕社会与畜牧农耕社会的文化交流的角
度考察了从酋邦到初期国家的建立，以及领地国家的形成过程。
在此基础上，尝试分阶段把握中国北方地区的地方政权，继而通
过分析考古学资料，爬梳古典文献，把两者的成果结合起来，理解
中国古代历史的演变方向。

根据第一章所论述的考古学上的地域文化变迁，可以把这段
历史分成三个阶段予以说明。前6000—前35000年的新石器时
代，从华北到内蒙古中南部的陶器文化样式分布区与分布在辽西
到辽东的陶器样式中所看到的信息地带对峙。两个互相封闭的
地域相互作用圈同时并存。辽西、辽东地域相互作用圈是一定程
度上依赖农耕、高度依赖狩猎采集的社会组织。其北方即北纬
43°以北是以石叶文化为代表的狩猎采集社会。内蒙古中南部到
辽西包含来自北方的石叶和打制石镞等因素，还包含华北农耕社
会通用的石铲和磨盘、磨棒等。就石器而言，两个社会系统混合

在一起。内蒙古中南部到辽西位于狩猎采集社会与农耕社会之间的缓冲地带。

农耕社会与狩猎采集社会南北对峙的情况在第二阶段即前3500—前2000年发生了变化。其特征是农耕社会北缘的内蒙古中南部与辽西相互交往。截至这个阶段,虽然这些地区在石器方面有交流,但是在陶器方面看不到包括人员交流在内的直接交往。内蒙古中南部与辽西之间以陶器的相互交流为基础,进入两者具有很多相似因素的阶段。其背景是从内蒙古中南部到辽西等长城地带出现了为应对自然环境变异导致生态系统变化的畜牧农耕社会这种不同经济战略带来的变化。也就是说,社会分化导致农耕社会衍生出了另一种经济战略即畜牧农耕社会,形成了新的地域相互作用圈。而且从内蒙古中南部到辽西的这种相似性获得了体质人类学研究成果的认可,即两个地区都有原华北人。[①] 至少从现有资料来看,小河沿文化以后的人骨资料也证明了这个看法——新的地域相互作用圈的出现不仅有赖于相同的生业基础,还有赖于人员的交流。在这种新的地域相互作用圈中,随着环境的变化,一些地区的变迁速度或变化时间不同,内蒙古中南部的社会经济变化要比辽西早一个阶段。在这个背景下,内蒙古中南部早一个阶段就建造了石城,辽西要稍稍晚一些才建造石城。建造石城意味着集团内部组织化程度提高,反映了这些遗址之间的等级高低不同、快速发展的社会组织或者政权正在进行合并。估计这些社会的组织化是以血缘组织为基础发展起来的集团,其基本原则是中国社会共通的现象。恰好在同一时期,包括中原在内的华北社会的组织化和社会分层有了很大发展,进

---

① 朱泓:《中国东北地区的古代种族》,《文物世界》1998年第1期。

入真正的酋邦社会。

第二阶段的特征是内蒙古中南部到辽西的长城地带出现了新的地域相互作用圈。以第二阶段的社会进化为基础,以新技术的进步即正式青铜器生产为特征,它相当于前2000年之后的第三阶段,是中原二里头文化以后的初期国家形成阶段。第三阶段相当于前2000—前200年。是否把二里头文化视为初期国家,有必要稍作讨论,因为二里头文化比截至当时的酋邦社会在政治上的合并与组织化程度更高,呈现出了初期国家面貌。二里岗下层文化之后的殷代社会超越了原先的地域相互作用圈,在更大范围内实现了政治上的合并和组织化,进入形成正式的初期国家阶段。就在这个时期,中国北疆地区内蒙古中南部的朱开沟文化第5阶段北方地区开始独立自主地生产青铜器。这一地区通过展示与中原的关系,维护集团内部的等级关系。把等级制度化意味着,可以利用与二里头文化同时期的在辽西大甸子墓地看到的与中原相同的祭祀形态来确认高等级人物的权威。在这个阶段,耳环和戒指等青铜饰品见诸内蒙古中南部朱开沟第3阶段和辽西大甸子墓地①,虽然是长城地带的共性,不过青铜器未必具备礼器的功能。内蒙古中南部在朱开沟第5阶段以模仿长城地带原来大家认可的实用工具、武器的石刃骨刀、石刃骨剑的形式生产青铜器。作为实用器的青铜器的生产,在殷墟期高速发展。在这个阶段,内蒙古中南部到陕西北部、山西北部出现了与殷社会不同的地方政权,李家崖文化就是与殷对立的政权。殷社会是在与李家崖文化和西北边疆地区等不同政权的相互交往中发展起来

---

① 中国社会科学院考古研究所编著:《大甸子——夏家店下层文化遗址与墓地发掘报告》,科学出版社,1996年。

的,把殷社会的发展仅仅视为其内部发展的史观很可能会使人误解其本质。总之,在这个阶段,李家崖文化作为与殷对抗的社会集团,根据独立的兵法生产了实用性青铜武器。在与殷社会的相互接触中共享的礼器可能被赋予不同的意义,这种差异可以用共存政体相互作用(peer political interaction)为基础的竞争来解释。[1] 因此北方地区也开始自主生产青铜彝器。在殷墟期,内蒙古中南部、陕西北部、山西北部出现了独立生产青铜器的社会组织。社会已经变成了墓葬中明确反映社会分层的社会,进入自主开发独特武器、工具的阶段,这个阶段也被称为初期部族国家。

与此相对的是,从燕山地区到辽西地区,各种各样的地域集团被组织起来,不过它们的社会进化程度和组织化程度低于李家崖文化,因为作为礼器的北方式青铜武器和青铜彝器是从外面带进来的。它们多来源于长城地带,其余可能是通过与殷交往获得的。西周初期这种关系变得更加清晰,在燕的身上表现得更加明了。西周初期被分封到以琉璃河遗址为中心的燕是由燕侯家族和直系家臣、周王派遣的作为臣下的殷系贵族以及被怀柔的本土势力相匹配的阶层构成的。被怀柔的本土势力正是与殷墟期平行期的燕山地区的本土势力,是长城地带的一员。这里有凸显怀柔本土势力并反映这种关系的青铜彝器。这个阶段的辽西拥有被当作地域集团礼器的青铜彝器。在二里头文化平行期,出现了模仿反映集团内部礼制的青铜彝器的仿铜陶器,从殷墟期开始到西周前半期,青铜彝器承担了反映礼制的重任。西周前期,来自燕的青铜彝器翻过燕山来到这里,它们因为体量大而被当作礼

---

[1] Colin Renfrew, "Introduction: Peer Polity Interaction and Socio-political Change", In *Peer Polity Interaction and Social-political Change*, ed. by Colin. Renfrew and John F. Cherry, Cambridge University Press, 1986, pp. 1–18.

器。辽西开始独立自主地生产礼器体系中的青铜彝器,这一过程是从模仿礼器的仿制品以及制作大型铜器开始的,也是环视东北亚时所看到的正式开始生产青铜器阶段的一个普遍现象,即仿制的青铜器构成了礼器体系。这个阶段的辽西可以说仍然停留在酋邦阶段。辽西青铜器的进一步发展是从西周后期以后自主开发生产辽宁式铜剑开始的。武器化的辽宁式铜剑是在继承了长城地带信息基础上生产的北方式青铜武器体系中的产品,上面已经论述了从这个过程开始到自主开发的经过。这个阶段等级结构变得更为复杂,进入了部族国家社会。与此相对的是,东部的辽东社会发展缓慢,辽西却通过仿制辽宁式铜剑完成了礼器体系的建设。经过这个阶段,在Ⅱ式辽宁式铜剑以后,辽宁式铜剑的武器化得以发展,进入遵循前述青铜器生产的东北亚法则向前发展的阶段。朝鲜半岛辽宁式铜剑以及之后的细型铜剑的发展也体现了这个法则。

前2000—前200年的第三阶段,以中原农耕社会为背景发展起来的殷周初期国家、领地国家与以畜牧农耕社会为背景的北方型部族国家社会之间出现了对立。如田广金所推测的那样[1],因为气候干燥,畜牧农耕社会向游牧化转变,由此带来了社会经济分化。其具体变化过程是今后考古研究的课题。如图103所示,从能够追溯到石刃骨刀、骨剑的北方式青铜武器谱系中可以清楚地看到武器开发过程。殷后期长城地带出现了以石刃骨刀、骨剑(图103:2、1)为祖型的铜剑、铜刀子(图103:4、3)以及有銎斧、有銎钺(图103:6、5)等独特的武器,它表明这里已经建立

---

[1] 田广金:《中国长城地带における農耕—畜牧—遊牧三段階発展説試論》,《遊牧騎馬民族文化の生成と発展過程の考古学的研究》[平成7~9年度文部省科学研究費補助金(国際学術研究)報告書],大手前女子大学,1998年。

了初期部族国家。春秋前半期不仅有铜剑还有铜刀子和有銎斧广泛地分布在长城地带。在长城地带以同样文化背景为基础并经过初期部族国家成长历程的是辽西的辽宁式铜剑文化，以及以内蒙古中南部和燕山地区为中心的北方式青铜器文化。以同样的母体为基础衍生出来的各个独立的地域文化各自开发了自己的武器，展示了它们的地域特征和面貌。燕山地区和辽西在社会分层快速发展过程中受到交往对象燕的影响。正像第九章所论述的那样，燕山地区早在春秋后期就出现了王，集团间的等级秩序已经很明显了。社会发展反而更容易吸收文化接触地带的影响并很快被燕化，其地域特色逐渐消失，取而代之的是辽东、朝鲜半岛出现了地方政权。内蒙古中南部在春秋后半期以后地域特色更加鲜明，战国中期以后从铜器变成了铁器（图103：24、26），其中青铜饰品和金银饰品作为礼器残存了下来。如前面文献讨论中所提到的那样，战国后期楼烦被赵占领而汉化，林邑的政权保存了下来。包括这些地区在内，畜牧农耕社会与北方的游牧社会合并起来变成了匈奴国家。这个时期是一个个部族国家被进一步合并的阶段。

　　秦统一以后的前2世纪相当于拙著所说的中国北疆史第四阶段。这个阶段继承了北方式青铜器文化谱系的匈奴游牧国家和农耕社会系统的汉王朝的相互接触，动态地展示了中国社会的历史发展过程。拙著勾勒了这幅历史画卷之前的历史面貌。

第十章 重构中国古代北疆史

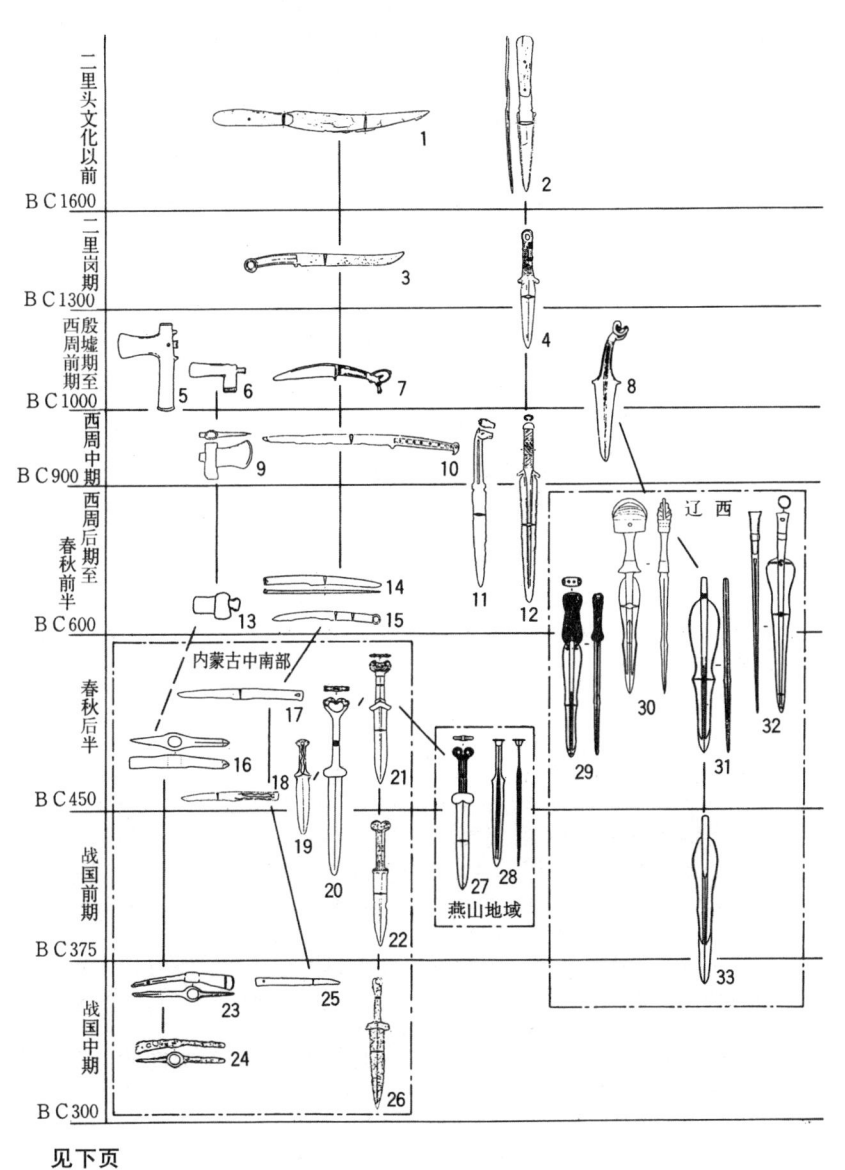

| 时期 | |
|---|---|
| 二里头文化以前 | 1, 2 |
| BC1600 二里岗期 | 3, 4 |
| BC1300 殷墟期至西周前期 | 5, 6, 7, 8 |
| BC1000 西周中期 | 9, 10, 11, 12 |
| BC900 西周后期春秋前半 | 13, 14, 15 / 辽西: 29, 30, 31, 32 |
| BC600 春秋后半 | 内蒙古中南部: 16, 17, 18 / 19, 20, 21 / 燕山地域: 27, 28 |
| BC450 战国前期 | 22 / 33 |
| BC375 战国中期 | 23, 24, 25, 26 |
| BC300 | |

见下页

389

**图 103　北方式青铜武器的演变**①

（1—2：鸳鸯池,3—4：朱开沟,5：曹家垣,6—8：抄道沟,9—12：白浮,13：南山根 M101,14—15：南山根 M102,16、20：公苏垞 M1,17：桃红巴拉 M1,18—19：西沟畔 M2,21：毛庆沟 M59,22：毛庆沟 M60,23、25：玉隆太,24：毛庆沟 M38,26：毛庆沟 M29,27—28：北辛堡 M1,29：南山根 M101,30：小黑石沟,31：十二台营子,32：小黑石沟 M8061,33：三官甸;比例 1/16）

---

① 1—2 见甘肃省博物馆文物工作、武威地区文物普查队:《永昌鸳鸯池新石器时代墓地的发掘》,《考古》1974 年第 5 期中的图;3—4 见内蒙古文物考古研究所:《内蒙古朱开沟遗址》,《考古学报》1988 年第 3 期中的图;5—8 见林沄:《商文化青铜器与北方地区青铜器关系之再研究》,苏秉琦主编:《考古学文化论集》(一),文物出版社,1987 年中的图;9—12 见北京市文物管理处《北京地区的又一重要考古收获——昌平白浮西周木椁墓的新启示》,《考古》1976 年第 4 期中的图;13、29、31、32 见靳枫毅:《论中国东北地区含曲刃青铜短剑的文化遗存》(上),《考古学报》1982 年第 4 期和《论中国东北地区含曲刃青铜短剑的文化遗存》(下),《考古学报》1983 年第 1 期中的图;14—15 见中国社会科学院考古研究所:《内蒙古宁城县南山根 102 号石椁墓》,《考古》1981 年第 4 期中的图;16—17、20 见田广金:《桃红巴拉的匈奴墓》,《考古学报》1976 年第 1 期中的图;18—19 见伊克昭盟文物工作站、内蒙古文物工作队:《西沟畔匈奴墓》,《文物》1980 年第 7 期中的图;21—22、24、26 见内蒙古文物工作队:《毛庆沟墓地》,田广金、郭素新编著:《鄂尔多斯式青铜器》,文物出版社,1986 年中的图;23、25 见内蒙古博物馆、内蒙古文物工作队:《内蒙古准格尔旗玉隆太的匈奴墓》,《考古》1977 年第 2 期中的图;27—28 见河北省文化局文物工作队:《河北怀来北辛堡战国墓》,《考古》1966 年第 5 期中的图;30 见宫本一夫:《古式辽宁式铜剑的地域性とその社会》,《史渊》第 135 辑,1998 年中的图;33 见林沄:《中国东北系铜剑再论》,苏秉琦主编:《考古学文化论集》(四),文物出版社,1997 年中的图。

# "海外中国研究丛书"书目

1. 中国的现代化 [美]吉尔伯特·罗兹曼 主编 国家社会科学基金"比较现代化"课题组 译 沈宗美 校
2. 寻求富强:严复与西方 [美]本杰明·史华兹 著 叶凤美 译
3. 中国现代思想中的唯科学主义(1900—1950) [美]郭颖颐 著 雷颐 译
4. 台湾:走向工业化社会 [美]吴元黎 著
5. 中国思想传统的现代诠释 余英时 著
6. 胡适与中国的文艺复兴:中国革命中的自由主义,1917—1937 [美]格里德 著 鲁奇 译
7. 德国思想家论中国 [德]夏瑞春 编 陈爱政 等译
8. 摆脱困境:新儒学与中国政治文化的演进 [美]墨子刻 著 颜世安 高华 黄东兰 译
9. 儒家思想新论:创造性转换的自我 [美]杜维明 著 曹幼华 单丁 译 周文彰 等校
10. 洪业:清朝开国史 [美]魏斐德 著 陈苏镇 薄小莹 包伟民 陈晓燕 牛朴 谭天星 译 阎步克 等校
11. 走向21世纪:中国经济的现状、问题和前景 [美]D.H.帕金斯 著 陈志标 编译
12. 中国:传统与变革 [美]费正清 赖肖尔 主编 陈仲丹 潘兴明 庞朝阳 译 吴世民 张子清 洪邮生 校
13. 中华帝国的法律 [美]D.布朗 C.莫里斯 著 朱勇 译 梁治平 校
14. 梁启超与中国思想的过渡(1890—1907) [美]张灏 著 崔志海 葛夫平 译
15. 儒教与道教 [德]马克斯·韦伯 著 洪天富 译
16. 中国政治 [美]詹姆斯·R.汤森 布兰特利·沃马克 著 顾速 董方 译
17. 文化、权力与国家:1900—1942年的华北农村 [美]杜赞奇 著 王福明 译
18. 义和团运动的起源 [美]周锡瑞 著 张俊义 王栋 译
19. 在传统与现代性之间:王韬与晚清革命 [美]柯文 著 雷颐 罗检秋 译
20. 最后的儒家:梁漱溟与中国现代化的两难 [美]艾恺 著 王宗昱 冀建中 译
21. 蒙元入侵前夜的中国日常生活 [法]谢和耐 著 刘东 译
22. 东亚之锋 [美]小R.霍夫亨兹 K.E.柯德尔 著 黎鸣 译
23. 中国社会史 [法]谢和耐 著 黄建华 黄迅余 译
24. 从理学到朴学:中华帝国晚期思想与社会变化面面观 [美]艾尔曼 著 赵刚 译
25. 孔子哲学思微 [美]郝大维 安乐哲 著 蒋弋为 李志林 译
26. 北美中国古典文学研究名家十年文选 乐黛云 陈珏 编选
27. 东亚文明:五个阶段的对话 [美]狄百瑞 著 何兆武 何冰 译
28. 五四运动:现代中国的思想革命 [美]周策纵 著 周子平 等译
29. 近代中国与新世界:康有为变法与大同思想研究 [美]萧公权 著 汪荣祖 译
30. 功利主义儒家:陈亮对朱熹的挑战 [美]田浩 著 姜长苏 译
31. 莱布尼兹和儒学 [美]孟德卫 著 张学智 译
32. 佛教征服中国:佛教在中国中古早期的传播与适应 [荷兰]许理和 著 李四龙 裴勇 等译
33. 新政革命与日本:中国,1898—1912 [美]任达 著 李仲贤 译
34. 经学、政治和宗族:中华帝国晚期常州今文学派研究 [美]艾尔曼 著 赵刚 译
35. 中国制度史研究 [美]杨联陞 著 彭刚 程钢 译

36. 汉代农业:早期中国农业经济的形成　[美]许倬云 著　程农 张鸣 译　邓正来 校
37. 转变的中国:历史变迁与欧洲经验的局限　[美]王国斌 著　李伯重 连玲玲 译
38. 欧洲中国古典文学研究名家十年文选　乐黛云 陈珏 龚刚 编选
39. 中国农民经济:河北和山东的农民发展,1890—1949　[美]马若孟 著　史建云 译
40. 汉哲学思维的文化探源　[美]郝大维 安乐哲 著　施忠连 译
41. 近代中国之种族观念　[英]冯客 著　杨立华 译
42. 血路:革命中国中的沈定一(玄庐)传奇　[美]萧邦奇 著　周武彪 译
43. 历史三调:作为事件、经历和神话的义和团　[美]柯文 著　杜继东 译
44. 斯文:唐宋思想的转型　[美]包弼德 著　刘宁 译
45. 宋代江南经济史研究　[日]斯波义信 著　方健 何忠礼 译
46. 一个中国村庄:山东台头　杨懋春 著　张雄 沈炜 秦美珠 译
47. 现实主义的限制:革命时代的中国小说　[美]安敏成 著　姜涛 译
48. 上海罢工:中国工人政治研究　[美]裴宜理 著　刘平 译
49. 中国转向内在:两宋之际的文化转向　[美]刘子健 著　赵冬梅 译
50. 孔子:即凡而圣　[美]赫伯特·芬格莱特 著　彭国翔 张华 译
51. 18世纪中国的官僚制度与荒政　[法]魏丕信 著　徐建青 译
52. 他山的石头记:宇文所安自选集　[美]宇文所安 著　田晓菲 编译
53. 危险的愉悦:20世纪上海的娼妓问题与现代性　[美]贺萧 著　韩敏中 盛宁 译
54. 中国食物　[美]尤金·N. 安德森 著　马孆 刘东 译　刘东 审校
55. 大分流:欧洲、中国及现代世界经济的发展　[美]彭慕兰 著　史建云 译
56. 古代中国的思想世界　[美]本杰明·史华兹 著　程钢 译　刘东 校
57. 内闱:宋代的婚姻和妇女生活　[美]伊沛霞 著　胡志宏 译
58. 中国北方村落的社会性别与权力　[加]朱爱岚 著　胡玉坤 译
59. 先贤的民主:杜威、孔子与中国民主之希望　[美]郝大维 安乐哲 著　何刚强 译
60. 向往心灵转化的庄子:内篇分析　[美]爱莲心 著　周炽成 译
61. 中国人的幸福观　[德]鲍吾刚 著　严蓓雯 韩雪临 吴德祖 译
62. 闺塾师:明末清初江南的才女文化　[美]高彦颐 著　李志生 译
63. 缀珍录:十八世纪及其前后的中国妇女　[美]曼素恩 著　定宜庄 颜宜葳 译
64. 革命与历史:中国马克思主义历史学的起源,1919—1937　[美]德里克 著　翁贺凯 译
65. 竞争的话语:明清小说中的正统性、本真性及所生成之意义　[美]艾梅兰 著　罗琳 译
66. 中国妇女与农村发展:云南禄村六十年的变迁　[加]宝森 著　胡玉坤 译
67. 中国近代思维的挫折　[日]岛田虔次 著　甘万萍 译
68. 中国的亚洲内陆边疆　[美]拉铁摩尔 著　唐晓峰 译
69. 为权力祈祷:佛教与晚明中国士绅社会的形成　[加]卜正民 著　张华 译
70. 天潢贵胄:宋代宗室史　[美]贾志扬 著　赵冬梅 译
71. 儒家之道:中国哲学之探讨　[美]倪德卫 著　[美]万白安 编 周炽成 译
72. 都市里的农家女:性别、流动与社会变迁　[澳]杰华 著　吴小英 译
73. 另类的现代性:改革开放时代中国性别化的渴望　[美]罗丽莎 著　黄新 译
74. 近代中国的知识分子与文明　[日]佐藤慎一 著　刘岳兵 译
75. 繁盛之阴:中国医学史中的性(960—1665)　[美]费侠莉 著　甄橙 主译　吴朝霞 主校
76. 中国大众宗教　[美]韦思谛 编 陈仲丹 译
77. 中国诗画语言研究　[法]程抱一 著　涂卫群 译
78. 中国的思维世界　[日]沟口雄三 小岛毅 著　孙歌 等译

79. 德国与中华民国　[美]柯伟林 著　陈谦平 陈红民 武菁 申晓云 译　钱乘旦 校
80. 中国近代经济史研究:清末海关财政与通商口岸市场圈　[日]滨下武志 著　高淑娟 孙彬 译
81. 回应革命与改革:皖北李村的社会变迁与延续　韩敏 著　陆益龙 徐新玉 译
82. 中国现代文学与电影中的城市:空间、时间与性别构形　[美]张英进 著　秦立彦 译
83. 现代的诱惑:书写半殖民地中国的现代主义(1917—1937)　[美]史书美 著　何恬 译
84. 开放的帝国:1600年前的中国历史　[美]芮乐伟·韩森 著　梁侃 邹劲风 译
85. 改良与革命:辛亥革命在两湖　[美]周锡瑞 著　杨慎之 译
86. 章学诚的生平与思想　[美]倪德卫 著　杨立华 译
87. 卫生的现代性:中国通商口岸健康与疾病的意义　[美]罗芙芸 著　向磊 译
88. 道与庶道:宋代以来的道教、民间信仰和神灵模式　[美]韩明士 著　皮庆生 译
89. 间谍王:戴笠与中国特工　[美]魏斐德 著　梁禾 译
90. 中国的女性与性相:1949年以来的性别话语　[英]艾华 著　施施 译
91. 近代中国的犯罪、惩罚与监狱　[荷]冯客 著　徐有威 等译　潘兴明 校
92. 帝国的隐喻:中国民间宗教　[英]王斯福 著　赵旭东 译
93. 王弼《老子注》研究　[德]瓦格纳　杨立华 译
94. 寻求正义:1905—1906年的抵制美货运动　[美]王冠华 著　刘甜甜 译
95. 传统中国日常生活中的协商:中古契约研究　[美]韩森 著　鲁西奇 译
96. 从民族国家拯救历史:民族主义话语与中国现代史研究　[美]杜赞奇 著　王宪明 高继美 李海燕 李点 译
97. 欧几里得在中国:汉译《几何原本》的源流与影响　[荷]安国风 著　纪志刚 郑诚 郑方磊 译
98. 十八世纪中国社会　[美]韩书瑞 罗友枝 著　陈仲丹 译
99. 中国与达尔文　[美]浦嘉珉 著　钟永强 译
100. 私人领域的变形:唐宋诗词中的园林与玩好　[美]杨晓山 著　文韬 译
101. 理解农民中国:社会科学哲学的案例研究　[美]李丹 著　张天虹 张洪云 张胜波 译
102. 山东叛乱:1774年的王伦起义　[美]韩书瑞 著　刘平 唐雁超 译
103. 毁灭的种子:战争与革命中的国民党中国(1937—1949)　[美]易劳逸 著　王建朗 王贤知 贾维 译
104. 缠足:"金莲崇拜"盛极而衰的演变　[美]高彦颐 著　苗延威 译
105. **饕餮之欲**:当代中国的食与色　[美]冯珠娣 著　郭乙瑶 马磊 江素侠 译
106. 翻译的传说:中国新女性的形成(1898—1918)　胡缨 著　龙瑜宬 彭珊珊 译
107. 中国的经济革命:20世纪的乡村工业　[日]顾琳 著　王玉茹 张玮 李进霞 译
108. 礼物、关系学与国家:中国人际关系与主体性建构　杨美惠 著　赵旭东 孙珉 译　张跃宏 译校
109. 朱熹的思维世界　[美]田浩 著
110. 皇帝和祖宗:华南的国家与宗族　[英]科大卫 著　卜永坚 译
111. 明清时代东亚海域的文化交流　[日]松浦章 著　郑洁西 等译
112. 中国美学问题　[美]苏源熙 著　卞东波 译　张强强 朱霞欢 校
113. 清代内河水运史研究　[日]松浦章 著　董科 译
114. 大萧条时期的中国:市场、国家与世界经济　[日]城山智子 著　孟凡礼 尚国敏 译　唐磊 校
115. 美国的中国形象(1931—1949)　[美]T.克里斯托弗·杰斯普森 著　姜智芹 译
116. 技术与性别:晚期帝制中国的权力经纬　[英]白馥兰 著　江湄 邓京力 译

117. 中国善书研究　［日］酒井忠夫 著　刘岳兵 何英莺 孙雪梅 译
118. 千年末世之乱:1813年八卦教起义　［美］韩书瑞 著　陈仲丹 译
119. 西学东渐与中国事情　［日］增田涉 著　由其民 周启乾 译
120. 六朝精神史研究　［日］吉川忠夫 著　王启发 译
121. 矢志不渝:明清时期的贞女现象　［美］卢苇菁 著　秦立彦 译
122. 明代乡村纠纷与秩序:以徽州文书为中心　［日］中岛乐章 著　郭万平 高飞 译
123. 中华帝国晚期的欲望与小说叙述　［美］黄卫总 著　张蕴爽 译
124. 虎、米、丝、泥:帝制晚期华南的环境与经济　［美］马立博 著　王玉茹 关永强 译
125. 一江黑水:中国未来的环境挑战　［美］易明 著　姜智芹 译
126. 《诗经》原意研究　［日］家井真 著　陆越 译
127. 施剑翘复仇案:民国时期公众同情的兴起与影响　［美］林郁沁 著　陈湘静 译
128. 义和团运动前夕华北的地方动乱与社会冲突(修订译本)　［德］狄德满 著　崔华杰 译
129. 铁泪图:19世纪中国对于饥馑的文化反应　［美］艾志端 著　曹曦 译
130. 饶家驹安全区:战时上海的难民　［美］阮玛霞 著　白华山 译
131. 危险的边疆:游牧帝国与中国　［美］巴菲尔德 著　袁剑 译
132. 工程国家:民国时期(1927—1937)的淮河治理及国家建设　［美］戴维·艾伦·佩兹 著　姜智芹 译
133. 历史宝筏:过去、西方与中国妇女问题　［美］季家珍 著　杨可 译
134. 姐妹们与陌生人:上海棉纱厂女工,1919—1949　［美］韩起澜 著　韩慈 译
135. 银线:19世纪的世界与中国　林满红 著　詹庆华 林满红 译
136. 寻求中国民主　［澳］冯兆基 著　刘悦斌 徐硙 译
137. 墨梅　［美］毕嘉珍 著　陆敏珍 译
138. 清代上海沙船航运业史研究　［日］松浦章 著　杨蕾 王亦铮 董科 译
139. 男性特质论:中国的社会与性别　［澳］雷金庆 著　［澳］刘婷 译
140. 重读中国女性生命故事　游鉴明 胡缨 季家珍 主编
141. 跨太平洋位移:20世纪美国文学中的民族志、翻译和文本间旅行　黄运特 著　陈倩 译
142. 认知诸形式:反思人类精神的统一性与多样性　［英］G.E.R.劳埃德 著　池志培 译
143. 中国乡村的基督教:1860—1900江西省的冲突与适应　［美］史维东 著　吴薇 译
144. 假想的"满大人":同情、现代性与中国疼痛　［美］韩瑞 著　袁剑 译
145. 中国的捐纳制度与社会　伍跃 著
146. 文书行政的汉帝国　［日］富谷至 著　刘恒武 孔李波 译
147. 城市里的陌生人:中国流动人口的空间、权力与社会网络的重构　［美］张骊 著　袁长庚 译
148. 性别、政治与民主:近代中国的妇女参政　［澳］李木兰 著　方小平 译
149. 近代日本的中国认识　［日］野村浩一 著　张学锋 译
150. 狮龙共舞:一个英国人笔下的威海卫与中国传统文化　［英］庄士敦 著　刘本森 译　威海市博物馆 郭大松 校
151. 人物、角色与心灵:《牡丹亭》与《桃花扇》中的身份认同　［美］吕立亭 著　白华山 译
152. 中国社会中的宗教与仪式　［美］武雅士 著　彭泽安 邵铁峰 译　郭潇威 校
153. 自贡商人:近代早期中国的企业家　［美］曾小萍 著　董建中 译
154. 大象的退却:一部中国环境史　［英］伊懋可 著　梅雪芹 毛利霞 王玉山 译
155. 明代江南土地制度研究　［日］森正夫 著　伍跃 张学锋 等译　范金民 夏维中 审校
156. 儒学与女性　［美］罗莎莉 著　丁佳伟 曹秀娟 译

157. 行善的艺术:晚明中国的慈善事业(新译本)　[美]韩德玲 著　曹晔 译
158. 近代中国的渔业战争和环境变化　[美]穆盛博 著　胡文亮 译
159. 权力关系:宋代中国的家族、地位与国家　[美]柏文莉 著　刘云军 译
160. 权力源自地位:北京大学、知识分子与中国政治文化,1898—1929　[美]魏定熙 著　张蒙 译
161. 工开万物:17世纪中国的知识与技术　[德]薛凤 著　吴秀杰 白岚玲 译
162. 忠贞不贰:辽代的越境之举　[英]史怀梅 著　曹流 译
163. 内藤湖南:政治与汉学(1866—1934)　[美]傅佛果 著　陶德民 何英莺 译
164. 他者中的华人:中国近现代移民史　[美]孔飞力 著　李明欢 译　黄鸣奋 校
165. 古代中国的动物与灵异　[英]胡司德 著　蓝旭 译
166. 两访中国茶乡　[英]罗伯特·福琼 著　敖雪岗 译
167. 缔造选本:《花间集》的文化语境与诗学实践　[美]田安 著　马强才 译
168. 扬州评话探讨　[丹麦]易德波 著　米锋 易德波 译　李今芸 校译
169. 《左传》的书写与解读　李惠仪 著　文韬 许明德 译
170. 以竹为生:一个四川手工造纸村的20世纪社会史　[德]艾约博 著　韩巍 译　吴秀杰 校
171. 东方之旅:1579—1724耶稣会传教团在中国　[美]柏理安 著　毛瑞方 译
172. "地域社会"视野下的明清史研究:以江南和福建为中心　[日]森正夫 著　于志嘉 马一虹 黄东兰 阿风 等译
173. 技术、性别、历史:重新审视帝制中国的大转型　[英]白馥兰 著　吴秀杰 白岚玲 译
174. 中国小说戏曲史　[日]狩野直喜 著　张真 译
175. 历史上的黑暗一页:英国外交文件与英美海军档案中的南京大屠杀　[美]陆束屏 编著/翻译
176. 罗马与中国:比较视野下的古代世界帝国　[奥]沃尔特·施德尔 主编　李平 译
177. 矛与盾的共存:明清时期江西社会研究　[韩]吴金成 著　崔荣根 译　薛戈 校译
178. 唯一的希望:在中国独生子女政策下成年　[美]冯文 著　常姝 译
179. 国之枭雄:曹操传　[澳]张磊夫 著　方笑天 译
180. 汉帝国的日常生活　[英]鲁惟一 著　刘洁 余霄 译
181. 大分流之外:中国和欧洲经济变迁的政治　[美]王国斌 罗森塔尔 著　周琳 译　王国斌 张萌 审校
182. 中正之笔:颜真卿书法与宋代文人政治　[美]倪雅梅 著　杨简茹 译　祝帅 校译
183. 江南三角洲市镇研究　[日]森正夫 编　丁韵 胡婧 等译　范金民 审校
184. 忍辱负重的使命:美国外交官记载的南京大屠杀与劫后的社会状况　[美]陆束屏 编著/翻译
185. 修仙:古代中国的修行与社会记忆　[美]康儒博 著　顾漩 译
186. 烧钱:中国人生活世界中的物质精神　[美]柏桦 著　袁剑 刘玺鸿 译
187. 话语的长城:文化中国历险记　[美]苏源熙 著　盛珂 译
188. 诸葛武侯　[日]内藤湖南 著　张真 译
189. 盟友背信:一战中的中国　[英]吴芳思 克里斯托弗·阿南德尔 著　张宇扬 译
190. 亚里士多德在中国:语言、范畴和翻译　[英]罗伯特·沃迪 著　韩小强 译
191. 马背上的朝廷:巡幸与清朝统治的建构,1680—1785　[美]张勉治 著　董建中 译
192. 申不害:公元前四世纪中国的政治哲学家　[美]顾立雅 著　马腾 译
193. 晋武帝司马炎　[日]福原启郎 著　陆帅 译
194. 唐人如何吟诗:带你走进汉语音韵学　[日]大岛正二 著　柳悦 译

195. 古代中国的宇宙论　[日]浅野裕一 著　吴昊阳 译
196. 中国思想的道家之论:一种哲学解释　[美]陈汉生 著　周景松 谢尔逊 等译　张丰乾 校译
197. 诗歌之力:袁枚女弟子屈秉筠(1767—1810)　[加]孟留喜 著　吴夏平 译
198. 中国逻辑的发现　[德]顾有信 著　陈志伟 译
199. 高丽时代宋商往来研究　[韩]李镇汉 著　李廷青 戴琳剑 译　楼正豪 校
200. 中国近世财政史研究　[日]岩井茂树 著　付勇 译　范金民 审校
201. 魏晋政治社会史研究　[日]福原启郎 著　陆帅 刘萃峰 张紫毫 译
202. 宋帝国的危机与维系:信息、领土与人际网络　[比利时]魏希德 著　刘云军 译
203. 中国精英与政治变迁:20世纪初的浙江　[美]萧邦奇 著　徐立望 杨涛羽 译　李齐 校
204. 北京的人力车夫:1920年代的市民与政治　[美]史谦德 著　周书垚 袁剑 译　周育民 校
205. 1901—1909年的门户开放政策:西奥多·罗斯福与中国　[美]格雷戈里·摩尔 著　赵嘉玉 译
206. 清帝国之乱:义和团运动与八国联军之役　[美]明恩溥 著　郭大松 刘本森 译
207. 宋代文人的精神生活(960—1279)　[美]何复平 著　叶树勋 单虹泽 译
208. 梅兰芳与20世纪国际舞台:中国戏剧的定位与置换　[美]田民 著　何恬 译
209. 郭店楚简《老子》新研究　[日]池田知久 著　曹峰 孙佩霞 译
210. 德与礼——亚洲人对领导能力与公众利益的理想　[美]狄培理 著　闵锐武 闵月 译
211. 棘闱:宋代科举与社会　[美]贾志扬 著
212. 通过儒家现代性而思　[法]毕游塞 著　白欲晓 译
213. 阳明学的位相　[日]荒木见悟 著　焦堃 陈晓杰 廖明飞 申绪璐 译
214. 明清的戏曲——江南宗族社会的表象　[日]田仲一成 著　云贵彬 王文勋 译
215. 日本近代中国学的形成:汉学革新与文化交涉　陶德民 著　辜承尧 译
216. 声色:永明时代的宫廷文学与文化　[新加坡]吴妙慧 著　朱梦雯 译
217. 神秘体验与唐代世俗社会:戴孚《广异记》解读　[英]杜德桥 著　杨为刚 查屏球 译　吴晨 审校
218. 清代中国的法与审判　[日]滋贺秀三 著　熊远报 译
219. 铁路与中国转型　[德]柯丽莎 著　金毅 译
220. 生命之道:中医的物、思维与行动　[美]冯珠娣 著　刘小朦 申琛 译
221. 中国古代北疆史的考古学研究　[日]宫本一夫 著　黄建秋 译

i